U0458465

Copyright ©1985 Living Spring Publications

Simplified Chinese edition © 2011 Shanghai Joint Publishing Co. Ltd

This Chinese edition published by permission of Living Spring

Publications, Temple City, CA 91780, U.S.A. and Shanghai Heavenly

Stairways Bookstore Co. Ltd., Shanghai, P.R.C.

摩根解经丛卷

坎伯·摩根 著

钟越娜 译

路加福音

上海三联书店

目　录

在开始研读路加福音的时候，我们必须注意到两件事，一是本书的作者，一是作者自己在他的序言中对于本书所作的介绍。

我们要讨论本书的作者，但我的意思不是说要加入有关本书作者是谁的辩论中。我们一开始就先假定，路加是这书的作者，这也是今天学术界一般所同意的。我们要感谢蓝赛爵士（Sir William Ramsay）在文献上所作的学术性探讨，以及哈纳克（Harnack）在证明路加系此书作者之事上所作的努力。

那么，我们对路加知道些什么？除了新约，我们没有其他有关路加的资料。新约中，我们也仅能从保罗的笔下找到一些提及路加的地方。我们要先来看看这些资料。

歌罗西书第四章第十四节说道，"所亲爱的医生路加和底马问你们安。"

腓利门书第二十四节也提到他的名字，"与我同工的马可、亚里达古、底马、路加也都问你安。"

另外一次是在提摩太后书第四章第九至第十一节，"你要赶紧的到我这里来，因为底马贪爱现今的世界，就离弃我往帖撒罗尼迦去了。革勒士往加拉太去，提多往挞马太去。独有路加在我这里。你来的时候，要把马可带来，因为他在传道的事上于我有益处。"

这些是我们在新约中仅能找到直接提及路加的地方。

他的名字本身也很有意思。路加（Loukas）是路其奥斯（Loukios）的昵称。新约中还有其他类似的例子。西拉是西勒凡奴斯（Silvanus）的昵称；百基拉是百利西拉（Priscilla）的昵称；亚波罗是亚波农纽斯（Apollonius）的昵称；安提帕是安提帕特利斯（Antipatris）的昵称。

路加是一个希腊名字。保罗在歌罗西书结尾代人问安的部分，提到一些人，他说这些人是"奉割礼的人"（西四 11）；然后他又代一些未受割礼的人向歌罗西教会问安，这些人包括了路加和以巴弗。可见路加是一个外邦人，这本路加福音也因此变成一本很特别的书。

另外，路加在他所写的两本书中都自称是提阿非罗的朋友。他在路加福音的序言中还称呼提阿非罗为"提阿非罗大人"。这件事在罗伯生教授（Robertson）写的《从研究中所看见的历史家——路加》（Luke，the Historian in the Light of Research）一书中有详细的讨论。罗伯生认为，路加可能以前是一个奴隶，提阿非罗是他的主人，并且给了他自由。他们两个都成为基督耶稣的跟随者之后，还一直保持着友谊。有一点十分清楚，就是路加为提阿非罗写下了这本书。这位提阿非罗是他的"大人"，是他的主人，也是他的朋友。

从路加福音全书的风格，可以证明路加是一个希腊人，并且是受过良好教育的希腊人。专家们都同意，路加福音的文字，具有相当的文学水准，这是其他福音书所不及的。罗伯生博士认为，路加可能和亚波罗、扫罗一样，曾在大数的学校就读。他认为他们三人可能还是同学。

从保罗那里，我们知道路加是一个医生；我们可以从路加的作品中，一再发现到医学用语。我也相信他同时是一个船医。让我们纯粹以文学的观点，再读一遍使徒行传第二十七章所记载的那段长途航程。若不是一个深谙船只，熟悉水手所用方法的人，是绝对写不出这样详细生动的文字的。这一切资料，都与我们研读路加福音有关。我们必须先认出圣经里面人的因素，才能发现并且明白圣经里面神的因素。神要透过圣灵拣选之人的个性，来完成祂的工作。那些新约作者并非是被动的写作机器。进一步说，神总是拣选那些具有天然恩赐，又肯顺服于祂引领的人，来作适合于他们的工作。

关于这一点，让我们再作进一步的探讨。有些人认为，路加虽然是希腊人，但他在成为基督徒以前，已经接受了犹太人的信仰。我不同意这种说法。我相信他是直接由一个异教徒转变成基督徒。我不认为他曾经历过希伯来人的信仰和宗教。他在希腊学校受训练，在大数或雅典的希腊大学就读,他自幼就吸收了希腊的人生观,那和希伯来人的人生观是大相径庭的。路加生来是希腊人,在希腊的学校受教,他已经吸收了希腊的哲学。希腊的理想主义和希腊哲学最关心的,就是人的完美。在希腊历史上将近三百年的思想活跃时期中,其思想并不特别关注于人的相互关系,它最关心的是人,以及使人完美的问题。它将其理想表达在大理石雕像上。时至今日,在表达的准确性,以及雕刻艺术方面,希腊仍被一般人当作衡量的标准。

因此,路加这样一个人,我们不知道何时何地,他被带到基督面前,他找着了耶稣。他在耶稣身上发现他的梦想可以得到实现;耶稣的伟大粉碎了希腊思想的模型,因为这个模子太小了,无法装下祂。这本福音书就是从这个观点出发的,将我们的主视为一个能够实现最终、绝对完美理想的人。就我个人看来,马太、马可、约翰都不是从这个观点着手的。他们都有相同的材料、人物,但他们是圣灵拣选的不同的人,看到的也是真理不同的层面。路加福音是出于一个受良好教育,高尚优雅的希腊人之手,他的观念带着希腊理想主义的色彩。但他到基督面前,发现基督符合了他从前最崇高的理想,他又纠正、摧毁了那个思想中一切虚假的部分。这就是路加福音的作者。

他融合了两个要素,通常我们不容易在一个人身上同时发现这两个要素。他具有科学的心灵,他同时又是一个艺术家。他配得被称为具有科学心灵的人,因为这本书是一本科学化的论文,对耶稣这个人作了科学化的探索。他同时又是艺术家。教会中有一个古老的传说,提到在耶路撒冷发现的一幅童贞女马利亚的画像,是出自路加之手。早期的教会作者都说他是一个艺术家。有人说他也是诗人,并且提出证据,说他为我们保留了那些有关耶稣降世的伟大颂歌。因此,他是一个出众的人,他有艺术家的气质和科学家的头脑。

还有一点非常重要。路加是保罗多年的亲密朋友和旅行同伴。有一件事尽管它不一定是事实,但很美,罗伯生博士认为,路加和保罗曾一起在大数读书。我们都知道,保罗生在大数,他的早年是在大数度过的。虽然保罗是犹太人,是希伯来人,是犹太人中的犹太人,是便雅悯支派的人,虽然他有这些背景,他内心受到这些观念的辖制,但他也一定受到了早年岁月和环境的影响。因此保罗能够同意路加的希腊背景和思想。

我们知道路加是从使徒行传第十六章第十一节记载的那时间,开始成为保罗的同工。因为在此之前,他一直用第三人称来记载其他人的事工,但是从这里开始,他突然改用第一人称的口气说,"我们在这城里"(徒十六 12)。路加是在保罗开始他在欧洲的传道工作时加入的。他与保罗一起到腓立比、帖撒罗尼迦。然后弟兄们差遣保罗到庇哩亚,不久他又到了雅典。路加被留在雅典,但不久他又去与保罗会合。从第二十章第五、六节开始,我们看见路加再度出现了,一直到结束,他都与保罗在一起。保罗被监禁在凯撒利亚的两年中,他一直与保罗在一起。别忘了,凯撒利亚与耶路撒冷相距不远。这一切事发生的时候,他都在邻近的地方。他和保罗一起航行到罗马。毫无疑问的,保罗最后被因的那几年,路加与他共处,路加一定会受到保罗对基督、基督教解释的影响。他就在这样的影响下作研究。

所以,我们必须先思想一下保罗对耶稣这人的解释。我们可以注意几处经文(罗五 15,林前十五 47,腓二 8,提前二 5)。这是仅有的四处保罗将耶稣当作"人",也就是称祂为人。如果我们细察这四处经文的上下文,就会发现保罗对基督的解释。这是一件非常重要的事。我只提一下他对我们主的人性之解释。哥林多前书的经文中,有一个永恒的词句和描述,保罗在那里称耶稣为"第二个人";他又称祂"末后的亚当"。千万不要搞混了,把耶稣当为第二个亚当。保罗是称祂作第二个人,末后的亚当。在第二个后面,当然就有第三个、第四个、第五个等接下去。祂是第二个人,从第二个人那里,繁衍出了整个新的人类。但祂又是末后的亚当,从祂繁衍出来的族类在祂那里结束,这就符合了神的理想。保罗看见,耶稣是神的第二个人,是人末后的亚当。路加福音这本由一个希腊人、医生、知识分子,兼具科学心灵与艺术气质的人,保罗的朋友和同工所写的书,是将耶稣当作第二个人,和末后的亚当;祂完成了祂一切的理想,祂是那惟一的完全人,祂凌驾在希腊的理想主义之上,并且这福音书启示了祂是一个族类的起首。

　　现在让我们来看这书的序言，就是头四节的经文。序言通常是用来介绍一本书给读者，作家常常是写完全书之后再写序言。从路加用字的时态，可以证明他也是最后才写开头的那四节经文。他在序言中提到这书已经完成了。

　　路加在这篇序言中告诉我们四件事。他说到了他的主题；他的资料来源；他写作的方法；他写作的目的。

　　他给他的主题起了一个名字，就是"道"，"照传道的人，从起初亲眼看见，又传给我们的。"那就是路加最后给耶稣的一个名字。他这本书所写的，是关于祂的人性，和祂在世为人的生活。但当他最后写序言的时候，他就作了一个总结，他没有说，照传拿撒勒人耶稣的，也没有说那传基督的，而是说那传"道"的人。这里的"道"是一个定冠词，正如它在约翰福音里的用法一样。

　　"太初有道，道与神同在，道就是神……道成了肉身，住在我们中间，充充满满的有恩典有真理"（约一1，14）。我们读这段经文时，就知道约翰以"道"作为耶稣的头衔。翻译英文圣经的人，在译约翰福音里的"道"时，开头字母都用大写，但译路加福音时，"道"则用小写字母。现在我们从翻译的立场看，这样将约翰福音的道（ό logos）和路加福音的道（tou logou）分别看待是没有道理的。两者的道，都是使用定冠词。罗伯生说，"在路加福音里，耶稣的人性是以神性为本的人性，而不是以人性为本的神性。"

　　我们看到的是一个人，但祂是神，道成了肉身。路加所写的，是一个完全之人的故事。写完之后，他就不再称祂为"耶稣"，而称祂为"道"。

　　然后他说明了他的资料来源。他说已经有好些人提笔作书。他所指的可能包括了马太写的福音书，马可写的福音书，还有许多其他的书。他说有许多人已经写了书。因此我们可以看见他尽力搜集了许多书。但他另外还有一个资料来源。"照传道的人，从起初亲眼看见，又传给我们的。"就是那些当耶稣在世期间，亲自见过祂，服事过祂的人。他与他们谈话，他说他们"亲眼看见"耶稣，这个词颇引人注目。"亲眼看见"的原文"Autoptai"是一个医学名词，就是验尸或实地检查的意思。确实,那是一种个人的、第一手的调查,必须亲自去看。一般说来,现在医学上使用这个词时,都与验尸有关。但那也是一种亲自的检查。他们不仅仅是看见耶稣,并且还服事祂,亲自察验祂。因此,他握有第一手的资料。

另外,"传给我们"的"传"(Uperetai)这字也颇有趣。它也是一个医学名词,直译就是"副手",指服事大牌医生的小医生,我们可以称之为实习大夫。因此我们看见,路加这位医生使用了医学名词,他说,我的资料得自那些亲自察验耶稣,在祂肉身之日服事过祂的人;当祂到各处工作时,他们就是祂的副手,侍候在祂左右。

这一切显示,这本书可能是花费数年才写成的。他广集有关的著作;与任何能提供他一手资料的人谈话。我相信,他可能被介绍给耶稣的母亲,从她那里,他得到了别人所无法提供的卓越故事。

然后,他说明他写作的方法。首先他说,他从起头就详细考察了。他收集一切资料,然后从起头详细考察。这是一种科学化的考察工作,他考察他所收集到的一切有关耶稣的事迹。

这里他所用的一个词颇值得注意。我们的译本是他"从起头"详细考察。这词的希腊文是"anothen",有的时候是指"从起头",有的时候是指"从上头"。就严格的语源学观点看,我相信此处可能是"从上头"的意思。请注意这词曾出现过一两次。耶稣对尼哥底母说,"你必须重生。"有的版本在旁注有"从上头生"几个字,我确信耶稣的意思是"从上头生"。再看另一个例子。雅各书第三章第十七节,"惟独从上头来的智慧。"那里"从上头"在原文里用的就是这字。我个人认为,路加说他从起头考察,他的意思是他从上头详细考察。他声明他所使用的科学方法,乃是在神的引导之下;他不仅是凭自己的科学才干来研究考察,他也寻求从天上来的指引。这是他预备资料的方法。

接着他说,他"按着次序"写下来。这句话真有艺术家的风范。他声明他得到资料以后,经过细心挑选考察,就将它们按顺序排列,以艺术的次序写下来。

最后,他揭示了写作的目的。"使你知道所学之道都是确实的。"当然这里所指的,不只是知识上的信服,也意味着保证、确定。注意这里的"所学之道"应该译成"所学的口传之道"。这是非常要紧的。路加的朋友提阿非罗曾受过教导，但不是来自书本的教导，而是口头的教导。这个词的希腊文，就是我们所译成"教义问答"那个词的字源，严格地说，是指口头所传的道理。显然的，当时提阿非罗没有一本书可以倚赖。路加写这本书，好让他能知道得更确定，更有把握。这就指出了一切历史文本的价值所在。书可以将真理固定下来。口传的教训永远不能有最后的把握。我可以诚实地就我所知，将耶稣的故事说给你听，你也可以忠实地重述给另一个人，但中间无可避免地就会产生一些偏差。过了一段时间以后，这个故事可能完全变了样。路加写这本书，好使提阿非罗能有一个文献，一个写成的资料，将真理固定下来，并且从其中得到把握，知道这些真理都是确实的。

如此，我们对于这本书的作者和作品有了简略的认识。我们记住这些，就可以继续下去研读这本书。

"他必有以利亚的心志能力,行在主的前面,叫为父的心转向儿女,叫悖逆的人转从义人的智慧,又为主预备合用的百姓"(17节)。这是天使加百列所说关于约翰的话。这段话也是本段经文(一5～25)的中心。路加以耶稣的先锋施洗约翰的事迹,作为耶稣一生事迹的开头。这是很引人注目,也深具意义的事;说明了约翰的伟大,以及他的事工是为了一个何等大的荣耀而先作预备。我们读这段经文的时候,就已经站在人类历史中最辉煌时期的入口处,那段时期大约有三十五年,若以今天我们衡量世代的标准,也不过是短短的一个世代。耶稣的一生,是人类历史上中心和枢纽的世代。那是空前绝后的一个世代。在它之前的一切事,都以它为依归;在它之后的一切事,都与那世代所发生的事有关。

约翰的事迹是一个环,将我们主的工作和过去的一切事连结起来。它是介于旧制度和新制度之间的连环。用圣经的话来说,它连结了人类历史上神藉着先知,多次多方晓谕列祖的古老世代,和神最后藉着祂儿子向人类说话的时代。约翰的事迹让我们看到,从神的立场而言,两个时代是接续的,中间并没有中断。

在这里,我们看见旧制度中的一切事,而约翰这个了不起的人,将过去这一切和将来的事连结了起来。在神的计划中,新与旧是连续的。在人类的经验层次里,新与旧在许多方面都有明显的中断,但是在神的制度中,一切事物都是向前推移的。

注意第五节所标明的时间,"当犹太王希律的时候,亚比雅班里有一个祭司,名叫撒迦利亚。"

"当犹太王希律的时候",这句话读来轻松,我们也不知有多少次就这样轻易地顺口读过。我们认为已经明白其中的意思，但是让我们停下来，思想一下它真正的含义，思想这句话所声明的那个黑暗、凶恶、可怕的光景。这个希律就是我们通常所称的大希律，他是以东人。创世记第二十七章第四十一节说，"以扫……怨恨雅各。"我不需要多加说明。希律是以东人，不是雅各的后裔，乃是以扫的后裔。许多世纪以后，这两个家族之间的仇恨仍然存在着。而那时，一个以东人正统治着犹太民族，这是很醒目的一件事。希律那时是犹太人的王。犹太人自从被掳以后，就没有君王，一直到希律作王为止。他的君王头衔是罗马元老院在安东尼（Antonius）和屋大维（Octavius）的影响下授予的。他是罗马的封臣，礼节上被称为王。他没有实际的王权，他只有代理的权柄。他的头衔完全是因他向罗马帝国谄媚逢迎而得来的。希律在那时作了一件怵惕的事，他在境内建了许多华丽宏伟的庙宇，以供人敬拜偶像。犹太百姓并不进这些庙宇，但当时犹太境内到处都是外邦人，希律就是为他们建造庙宇，这自然会对犹太人有所影响。更有甚者，他还引入了一些正腐蚀着罗马帝国的竞技场活动。"当犹太王希律的时候"所揭示的，就是这样一个光景。

有关约翰来临的宣告，是在圣殿中发生的。那时圣殿正在兴建中，而且已经动工有十六年之久。一直到我们主开始祂的事工时，圣殿还没有建好。三十年之后，他们说，"这殿是四十六年才造成的"（约二20）。他们不是说，圣殿是花了那么长的时间建好的，因为即使在那个时候，圣殿也还没有完工。那是一项精妙的工程，是一个惊人的建筑。一个豪华壮丽的圣殿固然违反了那些人最初所持的原则，但它毕竟仍是神的殿。当天使宣告约翰将要降生的消息时，他来到了圣殿，而不是外院。翻译成圣殿（Naos）的这字原文包括圣所和至圣所。天使来到圣所，而非至圣所，因为我们读到天使是在香坛的右边显现，而香坛是在幔子前面的。

天使来到一位祭司面前，这祭司是亚伦的后裔。当时祭司的职分仍然存在，那是神所设立的制度。但天使不是到大祭司面前，而是向一个正在殿中当班的祭司显现。那祭司到殿中的那日，有许多百姓正聚在外面。路加在介绍耶稣的先锋时，给了我们一幅描绘当时当地光景的生动画面。当时有君王,但腐化昏庸。当时有圣殿,但遭亵渎侮辱。当时也有祭司,但已堕落式微。当时的百姓也是败坏不堪。然而,神继续眷顾祂所拣选的民族。虽然圣殿被亵渎了,祂还是到圣殿中。虽然祭司的职分整体上已经腐化,祂还是到一个祭司面前。祂没有到君王那里,祂只是藉着祭司这个管道到百姓那里。神在祂的作为中,彰显了祂拣选的原则。祂略过了希律王,因为他是以东人,他的王权未得到天上的承认;而圣殿也遭受了亵渎,不久我们的主说,"你们的家成为荒场"(路十三35;太二十三38)。那时亵渎已经开始了,然而,圣殿仍然是神同在的象征,是接续古代会幕的场所,是神宝座和权柄的中心。从神向一个祭司显现,而不是向大祭司显现这件事,可以再度看到这个原则。祂没有到那个因对神有错误看法而日益腐败的大祭司面前,祂只是到一个正在供祭司职分的祭司面前。一切旧有的事物都和新的连结起来了。神绝不抵触过去的任何事。我们可以看见,旧有的一切都是朝向完成神旨意的目标前进。耶稣也是在时候满足时来的。神的旨意一直在持续着。这是我们研读这一段特别的经文时,所发现的一个背景。

然后我们来看加百列所宣告的,有关约翰的任务,记载在第十五节到十七节。加百列在宣告这位先锋的职分时,对那位正在殿中的祭司,引用了人所熟悉的先知们的话。早在弥赛亚来临之前四百年,早在约翰诞生之前四百年,最后一批的使者之一玛拉基,在最后就说了这一段话:

"你们当记念我仆人摩西的律法,就是我在何烈山为以色列众人所吩咐他的律例典章。看哪,耶和华大而可畏之日未到以前,我必差遣先知以利亚到你们那里去。他必使父亲的心转向儿女,儿女的心转向父亲,免得我来咒诅遍地"(玛四4~6)。

如果下个主日我们到任何一个希伯来会堂中,他们若刚好念玛拉基书的这一段经文,你就会发现,那位拉比一定不在"免得我来咒诅遍地"这句话上打住。他们总是回过头再念前面的那一部分,"他必使父亲的心转向儿女,儿女的心转向父亲。"他们也念最后那一句严厉的警告,但他们从不在那里结束,他们必定再回过来读那句带有希望的话。

很有意义的是,天使也是用那先知最后带有希望的话作结束。四百年来,没有任何先知的声音出现,现在,那可靠的先知最后所说的话,又出现在圣殿中,且是对一个祭司说的。那个预言,那段最终的话马上就要应验了,天使宣告了那个先锋的使命。他将要使父亲的心转向儿女,儿女的心转向父亲。换句话说,他来要恢复最初的理想。他来,要使悖逆的百姓回到他们的祖先,就是亚伯拉罕、以撒、雅各那里,并且恢复祖先所持守的一切。因此天使就在圣殿中引用了希伯来预言中最后的话,指明在神计划的过程中,将要发生怎样的事。

这里牵涉到一个重要的原则。神的工作是连续的,但也常有间隔出现。产生间隔的原因有二:第一,神从不依照日历行事;第二,人和人所犯的罪,可能延迟了神的作为,但最终无法抵挡祂的作为。间隔了四百年之后,现在总算有了动静。天使引用了那最后的几句话宣告,约翰的使命就是在应验最后那一个预言。人也许会想,在四百年黑暗的日子中,那些虔诚的人有时一定会忍不住说,神必定忘记了,祂食言了,祂失败了。今日有些基督徒面临困难黑暗时,也会这么说。但神没有忘记,祂没有食言,祂也没有失败。玛拉基这位旧约的使者在结束预言时代时,宣告了将有一使者来,要预备主的道,他的使命是叫父亲的心转向儿女,叫儿女的心转向父亲。四百年过去了,突然有天使出现在圣殿中,对一位祭司说,神没有忘记,没有食言,没有失败。先前所预言的事,现今要临到了。这里清楚启示了神作为的连续性。

让我们回到故事本身。路加用非常自然、单纯的历史笔调,来述说这事。他糅合了平凡与非凡的事,也就是自然与超自然的事。

首先,这里有平凡自然的事。我们看见两个人,撒迦利亚和以利沙伯,他们都是祭司门第出身。每一次我读这个故事,都会被他们的名字所吸引。"撒迦利亚"的意思是耶和华记念。古代希伯来人给孩子取名字,并不是选择好听的名字。他父母给他取名叫撒迦利亚——耶和华必记念，他们心中想到的，是生命中最高层次的事。这名字里面有一个声音，好像是一种看到荒凉而引起的哀泣，但它也是一首希望之歌——耶和华必记念。撒迦利亚诞生的时候，希律尚未作王，但是当时的光景正在导向那邪恶的高峰。境内的黑暗日渐深沉，四处一片荒凉。那对夫妇就在孩子诞生时称他"耶和华必记念"。

后来，撒迦利亚娶了亚伦的后裔以利沙伯，这女孩也是出身于祭司家庭。也许当她出生时，她的父母略感失望，这是当时犹太家庭常有的现象，但他们给了她一个伟大的名字"以利沙伯"——神的誓约。再一次我从这名字上，得到了一个启示，在那样黑暗的年日中，这名字是一个确据、希望、鼓舞，提醒并坚定了人的信心。这两个人，撒迦利亚和以利沙伯，虽然都是平凡人，但他们的名字都暗示着希望、鼓舞、信心，他们仍然活在旧制度中。

第六节美妙地对这两个人作了一番描述。神经常都有祂所拣选的余民，毫无疑问的，这两人也是蒙祂拣选的余民。"他们二人，在神面前都是义人，遵行主的一切诫命礼仪。"就是遵行道德上的律法和礼仪上的律法。"没有可指摘的。"那是一个完整的揭示，我们无需再多加解释了。

但是，请注意下面的话。"只是没有孩子，因为以利沙伯不生育，两个人又年纪老迈了"（7 节）。

我们必须再度回到犹太人的氛围中。根据他们的想法，他们没有孩子，这实在是一个悲剧。一些犹太作家告诉我们，之所以被称为悲剧，并不一定是因为他们缺少孩子，而是因为如果他们没有孩子，他们就与弥赛亚的盼望断绝了关系。我想，有时我们很难承认一点，就是那些人期待他们的孩子是神的后嗣，甚至那些虔诚的人都在盼望自己能生出他们长久以来所期待的弥赛亚。这两个人却没有孩子，因此他们没有希望在肉身上与弥赛亚有任何关连了。这对虔诚的犹太人来说，真是一个悲剧。这两人曾渴望有个儿子，他们也曾向神求一个儿子，但是最后只好放弃了祈求。

从天使对撒迦利亚说的话，可以明显看出，他们曾祷告求一个儿子，而撒迦利亚的回答也证明了他们已经放弃了一切希望。

但是，天使来到了他面前，在他按着班次供职时，给了他启示。这一天对他来说，是平常的工作日子，但也是不平凡的一天。那一天是他到香坛前烧香的日子，这样的机会对祭司来说，一生只有一次。当时的祭司，至少有两万人之多，他们一生只有一次机会进入圣所，站在香坛旁边点火烧香。这是撒迦利亚祭司生涯中的一个大日子。

让我们再来看那不平凡的，或超自然的事。首先是天使的显现。路加并没有暂停下来，争辩天使是否存在的问题。他用极自然的笔调记下这件事。他把一件超自然的事写得好像是一件极自然的事。为什么？因为路加是从神的立场下笔。我们称为超自然的那些事，都是因为它们高高在上，远超过我们理性所能解释的范围。天使的出现对人来说是超自然的，但对神来说是极自然的。

根据可靠的记录，这是四百年来天使第一次向人显现，其主旨是，"不要害怕。"周围是一片荒凉、黑暗，但从神那里差来了一位天使。神在一个正在履行祭司职分的人心中，找到了有利的据点。这人在神面前是个义人，遵行祂一切的诫命礼仪，无可指摘。因此天使对他说的第一句话就是，"不要害怕"。接着对这个没有孩子，没有生育盼望的人宣告，他将要生一个儿子。整个圣经历史，就是一部非凡的事物触及平凡的事物，超自然的事影响自然的事之历史。超自然的事对神来说是自然的。非凡的事对神来说是平凡的。让我们回到这个制度的起源。它的始祖是谁？是亚伯拉罕。接下去的是谁？是以撒。几千年来，我似乎还能听到撒莱的笑声。你会不会也为此事感到讶异？我能想像亚伯拉罕的信心有了动摇。他的信心曾带他离开迦勒底的吾珥，但是现在他却笑了，撒莱也在窃笑。尽管人嘲笑神，神还是耐着性子。祂允许要给撒迦利亚一个儿子。

但这些都是背景。整个亮光集中在耶稣来临的那条地平线上，这些只是祂来临的前奏。我们注视着那个先锋时，已经从天使的显现上看见了超自然的事，并且从撒迦利亚和以利沙伯将得一个儿子的宣告上，也看见了超乎自然法则的事。

天使说出了那先锋的名字，他要被称为约翰。"约翰"的意思是神的恩典。他的父亲名叫撒迦利亚，是耶和华必记念之意；他的母亲名叫以利沙伯,是神的誓约之意。现在有了一个孩子约翰,这是神的恩典。他们没有选择孩子的名字,是天使宣告了这从天上赐下的名字。他是神的恩典,是神记念和神的誓约所产生的结果。

再来看一件不寻常的事。撒迦利亚看见天使就惊慌害怕。他听说他将要生一个儿子时,心中很自然地起了疑惑。再一次,我们看见不寻常的事,超自然的事,"不要害怕。"你的祈祷已蒙了应允,我是加百列,是神所差来的。

因撒迦利亚的害怕和疑惑,神给了他一个兆头,就是他要变得既哑且聋。几乎所有的解经家都认为,这是因他不信而给他的惩罚。我却不认为这里面有丝毫惩罚的意味。他要一个兆头,神就给他一个兆头,使他既聋且哑。他被推入一片静寂中,听不见任何声音,说不出一句话。我认为他在得到那么大的启示之后,整整九个月听不见任何声音,不和任何人交谈,还真是一项福气呢!这不是惩罚,而是兆头,一个蒙福的兆头。加百列确实说过,"只因你不信",但这不表示他就要受惩罚。他被投入与神的关系中,用整整九个月来沉思此事。他恢复说话以后,所作的第一件事就是赞美神,"主以色列的神,是应当称颂的"(一68)。从沉默中,涌出了诗歌。就某方面来说,这首诗歌是人所听到的最伟大的诗歌。

我们思想了路加有关神如何预备主的先锋之故事,禁不住要大声说,"我们的神正向前行进!"到处充斥着人类的失败,但神的胜利依然清晰可见。为了神最终的得胜,祂需要,也找到了一些忠心的人,作为祂有利的据点。我们已经看见一部分这样的人,将来还要看到更多的无名氏,他们都是神拣选的余民。神在那儿找到了有利的据点,放下祂的脚步,向伟大的目标迈进。祂要藉着祂儿子的身份,进入人的生活中。

这是多么美妙的故事!融合了平凡的和非凡的事,自然的和超自然的事。神从不会被击败,祂永远朝着祂心目中既定的目标前进。

　　这一段经文,述说了天使报喜信的美丽故事。这实在是一个无可匹敌、奥妙而壮丽的故事,说到天使加百列去拿撒勒。这位天上来的使者,带给地上一个大喜的信息。使徒保罗曾写信给提摩太说,"大哉,敬虔的奥秘,无人不以为然"(提前三16)。但愿我们也能以相同的心情和精神,来研究这个故事。

　　我们先看这事件的背景,再来研读故事本身。

　　在观察事件背景的时候,要注意两件事:第一,是地点;第二,是人物。

　　地点是在加利利,而不是犹太;是拿撒勒,而不是耶路撒冷;是马利亚的家,而不是圣殿。犹太是全地的中心,是几百年来神拣选作为祂作工的场所。根据我们主一向的说法,耶路撒冷是大君之城。圣殿则是这城的中心,是神的居所,是祂向祂的子民显现,与祂子民交往的地方。

　　当天使带着大喜的信息来到世上时,他略过了犹太,而到了加利利。许多世纪以来,加利利这个地方一直受到人们的轻视。早在以赛亚时代,这种现象就已经存在了。

　　"但那受过痛苦的,必不再见幽暗。从前神使西布伦地和拿弗他利地被藐视,末后却使这沿海的路,约但河外,外邦人的加利利地得着荣耀"(赛九1)。

　　即使在以赛亚的时代,加利利已充斥着外邦人,并且人们提到它的时候,都带着一种鄙视。到了耶稣降世的那个时代,加利利是在分封的希律王统治之下,境内建了许多拜偶像的庙宇,它的百姓也沉迷在外邦人的娱乐、竞技中。因此,仍保持自尊和权力的犹太,就对加利利心存藐视。但神的使者加百列，却往加利利去。

天使也略过了大君之城耶路撒冷，到拿撒勒去。拿撒勒位于耶路撒冷东北方约七十里处，是从耶路撒冷往腓尼基的推罗、西顿之中间站。我要在这里稍作停留，因为这对我们下面的研读很重要。拿撒勒矗立在一个山坡上，山脚下就是连接推罗、西顿和耶路撒冷之间的大道。沿着这条大道行走的，有罗马的军人，希腊的商人，希腊的行旅，犹太人的祭司。在我孩提时代，一般人还以为拿撒勒不过是一个不到三千人口的小村落。现在我们知道，当时的拿撒勒，人口至少有一万五千人。它是加利利的一个城，由于地理上的位置，罗马兵丁常在那儿逗留过夜，希腊商人也在那里的旅馆投宿。拿撒勒是酝酿腐化的温床。我不必多加解释，只要你想像一下，就能知道在这些情形下，拿撒勒是一幅怎样的面目。

当拿但业说"拿撒勒还能出什么好的吗？"（约一46）这话时，他是站在一个熟悉这地方的立场说的。这句话是圣经中常常为人误解和误用的经文之一。我们一般都认为，拿但业说这话是因为蔑视它的地方小，以及它与加利利的关系。但是别忘了，拿但业是这城市邻近的人。他对拿撒勒是一清二楚，他直率地问这句话，没有出于任何诡诈。他实际上是说，拿撒勒这样腐败的地方，还能出什么好的呢？但是天使到拿撒勒去，到可能是当时那个地区里最腐败的一个城去。

神在人类的历史中行动时，人若使神所设立的场所堕落了，神就不再使用这些场所。那个地区枯萎了，那个城市败坏了，圣殿被摧残了，神的使者就略过这一切。神离弃祂所拣选的地域，抛开祂所爱的城市，略过了祂所设立的圣殿。关于这故事发生的地点，我们就讲到这里。

现在来看人物。这里有两个人：马利亚和约瑟。此处提到了约瑟的名字，但没有说到其他有关约瑟的事。我们可以从马太福音第一章第十八节和第十三章第五十五节，找到关于约瑟的描述。那里告诉我们，约瑟是个"义人"，他也是一个木匠。我们常说我们的主来到贫穷中，但不要忘了，贫穷是一个相对的词。祂诚然不是出身于富贵之家，但也并非一贫如洗。在拿撒勒那样的城里，一个木匠之家算不上是赤贫之家。箴言里记载了亚古珥的祷告，"使我也不贫穷，也不富足，赐给我需用的饮食"（箴三十8）。我想用不贫不富来形容约瑟和马利亚的家境是最恰当的。

让我们看看马利亚。基督教会长久以来都错待了马利亚。我们主张，拜马利亚就是拜偶像。但是在我们企图纠正罗马教会过分高举马利亚的时候，我们又往往忽略了她，没有公平地对待她，以致几乎遗忘了她。因此让我们从这段经文中来注意看她。

第二十六节到第二十八节，记载加百列到童女马利亚那里。我不大喜欢此处用"蒙大恩"这词，因为它暗示马利亚将要得到一个极高的职分，就是作为弥赛亚的母亲。但是这词实际上是在描述她的品格。我打算略加变动文句，"秉性恩慈的女子，我问你安，主和你同在了。"

因此我们看见，马利亚只是一个许配给人的童女。她是一个订了亲，尚未成婚的童女。在那个时候，订婚的时限通常是一年，天使就是在这一年中去造访她。

从天使对她的问安中，可以看出她的品格。"秉性恩慈的女子，我问你安。"这话勾勒出了马利亚的画像。她住在拿撒勒，四面是腐败的光景，她在各样的不洁和邪恶中，仍秉持着恩慈的性格，并且神与她同在。我们看见这一位王室的子孙，血管里流着大卫血液的女子，离弃一切不洁的事物，活在与她列祖的神之交通中，她的生活是一片宁静、和平、纯洁。

注意下面发生的事。"马利亚因这话就很惊慌。"她因天使说话的语气而惊慌，并不是因天使的出现而惊慌。她以前从未见过天使，但她相信天使的存在。当然，天使骤然出现，难免会使她惊讶，但最使她惊奇的，是天使问安的话。这位明亮的天使告诉她，她有恩慈的本性，她无法明白这话。她对自己品格的美丽毫无察觉。这点本身就颇有启示性。

让我们再进一步看她。不久天使对她作了那伟大而惊人的宣告，说她将成为弥赛亚的母亲。没有片刻踌躇，这女子坦白而单纯的个性就诚实地流露出来了，她对天使说，"我没有出嫁，怎么有这事呢?"

天使回答了她，并且又加上了一些宣告之后，她低下头，口中吐出来的话仍然具有启示性，"我是主的使女，情愿照你的话成就在我身上。"

你看出她人格上的美丽之处吗？马利亚被神拣选，以成就那深巨的职分，就是作弥赛亚的母亲。请看她，童贞女马利亚，一直到五旬节次日，她才真正明白有关耶稣的真理；她是一个罪人，需要藉着自己的孩子，神的独生子得救赎；她虽行在拿撒勒的阴影中，却因与神有交通而放出光彩；所以这位至高的使者，带着大喜的信息，来到神拣选的马利亚面前，来到这位秉性如此恩慈，以至于对自己的美德毫无察觉，并对天使问安的话大感惊慌的女子面前。

再回到故事本身，这里有三个阶段。第一，是天使的问候（26～29 节）；第二，是天使的宣告（30～34 节）；第三，是天使的解释（35～38 节）。每一阶段中，都包括了天使的话和马利亚的回答。

先来看第一阶段，天使的问候。这几节经文启示了一项奇妙的事实，就是在人类历史上最黑暗的时期，神总是有祂的余民。祂总是拣选一些祂能接近的人，并藉着这些人推动祂的工作。祂需要有利的据点，祂总是能找到人所找不到的据点。因此这位天使来到人所蔑视的小城，向一个与神有交通的女子显现。神在那里找到了祂的据点。

这就是天使的问候。这里没有直接记载马利亚的回答，但事实说明了她因天使问安的话而惊慌。

再来看天使的宣告。当时罗马正以暴政君临天下，强迫诸小国对它归降。但天使略过了这座七山之城罗马，到一个百姓家里。天使对马利亚说，"不要怕，你在神面前已经蒙恩了。"这里的"恩"和前面蒙大恩的女子的"恩"是同一个字，但用法不同。前面是描述她的品格，这里是形容她将在人类历史，在未来的年代，在神广大的计划中，所拥有的崇高地位。

天使说，"你在神面前"的这个"在"，和前面所说"主与你同在"的"在"，是两个不同的介系词。前者所说同在的"在"是"meta"；此处的"在"是"para"，意思是不仅神赐下恩典，并且她在与神的交通中，从神的"身边"得到恩典。这也是神拣选她的原因。

于是天使向她宣告了那奥秘,"你要怀孕生子。"那是从天上来的宣告,同时也宣告了祂的名字。几千年以来,我们都可以从对这名字的解释、了解和经验上,找到灿烂的荣光和美丽。"可以给祂起名叫耶稣。"希腊文的耶稣就是希伯来文的约书亚。这名字对马利亚有何意义? 我不知道马利亚是否清楚这名字的真正意义。但我愿意在这里提出一个事实,就是当时在那个地区可能有数十个男孩叫这个名字。这是一个在当时最普遍的名字。它的来源为何? 第一个叫这名字的人是摩西的继承人约书亚。他怎么得到这个名字的呢? 这不是他父母给他取的。当他出生在埃及的时候,以色列人还在为奴,这个孩子生下来,并且得以保全下来,因此他们就给他取名叫何西阿(即约书亚),就是救恩的意思。这名字一方面是被奴役的百姓所发出的哀叹、悲泣,一方面也是一首希望之歌,它糅合了激昂和悲伤的曲调。这孩子长大以后,成为摩西得力的助手。时候到了,摩西知道何西阿将要接续自己的工作,就更改他的名字。摩西取神的头衔"耶和华"的一部分,加上"何西阿"的一部分,合在一起就成了一个新的名字"约书亚",就是"耶和华的救恩"之意。

天使向约瑟显现时,也说了同样的话,只是加上了取这名字的原因,"你要给祂起名叫耶稣,因祂要将自己的百姓从罪恶里救出来"(太一21)。

经过了无数世纪的等待,那独一的一位终于来了,祂要取这个名字,并且要完全应验这名字的含义——耶和华的救恩。

天使还描述了祂的装备。祂秉承了至高的地位,"祂要为大",并且连带的,"称为至高者的儿子。"祂的使命是,"主神要把祂祖大卫的位给祂。祂要作雅各家的王,直到永远,祂的国也没有穷尽。"祂的国不限于雅各的家,祂的国不限于大卫的国,祂的国要应验这两方面的意义,但还要伸展出去,没有穷尽。

然后来看马利亚的挑战,那是一项信心的挑战。她问的问题也是极自然的。她不是对事实本身提出挑战,而是对其中的方法提出挑战。她说,"我还没有和男子同房,怎能有这事呢?"我们的翻译较婉转,含蓄,"我没有出嫁,怎么有这事呢?"我不喜欢目前的翻译,冷冰冰的从科学的、生物学的方面提出质疑，这个难题迄今还引起人们的辩论。若根据古老的译法，至少有一件事很有趣，就是第一个提出疑难的，是马利亚本人。一个女子，怎么可能不经由一个男子而受孕呢？

看看天使的回答，记载在第三十五节。其中"荫庇"（episkiezo）一词极其美妙，就是包围在黑暗中的意思，使她成为黑暗中的光。天使的这个回答，是针对着马利亚的问题。我不打算对他的回答作任何争辩，我只愿意说，根据我对神的认识，以及祂和宇宙的关系，天使的这个回答是用来说明耶稣这人的惟一而充分的方法。它也是这个生理难题惟一的解答。

但是还有一个问题。就人类的历史来看，这里有一个道德的问题。马利亚没有提出来，可能她没有想到这问题。假定一个孩子能用这种方法从一个妇人而生，那么这孩子又如何能逃避人类一直绵延下来的罪性？我们也许会争论到古老的神学术语"原罪"，以及人类全部堕落的问题。我不是在作文词之争，我只是在面对事实。如果一个孩子只是由妇人所生，他如何能逃避人类历史的特征——持续不断地被罪污染呢？这是一个道德的问题。

很奇妙的是，天使回答了她的问题以后，又接着回答她并未提出的另一个问题。"因此……"还有其他的事，是马利亚没有问的。"所要生的圣者，必称为神的儿子。"天使回答有关生物学上的难题时说，神要直接引领这件事，至高者的能力，就是圣灵要包围着你，护庇着你，使你怀有这位人子；并且藉着同样的行动，同样的能力，也就是藉着圣灵的荫庇，你所生的要逃过人类本性中那叫人堕落的罪。祂要成为圣者。是神的作为，使祂从你腹而生；同样的，神的作为也要使祂脱离人天然的罪性。天使宣告了童女生子的可能性，以及纯洁受胎的方法。

说到神的能力，加百列就给马利亚一个例子。"你的亲戚以利沙伯，在年老的时候，也怀了男胎，就是那素来不生育的，现在有孕六个月了。"

神不受一般常规的限制，祂能作超乎寻常的事，而且祂也这样作了。神不被局限在人所说的"自然"之内。为了成就祂的旨意，祂能用人形容作"超自然"的方式行动。

然后天使作了一个总结，"因为出于神的话，没有一句不带能力的。"

马利亚说，"我是主的使女，情愿照你的话成就在我身上。"这是一个降服的、顺服的伟大行动。

以上是圣经对于耶稣这人所作的解释。一个自然派的哲学必定无法接受这个真理。这一类的哲学势必用其他的法子来解释耶稣，他们惟一的方法，就是改变新约圣经对耶稣所作的介绍。他们否认耶稣降生的超自然性，目的只是要使祂合乎自然。这样作不但否定了人类历史上有关祂这个人的记录，也使一切有关祂的教训、祂的能力之记录归于无效。人们拒绝这个故事的原因，可以从他们对神的一套哲学中找出来。如果祂是在他们有限的知识范围之内，这些事就不可能发生。但是我们不在这些人的行列之内。我们不认为祂被局限在我们所发现的法则和能力里面。因此天使的回答可以得到我们理性上的赞同，因为那才是惟一对祂的解释，惟一能够满足我们理性的答案。

　　本段经文叙述了两个母亲的故事。这里我们看见了母性所发出的光辉和荣耀，照亮了任何时代的母性，因为在这里，可以看见神呼召母性与祂合作，进行祂在人类历史中的救赎工作。这里达到了一个历史上的关键，就是神的话应验了，因为当初人反抗神的管理，以至于在这世代的阴影日深、黑暗益浓的时候，祂曾应许人类，有一天人类要透过女性，胜过仇敌的权势。

　　有两件事值得注意：首先是故事本身，其次是诗歌。

　　关于故事本身，我们先从马利亚开始。前面我们已经说过，她听见了那个大宣告，也明白她将要成为人们长久盼望的弥赛亚的母亲。她诚实地对这宣告提出质疑，因为她看见了在人的层次上，这件事是超自然的，不可能的。她又从天上得到了答案，就是神要以祂的能力，成就这一切事。她就低下头，虔诚而顺服地说，"情愿照你的话成就在我身上。"这件奥秘的事实就如此完成了。

　　试想一下她的处境和感觉。她已经许配给一个名叫约瑟的义人，这人后来发现她怀孕了。很多人认为，天使梦中向约瑟显现，是马利亚拜访以利沙伯回来之后发生的。我个人相信，马利亚受了圣灵的孕，这件大能的事成了事实之后，天使就立刻去见约瑟。

　　马太福音第一章记载约瑟发现马利亚怀孕之后的态度。他还不知道这事是出于神。他面临怎样的抉择？马太记载得很简单。他不愿意"明明的羞辱她"，这是一个法律词句；他宁愿"暗暗的把她休了"，这又是另一个法律词句。任何男子在同样情况下都可以有这两种选择。一种是将她交给当权者，明明的羞辱她，就是根据摩西的律法，用石头打死她。但约瑟不愿意这样作。他宁愿采取另一个法子，"暗暗的把她休了"，就是给她一纸休书，取消婚约。在犹太人中间，订婚的严肃性远超过今日。那时一个女孩子许配给一个男子，订婚期通常是一年。这段时间，她在法律上就归于这男子，如同结了婚一样，是不能反悔的。但法律也给通奸罪提供例外。如果一个人不愿意将他通奸的未婚妻送交法庭，使她被石头打死，那么他可以给她一纸休书，取消订婚。约瑟就打算这么作。我认为这也证明了他爱马利亚。如果一个人因为对方违背誓约而采取报复行动的话，这个人一定不爱对方。但是约瑟虽然在法律上有理，他又没有得到任何解释，他的心都碎了，他仍然不愿明明的羞辱她，而打算暗暗把她休了。

然后天使在约瑟的梦中显现，向他宣告那非凡的奥秘。我们看见，他就立刻把她娶过来。他没有将婚礼延至订婚期满的时候，他立刻将她娶到他的家中，他节制着自己，悉心看顾她，给她以他的姓氏，用他的家来护卫她。这是伟大的爱情和信心的故事。

再回过头来想像拿撒勒的情景，在那个环境下，一定是谣言满天飞，想作任何解释都不可能。马利亚可以出面解释，道出事情真相，但有谁会相信？老实说，当时如果你在场，你会相信吗？我确信那些日子，周围的疑惑一定使马利亚难堪，并且终其一生她都忍受着如此的痛苦。

这样我们继续读下去时，就不会感到惊讶了。"那时候马利亚起身，急忙往山地里去，来到犹大的一座城。"这显然是一件自然、合乎人之常情的事。马利亚仰起脸望向她列祖的神时，前面是晴空万里。但当她四处看拿撒勒周围的情景时，她见到的是刺探的眼神、鬼鬼祟祟的耳语，和重重的疑云。于是她起身，"急忙"离去。她要逃离拿撒勒，逃开一切的闲言闲语，到以利沙伯家寻求一些同情。

让我们再想像犹大的那个家庭。自从天使向撒迦利亚作了那伟大的宣告之后，已经过了六个月。从未生育的以利沙伯已怀了六个月身孕，她正孕育着那个渴望已久的儿子。她一定思想着那孩子的降生，以及他的职分，甚至也想到她的儿子所要预告的那一位的降生。毫无疑问的，撒迦利亚已把天使对他说的话，用笔告诉了她。她知道她的同胞儿世纪以来在叹息、受苦中所期待的那一天，已经在她这儿露出了黎明的曙光。

她们相遇了。马利亚出其不意地来到这座祭司之城，事先没有任何通知。她进了屋子，以利沙伯看见她，颇觉意外。这是很不寻常的事。以利沙伯当时不在屋外，没有起身相迎。她们在屋里见了面。路加记录了接着发生的一件奇妙的事，后来以利沙伯也用诗歌重述了此事，那就是马利亚一进入屋子问安，以利沙伯腹中的胎儿就跳动了。以利沙伯以诗歌唱道，"我腹里的胎就欢喜跳动。""欢喜"这词就是欣喜欢跃的意思。

在今日这个物质主义的世界中，我们物质化的心灵也许会怀疑这个故事，甚至对它提出质疑。事实上，这后面有属灵的实际。我们常常忽略了属灵世界的存在。我个人觉得，这故事颇有启示性，当马利亚腹中的神圣后裔接近了那未出生的先锋时，以利沙伯的胎儿就在母腹中欢喜跳跃。我不打算就这点作任何辩论，但我时常弯身婴儿床，看着里面的婴儿，那孩子也用双眼望着我，我就会想，这孩子脑子里究竟知道多少事物？华兹华斯（Wordsworth）一首描述婴孩的诗含有许多真理：

"我们拖曳着
　　一片荣耀的云彩
　从我们的家乡
　　父神那里而来"

我们年岁渐长之后，就逐渐远离了幼年时许多真实的事物。

以利沙伯于是被圣灵充满，这表示也有一些超自然的事，一些亮光，一些体会临到她。她看见马利亚来，就知道马利亚是神的殿，在她里面正住着生命的主，就是那荣耀的主。

马利亚刚刚到达，以利沙伯就唱出她的诗歌。我要在此处暂停，提及较为一般性的事。这里我们看见了一件颇有趣的事，就是只有路加记录了与基督降世有关的诗和音乐。马太、马可、约翰都没有记下任何诗歌,只有路加,那位希腊人,艺术家,诗人,科学家,在他调查、记录这些故事的时候,也搜集了这些诗歌。这又是一个例子,说明神的灵掌管一切,从不漏掉任何恩赐。路加是一个器皿,一个合用的器皿,为我们保留了早期的诗歌。从他那里,我们看到了以利沙伯的祝福之歌,马利亚的赞美歌,撒迦利亚的颂歌,西面的西面颂(路二29~32),天使在旷野唱的天使颂,以及天军所唱的天军颂(路二14)。喜爱诗歌体裁的人,读到这几章时,一定会觉得回味无穷。路加在圣灵的引领之下,搜集了这些故事,让我们明白一件事实,就是耶稣降世时,诗歌表达了他们的心意,音乐也活跃起来。

以利沙伯的祝福之歌是为马利亚作的(一42~45),但它还有更深的真理,就是对主表达了敬意和尊崇。她为什么恭贺马利亚,称她"在妇女中是有福的"?因为,"你所怀的胎也是有福的。我主的母到我这里来,这是从哪里得的呢?"

那是对马利亚的称颂,认识到她的职分何其伟大,何其光荣,但是她最主要的荣耀乃在于她是"我主的母"。这个母亲所以被称为大,是因为她所生的孩子将要被称为大。

因此以利沙伯,这位旧制度下的女子,是新制度中第一个歌唱的人。她的歌是福音书里的第一首诗歌,也是新时代破晓的第一首诗歌。她对马利亚的一切祝福,都透过马利亚,传到了她腹中的子那里。那是旧制度最后的一个音符,它对新制度发出了欢迎之声。那祭司后裔的女子,为了祂的降临而歌唱,因为祂是长久以来人们所盼望、叹息、等待的那一位,祂的来临表示过去的应许得了应验,神正在人类的历史中前进,迈向那最终的目标。

接着我们来看马利亚的赞美歌。它最先吸引我们注意的,就是它在思想上、表达上、狂喜的情绪上、崇拜上都是纯粹希伯来式的。它几乎完全是由旧约诗篇的引文组合而成的。这点很有趣,它显示了马利亚对她民族的那一卷伟大文学作品知之甚详。当她脱口而唱时,很自然地就引用了她多年以来所熟悉的词句。同时她将旧有零散的词句编进她这首美妙的诗歌中,足见她深切了解到诗篇最终的价值。今日的基督教会就称这首歌为马利亚之赞美歌。

它的第一小段是对过去的综览。马利亚称颂神过去的作为,这是她诗歌的主旨。她不仅提到神刚刚成就的事,她还回溯到她的祖先亚伯拉罕那个时代,她的诗歌完全属于希伯来民族的范围之内。她歌颂神在过去所作的事,这些事都是指向现今的事。她回顾历史,一直到亚伯拉罕的时代,她看见了神在"世世代代"的作为,然后看到现今的事实,并且伸展到将来,"从今以后,万代要称我有福。"伯尔顿(Burton)说,这实在是一首道地的赞美颂,"我心尊主为大。"

她的诗歌中还有一点引人注目:整首歌里没有一个字提到她里面正孕育着的那一个奥妙而非凡的生命,但整首歌的灵感却是从那个事实而来的。在这首诗歌中,那奥秘的生命为马利亚照亮了她的民族过去一切的历史。

试想想看,在那个时代,一个虔诚的希伯来女子可能会唱怎样的歌。她可能歌颂神,述说祂的大能;她可能称颂祂的威严,称颂祂的国度;然后呢? 一切的赞美最后都可能合并成一首失望的哀歌。那个时代的希伯来女子都有理由作悲观的诗。但是,马利亚却不是。她为人母的生命中心,蕴藏着那神圣的事物,使她得以充满信心。不管环境如何黑暗,闲言闲语如何刺伤她的心,不管她是带着多深的误解、责难、疑心来到神面前,那个伟大的奥秘都放在那里,使得马利亚不得不称颂神,赞美祂世世代代的作为,赞美祂现在正为后来的世代而作的一切事。

因此当以利沙伯这位旧时代的女子,唱出新时代的第一首歌时,马利亚这位旧时代的女子唱出的是关于旧时代的歌,但这个旧时代是已经得到承认、完成的时代,它正移向未来,因为她生命的中心正隐藏着那奇妙非凡的奥秘。

这首歌有两个段落,第一个段落从第四十六节到第四十九节,是她自己的经验。第二个段落从第五十节到第五十六节,是她对神的称颂。

首先是她的经验。"我心……我灵……"这两个并不是重述词,乃是经过启示的、极准确的用法。我的"心"是指我的整个意识,我心尊主为大。我的"灵"就是我人性中最基本的成分,以神我的救主为乐。她先说到她的心意，然后说到她属灵的生命。她的心尊主为大，是因为她的灵以神她的救主为乐。灵是一种启示，心则是经验和表达。灵若以神救主为乐，心就会抓住其中所有的意义，经验它，表达它，进而尊主为大。这就是崇拜最高的层次。

接下去的第四十八节和四十九节上半，说明她的灵喜乐的原因。

接着，她立刻称颂神。这段称颂分成四小段，分别说明了她列祖的神一切的荣美，包括了祂的圣洁，祂的慈爱，祂的大能，和祂的信实。因着那内在的记号，因着她知道了她里面新生的生命，她认识了神的圣洁，神的慈爱，神的大能和信实。

以利沙伯的歌，是新时代的第一首歌。马利亚的歌，是旧时代的最后一首歌。我愿意称马利亚的歌为旧时代的殿乐，以利沙伯的歌为新时代的序曲。

这个故事以这么一句话作结束，"马利亚和以利沙伯同住，约有三个月。"

我们不妨想想这两位女子共处的三个月。马利亚在犹大那个宁静的祭司之城，和以利沙伯有所交通，然后她就回家了。接下去的六个月之情形，我们没有任何记录。但我们知道她活在与神的交通中，其美好远胜过以前的日子；另一方面约瑟也在尽力维护她，抵挡邻里的闲话和恶毒的批评。那一整段时期，她就用来建造耶稣的身体。这个奥秘的故事就在此结束。

"他的名字是约翰"(路一 63)。

这几个字是整段经文故事的焦点。这故事从本章头五十七节的经文中就开始了，自第五十七节到第八十节则是它的尾声。在这结束的部分中，我们看到了约翰出生的记载，以及撒迦利亚的颂歌。

首先来看那位先锋的诞生。以利沙伯生下了一个男孩。神为了完成祂的旨意，就透过超自然的因素，成就了自然的事。我们必须记住天使对他父亲所作的，关于约翰的惊人宣告。天使在圣殿中告诉他，这孩子在母腹里就要被圣灵充满。这里的圣灵，并非今日我们说到圣灵充满时所谓的圣灵。那宣告是说，他要被神圣的灵所充满。在他母腹里，这孩子就以神圣的灵为装备，以预备从事他被指定的那事工。这就和耶利米的例子一样，说明一个先知尚在母腹中，还未出生时，神就知道他，并且预先指定了他的服事工作。

第五十七节到第六十六节，我们看见孩子出世了，他们的邻里亲族都一同欢喜。到了第八日，他们都聚集来给孩子行割礼。依照希伯来人的规矩，是在男孩子行割礼那天给他命名的。亲族们认为他理所当然应该照他父亲的名字，取名叫撒迦利亚。但他母亲加以阻止，她说，"不可，要叫他约翰。"他们自然会反对说，你亲族中没有叫这名字的。那时撒迦利亚仍然又聋又哑，正坐在一旁。他们就向他打手式，又给他一块写字板，他写道，"他的名字是约翰。"他写的不是"他应该名叫约翰"，也不是"我们已经决定他要叫约翰"，他乃是斩钉截铁地写道，"他的名字是约翰。"这已是定局，毫无商量的余地。这个孩子是属天的，神已经为他选好了名字。他的名字是约翰，他的名字是"神的恩典"。

撒迦利亚的口立刻就开了，舌头也舒展了。经过了数月隐居的生活，他几乎已经与外界隔离了。这期间他沉思了发生在他身上的奇妙之事，以及那更奇妙的事，就是有关主先锋的事，现在，他突然唱起歌来。路加说，他被神圣的灵所充满。

第六十六节说到，人们在心里说，这个孩子将来怎么样呢？他们的疑问要三十年以后才能得到答案，那时这个孩子就像以利亚一样，突然出现在犹太境内，宣讲信息。毫无疑问的，到那时必定会有一些人，回想起他出生的奇迹。

我们已经听过了两首歌，都是与人类历史上这件惊人的事，就是神的儿子降世成为人子的事有关。首先是以利沙伯的祝歌，然后是马利亚的赞美歌。

现在来看第三首歌，即撒迦利亚的颂歌。马利亚的歌是称颂那行动的神；撒迦利亚的歌是描述神的行动。这两首歌是相辅相成的。

我们必须注意约翰的名字和这首歌的关系。这诗歌从头到尾都在称颂这名。"约翰"的意思是神的恩典，这也是撒迦利亚在这首奇妙的预言诗中所称颂的。他的诗歌就是在解释约翰这名字。他在这首歌中，称颂神一切的作为，这些作为都是出于这名字的含义——神的恩典。这首歌的主题是救恩，而救恩乃是出于神恩典的作为。

如果我说，撒迦利亚在写第七十二节和第七十三节的时候，他想到了这孩子，想到他自己，以及他的妻子，也不算凭空猜测。"施怜悯"，这是约翰的名字，就是神的恩典；"记念祂的圣约"，这是他自己的名字，就是神必记念；"对我们祖宗亚伯拉罕所起的誓"，是他妻子以利沙伯的名字，就是神的誓约。

前面我已经说过神的恩典，神的救恩，现在我要用一个名词来形容本诗的主题，这种用法可能是前所未见的。这首颂歌的主题是神的管辖。请看第六十八节，"因祂眷顾祂的百姓。"再看第七十八节，"叫清晨的日光从高天临到我们。"其中的"眷顾"和"临到"在希腊文中是同一个动词"episkeptomai"，也就是管辖的意思。"管辖"是什么意思？就是看顾、管理，包括了观看和行动。不要以为"祂眷顾"仅仅是指神降下来观看世人，它还有更深的含义。神观看，接着祂就行动。古时候神的百姓在为奴时，祂就宣告，"我实在看见了……我下来是要救他们"（徒七34）。这就是看见和行动，也是这里"眷顾"一词所指的。

因此撒迦利亚将下面要发生的事，描述为神眷顾的结果。神看见了，这导致了神的行动；神的行动起源于祂的看见。这诗歌所启示的，就是神管辖的性质。"祂眷顾……日光从高天临到我们。"注意其中的时态。祂已经看见了，祂已经掌管了，祂根据自己的本性观察。现在有了结果：将有日光临到我们。祂的观察和行动，产生了清晨的日光。

这首歌分成三部分。第一，从第六十八节到第七十五节，称颂神在过去的作为。其次，第七十六至七十七节，描述那孩子的事工。最后，第七十八至七十九节，宣告神在未来的作为。

首先看第六十八节到第七十五节所描述的神在过去的作为。注意这段经文中提到过去的地方，"主以色列的神"，"祂仆人大卫"，"圣先知"，"我们列祖"，"祂的圣约"，"所起的誓"，"亚伯拉罕"。作歌的人回顾那古老的时代，就称颂神从那时起直到如今的一切作为。

他从万物的源头开始。"主以色列的神，是应当称颂的。"然后称颂神作为的方式，"祂眷顾……施行救赎。"撒迦利亚是一个祭司，他用了圣殿中的名词"救赎"。"在祂仆人大卫家中，为我们兴起了拯救的角。"那是最主要的。关于这句话，大家意见纷纭，我不打算很武断地说"拯救的角"有什么特别含义。它可能指神救恩的崇高、辉煌、庄严、壮丽，也可能指神救恩的全备和丰盛。两者都可以用角来作比喻。然后他称颂这最终行动的性质，"拯救我们脱离仇敌，和一切恨我们之人的手。向我们列祖施怜悯，记念祂的圣约。"

有些解释这首歌的人认为，撒迦利亚是用一种狭窄、自私的想法和说法来唱这歌，因为他只将希伯来民族包括在内。我并不如此想。我相信他不但已经看见神在他的族人身上的作为，并且也看见神的作为透过他的族人，伸展到一个更宽阔的领域中，具有更大的意图。有些人认为，"拯救我们脱离仇敌，和一切恨我们之人的手"这句话，表达了撒迦利亚的希望，就是那救赎主来，要打碎罗马的铁轭。我完全不赞同这说法。我相信这歌里有更深的属灵含义。撒迦利亚因被神圣的灵充满，就看见将要发生的事，明白神根据所立的约和所起的誓言而采取的怜悯行动，其最深广的意义乃在于拯救整个人类脱离仇敌之手。

下面一段（76～77 节）是那孩子的使命，我们不拟多加赘述。

最后一段（78～79 节）提到未来的事。以赛亚书第九章第一节有这么一段话：

> "但那受过痛苦的，必不再见幽暗。从前神使西布伦地和拿弗他利地被藐视，末后却使这沿海的路，约旦河外，外邦人的加利利地，得着荣耀。"

这位旧时代的先知所唱的是什么？他清楚地看见了神对以色列的旨意，是要她成为一个中途站，一个工具，好叫神能藉着她，成就更大的事。他跨越了许多世纪，预见有一天将临到，那时坐在黑暗死荫中的人将见到亮光。这也是撒迦利亚现在所清楚见到的。他知道过去世代一切的荣耀，但他看见了更远的事。他看到神对以色列的计划成就了，因祂怜悯的心肠，祂叫清晨的日光从高天临到我们，照亮坐在黑暗中死荫里的人，把我们的脚引到平安的路上。他所用的代名词具有崭新的意义。"临到我们"的"我们"是指谁？"把我们的脚引到……"是指谁的脚？如果我们说他仅是指以色列而言，我们就误解了整首歌的精神。他自己回答了我们的问题，"坐在黑暗中死荫里的人"，包括以色列以外的各族。他将他们并列，用复数的代名词将他自己和外邦各族连结起来。在撒迦利亚沉默等候的数月中，神管辖或眷顾的真正意义临到了他。他说那照亮坐在黑暗中死荫里之列国的光将要来临了。

他在这首歌最后一个段落里，重新提到了万物的源头。一开始他说，"主以色列的神，是应当称颂的。"现在他说，"因我们神怜悯的心肠。"怜悯的心肠，多么动人的词句！这是耶稣一生的历史中头一次出现这词。以后还有许多地方出现，但都是用"怜悯"二字而已。新约不断提到，我们的主动了怜悯。"心肠"真是生动的比喻！每一个健康的人都知道,在身体或心理的重压之下,人生理的本质会挤向身体最中心的部位。因此撒迦利亚大胆地用了这个词。"怜悯的心肠"没有指出其中所含的困难、翻搅、痛苦、焦虑,但这些都在"心肠"的比喻中表现出来了。值得注目的是,新约圣经中只有耶稣使用这个词,或者只有提到耶稣的时候,才用到这个词。

撒迦利亚看到将要来临之事的一切荣耀——日光,清晨,黎明。那升起的旭日象征着黑暗中的光明,照亮坐在死荫里的人。

整段经文以一个简短的陈述作结束。路加以他一贯省略次要事件,只记载主要事件的笔法,将三十年的时间用一节经文带过。

"孩子渐渐长大",这是极自然的;"心灵强健",指他逐渐成熟;"住在旷野",并不一定是说他从婴儿时就被带到旷野。我相信,约翰是二十岁的时候进入旷野,这是没有问题的。他是一个祭司,他父亲也是祭司,他是在祭司的等次中。根据希伯来人的制度,祭司的儿子长到二十岁的时候,必须继承祭司的职分。我想他是在那个时候,割断他与圣殿及祭司职分的关系,在神的命令之下进入旷野。

如此,我们已来到人类历史上最伟大之时刻,最伟大之事件的入口。先锋已经预备好了,在撒迦利亚的颂歌中,他称颂神正脱离旧的道路,迈向新领域的过程。

6   路加福音二 1～20

本段经文的中心事实是，"为你们生了救主"（11 节）。这件人类历史上千万年来最惊人的事，以虔敬而精致的语法，藉着天使陈述出来。

研读这故事时，首先须注意地上的光景（1～5 节）；其次是那事实（6～7 节）；最后是天上的活动（8～10 节）。

地上的光景是什么？本章一开始就说，"当那些日子，凯撒奥古斯都有旨意下来。"凯撒奥古斯都是罗马的第一个皇帝，他真正的名字是该尤士奥克塔弗斯（Caius Octavius）。"奥古斯都"颇富含义，那是他的头衔。"凯撒"则是别人对他的尊称。过了一段时间，"奥古斯都"的头衔消失了，"凯撒"反而成为他的头衔。当他成为罗马帝王的时候，曾和人讨论他的头衔应该是什么。他不愿意被称为"执政者"，因为那暗示他的职位是短暂的。他也拒绝被称为"国王"，他觉得意义还不够广。罗马元老院和他商量的结果，为他创造了一个头衔"奥古斯都"，是从"奥古"（Agur，占卜官）这字演变来的，指明他享有宗教的制裁权。随后他就朝着这个方向前进，就是声明罗马帝国的最高统治者具有神权。国家大权逐渐由人民身上转移到军官手中，最后这位能干而狡猾的人，终于掌握了最高的大权。他成了罗马第一个皇帝，第一个大将军。大将军是军队里的头衔，本来罗马的将军一律被称为大将军，但到最后取消了所有其他的大将军，成为一人专政的独裁政府。罗马共和政体瓦解了，取而代之的是凯撒奥古斯都统治下的罗马帝国。

在那个时候，雅努斯（Janus）神庙的大门已经关闭了二十多年，并且以后又继续关闭了三十年。雅努斯神庙关门，就表示当时没有战争。罗马共和国有战争时就打开雅努斯神庙的门，四境太平时就关起来。"当那些日子"，罗马共和国转换成罗马帝国，罗马人和全世界都在一个暴君的统治下。那时凯撒奥古斯都下了一道命令，要天下的人都报名上册。他铁令如山，没有人可以例外。大家都前去了，有身着紫色华服的罗马贵族，有衣衫褴褛的庶民。那段时期天下太平，没有战争。也许你会说，那真不错！事实上，那是人类历史上最黑暗的时期。我并不是在歌颂战争，但那时没有战争的原因，却是因为人们被迫降服在暴政之下，无人敢稍露头角或表达自己的看法，那是有史以来最黑暗的时刻。

这件事也影响了地中海东岸那个动乱的小城拿撒勒。城内的约瑟和马利亚也不得不夹在犹大和加利利的群众中，前去注册。他们虽然是无名小卒，却得受罗马政权的控制。虽然约瑟是大卫的后裔，他仍然得服从命令。他必须回到他的本家报名上册。于是他带着他的妻子马利亚一同前去。

这两个人在凯撒奥古斯都的命令下，往他们的本家去。看看那个女子，她旅行的时候腹中孕育着神的儿子。看看那位男子，他生命中最急切的事是护卫着那女子。如果我们能站在较高的位置，从属天的观点来看这个世界，就会发现很多事情又有了另一番面貌。他们在凯撒奥古斯都的命令下，必须往伯利恒去。但是早在六百五十年以前，圣经的预言就提到了这件事：

"伯利恒以法他啊，你在犹大诸城中为小，将来必有一位从你那里出来，在以色列中为我作掌权的。祂的根源从亘古、从太初就有。耶和华必将以色列人交付敌人，直等那生产的妇人生下子来。那时掌权者其余的弟兄，必归到以色列人那里。祂必起来，倚靠耶和华的大能，并耶和华祂神之名的威严，牧养祂的羊群。他们要安然居住，因为祂必日见尊大，直到地极"（弥五2～4）。

读到这段在事情发生之前六百五十年就已说出的预言时，我实在看到凯撒奥古斯都在整出戏里，不过是一个微不足道的小傀儡；而真正重要的角色，却是那怀着神儿子的女子，和细心呵护着她的那男子。他们去伯利恒，是出于凯撒的命令。凯撒为何要下那道命令？
我们可以从马太福音中找到答案。马太特别指出，当希律王问祭司
长和文士，基督当生在何处时，他们说，"因为先知书记着"（太二5）。
马太这样引述，等于说，希律下这命令，是应验了先知的预言，并且这
事是在神的掌管之下发生的。预言里宣告人子要生在伯利恒，"必日
见尊大，直到地极。"就是治理整个世界。这正是凯撒梦寐以求的，但
他没有得逞。那女子腹中的人子，才是世界的主。这是从属天的角
度所看到的地上的光景。

　　第六、第七节记载他们到达伯利恒时，那惊天动地的事件发生
了。让我们再一次注意地上的光景。"客店里没有地方。"客店是什
么？我们读到这个词的时候，也许会想到客栈，或是现在所称的旅
馆。但这不是"客店"的意思。新约中我们译成"客店"的字有两个，
一个是"pandocheion"，意思是客栈，一个有老板主持，并供应食物、
住处的地方。另一个字是"kataluma"，那仅是一个围栏，供旅客放置
牛群之用，有时也附有住处，让旅客过夜，但不供应食物，只供应水。
那里没有老板管理，也没有任何其他服务。即使这样的地方都没有
空处了，约瑟和马利亚甚至连一个放置牛群的围栏都找不到。

　　怎么办呢？在这刻不容缓的紧要关头，他们不得不在外头找到
一个停脚的地方，于是婴儿就在那儿诞生了。马利亚将婴孩放在马
槽中。没有宫殿，没有房子，没有旅店，甚至没有放置牲畜的围栏。
祂出生在一个一无所有的地方，甚至连牛住的围栏都没有。祂出生，
并被放在屋外的马槽里。祂就这样来了。这是何等的荣耀，这是何
等的奇妙！祂略过了宫庭、住家、客店，诞生在一个最卑微的地方，任
何一个婴孩也不会降生在比这更卑微的地方了。

　　然后是有关这伟大的中心事件之记载。她"生了……用布包
起来"。这多么美丽！又是多么可怜、可悲、寂寞！在女性生涯中最
需要温柔照顾的时刻，她却是孤独的。路加的笔法非常突出。她亲
手用布将婴孩包起来，放在马槽中，没有任何人代劳。我思想这件事
时，不禁想起耶稣快要离世时所说的一段话，"妇人生产的时候就忧
愁，因为她的时候到了。既生了孩子，就不再记念那苦楚，因为欢喜

世上生了一个人"(约十六21)。当然那就是马利亚的经历。

"就生了头胎的儿子。"它单纯的意思是,耶稣是她最年长的孩子,是头生的儿子。但这话还有更广阔的含义。头生不仅是指时间上的第一,也是指地位、秩序、重要性上的第一。新约中,祂被称为"首生的,在一切被造的以先"(西一15);祂又被称为"从死里首先复生的"(西一18);祂也被称为"在许多弟兄中作长子"(罗八29)。另外还有一个更深刻的主旨,这孩子是谁的? 是神的儿子。就在那个马槽里,在那个小城伯利恒中,神的儿子成为人的样式,进入人类历史的洪流中。以撒·威廉斯(Issac Williams)所写的一本好书《圣诞》(The Nativity)中有这么一段话:

"神那深不可测的计谋往前移动了,那极深的奥秘之源喷出了泉水,列国因此将得到痊愈。但是,从人类社会的外表看来,除了水面一阵涟漪之外,看不见任何其他动静。"

最后我们来看那日天上的活动。主的使者夜间向一群正看守着羊群的牧人显现,主的荣光四面照着他们。我想大部分人都同意,那些牧人可能是圣殿的牧人,正看守着将作为祭物的羊群。不管怎样,他们当时正尽本分地看守羊群。他们不是在靠近伯利恒的地方,他们后来说,"我们往伯利恒去。"可见那里离伯利恒还有一段距离。他们正看守羊群时,天使突然出现了。天使没有在凯撒的宫庭里出现,也没有在圣殿中出现,却来到牧人面前。他带来了天上的信息,和主的荣光。牧羊的人大感惧怕,因此天使一开始就说,"不要惧怕,我报给你们大喜的信息。"天使的话似乎暗示,这世上缺乏喜乐,好几代以来这世界都未听闻过任何好消息,人们心中充满的,只是对压迫之暴政的恐惧。这世界被迫屈服,充满了悲伤、愁烦、绝望。然而从神那里来了一位天使,对牧人说,"不要惧怕,我报给你们大喜的信息,是关乎万民的。"

第十一节就是那大好的信息。我们现今的翻译是为了音调和谐而略有调整,事实上在希腊文中,三个名词前面都没有冠词。天使说,"因今天在大卫的城里,为你们生了救主,基督,主。"(中文圣经译作"为你们生了救主,就是主基督"。)

　　救主，就是能以救赎的大能，王的权柄对付世上一切有罪的人。基督，就是弥赛亚，是能应付世上一切的混乱，实现真正的统治权，实现神国的人。主，就是能面对永恒，面对一切世代的人。天使说，祂降生了，祂今日降生了。天使告诉他们如何去找祂之后，"忽然有一大队天兵，同那天使赞美神。"

　　让我们在这里任由我们的想像力飞驰，想像一下当时的情景。整个天空传出那伟大的荣归主颂，声达地上，响彻伯利恒的原野。"在至高之处荣耀归与神，在地上平安归与祂所喜悦的人。"

　　这就是那孩子诞生的意义，就是"救主，基督，主"的意义。"在至高之处"是形容天，就是神的居所，荣耀归与神。至于地上，则平安归与祂所喜悦的人。平安就是和平。各处的人都在谈论和平，想要谋求和平，有时他们根据对这节经文的错误翻译和误解，想要去制造和平。他们说，天使是说"平安归与这世上喜爱和平的人"。因此他们认为，只要我们将爱好和平的意愿实行出来，就可以得到平安。事实上，除了在神所喜悦的人中间，这世上不可能有和平。和平只能建立在神所喜悦的人身上。

　　试着眺望三十年以后的情景。这婴孩长大了，经过童年期和青少年期，成为三十岁的壮年人。祂即将展开弥赛亚的奇妙事工。祂接受洗礼时，忽然从天上有声音说，"这是我的爱子，我所喜悦的"（太三 17）。注意这句话和前段讨论的那句话之间的关系。那婴孩已长成讨神喜悦的人。只有当人类像祂那样讨神喜悦时，和平才会降临。裁军会议不能带来和平。限制武器、缩减军备都是好主意，但有什么用？所有国家都在竞相倍增他们的飞机舰队。人类何其无知，这样下去永远无法获得和平。

　　天使的歌颂，不仅在欢迎那婴孩，也在欢迎从那婴孩繁衍出的新族类。那婴孩是第二个人，是末后的亚当。从这孩子身上，要生出一个能满足神要求、讨神喜悦的族类。将有平安归与他们。

　　有一个古老的预言，严厉地警告后来的世代："我的神说，恶人必不得平安"（赛五十七 21）。人必须先得洁净，然后才有平安。

　　让我们以开头的那句话"为你们生了救主"作结束。祂已经来到这世界，为的是要使那因犯罪、悖逆、堕落而不讨神喜悦的人类，重新得到神的喜悦。但愿我们心中常常记住"救主"这两个字。伦敦的帕克博士(Dr. Joseph Parker)讲到这段经文时曾如此说：

"'今天……为你们生了救主。'这世界不需要一个顾问，这世界已经用自己的计谋走入了绝路。这世界也不需要一个理论家，人们已经竭尽智力作为，结果却坐在自己智慧所造成的黑暗中。这世界不需要一个改革者，一个能改变其外表的、暂时的关系之人。这世界不需要一个花时间去重新调整这社会的轮子、滑车、各样机械功能的人。这世界需要的是一位救主。'救主'是一个动人的名字。它不是官方的头衔，不是你想像中必须穿着礼服在其面前鞠躬行礼的威严职位，'救主'乃像一个含着眼泪的天使，其双臂大有能力，好像神的电光；但其心肠却温柔无比。'救主'是一个综合的名词，它里面含有人一切的本性和神一切的属性；它包括了过去的一切历史，和一切应验了的预言，以及一切启示的奥秘；它的温柔胜过了女子的爱情，它的威严足以使傲慢的君王谦卑下来。"

　　这段经文的主要价值，在于它巧妙地将马利亚的孩子、神的儿子和旧制度连结起来。整个故事启示了神的作为。虽然有一切难处、危险、阻挠，祂依然向前迈进。所有的历史都可以证明这个真理——"我们的神正在前进。"马利亚的孩子，神的儿子之降临人世，和过去的一切事都有关连。祂的降临使一个新的日子露出了曙光，使神的一个新步骤揭开了序幕。

　　我们可以从本段经文中，看到过去神的制度，以及那些满怀期待、虔诚的神的百姓。那旧的制度起始于亚伯拉罕，经过了无数个世纪，一直具有预言的性质。它存在于这世上，作为神对这世界说话的方法，它里面的一切都是在预告未来的事物，这些事物都是尚未成就的。亚伯拉罕始终是一个先锋，总是朝向人所未曾触及的领域前进。所有的仪式，礼仪，国家生活中的一切事，都是朝着一个目标前进。我们关上旧约圣经时，就能体会到我们已经跟随着一支荣美、慈爱的队伍，朝着一个尚未完成的目标前进。但旧约突然地结束，留下一个很大的空间。我们要在这里停下来思想一下，旧制度里神的百姓一直是在神的旨意中，他们是神的工具，不是神的目标，他们乃是达到神目标的方法。神的旨意是藉着祂的选民，使祂的意念能为世人知晓。这意念不是从耶稣基督的降临起始的。祂的降临使神的意念达到了顶点，得以完成。基督降临之前，神就如此爱这世界，因此祂最后将祂的独生子赐给世人。祂不是在赐下独生子的时候，才开始爱世上的人。

　　然后我们可以从这段经文中，看到旧的制度和人。我们从摩西的礼仪来观察旧的制度；从旧约圣者所说的话来看旧制度里的人，就是西面和亚拿，以及围绕着那婴儿的一小群人。正当西面手中抱着新生的救主之际，亚拿来了，她称谢神，并且对那些期待以色列得赎的人讲论神。耶路撒冷城中有一小群人，正等待着以色列蒙救赎，显然他们常常聚在圣殿的院中祷告，也许一块唱着希望之歌，彼此谈论。每一回我读到亚拿对那一群人所说的话，就会禁不住想起玛拉基在四百年之前所说的一段话：

"那时敬畏耶和华的彼此谈论，耶和华侧耳而听，且有记念册在祂面前，记录那敬畏耶和华、思念祂名的人。万军之耶和华说，在我所定的日子，他们必属我，特特归我"（玛三 16～17）。

在这四百年中，神一直拣选了一些余民，他们明白他们立国的意义，期待着以色列被赎的日子。从摩西的礼仪中，我们看见了这婴儿与旧制度的关系；而西面的祝福、诗歌，以及亚拿的预言，都在歌颂这种关系。

这段经文的第一部分，记载了两个不同的摩西礼仪。首先是第二十一节记的给孩子行割礼及命名的仪式；其次是第二十二节和二十四节所记，将孩子献与主，以及献祭的仪式。根据摩西的律法，一个孩子满了八天以后就要受割礼，并且取名字。到了第四十天，母亲得了洁净以后，就将孩子奉献出来。

第二十一节里提到两件事，行割礼和取名字。割礼的仪式可以使每一个希伯来男孩与神百姓的国家生活发生联系。单单祂的出生还不足以代表这一点。虽然亚伯拉罕的时代没有这个仪式，但从那时起，几千年来任何希伯来男子必须经过割礼，才能成为这个属神之国的一分子。那是神的记号，神的证据。

"神又对亚伯拉罕说，你和你的后裔必世世代代遵守我的约。你们所有的男子都要受割礼，这就是我与你，并你的后裔所立的约，是你们所当遵守的。你们都要受割礼，这是我与你们立约的证据"（创十七 9～11）。

根据今日的医学理论，割礼被承认是一项非常合乎卫生的仪式；但它同时也是一种记号和证据，以记念神与那个国家所立的约，神藉着这约,得以向着完成祂对人类的旨意这目标前进。

因此,这个马利亚的孩子,神的儿子,藉着割礼的仪式,成为那国的一分子。祂属于那个国家,祂是大卫的后裔,因为祂母亲是大卫的后裔。但祂作为大卫后裔的这个事实,并不能使祂与整个国家发生关系,祂必须经由割礼,才能与整个国家连结起来。保罗说祂"为女子所生,且生在律法以下"(加四4)。藉着割礼的行动,祂与这个神所建立、保持、管理的国家,发生了联系。

另外一个相关的仪式,就是给孩子取名字。路加很谨慎地注意到一个事实,就是耶稣的名字不是马利亚和约瑟取的,而是祂"没有成胎以前,天使所起的名"。当祂进入这个国家的生活中时,这名已经赐给祂了。圣经中一共有四个男孩的名字,是在他们出生之前天使就取好的,那就是以实玛利、以撒、约翰和耶稣。

祂的名字是耶稣,我们知道这名字,我们多么喜爱这名!

我们不妨停下来,思想这名字的意义。前面我们已经说过,"耶稣"在当时是一个很普遍的名字,意思是耶和华的救恩。这是天使给祂取的名字。马太福音记载,天使告诉马利亚,也告诉约瑟这个名字。天使对约瑟说,"你要给祂起名叫耶稣,因祂要将自己的百姓从罪恶里救出来"(太一21)。这婴孩的诞生,使这名字最初的用意实现了。耶和华的救恩! 那就是祂的名字,那就是祂来到世上的意义。

然后提到祂出生四十天之后的事。这里有一点很奇妙,值得我们注意。第二十三节有一个括弧说到,"正如主的律法上所记,凡头生的男子必称圣归主。"

为了明白这节经文,我们必须知道这话是何时说的? 它是什么意思? 出埃及记第十三章第二节和第十二节说:

"凡头生的,无论是人是牲畜,都是我的,要分别为圣归我⋯⋯你要将一切头生的,并牲畜中头生的,归给耶和华,公的都要属耶和华。"

如果我们仔细读,就会发现神的意思是,那国家中每一个家庭里的头生男子，都应该作祭司。

但是我们若再读民数记第三章第十一到十三节，又会发现神改变了祂的安排。

"耶和华晓谕摩西说，我从以色列人中，拣选了利未人，代替以色列人一切头生的，利未人要归我。因为凡头生的是我的，我在埃及地击杀一切头生的那日，就把以色列中一切头生的，连人带牲畜都分别为圣归我，他们定要属我。我是耶和华。"

利未支派被分别出来，履行祭司的功用，利未支派的男子就取代了以色列家庭中每一个头生男子的地位。神最初的理想，是叫头生的儿子担任祭司。我们研读圣经历史时，会发现最有趣、最吸引人的事情之一，是神会顾念人类的软弱。一次又一次，当人类无法达到神的理想时，祂就会在仪式或条文上（而不是公义上）调整祂的理想，来符合人的水准。神对以色列整个国家的理想，是希望它成为一个祭司的国度。他们无法达到那个标准时，祂就设立亚伦作为祭司的代表。神对他们的理想，是希望他们成为神治国家，除了神自己，没有国王统治他们。但是他们要求一个王，神就顺应了他们，给他们一个王。这里也是同样的情形。神的理想是每一个头生的儿子都作祭司，但因为他们达不到这个理想的高度，祂就设立利未人代表头生的儿子。

马利亚将耶稣带至圣殿时，就应验了神最初的理想和旨意。祂是头生的儿子，被献给神。耶稣进入了祭司的职分中，而不是利未支派的职分中；祂不是进入一个代表别人的祭司职分中，而是照着神最初的旨意，进入头生子所担任的祭司职分中。因此，这孩子不仅藉着割礼，进入这个国家，祂也藉着奉献的仪式，进入祭司职分中。

马利亚上去的时候，还照着律法，带了她的祭物。她用"一对斑鸠，或用两只雏鸽献祭"。利未记第十二章第八节，记载了用那些东西献祭的原因。

"她的力量若不够献一只羊羔，她就要取两只斑鸠，或是两只雏鸽，一只为燔祭，一只为赎罪祭。祭司要为她赎罪，她就洁净了。"

　　马利亚就带着婴孩和一对斑鸠上去。她有何权柄如此作？律法规定，她如果买不起一只羊羔，她就可以这样作。那就是说，这是穷人的祭物，而马利亚并没有什么财富。这个婴孩被献上，不是藉着富人的祭物，而是藉着穷人的祭物。祂降生时，略过了宫殿，略过了华厦美舍，降生在最贫寒的马槽里；祂在圣殿中照着神最初的旨意，被献作祭司时，祂母亲所献的，也是穷人的祭物。

　　接着是西面那美丽的行动和歌唱。路加形容他是"又公义又敬虔"的人。"公义"是描述他与一般人的关系，"敬虔"则描述他与神的关系。他在圣殿中，素常盼望以色列的安慰者来到，有圣灵在他身上。他得了圣灵的启示，知道自己未死以前必看见主所立的基督。我们看见这位年老的人站在那里，怀中抱着历代以来所期盼的那婴孩。他口中就唱出美妙的诗歌，那是有关主降生的一连串诗歌中最后的一首。他说，"主啊，如今可以照你的话，释放仆人安然去世。"

　　他怀中抱着那孩子，他实际上是说，现在你的仆人依照律法的规矩抱着你，但却受制于你在这世界所定的限制，求你让我安然去世吧！他抱着那孩子，表明他的死期近了，那不是一种毁灭，而是一种释放。那伟大而荣耀的事不久将显露出来，这孩子将被置于死地，但祂要打破死亡的权势；不久将从使徒的著作和后世无数的诗歌中看见那伟大的事实——祂废除了死亡，而西面已经知晓了这些事。如今他抱着小小的婴儿，唱道，"主啊，如今可以照你的话，释放仆人安然去世，因为我的眼睛已经看见你的救恩。"

　　西面的陈述中，对那婴孩降临的意义之认识，似乎也比以利沙伯的祝歌，马利亚的赞美歌，撒迦利亚的祝歌更清楚。他说，"你的救恩，就是你在万民面前所预备的，是照亮外邦人的光。"

　　试想当时外邦人的光景，他们的哲学是要寻找一个解决之道，寻找亮光来照亮敬虔的人，但他们失败了。现在有光来了，要揭露以色列民的荣耀和启示。西面实际上说，这孩子是神古代百姓的历史上最终的一位。

　　就在西面仍抱着孩子的时候，女先知亚拿走进来，她多年守寡，一直住在圣殿中，她转过去对那一小群忠信之人讲论孩子的事。

　　我们不要忽略了西面对马利亚所说的一件事。他告诉她，她的心要被刀刺透；相关的，他又说到那孩子，祂的来临要使以色列中许多人跌倒，许多人兴起，祂又要作毁谤的话柄，叫许多人心里的意念显露出来。这些预言的每一项都有丰富的含义，而且每一项都已经应验了。

　　请注意我们讨论过的那些旧制度的代表人物。那是一群多美妙的人啊！撒迦利亚，一位祭司；以利沙伯，亚伦的后裔；约瑟，大卫的后裔；马利亚，大卫的后裔；西面，耶路撒冷的居民；亚拿，在圣殿事奉的人；约翰，撒迦利亚和以利沙伯的儿子；最后一个是耶稣，祂是希伯来一切制度中最后绽放的花朵和果实。那一小群忠信的人围绕在祂左右。祂奇妙地结束了旧时代，开启了新时代。

这段经文非常有趣。它单独见于路加福音,其他福音都未记载这件事。那是路加在解释耶稣的身份时,特有的技巧之一。正如他在序言中说的,他先详细考察耶稣这个人,然后以卓越的方式表达出来。路加应用了我们近代心理学所教导的方法,来处理他的资料。近代心理学主张,要研究一个人的人格,必须从他出生以前的资料开始研究。这也是路加开始考察耶稣这个人时所采用的方法。因此他为我们留下了童贞女怀孕生子的记载,他一定是从马利亚那里得到这个故事的。

揭露了一个人出生前的事实之后,还有什么重要的事?根据现代心理学的理论,接下去最重要的一个阶段是青少年期,约从十二或十三岁开始。路加也是如此,接下去他清楚地为耶稣十二岁那年的情形,描绘了一幅画像。

人格发展的下一个阶段是成熟期。关于这阶段,路加记载了耶稣三十岁时的情景。

本段经文显明了耶稣进入青少年期的情景。首先是祂头十二年生活的一段简短而完整的文字,"孩子渐渐长大,强健起来,充满智慧,又有神的恩在祂身上。"

然后路加又用同样简短而完整的话,说明祂由青少年到成年这十八年里的情形,"耶稣的智慧和身量,并神和人喜爱祂的心,都一齐增长。"

让我们先看祂头十二年的生活,那是成长阶段。他在头十二年中"长大",在接着的十八年中"增长"。这中间是有区别的。

"长大"用在生命的范畴中时,是指生命的活动。"长大"不需要任何意志上的责任。没有人是因为想要长大而长大。生命的长大不需要任何责任。不要漏掉了这一点！因为我们观看这一位独一的、至高的主时，也能够从祂身上得到一些亮光，应用在我们自己的孩子身上。每一个孩子从出生到青少年期（十二、三岁左右），惟一的事就是长大，除此以外别无他事。孩子在长大的过程中，除了顺服权柄，不应该再有其他的责任；而要小孩子顺服的目的，也是为了使他能够自由地脱离其他一切事的辖制，而不觉得有任何的责任。这就是耶稣的故事！祂在逐渐长大。

路加描述祂的长大，说祂"强健起来"，那是指身体方面。我们可以用虔诚的心来想像这一切。那个婴孩原先躺在马利亚的臂弯里，后来开始学走路，学会拾起东西、放下东西等新技巧。这一切耶稣都经历过。祂在这十二年中逐渐长大，身体日益强健。

然后，祂"充满智慧"，似乎祂整个孩童期都满有智慧。次经的书描述祂自婴孩起，就一直充满智慧。路加的叙述表示，祂藉着观察、发问、受教，得到各样的知识。

然后是最终，也是最美丽的描述，对这孩子人格成长的描述在此达到了顶点。"又有神的恩在祂身上。"恩典首先能使一个人喜乐、可爱；其次使这个人想要用他自己感到快乐的事，去影响其他的人；最后，使人竭尽全力如此作。神的恩在这孩子身上。

因此路加在描述这十二年的生活时，采用了基本的事，省略了次要的事。也就是说，他用一般孩子共有的事来描述耶稣，而不是将祂分别出来。两个不同家庭或地区的孩子，他们生活中一切次要的事可能是迥然不同的，但基本上，所有孩子是一样的。这孩子在身体、心理、灵性上强健起来。所有的孩子都有身体、心理、灵性上的成长。神的恩不是首先降在孩子身上，而是降在孩子的父亲、母亲、家庭、环境上。不管如何，这里我们看到的是一个理想的孩子。

让我们来观察孩童耶稣在圣殿中的画面。我们注意到这里的名称有了变化。"孩子渐渐长大"的"孩子"一词，在希腊文中是指幼小的孩子，尚未长大的孩子。现在路加说到"孩童"耶稣，这两个词的意思完全不一样。一般虔诚的犹太人父母，他们的儿子在这个年龄都要接受"Barmitzvah"的仪式,"Barmitzvah"的意思就是"律法之子"。耶稣可能是去圣殿接受这个仪式,袘也可能已经在拿撒勒的会堂中接受了这个仪式。有一点可以确定,袘进圣殿的时候,是带着律法之子的权利进去的。在那之前,一个孩子的父母必须担负这孩子在宗教方面的责任,但受过了仪式之后,他就必须自己负责。耶稣在这时,已经是律法之子了。

袘独自逗留在耶路撒冷,那是一种出于袘个人意志的举动。袘现在必须为自己作些事,所以袘进入殿中,坐在拉比(教师)脚前受教。袘自己想要作一个学生。

袘以门徒的身份坐在那里。他们与袘谈论,教导袘,并且问袘问题。袘的回答使他们大感惊奇。然后袘也像所有门徒一样发问。袘从平日在家里所受的宗教训练中提出问题,袘的问题同样使人吃惊。那些教师们对这个单纯、质朴、有神恩在其身上的孩童,在发问和回答问题时所表现的澄澈理解力和心灵的见识而感到希奇。他们从未见过像袘这样的孩子。

然后马利亚和约瑟来了。他们发现袘失踪时已经走了一天的路程。毫无疑问的,他们一大清早就出发,一直到黄昏才开始寻找袘。"以为袘在同行的人中间。"我想他们对这孩子一定有十足的信心,所以没有探问袘在何处,以为袘一定是在同伴中。但是黄昏来临了,作母亲的自然开始寻找她的孩子,却发现袘不在那里。他们就离开同行的人往回走。他们已经离开耶路撒冷有一天的行程,所以他们必须再走一天回到耶路撒冷;他们找到袘时,已经是第三天了。他们发现袘在殿里,他们听到袘的谈论而感到惊奇。然后袘的母亲对袘说,"我儿。"这里用的又是另一个词,不同于第四十节里的"孩子",和第四十三节里的"孩童"。那是一个母亲温柔的话语。希腊文这词的意思是"我所生的",马利亚就是用这个词,她的意思是,"我儿,我所生的,为什么向我们这样行呢? 看哪,你父亲和我伤心来找你。"

然后我们首度听到这孩子口中吐出的话,是如此美丽,单纯,天真,自然,真实。"为什么找我呢? 岂不知我应当以我父的事为念吗?"袘实际上是说,母亲,你当然了解我的,但你为什么找我呢?

"我应当以我父的事为念。"这是祂生命里最中心的事。这孩子说,"我应当。"表达了祂认识到祂与神的关系,祂对神的责任,以及祂对这责任的回应。"我应当"三个字,启示了这孩子的完全。

接着路加告诉我们,"祂就同他们下去,回到拿撒勒,并且顺从他们。"这个理想的孩子,祂的意志是要遵行神的旨意,但祂将这个意志表达在对父母的顺从上。也就是说,这个孩子顺服神旨意最好的方法,是与通常的情况互相配合。祂不能逃避对抚养祂长大的家庭所当负的责任,但在祂天父旨意的管理之下,祂将自己的生命顺服在家庭的权柄之下。

第五十二节简短但意味深长地说明了接下去十八年的情景。整个事实涵盖在一句话里,"都一齐增长。"这句话和形容祂头十二年生活的"长大"一词全然不同。法拉尔(Farrar)说,"这里用的增长一词是从'先锋'一词来的,意指军队一面砍伐树木,一面向前挺进。"柴义尔(Thayer)这位伟大的文字学家说,"增长的意思是用锤击打使其变长,好像铁匠打铁一样。"

我不打算在这两个权威之间,决定哪一个才是这字的正确字源。两者的定义都有相同的概念。我们若细察"增长"这词的构造,它真正的意思是向前砍,向前打,不停地劈砍。因此这词是指一种不屈不挠的行动,而不是被动地发展。这孩子在前十二年中渐渐长大,是被动的发展,没有任何意志上的责任。但是现在祂成了律法之子,祂必须自己闯出一条路来,祂的生命中有了责任。祂在未来不只是被动地发展,并且要学会控制整个生命。祂的一切都要增长。

祂如何增长?第一是"智慧"。祂必须面对难题,寻找资料,并且找出答案。从祂青少年期到三十岁之间,我们看见一个完美而自然的心灵发展过程。祂不仅是长大,并且一切的心灵成长都在祂的意志控制之下,祂正在闯出自己的一条路。我们可以恭敬地说,祂在智慧方面日渐增长,祂已经准备就绪,蓄势待发。

第二是身体方面。现在秩序有了变动。幼年期第一要紧的是身体"强健起来",那是小孩子最重要的事。现在则是心灵最要紧。当然也不可忽略身体的发育。祂的身量日渐增长,祂不仅长大,并且学习身体的操练和节制,用原则来管理、控制祂的感情。

最后是属灵方面,"神和人喜爱祂的心,都一齐增长。"幼年时,有神的恩在祂身上。现在祂则住在恩慈中。希腊文中,这句话前面有一个介系词"Para",意指"位于身旁"。祂在神和人身旁,所得的恩慈一天天增长。这段成长的年月中,祂一直在神和人的身旁,保持着与神的交通和与人的交通。因此神和人喜爱祂的心一天天增长。我们由此看出耶稣由童年进入成人时,祂属灵方面的一切是在顺服神的意志控制之下发展的。

这就是神的第二个人。整段经文中,我们看见祂由童年进入少年期,这个孩子来到了青少年期,成为律法之子。一切事都是为了顺应祂父神的旨意,然后是十八年的增长。下一讲中我们将看到祂三十岁以后的情景。

本段经文的焦点是，"神的话临到他。"路加在此记载了约翰的事工，他记载得较简洁。马太和马可都有一些其他特殊的细节。

我们已经在第一章的末尾，对约翰略有认识，"那孩子渐渐长大，心灵强健，住在旷野，直到他显明在以色列人面前的日子。"

现在我们来到了他显明在以色列人面前的那日。我们发现他在旷野里，摩西曾描述那地区是"大而可怕的旷野"（申八 15）。约翰究竟待在旷野里有多久？我们只能臆测。有人认为他从童年起就住在旷野。我个人相信他是二十岁时到旷野的。那时他应该已经承担起祭司的职分。当他知道神呼召他要从事的工作以后，就去到旷野，预备他作为先知的事工。若是这样，他在旷野住了至少十年。路加记述了他的事工以后，往前跨越了至少一年，写下分封的希律如何受到约翰的谴责，而将他下在监里。

路加描述约翰开始服事的情形时说，"神的话临到他。"这句话是古希伯来人的惯用语，在先知书中一再出现。要注意的是，这里的"话"在希腊文中不是"logos"，而是"rhema"，意思是"一个特别的信息"。从神那里临到约翰的，不是整个真理，而是他所要传的一个特别的信息。这样并不减低这句话的重要性，反而强调了它的重要性。约翰在旷野时，从神那里得到一个信息，不管这信息是什么，它都将成为他传道的主题。毫无疑问的，这十年以来，他一直在沉思、默想他那个世代的光景。他非常清楚那世代的黑暗。他看到百姓活在罪恶中，心中一定感到痛苦难过。但是他的信息不是从沉思中得来的，他的信息乃是从神来的话。他的沉思也是为了传达这信息所作的预备工作之一。因为神拣选人时，祂所使用的器皿和将要成就的工作之间,总是有着完美的配合。约翰离开旷野出去传道,他不是和他那个世代讨论他所看到的情景,讨论他专心观察的结果。神的话在旷野临到他身上。

我不太喜欢这句话的翻译。若从希腊文直译,应该是"神的话临到他身上"。有一股力量从上面压下来。神的话压迫着他。这是传福音必备的资格。神的话降在一个人身上。他应该在各方面预作准备,这是很重要的,但除非有主的话临到他身上,否则他还是不能出去传道。这份事工最奇妙之处即在此。

我们思考有关这事工的记载时,需要注意三件事:从事这事工的日期;临到约翰的呼召;呼召之后的操练。

首先是日期。我们要注意,路加用来记述神的话临到约翰的日期之方法。他用了一个帝王、一个巡抚、三个分封的王和两个大祭司来标明日期。如此把整个世界都提到了。神的话临到约翰是在旷野,但其产生的影响不久就在犹大显露出来。路加藉此也指明了,这个影响具有世界性的意义。

让我们从这一串大人物的名单中,来看当时的情景。路加说,那是凯撒提庇留在位第十五年。杜伦(Van Doren)如此形容他,"凯撒提庇留是一个有才干、有野心、冷酷、放荡、无耻、残忍的人。""凯撒提庇留在位……"路加所用的"在位"一词颇引人注目。这词原文是"Hegemonia",意思是世界霸主,世界的统治者。我们一看到这个词,眼前就可浮现出当时的一幅画面。凯撒提庇留后来隐退到加柏利(Caprea)岛,过着荒淫无度的生活,以至于人们以为他因纵欲而丧生。有关他死亡的不实谣言传出之后,他们就宣告由加利古拉(Caligula)继位,而实际上他仍然活着。于是他就采取残酷的报复手段,最后罗马人民忍无可忍,只好将他闷死了。而在那之前,他确实掌有世界的统治权。神的话就在那时临到约翰。这事无人知晓,即使他们知道,也不会当它是一回事。

再来看其他提到名字的人。彼拉多是巡抚,是罗马帝国的代表,握有那个地区的生杀大权。那三个分封王都是罗马帝国所分封的。另外提到两个大祭司,他们不是根据神的制度设立的,他们无权担任大祭司的职分。亚那是大祭司,但罗马反对他,就以该亚法取代他的位置。亚那仍被允许保留他在犹太人公会中的名字和主席的职位。我们看见罗马竟然还安排神古代百姓的祭司职位。

从这些名字所暗示的当时世界之光景,转过来看神百姓以色列民的光景。他们被分割,由分封的王统治,被堕落的祭司所摧残。

神的话就在这样的光景中临到。它降在哪里?不是高傲地矗立于七山之上的罗马,不是陷于属灵和道德败坏中的耶路撒冷,不是在悖逆神的百姓中。神的话略过了帝王、巡抚、分封王、祭司,而光照在旷野中神所预备的那个人身上。对我来说,这有非凡的意义。"旷野"的地理环境是有启示性的。神的话在何处能找到一个降落点?不是罗马,不是耶路撒冷,不是象征着世界属灵和道德光景的城市,乃是旷野。一千九百多年过去了,我们现在知道,当时世界历史上最重要的一件事,就是神话语临到这个人。它发生的时候,表面上看没有引起任何涟漪,可是祂所行的大能工作,影响却非同小可;但当时罗马帝国的人对此却毫无察觉。世界继续走它悖逆的灭亡之路。然而,神还是在这世上找到了一个有利的据点。约翰这位在旷野中至少住了十年的人,有一天因着压在他身上的担子,因着永生神交付给他的信息,而起身从旷野出来,宣讲这信息。

第三节提到他信息的主旨,"宣讲悔改的洗礼,使罪得赦。"

约翰是旷野里的呼声,是预备主道路的人,他论到罪,以及那世代最需要的罪得赦免。约翰所传的洗礼仪式,是悔改及罪得赦免的外在表现,洗礼本身不能使罪得赦免。它只是表明一种心里的态度,这种态度可以使人的罪得赦免,他就在此打住。他的事工从未超过这个界限。约翰的事工是不完全的,虽然他光荣地成就了神的旨意,并且传达了神的信息,但约翰的整个信息乃是在宣告,弥赛亚的来临才能使这一切完全。他说,"我是用水给你们施洗,但有一位能力比我更大的要来。"他不是神的道,甚至他所宣讲的神的话也是不完全的。他只是一个声音,一个使者,为神的"道"而铺路,为神透过祂儿子对世人所说最终的话作预备。只有透过神儿子,罪才能得赦免。

约翰讲道的方式极其严厉,"毒蛇的种类,谁指示你们逃避将来的忿怒呢?"马太告诉我们,约翰是看见人群中的撒都该人和法利赛人,而讲出这样的话。这些人自以为不需要悔改,所以他才用如此尖锐、刺耳的话,称他们为毒蛇的种类。

他更进一步,要他们真心地悔改,"结出果子来,与悔改的心相称。"他告诉他们,他们所倚赖的是他们肉身与亚伯拉罕的关系。但他声称,神能在石头中给亚伯拉罕兴起子孙来。

约翰在他的事工里,常和问道者谈话,我们也有一些他的谈话记录。他以先知的身份提出呼吁后,众人问说,我们当作什么呢? 他的回答很引人注目。他说,"有两件衣裳的,就分给那没有的;有食物的,也当这样行。"一切举动要以爱作出发点。关键字在"给"。你把两件衣裳里的一件给人,你若有食物,别人却饿着肚子,就该分给他一些食物。在登山宝训之前,在耶稣的教训之前,在所有类似的教导之前,约翰就揭露了这个事实——最高的道德,乃是为爱所管理的生活。约翰和耶稣说的是同一件事,他是王的先锋。

然后税吏到他面前(也许是税吏的代表),问他,"夫子,我们当作什么呢?"他回答,"除了例定的数目,不要多取。"

这里是同样的爱之律,要他们在替罗马政府收税时,不可多取。又有兵丁前来,问他,"我们当作什么呢?"他说,"不要以强暴待人,也不要讹诈人,自己有钱粮就当知足。"可见他在给每一个人的答案中,所强调的都是爱之律。

然后我们又从路加的记载,看见了最后一个要点。约翰的使命产生的结果之一,就是别人对他有了错误的看法。第十五节说,人们心里猜疑,以为他就是弥赛亚。于是约翰作了极清晰的说明(16~17节),他的话也充分发挥了他作先锋的功能。

请注意这段经文里"我"和"祂"的对比。约翰说,我有我的事工,我有我的信息,就是从神所受的话。我的信息一切的意义,就总括在我所能作的事上。我用水给你们施洗,那只是一个记号,表明心里的改变;我所能作的就止于此。但是祂来了,要用火给你们施洗,那不是记号,而是事实;那不只是心意的转变,也是本质的转变。我用水施洗,仅仅象征你们思想得了洁净,但如果仅是如此,你们还是无助的，没有盼望的。那在我后面来的，祂要用灵与火给你们施洗，使你们的本质得到改变。心意的改变是必要的，否则无法产生本质的改变。人必须先改变他的心意，圣灵的洗才能改变他的本质。

这段经文记录了那奇妙而有能力的事工。这事工触及了各阶层、各类型、各种光景的人。犹大各地的人都聚到约翰那里，甚至希律王也听他。这里有一个极富意义的宣告，就是当时希律王非常喜欢听他讲道，所以虽然希律王沉迷罪恶，他还是尊敬约翰，想要救他脱离荡妇希罗底的毒害。他将约翰下在监里，不是为了反对他，而是为了保全约翰的性命。

约翰的声音，是四百年来第一次发出的真正的先知之声音，它传遍了山谷、乡村，人们从各处前来要听他。但是这声音最奥妙之处，在于它只是替一个更伟大的事工作预备。路加指出，这是应验以赛亚的预言，所以具有非凡的意义。马太、马可、约翰也都提到了这一点。每一位福音书作者都将约翰的事工和以赛亚书中预言的事连结起来。如果我们从以赛亚书第四十章起往下读，就会读到藉着神仆人的来临，旷野要绽放出玫瑰；祂要经历痛苦，迈向胜利。约翰是神仆人的开路先锋，他自己负有一个伟大的事工；但最奇妙的是，这事工只是为了另一个更伟大的事工铺路。

有关约翰事工的思考，就在此告一段落。但我心中有一些问题。我在想，是否现今我们就不需要这一类的事工了？是不是基督今日已经不需要施洗约翰为祂预备道路？每逢我想到现今的福音工作大多缺乏严厉刺耳的信息，我的疑虑就更深了。我怀疑若没有约翰的铺路工作，基督的信息是否能传遍各方。也许有人会反对我这种说法，那么我换一种方法说。就算约翰的事工已经成为过去，没有必要了，那么基督的信息是什么？根据圣经记载，基督的信息中，第一个要点就是约翰的整个信息，让我们回到马太福音，"从那时候，耶稣就传起道来，说，天国近了，你们应当悔改"（太四17）。

这正是祂着手之处，祂也从未离开这一点。但也有人说，耶稣的语气要比约翰温柔得多。让我们再想想看。约翰说，"毒蛇的种类。"当同一群法利赛人和撒都该人反对耶稣，说祂行神迹是出于魔鬼的时候,听听看耶稣怎么说。祂圣洁的嘴吐出责备,祂也是说,"毒蛇的种类。"并且进一步说,"你们……是恶人"(太十二 34)。那是多严厉的话! 如果我们不明白,悔改的呼召必须在相信救赎主的呼召之前,我们就会多少丧失了基督信息里一个不可或缺的要素。

　　路加对于耶稣人格的描写，在这段经文里达到了顶峰。他作了其他福音书作者所没有作的事——提到耶稣"开头传道"的年龄。"传道"二字在希腊文原文中是没有的，翻译圣经的人为了行文流畅而加上了它。我不是争论这种译法，但我记得路加写使徒行传给提阿非罗时，一开头曾说过，"提阿非罗啊，我已经作了前书，论到耶稣开头一切所行所教训的。"因此我认为，如果想在这里有所添加的话，最好采用路加自己的用语，译成"耶稣开头所行所教训"。

　　他说到衪的年龄，约三十岁。三十岁正是人的性格臻于成熟之际。约瑟在法老王面前开始他那不平凡的工作时，正是三十岁。摩西的律法规定，利未人是二十岁开始进入祭司职位，但要等到三十岁才能担负起全部工作。大卫王是三十岁登基。文士也是三十岁时接受工作的记号，开始他们的工作。路加说，耶稣完美的人格，在衪大约三十岁时发展到了全然成熟的境地。

　　我们最好略为重述一下路加有关我们主这个人的描述。第一讲中我曾说过，路加用科学的方法，正确考察一切事，然后用艺术的笔法，顺序写下来。他首先论到那婴儿诞生前的事实，先是马利亚因至高者的能力受孕，然后他又记录了衪诞生的情形，衪第八天受割礼，四十天奉献与神，十二岁上圣殿，以及接下去的十八年衪如何在顺服神的心意中成长。

　　关于这十八年的情景，其他的记载也有间接的说明。马太和马可用不同的方式，也记述了同样的事。马太福音第十三章记载，人们说衪，"这不是木匠的儿子吗？"马可福音第六章，人们说衪，"这不是那木匠吗？"两处都提到，人们知道约瑟，马利亚，认识耶稣的兄弟雅各、约西、犹大、西门，以及祂的妹妹们。那里揭示了这些年来耶稣的家庭生活。祂的职业是木匠，是技术性的工人，是建筑和制木器的工匠。不久，祂开始传道之后，祂的本行给了祂不少助益。祂谈到轭，那是祂曾制作过的；祂提到犁，这也是祂作过的；祂谈及盖屋子在磐石或沙土上，这也是祂作过的，所以祂知道得很清楚。路加福音第四章，我们可以找到另一个间接的说明。我们读到祂"照祂平常的规矩"进了会堂。

这一切给了我们一幅画面，看见这十八年来祂的家庭生活。祂与母亲、养父及弟妹同住，在木匠铺学习使用工具的技术，熟悉制造轭、犁及盖房子的技巧，每一个安息日进会堂，听别人读律法和经卷，并听官长的教训。

现在，这些年月都过去了，祂成熟了，开始执行祂的弥赛亚使命。祂不是在那个时候才有弥赛亚的身份，而是在那时着手执行祂的弥赛亚使命。

路加首先记录祂开始工作的事实，祂受圣灵的膏，以及祂开始弥赛亚事工时得到父神对祂的证明，然后再回头记录祂的家谱。我们则反过来思考，先看祂的家谱，再研讨祂开始工作时的记录。

路加说，"依人看来，祂是约瑟的儿子。"普通的读者也许会以为这句话的意思是，大家都认为祂是约瑟的儿子。事实不然，这句话的意思是，按着律法说祂是约瑟的儿子。祂不是约瑟真正的儿子，而是认养的儿子。家谱接下去说到约瑟是"希里的儿子"。但是马太说，约瑟是雅各的儿子。事实上，希里是约瑟的岳父，马利亚的父亲，这个家谱记录的是马利亚的家系。我们若将路加福音和马太福音的家谱互相比较，会发现从亚伯拉罕到大卫之间的名字是一样的，但到了大卫就开始有歧异。马太是以所罗门承继大卫，路加是以拿单承继大卫。耶稣是马利亚所生，承继了大卫和拿单这一个系统。

路加就沿着真正的家系，回溯到大卫的皇族家系，以及整个国家的祖先亚伯拉罕。但他并未在此打住，他看出耶稣不仅仅是大卫的子孙、亚伯拉罕的后裔，他一直回溯，最后说到那惊人的事，"塞特是亚当的儿子，亚当是神的儿子。"那是路加对于人的解释，他认为耶稣应验了神最初创造人的理想。耶稣在人性方面,是神的儿子;但在更深远、永恒的神性方面,祂也是神的儿子。

在此暂停一会儿,来观察那些人名所标示的亮光。亚当传塞特,而不是该隐;以诺,而不是拉麦;挪亚传闪,而不是含或雅弗;亚伯拉罕传以撒,而不是以实玛利;雅各,而不是以扫;大卫传拿单,而不是所罗门。我们可以看见,神在行事的过程中,废弃了人以为最重要的事。神与人交往时,丝毫不顾长子继承权的旧律法。如果长子失败了,就会被搁置一旁,由别人取代,而神的旨意却是绵延不断的。

我们看见,彼得所承认的那个伟大原则——"我真看出神是不偏待人"在这里显明了。神从不在意那些次要的事,正如彼得所说,"原来各国中,那敬畏主、行义的人,都为主所悦纳"(徒十34~35)。

现在再回过头来,看我们的主开始弥赛亚任务时,所发生的奇妙故事。路加先提到耶稣和众百姓受了洗,然后记录接着所发生的事。请注意我们主的态度,祂在祷告。路加在描绘主这个人时,特别提到祂在祷告。希腊文新约中,有八、九个不同的字,用来表达祷告的举动。这里用的一个字,可以涵盖其他所有的字。这字的希腊文是"Proseuchomai",意思是盼望,渴慕,它包括了新约中整个祷告的事实。盼望未来,那就是祷告。祷告有许多举动,有怜悯,有谢恩,有恳求,但这个字是在描述整个祷告的态度,那是一种在神面前敬拜、赞美的态度。祂在祷告,祂已经遵守了洗礼的仪式,与罪人同列。现在祂存着赞美和敬拜的态度在神面前。

这是路加福音一个引人注目的特征。这里是头一回提到主在祷告。第五章第十六节说,祂在名声益隆之时,退到旷野去祷告。同一章也提及,祂挑选十二个门徒之前,先退去祷告。第九章说,祂在凯撒利亚腓立比向门徒挑战,问他们别人说祂是谁之前,也曾自己祷告。同一章里,路加说祂在山上变像时,祂也正在祷告。第十一章他告诉我们,门徒对祂说,"求主教导我们祷告。"他们已经观察了祂的祷告。第二十二章路加进一步说,祂到客西马尼园去祷告。因此路加在这本福音书里,有七个场合中是用"祷告"一词来描述这位人子的态度和举动。

　　祂由出生、长大、增长、成熟，到现在藉着受洗将自己献与弥赛亚的职分，我们看见祂正在祷告。路加强调祂受洗之后就向神祷告，这是意义深远的一件事。那是一种赞美、敬拜、顺服神、倚靠神的态度。

　　我们来看发生的事。"天就开了。"注意，不是"诸天就开了"。路加是希腊人，但这里却是一个希伯来人的故事。希伯来人所谓的诸天，有明确的哲理存在。第一种天是环绕着世界的大气层，耶稣曾提到这种天，祂说，"你们看那天上的飞鸟"（太六 26）。第二种天是星际太空。第三种天是天使和正义之灵居住的地方，是神在宇宙中最高的显现之处。我们主教导门徒祷告时，祂首先用"天"的复数形式，然后再用单数的天。"我们在天上（原文是诸天）的父……愿你的旨意行在地上，如同行在天上（单数的天，指主要的天，最中心的天）"（太六 9～10）。

　　现在，"天就开了。"显然这里指的是第三种天。圣灵降临在祂身上，形状仿佛鸽子。如果我是翻译圣经的人，我会将这句希腊文直译出来，就成了"这灵，这圣洁降临在祂身上"。它所强调的，是这灵的圣洁。神的灵降在祂身上，绝对不会使这灵的圣洁受到任何污染。世界上有些人，圣灵是无法降在他们身上的。圣灵只能藉着圣洁的耶稣基督，进入我们心中，住在我们里面。我们能够接受圣灵，实在是救赎恩典的奇迹！圣洁的灵从天上下来，在祂身上找到有利的据点，因为祂完全合乎神的圣洁。

　　圣灵的形状好像鸽子。形状就是外表，外面的样子。保罗后来说到基督，"神本性一切的丰盛，都有形有体的居住在基督里面"（西二 9）。此处是圣经中仅有的一次，以鸽子来比喻圣灵。他勒目（Talmud，犹太人的法典）文献中，提到一次类似的事情。它说到有关创世记第一章第二节时说，"神的灵好像鸽子运行在水面上。"英国大诗人弥尔顿（John Milton）显然对他勒目文献很熟悉，因为他的诗中说：

　　"展开大能的双翼
　　　一如鸽子，栖息在

辽阔昏暗的洪荒"

有人会恭敬地问,用鸽子比喻圣灵究竟有何意义?我必须承认,我无法武断地回答这个问题。但我记得耶稣有一次用了一个醒目的词来说到鸽子。祂告诉祂的门徒,在世上要"灵巧像蛇,驯良像鸽子"(太十16)。驯良就是纯洁,热诚,单纯,没有诡诈和欺骗。鸽子是驯良的象征。我每逢读到这里的时候,都会再度想到古代的制度,献祭的条例,以及穷人以鸽子作祭物的事实。鸽子当然是代表牺牲。早在没有人类之前,神的灵就已经运行在空虚混沌的地上,这灵一直在混沌的地上,直到神重建这个世界。那圣洁的灵现在在人子身上找到了立足之处,就降下来,祂以鸽子的形状出现,象征着祂的驯良和牺牲。

然后有声音从天上下来。我们从圣经的记载读到,耶稣一生的事工中,一共发生三次这样的事。这里是第一次,是祂受洗之后发生的;然后是祂在山上改变像貌时,有声音从云彩中出来;第三次是约翰福音第十二章所记,当希腊人前来,祂正置身十字架的阴影下时,有声音从天上下来。三个场合,每次都是在十字架的范围之内。祂正与罪人一同受过洗,和犯人同列(这预表祂将受死亡的洗)时,有声音从天上下来。在变像山上,祂与天上的访客谈论祂将要成就的十字架事工时,有天上的声音降下。祂在耶路撒冷的最后一日,希利尼人等着见祂,祂谈到祂的十字架,谈到一粒麦子必须落在地里死了,祂说,"我现在心里忧愁,我说什么才好呢?父啊,救我脱离这时候,但我原为这时候来的。父啊,愿你荣耀你的名"(约十二27)。这时就有声音从天上下来。

这声音是一个双重的保证。首先对耶稣这个人说,"你是我的爱子。"让我再以原文的语法改成,"你是我的儿子,我所爱的。"祂这完全人,正站在那里祷告,圣灵以鸽子的形状,降临在祂身上,因为祂是一个新的救赎行动之据点。有声音说,"你是我的儿子,我所爱的。"

接着是第二句话,"我喜悦你。"那是天上对祂的评价。注意这句话的价值。首先,它照明了过去三十年的岁月,神赞许祂这三十年的生活。三十年来，祂行在遵守神旨意的正路上，从未偏离左右。三十年来，祂的生活、理想、言行、工作，无不使神的心得到满足。因此神说，"我喜悦你。"

更进一步说，这句话不仅仅是赞许过去的三十年，并且也接受将要来的三年半，当祂在约旦河受洗时，就已经表明了未来三年半的方向和目的。"你是我的爱子，我喜悦你。"

因此，路加将道成肉身的这个人放在我们面前。人类一切的历史在这个"人"里面得到了新生。那是神为人类预备的一个新起点。在这里我们看见了保罗所说的第二个人，和路加所说的耶稣。从这一点开始，一直到整本路加福音结束，我们将看见祂如何在神的计划中行事，教训众人。

路加在这里记录了我们的主被膏献身之后的第一个行动——受试探。我们必须明白,这三个试探都具有弥赛亚的意义。我不是说,这些试探没有个人的价值。我们可以从这段经文中看见,撒但在引诱人背弃神时所采取的步骤。还有一点非常重要,我们应该了解,这里记录的试探没有多少是针对耶稣这个人,大多数是针对祂的弥赛亚职分。马太和路加都记载了这事。马可在一小段经文(一9～13)中,很浓缩地记下了耶稣从拿撒勒来,受洗 ,被膏,得到神的证明,以及受试探。每一位福音书作者都揭示了同样的程序——我们的主先献身于祂的伟大使命,然后面临试探。

耶稣个人所受的试探,不是从这里才开始的。祂由童年、青年、到祂升天,终其一生都在试探之中。"祂也曾凡事受过试探,与我们一样"(来四 15)。

祂在魔鬼致命的攻击下,受到整整四十天的试探。这个故事告诉我们,地狱如何企图阻挠天上的旨意。撒但的攻击,是为了阻挠我们的主去实现神的旨意。它攻击的是弥赛亚。我们的主是高天所膏的王,祂要对付撒但所管辖的恶魔及黑暗的世界,祂以君王和祭司的身份对付撒但的地下世界,祂这两种身份都融合在弥赛亚的职分上了。马太所表明的,是祂以被膏君王的身份对抗恶魔的国度。他先记载石头变饼的试探,然后是从殿顶跳下的试探,最后是撒但要祂下拜的试探。马太指出了人们用来建立世界上的王国的三种方法。人类一切的政府、国度都是建立在三个虚假的根基上:食物的基础,只顾念肉身;假的宗教基础,只强调奇迹;以及妥协的基础。

路加所论的是我们主这个人,以及祂救赎的使命。他记录了同样的试探，但每个试探的秩序不一样，从这一点我们可以看到这些试探的另一面。这里面仍然有弥赛亚的意义，但特别强调我们的主是以救赎主的身份受试探。在这里我们看到人类错误的观念。

路加首先描述祂在个人方面如何受试探；然后是祂在社会上、在这世界的整个社会秩序上如何受试探；最后是祂在属灵上如何受试探。这里我们是站在一个同为人类的立场，来看这位救赎主。祂是人，但祂代表众人作祭司，因为这也是弥赛亚的使命之一。

本段经文可分为三部分。最初两节启示了耶稣这人面对魔鬼；第三节到第十二节是试探的经过；第十三节是尾声。

留意路加是多么谨慎、准确而又简洁、完整地描述耶稣面对试探的情景。

"耶稣被圣灵充满。"这里强调的不是祂受圣灵的恩膏。祂固然已经为了祂神圣的工作而被圣灵所膏，但路加所要指明的，是一个属神的人。祂是三十岁的成年人，是一个成熟的人，已经为了弥赛亚的事工而被圣灵所膏，现在祂"被圣灵充满"，带着完美的人性进入旷野。这才是正常的人类生命。现今的世界根本不知道什么是正常的人类生命，这正是今日世界的问题。只有重生的人，才可以照着神的理想和旨意，过正常的人类生活。神从未要人单靠自己的力量生活，或独自而行。祂最初造人，是创造一个存在的生命，他必须要有心灵和属灵的能力来实现完整的人性，而他得力的秘诀就在于被圣灵充满。神没有要人靠自己的力量面对试探。神的第二个人——耶稣，被圣灵充满，在与神的交通中，藉着圣灵得以装备完全，去面对前面的试探。祂满有信心，不是相信祂属人的生命，而是相信祂的人性与神有交通，因为祂被圣灵所充满。

"从约旦河回来，圣灵将祂引到旷野，四十天受魔鬼的试探"。请看祂的两个环境："圣灵"和"旷野"。祂下到旷野，第一个试探就在那儿临到。那是一个道道地地的旷野。但祂在圣灵里，祂更接近圣灵，远胜过四周荒凉的旷野。

请再注意，"圣灵将祂引到。"意思是祂顺服圣灵，由圣灵作主。马太、马可也和路加一样，都强调了这一点。马太说祂，"被圣灵引到旷野"(太四 1)。祂不是出于自己的意愿前往旷野,祂乃是顺服圣灵的引导。马可对这故事记载得很简短,却最率直。他说,"圣灵就把耶稣催到旷野里去"(可一 12)。"催"的希腊文是"ek ballo",意思是赶出去。因此马太、马可、路加分别用不同的方法,叙述同一件事。我们的主被圣灵引到旷野受试探。一般人性,只有在面对试探时才能变得完全。而人只有在圣灵的引领下才能胜过试探。人若凭自己的力量面对试探,撒但就要得胜。不管男女老幼,一个人若在圣灵的管理之下对抗试探,就可以感觉到圣灵的影响,就可以不战而胜了。人若与神交通,他的力量就能胜过地狱。

"四十天受魔鬼的试探。"我思想这个故事的时候,总会看到这个试探不仅仅是有关祂个人的生存而已,并且含有一个更大的目的。这是圣灵一个明确的行动,呼召弥赛亚去面对那恶者的世界。耶稣被引领去对抗撒但,把撒但从暗处逼到一个公开的地方。根据我个人对宇宙的看法,我不认为撒但是一个自由的个体,不受神的管辖。虽然他反叛神,他还是在神的管制之下。因此,这不仅是个人所受的试探,而是弥赛亚的试探。祂在旷野被圣灵所催,去公然与敌人交手。

这四十天之中,祂没有吃什么。虽然祂被圣灵充满、引领,但试探可不是寻常小事,祂将所有的精力,集中在对付敌人的事上。四十天不吃东西,然后祂饿了。那是身体健康的记号。

现在,大攻击来了。魔鬼在过去三十年和这四十天中,完全为耶稣这个人所击败。现在他用尽一切的狡猾诡计,来攻击耶稣救赎主的职分。他用连续三个试探来攻击救赎主。

这里提到了三个地方:旷野,高山,圣殿。第一处是荒凉、寂寞的旷野。第二处是一个高山,路加未指出山名,但从下文可知,耶稣站在那个山上,可以看见世界全景。第三处是在圣殿中。

第一个试探,是攻击一个"人",攻击这人所代表的一切。神救赎人类的计划,只有透过可以代表人类的一个人,才能实现。撒但的第一个要求是,"你若是神的儿子,可以吩咐这块石头变成食物。"

这个建议是什么? 即使是神的儿子,也需要食物维生。其他的都不重要。你有了神儿子的名分,这固然可贵,但最可贵的应该是这名分能供应你身体上的需要。你应当保护身体,维持生命所需,你不要再顺服圣灵,你在圣灵的引领下还不是平白受饿? 你若是神的儿子,就可以得到生命所需的食物。这个攻击是针对个人而发的,针对一个能拯救全人类的人而发的,所以是对整个人类的攻击。

耶稣的回答摧毁了这个试探的力量。"耶稣回答说,经上记着说,人活着不是单靠食物,乃是靠神口里所出的一切话。"

我们的主告诉撒但,他这样暗示身体胜过一切,是对人类的一种污辱。这个试探的背后,暗示着人所需要的只是身体方面、物质方面的供应。"人活着不是单靠食物。"没有神,只有食物,这样的生命是死的。撒但的攻击是对整个人类的攻击,暗示人类仅仅需要食物就够了。

我们今日仍听见四周有声音说,"吃什么? 喝什么? 穿什么?"仍听见保罗那令人吃惊的讽刺,"他们的神就是自己的肚腹"(腓三19)。

魔鬼说,人就是人,不管发展到如何高的地步,仍然需要食物。作为神的儿子,不管其意义如何,至少都应该有办法靠着这个名分,使身体得饱足。

耶稣说,人不只是一种动物,不能像动物那样生活。人的生命不能只维持在那样的层次上。人活着不是单靠食物。就在那个旷野中,神子为着神理想中的人类,发出了回答,祂拒绝了撒但对于人类的羞辱。撒但从那时直到如今,都在暗示人类,身体的一切才是最重要的。

关于第二个试探的记载,路加和马太之间有所不同,这是值得注意的。马太说,魔鬼将世上的万国指给祂看。路加也这么说,但用不同的字,他说魔鬼将天下的万国都指给祂看。马太所用的"世上"是"cosmos",路加,并没有用这个字,他用了"天下",希腊原文是"oikoumene",意思是体系。他说,魔鬼将当时体系中的万国指给祂看。"oikoumene"当时是罗马帝国的同义字,人们一直用这个字来称呼罗马帝国。

让我们想想当时世界的情景。整个世界的体系就是一个罗马帝国。它包括了希腊、别迦摩、庇推尼、波斯弗路斯（Bosphrorus）、叙利亚、埃及、犹大等国家。魔鬼将当时的万国给耶稣看。可能魔鬼用手往东、往西、往南、往北一指，即使无法将实际的众国都纳入耶稣的视线里，至少也让耶稣知道这个体系中的万国。他实际上说，这就是世界的体系，就是罗马帝国统治下的万国。

他说，"这一切权柄荣华，我都要给你，因为这原是交付我的。"这话并不是说，神把这些交付给魔鬼，而是人自己愿意降服给魔鬼。耶稣称他为"这世界的王"，因此他是由世界选立为王的。

"我愿意给谁就给谁。"这话并不全对。魔鬼所能给人的，只不过是暂时的，他没有权利给人永恒的东西。

这就是当时世界的体系。罗马帝国在魔鬼和提庇留的统治下，辖制着这个世界。我们若对当时的世界光景略有所知，就不得不承认当时是一个可咒诅的世界，正在被众魔所统辖。撒但对耶稣说，"你若在我面前下拜，这都要归你。"

魔鬼建议祂用妥协的手腕，这样他就将权柄给祂。他实际上是说，你放眼看看这世界，万国都服在我的权柄之下。这权柄已经交付给我了。我控制着提庇留，我控制着罗马帝国，我统治着一切国度，只要你向我敬拜，我就把这一切都给你。

只有一个词，不论过去或现在，都可以用来描述魔鬼，那就是"说谎的"。耶稣完全明白，祂得国的方法乃是藉着死亡，藉着十字架的苦难，祂在约旦河受洗就证明了这一点。撒但说，不要采取那个方法，这里有一条捷径，有一个妙计。这不仅是对人类整体的攻击，也是对一个社会，一个世界秩序，一个体系，一个世上已建立的秩序之攻击，并且是对人类彼此之间一切关系的攻击。

耶稣如何回答？祂说，"经上记着说，当拜主你的神，单要事奉祂。"注意这里面有两件事是魔鬼没有提到的。他没有提到神，没有提到事奉。撒但在他的试探中从未说到神，只有二次说到，你"若是"神的儿子。他为了特定的目的，将神排除，声称他自己掌有一切权柄。撒但对神只字未提，好像根本没有神一样，即使有神，祂在这个体系中也无实权。

另外，他也没有说到事奉。他说，向我下拜，但却未提到敬拜通常会产生的结果——事奉。

我们主的回答，启示了完整的人类社会哲学。"经上记着说，当拜主你的神，单要事奉祂。"

人只能承认一个宝座，只能向一个君王降服。人类惟一的敬拜和服从，就是敬拜祂，遵从祂。我们的主加上了撒但省略的"事奉"。那真是一个严肃而美妙的时刻，我每逢读到这里，就会禁不住想，如果当时我望向耶稣的双眼，一定会在其中看到一丝讽刺的光芒。祂似乎这样说，你要我敬拜你，为什么不说出敬拜的意义？如果我拜你，就必须事奉你。神是惟一值得敬拜的，神是惟一值得事奉的。因此当耶稣再度印证神的王权，以及重申人只能敬拜神，单单事奉神这个事实时，魔鬼这个针对人类相互关系，社会、国家、国际关系，对依照神旨意建立的体系之攻击，就被丢进地狱中了。

撒但又领祂到耶路撒冷，叫祂站在殿顶上，对祂说，"你若是神的儿子，可以从这里跳下去，因为经上记着说……"

我们的主已经说过两次，"经上记着说。"现在撒但也采用同样的方法，引用经上所说的话。请注意他这样作，等于承认了神与耶稣的关系，以及神给祂的启示。因此他要求祂利用神与祂的关系，自动运行神给祂的启示。他实际上是说，表现一些大胆、冒险、堂皇、特殊的花样吧！从殿顶跳下去，"因为经上记着说，主要为你吩咐祂的使者保护你。"

请注意撒但这话是多么狡猾、可怕！他狡诈地利用了圣经的话。但圣经上原记载说，"祂要为你吩咐祂的使者，在你行的一切道路上保护你"（诗九十一11）。撒但省略了"在你行的一切道路上"这个明确的短句，要求耶稣冲出神的安排，作这件特异的事，出卖祂属灵的本质。因此，最后这个攻击是针对人的灵性，以及人与神的关系而发的。

我们可以从主的回答中，看到一个有关属灵生活的正确而完全的哲学。"耶稣对他说，经上说，不可试探主你的神。"

撒但要求祂作一些惊人之举，来证明祂与神的关系，以及祂对神的启示之信心。耶稣的回答指出，这样作是在证明祂对神的信心不够完全。确是如此，什么时候我们想要作一些事来证明神，就证明我们对神的信心不完全。"信心"绝对不会使用一些诡计，来证明我们所信的对象是否值得相信。那就是属灵生活的哲学。

最后，祂屹立不动，胜过了撒但对于人类整体的、社会性的、属灵性的攻击。

结束的两句话是一个尾声。凯旋的音律回响在第十三节中。"魔鬼用完了各样的试探，就暂时离开耶稣。""用完"这个动词的希腊文是"sunteleo"，是非常奇妙的一个字。撒但已经施行了每一个试探。他用尽了每一个攻击的手段，和每一个收买基督的方法。他的试探用完了，他已无计可施。地狱这时已经是精疲力竭了。

他怎么办？就暂时"离开耶稣"，我比较喜欢希腊原文的意思——远远站在一边。注意另一个醒目的词——"暂时"。这里的旁注说，"直到那时辰。"什么时辰？路加福音第二十二章叙述耶稣在客西马尼园祷告，犹大和其他的人来到祂面前，耶稣说，"现在却是你们的时候，黑暗掌权了。"如果我们细察从这次的试探，直到耶稣在客西马尼园和钉十字架的时刻这段时间的记录，就会发现基督每一次提到那恶者世界中任何一分子时，都带着极严厉的语调。

然后地狱就要集中火力，对十字架阴影下的基督作最后一次攻击。魔鬼用完了这些试探，就暂时离开祂，直等到那黑暗掌权的时候。

新约圣经稍后告诉我们，那最后攻击的结果，祂"将一切执政的、掌权的掳来"(西二 15)。就是将原在天上，后来堕落的恶者掳来。祂在十字架上，再度成为最后的胜利者。

如此，我们看见这位救赎主弥赛亚得胜了，不仅是为祂自己得胜，而且代表人类得胜，因为祂代表了神在人类历史中和人类本性中的旨意及理想。因着祂的得胜，祂不仅成了第二个人，并且成了末后的亚当。从祂而出的人，就能胜过恶，并实现神的旨意。

　　路加现在要述说耶稣"开头一切所行所教训的"(徒一 1)。路加福音从这里开始,不再介绍耶稣这个人,而是叙述弥赛亚的事工。"开头"这个词颇富含义。我们接下去要讨论的福音书所记载的事,都与"开头"有关。祂"行事"和"教训"的双重工作,今日仍持续着。基督尚未放弃祂的行事和教训。祂行事和教训的本质迄今未变。因此我们说到"开头"时,就是假定它仍继续着,并且将要完成。这位神的儿子,人子,道成肉身的人,已经有了一个开头,就会有一个过程,也将有一个结局。我说这些是为了强调接下去要研读的路加福音之重要性。我们将观察祂的工作,祂的教导,以明白这两项将如何延续下去,直到完成的那日。

　　本段经文分成两部分。第十四、十五节是一个摘要;接着路加记录了祂开始公开服事的情形。

　　从耶稣受试探,到路加这里所提到的事件,这中间有整整一年的时间。路加没有记载这段期间所发生的任何事。他的记录有一段空白。史多克博士(Dr. Stalker)在他所著的《基督生平》(Life of Christ)一书中,将我们主一生的事工分成四个阶段:隐居之年,受公众欢迎之年,被反对之年,在世上的末期。马太、马可、路加都未记载任何有关第一年的事。若没有约翰福音,我们就会对第一年的情形一无所知。马太和马可告诉我们,耶稣是在约翰被下监时开始传道的,路加也是从同一时期起,开始他的记述。

　　关于第一年的事,各方臆测纷纭,都在探讨为什么祂不早一点开始祂较为明确的公开传道工作。我想在这点上我们不能武断地下结论。然而事实很明显,祂奉献,被膏,得到神印证,受过试探之后,祂看起来已经准备妥当，可以工作了，祂却没有开始那公开的、受人广泛注意的事工。祂安静地等待了一年，我想祂可能是等约翰先为祂的事工铺路。祂的方法有一个特色，就是从容不迫，这点是颇引人注意的。"信靠的人必不着急"（赛二十八 16）。

首先留意路加在开头的摘要中所说的，"耶稣满有圣灵的能力，回到加利利。"他用"回到"一词，毫无疑问地指明祂在第一年中曾去过加利利，祂的童年也有几年是在那儿度过的。马太说祂"退到加利利去"（太四 12）。马可说祂"来到加利利"（可一 14）。路加则说祂"回到加利利"。希律已经将约翰下在监里，约翰再也不能直接传道，因此耶稣进入希律治理的区域，以那儿作为祂以后数月行大能之事的基地。

路加说祂"满有圣灵的能力"回到加利利。这虽然是一个简短的记述，却让我们很快地联想起前面讨论过的事。祂"被圣灵充满"进入旷野，"圣灵将祂引到"受试探的经历中。现在我们看见祂"满有圣灵的能力"开始祂的事工。

然后路加告诉我们，"祂的名声就传遍了四方"（四 14）。请再看本章第三十七节，"于是耶稣的名声传遍了周围地方。"另外一处是第五章第十五节，"但耶稣的名声越发传扬出去。"

老实说，我不太喜欢将这几处都翻译成"名声"。这三个"名声"在希腊原文中是三个不同的字。第四章第十四节的"名声"应该翻译成"传闻"，因为这才是希腊原文"pheme"真正的意思。有关耶稣的传闻传遍了各地，渐渐的，传闻变成了极大的喧噪，也就是第三十七节里"名声"之原文"echos"的意思。最初的"传闻"，已经变成了"大喧噪"，到处的人都在谈论祂。

至于第五章第十五节的"名声"，原文是"Logos"，意思是理智上的了解，人们开始了解祂。因此将它翻译成"名声"是不足达意的。如此我们看见很明显的三个阶段。首先，有关祂的传闻四处远播；没多久，传闻就变成了大喧噪，各地的人都被震动了；最后，传闻变成了理智上的了解，变成了话语，变成了一个清楚的信息。

路加接着说，"祂在各会堂里教训人，众人都称赞祂。"希腊文的新约圣经中,这个"祂"是强调语势,衬托出祂和众人的对比。大家都在谈论祂,祂本人却进会堂里教训人。在这里我们看到了耶稣所用的方法。祂没有因四播的名声而迷失了,祂却进会堂去教训人。会堂的兴起是在以色列人被掳到巴比伦的那段时期。会堂是那些不能到圣殿敬拜的犹太人的聚集之处。那时候犹太人四散在各处,任何小镇只要有十个犹太人,就可以有他们自己的会堂。那是他们聚集的场所,是犹太人宗教生活的中心。耶稣进出各地的会堂,在那里教训人。

路加又添上一句,"众人都称赞祂。"他不是说祂的事工完全成功了,也不是说众人因为能接纳祂的事工而称赞祂。

现在我们来看有关祂开始公开事奉时的记载,这是祂特意公开宣扬。以前祂一直没有这么作,直到现在才开始。

有一点很重要,就是我们不可将路加第四章里的这故事,和马太第十三章及马可第六章所记的那故事相混淆。在后两处经文中,都记载到祂去拿撒勒,并在那里受到反对。有些人为了使几本福音书互相一致,而将这三段经文并列看待。他们认为路加提前记录了祂到拿撒勒的事,马太和马可则较迟才提到。事实不然。祂到过拿撒勒两次。就像耶稣有两次洁净圣殿,一次是在祂第一年的事工阶段,一次是在祂快要钉十字架的时候。因此,马太第十三章和马可第六章所记的,是祂第二次去拿撒勒,不可将之与这里的故事相混淆。虽然这中间有许多相似之处,但也有一些明显的差异。这故事所记的,是祂第一次去拿撒勒。

当祂要开始明确而有目标的公开传道事工时,就来到祂自幼生长的地方拿撒勒。那里的人都知道祂是一个木匠。祂正要开始祂那伟大的弥赛亚事工,祂按照"平常的规矩"进了会堂。祂踏上童年所走过的足迹,听人宣读律法,当祂忆起早年的岁月时,祂的心中一定充满了感情。

进了会堂以后,祂就肩负起弥赛亚的使命。祂站起来念圣经。当时这么作是可以的,除了祭司和文士,如果什么人有预言的话,也可以站起来说。当时他们有取自律法书、先知书和圣卷的经课。毫无疑问的，那一天他们已经读过了律法书的经课，开始读先知书的经课。有人看见祂站起来，就将当天的经卷交给祂。那是极自然、极合乎秩序的事。那天他们读的先知书经课取自以赛亚书，祂找到了那段经文。我相信这不是偶然的，因为会堂里当日要读的经课都是事先指定的。

这段经文是有关耶和华仆人的预言之一部分。如果我们读以赛亚书，可以发现原书中的"医好伤心的人"（赛六十一 1）这句话，耶稣没有引用。另外我们在耶稣读的经文中发现，"瞎眼的得释放"这句话是以赛亚书所没有的。显然祂是根据希腊文"七十士译本"的版本读这段经文。这个版本译得比较自由。

耶稣念的这段经文记载在第十八、十九节。"主的灵在我身上"压迫着我。圣灵好像从高天降下的膏油，为了祂的工作而膏祂。下面的话则用来描述那工作。

祂读到"报告神悦纳人的禧年"时就停止了。我们翻开旧约圣经，会看到祂停住的地方实际上是一个逗号，接下去还有："和我们神报仇的日子，安慰一切悲哀的人，赐华冠与锡安悲哀的人，代替灰尘；喜乐油代替悲哀；赞美衣代替忧伤之灵。使他们称为公义树，是耶和华所栽的，叫祂得荣耀"（赛六十一 2～3）。祂没有读这一段。祂停下来，卷起书，交还给执事，然后对会堂中的众人说，"今天这经应验在你们耳中了。"

难道以赛亚后面所说的那段话不重要吗？不是的。祂停下来的地方，正是当时祂在世上的使命所及之处。祂的使命是"报告神悦纳人的禧年"，并且引导这禧年的到来。下一句是"和我们神报仇的日子"。这不是当时祂在世上的使命。祂的被膏并不是为了这个使命。我们神报仇的日子后面接着是什么？是安慰一切悲哀的人，报仇的日子之后，就是安慰。我们从路加福音里，看到祂开始所行、所教训的记录。祂的工作还没有完成。祂救赎的工作是在加略山上完成的，但祂还有其他的工作。祂的工作今天仍继续着，直到祂再来的日子。祂的第一次降临，使得第二次降临成为必要的。神报仇的日子必要临到，那时耶稣要成为神报仇的工具，但是祂这样作，惟一的目的是要安慰一切悲哀的人。报仇是为了安慰，这是何等的奇妙！伯尔顿说过一段美丽的话，他说耶稣那一天站在会堂里，面对着众人时，祂是以传福音者、医生、解救者的身份，站在世人面前。祂在开始祂的公开事工时，用这些话表明了这个事工的意义、方法、过程和信息。

这个故事以当日会堂中发生的事作结束。他们先是承认祂的话有何等的恩慈，并且希奇祂所说的。然后有人说，"这不是约瑟的儿子吗?"这话乃是用来作为他们不信的借口。他们不打算听从祂的宣告。他们虽然感觉到祂话语的奇妙，并且为之感动，但是他们必须找出一个法子来逃避，因此他们就采用一个卑鄙的方法，来贬抑祂的宣告，他们用一个低的水平来衡量祂。他们以为已经对祂知道得一清二楚，事实上他们什么也不知道。不，祂并不是约瑟的儿子。

祂明白他们心中所想的，回答了他们（23～24 节）以后，就对他们说了一句惊人的话，"没有先知在自己家乡被人悦纳的。"祂又举出两个例子，说明神的大能和祝福如何临到外邦人。祂说，当以利亚的时候，以色列中有许多寡妇，但神却差遣先知以利亚到西顿的一个寡妇那里去。在以利沙的时代有许多长大麻风的，但只有乃缦得洁净，而乃缦是叙利亚人，不是以色列人。祂如此宣告，神国的好处和祝福是凭信心得来的，不是靠种族关系得来的。

他们听了为之大怒，就要将祂赶出那城。他们带祂到山崖，想把祂推下去。祂的传道事工刚刚起头，就遭遇了反对。但反对的势力对祂毫无办法，"祂却从他们中间直行，过去了。"

拿撒勒人耶稣，就这样开始了祂的公开传道事工。祂的事工在整个计划的过程里，是如此寂寞、特殊。路加用如此严肃的开场，结束了对耶稣这个道成肉身之人的描述，指出祂已进入公开服事中。

　　路加用一个发生在加利利的安息日事件作开头，来记述耶稣较为明确的公开事工。祂下到迦百农，那是加利利的一座城。迦百农位于拿撒勒东北约二十英里的地方。它坐落于加利利海的北岸。根据约瑟夫（Josephus）的记载，迦百农在当时是一个制造业的枢纽。加利利是一个人口密集的区域。约瑟夫告诉我们，我们主在世上传道的时候，加利利那块小小的地区就有至少两百四十个城市和乡村，而迦百农是各种活动的中心。它也是一个大的枢纽地带，有三条大道在那里汇集，交通网四通八达。从迦百农有一条大道通往西顿和推罗，一条大道通往大马色，还有一条主要的大道通往耶路撒冷。

　　路加说祂下到迦百农，就是加利利的一座城。马太说，我们的主"离开拿撒勒，往迦百农去，就住在那里"（太四 13）。马太后来又在第九章提及迦百农时，称它为祂"自己的城"（太九 1）。那时我们的主刚开始祂的公开传道事工，祂以迦百农作为祂活动的基地。祂不断回到迦百农，又多次从迦百农出发，开始祂的旅途。这里面自然有一些含义。第一，以赛亚曾指出，加利利将为犹大所轻视。"外邦人的加利利"（赛九 1），当然这句话的意思不是说外邦人住在加利利，而是说加利利受到外邦人国家的影响。因此，犹大轻看加利利。我们的主下到加利利，以那儿作为祂公开事工的基地，至少有两年之久。

　　第二，我前面曾提起过，就是这些都发生在希律将约翰下到监里的时候。我们的主就在那个时候，开始祂明确、特定的公开事工。祂进入希律统治的领域中，在那儿建立祂工作的据点。

　　在这个有关安息日的故事里，我们看见耶稣出现在四个不同的地方。首先在会堂里，然后在西门的家中，日落时祂出现在街上，四周围绕着要求医治的群众。天亮的时候,祂离开众人,独自走到旷野。

祂早晨进入会堂,那是宗教场所。下午进入一个家庭,那是神创造一个真正社会的基础。黄昏时祂来到街上,接触悲哀、受苦的群众。一天完结了,午夜过后,天方破晓时,祂独自走到旷野会见神。

我们发现,祂早晨出现在迦百农的会堂里。那是一个很有趣的会堂,是一个外邦人的百夫长为他们建造的。还有另一个有趣的理由,就是这个会堂的管理员有一个就是睚鲁。当时各处都有会堂,是为了那些因路途遥远,无法去圣殿敬拜的人设立的。犹太人由被掳之地回来以后,会堂更是遍布各地。耶稣虔敬地遵守安息日。祂有按规矩上会堂的习惯。

祂在那儿作什么? 首先我们看到祂"在安息日教训众人"。祂教导他们什么? 祂曾在伦理的大宣言里说:

"所以,无论何人废掉这诫命中最小的一条,又教训人这样作,他在天国要称为最小的。但无论何人遵行这诫命,又教训人遵行,他在天国要称为大的"(太五 19)。

这只是一个间接的说明,但我相信祂是教导他们律法。有些人似乎认为,祂来是要使人从律法中得释放。让我们看看马太福音第十五章的一段话。祂对官长说:

"假冒为善的人哪,以赛亚指着你们说的预言是不错的。他说,这百姓用嘴唇尊敬我,心却远离我。他们将人的吩咐,当作道理教导人,所以拜我也是枉然"(太十五 7~9)。

祂责备人用教导遗传来代替教导真理,他们在律法之上又加添了人的遗传。因此消极说来,我相信祂当时不是教导他们遗传。

路加福音也有相关的话。耶稣复活之后,对祂的门徒说话。祂说出祂所教导的是什么:

"耶稣对他们说,这就是我从前与你们同在之时,所告诉你们的话,说,摩西的律法、先知的书和诗篇上所记的,凡指着我的话,都必须应验"(路二十四 44)。

我从那段经文,得知祂在各会堂中所教导的是什么。祂采取了整部希伯来人的圣经,因为祂列出了圣经的三个部分:律法,先知书,诗篇。祂又教导他们,这经上一切的事都必在祂身上应验。祂不是在抨击律法,不是嘲笑先知书的陈旧,也不是要废除其他的经卷,认为它们已经过时了。祂乃是指明,圣经里一切的事,都正在迈向顶点,将要应验了。祂宣告说,祂来是要应验律法书、先知书和诗篇所记的一切事。

留意路加在这里所告诉我们的。"他们很希奇祂的教训,因为祂的话里有权柄。"马太说,众人听了祂的大宣言之后,也希奇祂的权柄。他说,"因为祂教训他们,正像有权柄的人,不像他们的文士"(太七29)。这是什么意思?难道是说文士没有权柄?当然不是。文士都是有权柄的教师,所有人都必须服从他们的权柄。但是,他们听了耶稣所说的,就说,这个人说话像是有权柄的人,但祂的权柄不同于我们所熟悉的那种权柄。不同之处在哪里?文士是官方的教师,坐在"摩西的位上"(太二十三2)——这是借用耶稣的话,文士的权柄是得自摩西的权柄。他们说,听听这个人所说的,祂没有官长的职位和权柄,但祂的话却有如此的说服力。我们看新约中耶稣所说的每一句话,就知道祂所说的都是真理。耶稣的话所以有权柄,是因为祂的话语有绝对的真理。

突然之间,会堂中起了骚乱。有一个被污鬼附的人在那里大声喊叫。所有学者都同意,第三十四节这个"唉"是一个希腊文动词的一部分,表明心中的害怕,这是恐惧的呼喊。污鬼发现了会堂中的这人是谁之后,首先发出了惧怕的喊声"唉!"。路加很谨慎地指出,那是一个污鬼。有一些鬼并不一定特别被指明是污鬼,但这个人确是被污秽和凶暴所辖制。然后污鬼提出了抗议,"拿撒勒的耶稣,我们与你有什么相干?"

我们也许会忍不住回答他,当然没有什么相干,你与祂没有任何关系,但祂却与你有各种关系。祂是地下世界的主。

然后污鬼作了一个惊人的承认,"我知道你是谁,乃是神的圣者。"这种承认表明污鬼已被击败了。一个圣洁的人,就是一个能胜过魔鬼攻击的人。我们听见污鬼害怕、抗议的声音，以及他对基督的承认。

"耶稣责备他。"记住"责备"这个词，下面我们还会看见它。祂说，"不要作声，从这人身上出来吧！"翻译成"不要作声"的那个希腊文，原意是住嘴。基督一向拒绝接受污鬼的见证。他们认识祂，但祂拒绝他们的见证。保罗也持同样的态度。有一次，一个被巫鬼所附的使女，宣称保罗真是神的仆人，保罗也叫她安静。基督不需要从地下世界而来的见证。祂令污鬼住嘴，从那人身上出来。奇妙的是污鬼立刻就听命了。

然后呢？路加说，"众人都惊讶。"这是另一个描述词。当他们听祂的教训时感到希奇，现在他们感到惊讶。换句话说，他们现在变得目瞪口呆。他们起先感觉祂那带权柄的教训，具有道德的影响力，现在他们又看见祂所行的事，祂的权柄不单单限于道德的解说。祂有权柄使人脱离污鬼的束缚，那真是带有能力的权柄。他们起先希奇祂所教训的，现在他们看见那同样的声音也能命令邪灵，邪灵也听从祂，他们不禁看得目瞪口呆。

当他们恢复说话以后，就议论纷纷，说，这是什么道理？他们最感惊讶的是，祂没有用职业赶鬼者的诡计，没有念咒，只凭一句话，污鬼就出去了。他们说，"这是什么道理呢？因为祂用权柄能力吩咐污鬼，污鬼就出来。"

接下去的第三十七节，我们在前一讲中曾提过。这里的"名声"翻译得不够有力。它的希腊文是"echos"，是一个大喧噪。它的意思是，从会堂发生了这件事之后，有关祂的报告就传遍各地。每一个人都在谈论祂，祂成了大家的中心话题。

然后呢？"耶稣出了会堂，进了西门的家。"祂静悄悄地和西门一同回家。那里有一个生病的妇人。路加这位医生说，她"害热病甚重"。这是当时的一个医学名词。那时他们将发烧分成两个等级：轻微发烧和严重发烧。他们可能称疟疾为轻微发烧，称斑疹伤寒为严重发烧。这个妇人的病非常严重危急。"有人为她求耶稣。"这不是说，他们试着说服祂采取行动。此处的希腊文时态用的是简单过去式，表示他们只提出一次要求。

路加接着又用了一个严谨的医学名词，祂"站在她旁边"。祂像其他医生一样，站在她旁边，但是祂作了一件其他医生所无法作的事——"斥责那热病。"前面祂赶污鬼时用的也是同一个词，祂责备污鬼。现在祂斥责热病。我不知道祂如何斥责热病，不知道祂是否说，"安静！"就像祂斥责污鬼、斥责风浪一样。我相信魔鬼躲在风浪的后面，他可能也躲在热病的后面，我不确定，但祂在那个家中斥责热病，热病就离开那妇人了。

耶稣的医治总是完全的。祂医好了一个人时，那人从不需要别人扶他走出会堂，或步下走廊。这个妇人也得了完全的医治，"她立刻起来服事他们。"这是多美丽而有趣的证明。通常我们发烧退了之后，是没有办法这样作的。几年前我有过这种经验。我在一个疗养院待了数月之后，烧退了，我不但不能立刻起来服事人，甚至连走路都忘记怎么走了。我失去了肌肉协调的能力。但是当耶稣医治那妇人的严重热病之后，她立刻起来操持家务，服事他们。这就是那个安息日下午所发生的事。耶稣以医生的身份出现在一个家庭中。

日头终于西沉了，暮色缓缓降下。外面有骚动的声音，是怎么回事？"日落的时候，凡有病人的，不论害什么病，都带到耶稣那里。"

早晨发生在会堂里的事已经如同大喧噪，传扬出去了。结果是，人们带着各种病人聚拢到祂那里。"耶稣按手在他们各人身上，医好他们。"

我知道，如果我说耶稣是一语不发地施行医治，可能会引起一些人的争论。但我可以毫不迟疑地说，祂把手一个一个放在他们身上，医好他们。祂对他们没有提出任何条件，没有询问他们的家庭生活，过去的历史。祂没有提到任何其他的事，祂只是看到他们的需要。这里没有说，祂对那些病人说，你得医治的条件是信心，你若有足够的信心，就必得医治。祂只是按手在他们身上，医好了他们。这就是祂医病的事工。

祂的大能也运行在被鬼附的人身上。"又有鬼从好些人身上出来，喊着说，你是神的儿子。耶稣斥责他们，不许他们说话，因为他们知道祂是基督。"

我们在这里第三度看见"斥责"一词。即使魔鬼说的话是对的，祂也不要这种从地下世界来的赞誉。祂有权柄管辖他们，但不要他们的称赞。从本段经文中，我们两度看到主的这种态度。

马太也记载了这个医病的故事，他在最后加上了一些注解。他说，"这是要应验先知以赛亚的话，说，祂代替我们的软弱，担当我们的病病"（太八17）。马太告诉我们，耶稣医治众人的秘诀何在。他是引自以赛亚书第五十三章第四节的话，"祂诚然担当我们的忧患，背负我们的痛苦。"

"忧患"一词在希伯来文的原意是疾病。祂诚然担当我们的疾病，背负我们的痛苦。请注意，这两句话没有赎罪的含义。接下去读，"我们却以为祂受责罚，被神击打苦待了"（赛五十三4）。祂出于同情心，担当我们的疾病和痛苦，我们却如此看待祂。

"哪知祂为我们的过犯受害，为我们的罪孽压伤。因祂受的刑罚，我们得平安，因祂受的鞭伤，我们得医治"（赛五十三5）。第五节的这段经文才是赎罪。第四节所讲的不是赎罪，而是祂怜悯众人的事工。祂不是赎病，而是赎罪。身体得医治只是能避免死亡，但不能保证生命得救赎。祂能医治疾病，虽然今天很多时候祂不用人的方法医病，但是我相信大多时候祂还是利用人类的医病方法，也祝福这些方法。

请注意马太引用以赛亚的话，"祂……担当我们的疾病。"担当并不是赎罪。希伯来书的作者说，"基督既然一次被献，担当了多人的罪"（来九28）。彼得说，祂"担当了我们的罪"（彼前二24）。后两者的"担当"和以赛亚书的"担当"是完全不同的字。"担当我们的疾病"的"担当"，就是保罗所说，"担代不坚固人的软弱"（罗十五1）或"你们各人的重担要互相担当"（加六2）两句话里的"担代"和"担当"。

以赛亚书里"担当我们的疾病"的"担当"，希腊文是"bastazo"，意思是祂以爱心、怜悯和帮助，担当我们的疾病。至于有赎罪意义的"担当"，原文是"anaphero"，意思是举起来扔掉。祂这样对付罪，而不是对付疾病。祂出于心中的怜悯，除掉人的疾病，但这不是出于祂救赎的果效，而是出于祂无限的怜悯和大能。时候到了，祂要更深地进入一切受苦和忧患的来源——罪中，然后祂要以新的一面来担当人的罪。祂不仅是进入罪中，和我们一起担负罪，祂是把罪放在自己身上，并且将罪带入一个永远得赦免的境地。这就是赎罪。

然后呢？在午夜和天明之间，天方破晓的时候，祂走到旷野。祂需要独处，需要安静。我们可以不断发现，祂退到旷野去。我们有理由说，祂暂时逃离众人，为要与神单独会面。不必同情祂必须走那一段通往旷野的崎岖道路。对祂来说，那是一段享有绝对平安、宁静、喜乐的时间。

后来众人很自然地来找祂，要留住祂，但祂说，我不能留下，我必须"在别城传神国的福音，因我奉差原是为此"。祂是带着权柄行动，祂有权柄教导，也有权柄用大能拯救人。

最后路加用简短的话，总结祂的事工。"于是耶稣在加利利的各会堂传道。"

感谢神，路加给我们第一个有关安息日的画面。请注意这里面的连贯性。先是会堂，属于宗教场合；其次是一个人的家，是家人团聚之处；然后是街上，那里有群众的需要；最后是旷野，安静地与神交通的地方。我们看见了祂在道德上的权柄，和祂实际运用的权柄，后者就是祂的大能。祂有能力胜过疾病，胜过魔鬼，使人脱离假教训的束缚，脱离魔鬼的捆绑。

　　有关基督的公开服事工作，路加前面已描述了祂在加利利的那个安息日，并且记载了主的宣告，声言祂必须到别的城市去传福音。现在路加又告诉我们，"耶稣在加利利的各会堂传道。"

　　然后，他接着记载了那一段传道事工期间所发生的一些事件。在本段经文中，我们可以看见两件事。让我们花点时间来看这些事件和主传道程序的关系。

　　我们必须非常小心，不要将这里的捕鱼及主对门徒就此所说的话这件事，和主呼召那四个人舍下网跟从祂的事件相混淆。我之所以特别强调这一点，是因为常常有人误把这两件事混淆成一件事了。马太福音第四章和马可福音第一章，都记录了主呼召门徒舍下网跟从祂，人们很容易把那件事和现在的这件事混在一起。事实上，这两件事发生的场合有非常明显的区别。马太福音第四章和马可福音第一章记载，当我们的主呼召那些人舍下鱼网跟从祂的时候，他们正在捕鱼，正在撒网。但是本段经文记载的是，那些人正在洗网。从后面的记述中，我们发现他们已经打了一整夜鱼，结果一无所获，他们只好离开空船，洗网去了。主第一次呼召门徒撒下鱼网跟从祂，是祂在拿撒勒开始服事工作以及祂以迦百农作祂事工基地中间所发生的。祂在前往迦百农的路上，经过湖边，看见那些人，就呼召他们舍下网跟从祂，他们就如此作了。马太和马可都为这件事作见证。那四个人在我们的主受洗之后，立刻就作了祂的门徒。但是显然的，只过了几个星期，他们又回家了，我想可能是主打发他们回去的。后来，祂要开始祂的公开服事工作，所以再度呼召他们，舍下鱼网跟从祂，而他们也听从了祂。因此这里所记的，就是他们第一次跟从祂后，又回到老本行去打鱼。这一点,在这个事件中是非常重要的。

另外我事先要指出的是,洁净长大麻风的事件是紧接在登山宝训后面发生的。马太记录了整个登山宝训,马可只记录了一部分,路加则未提及。但是路加福音第六章所记载的教训和登山宝训非常相近,然而那不是登山宝训。在这里,我们的主只是另外强调登山宝训中的一部分教训,并且作了一番补充。我们最好记住这一点,因为这关系到我们对洁净长大麻风这事件的研究。当耶稣离开祂讲登山宝训的那座山时,那个长大麻风的就来到祂面前。我相信很可能他一直站在群众的外围,听耶稣的教训。我也认为,就是因为他听了耶稣的教训,看见了耶稣,他才会走到祂跟前去。

现在让我们来看这两个事件。先看前十一节所记载的那件事。"耶稣站在革尼撒勒湖边,众人拥挤祂,要听神的道。祂见有两只船湾在湖边,打鱼的人却离开船,洗网去了。有一只船是西门的,耶稣就上去,请他把船撑开,稍微离岸。"

我相信当时渔夫们都在附近,所以祂才能对西门说话。请注意祂的行动所具有的意义。这些人那时已打了一晚上的鱼,却毫无收获,他们第二天只好离开船去洗网。在几个礼拜以前,祂曾呼召这些人跟从祂,他们也确实舍下了船、网、父母、亲友去跟从祂。但是我们看见,现在他们又回去从事他们的老本行,至于其中的细节,圣经没有记载。注意我们的主作了什么。我们没有任何记载,提到祂责备他们。但是我认为从整个事件的发展中,可以看出来主对他们重返旧业的行动是有所批评的。祂登上了其中一只船,就开始发号施令。祂没有先问,这只船可不可以借给祂。祂虽请西门把船撑开,但也是一种命令的口气。我不知道他们又回去打鱼的原因,我只能作一番推测。事实上,在我学作门徒的生活中,我也不止一次作过这样的傻事。如果我们想像一下当时的情景,就可以看见西门、安得烈、雅各、约翰,他们一定睁大眼睛望着耶稣,一脸的困惑,他们心里一定在想,祂打算作什么呢?

然后祂叫西门来,请他把船撑开,稍微离岸。西门照办了。耶稣就坐下,从船上教训众人。对艺术家来说,这实在是一个上好的题材。那只小船轻轻地在海面上摇曳，而西门也坐在船上，聆听着主的教训。

接下去发生的事件颇有意义。路加没有记载那一天祂说了什么，但他叙述了导致这事件的前因。"讲完了，对西门说，把船开到水深之处，下网打鱼。"祂结束了祂的教训，现在祂竟然主动地去和他们一同打鱼！祂曾要他们舍下鱼船、鱼网，他们也一度遵从，但后来又重返旧业。现在祂来了，祂拥有鱼船的主权以后，却对他们说，再去打鱼吧！把船开到水深之处，下网打鱼。

接着美妙的事发生了。西门以渔夫的立场提出抗议，"夫子，我们整夜劳力，并没有打着什么。但依从你的话，我就下网。"注意西门心中的活动。他先提出抗议，然而很快地他就说了"但"这个字。他又称祂为"夫子"。"夫子"这字的原文不是指老师，而是指船长，是一船之首。他们撒下了网，没有多久网就装满了鱼，他们不得不请别人支援，因为船甚至快沉下去了。然后彼得就俯伏在耶稣膝前说，"主啊！离开我，我是个罪人。"

彼得的意思是什么？他是说，哦！放弃我吧！我是个罪人。一年多以前，你曾望着我，告诉我要作一块石头（彼得直译为石块）。后来我回去继续打鱼，因为当时你没有呼召我舍下一切。但几个礼拜以前，你要我舍下鱼网跟从你，我照办了。可是现在，你看我又回来打鱼了，我根本不是个作石头的料。彼得是在承认他重返旧业的错误，所以他说，放弃我吧，我是个罪人。

耶稣如何回答他呢？哦！祂的回答何其美妙！祂说，"不要怕！"祂对这个朴实的、容易动感情的、看来一事无成的人说，"不要怕！从今以后，你要得人了。"

这个"得"字，在希腊文中是一个很特殊的动词。在新约里它只另外出现过一次，就是保罗写的提摩太后书第二章，他说：

"主的仆人不可争竞，只要温温和和的待众人……用温柔劝戒那抵挡的人，或者神给他们悔改的心，可以明白真道，叫他们这已经被魔鬼任意掳去的可以醒悟"（提后二 24～25）。

保罗所用"掳去"一词的原文和路加这里所用的"得"是同一个字。这至少让我们看见了这个字在新约中的两处用法。一处是主说到彼得要"得"人,一处是说到那些被魔鬼"掳去"的人。

"从今以后"也是一个伟大的词。它割断了过去,改变了一切。西门说,我又作了傻事,你呼召我跟从你之后,我又跑回去打鱼了,"主啊! 离开我,我是个罪人。"但耶稣对他说,不要怕! 那些旧事都已经过去,以后你再也不会作这种傻事了,"从今以后,你要得人了。"

祂向这一小群渔夫启示了在他们所熟悉的渔事上,祂也是至高无上的。藉着这个启示,祂显明了祂在他们不熟悉的范畴中,也占有至高无上的地位。祂指出祂来到这世上所要作的工作,以及祂需要他们相助的工作,就是要得人。在以后艰难的岁月中,当他们在人生的大海上历经风暴、危险,以得着人时,他们必定会想起当日祂来到他们中间,与他们一起打鱼的时刻,祂向他们指出了祂是一切的主。

这件事具有永远的价值。耶稣藉着使他们得到满船的鱼,向他们启示一件事,就是祂要他们舍下鱼网,为的是要他们去得人。

这件事对我们有什么教训? 首先,基督呼召人加入祂的服事工作,并且要求人将自己的恩赐,奉献在祂的服事工作上,好让祂能使用每个人的能力,将其转变成作祂工作的能力。我从未听过基督对我说,来跟从我,我要使你得人如得鱼。为什么? 因为我不是渔夫,我对打鱼的事也毫无兴趣。1886 年,我还在一所学校教小孩子时,主对我说,来跟从我,我要使你作多人的老师。祂要将每一个人的能力用在祂的国度中。这就是这个故事的哲理。

现在回到打鱼的事例上。在这里我们学到一个功课,就是祂要使用我们的船和我们的网。我们的责任不仅是提供渔夫,也要提供船、饵、网;不仅提供工人,也要提供一些组织、团体。然后,祂所要求我们的,就是顺服祂的主权,称祂为主。不仅是把船交给祂,也把我们自己完全交给祂。

一旦祂得着了我们的网和船,祂就要使我们的工作大有果效,以至于网险些裂开,船几乎下沉。如果我们教会里的一个组织,在祂大能的催促之下,工作仍然一无进展,那么我们就知道,祂不在船上。

如果祂在船上，我们的网就会因丰收而险些裂开。

其次，如果因为大成功，我们的网快破、船快沉之际，我们就应该招呼其他船上的同伴来帮助，这乃是教会合一的真价值。

现在来看第二个事件，就是长大麻风的得洁净。路加写道，"有一回，耶稣在一个城里。"他未提及这城的名字。法拉尔曾推测这城可能是哈丁（Hattin）城，位于耶稣颁布国度宣言的那座山脚下。那个长大麻风的人来见耶稣，他说，"主若肯，必能叫我洁净了。"他没有求主洁净他，他只是表达了希望得洁净的意愿。路加说他"满身长了大麻风"，已经到了无药可救的地步。根据利未记的法则，到了这种地步的麻风已经不会再传染给别人。显然他也没有任何治愈的可能了。他说，"主若肯，必能叫我洁净了。"

以前我曾批评他到主面前来的方式。这个人明明知道基督有能力医治他，却不敢确定基督愿不愿意医治他。其实我们应该说，这个人不但相信基督的能力，因为他说"必能"叫我洁净，他也是一个谦卑的人，因为他承认耶稣的主权，他说，"主若肯。"他渴望得洁净，但他没有如此求。他把这件事和祂的主权放在一起，他知道主能够洁净他。我现在越来越认为，"主若肯"这个句子启示了一个卓越的事实，就是这个人站在主面前的时候，虽然他渴望得洁净，他也确信祂能够洁净他，但他将"主若肯"这句话，当作他祈求的先决条件。我们在一切的祷告中，也应该把这句话当作先决条件。

然后发生了什么事？让我们仔细地读。路加说，"耶稣伸手摸他，说……"在耶稣的行动和祂说的话之间，有一个分词（中文圣经的翻译无法看出来），表示祂的行动和说话是同时发生的。并不是祂先摸了那人，再开口说话。祂乃是一边说，一边行动。事情的发生好像在一霎之间，祂的手还没有完全触到他，祂的话还没有说完，那个人的大麻风就得洁净了。"大麻风立刻就离了他的身。"

基督对他说的话是，"我肯，你洁净了吧！"祂似乎是说，你已经遵守了生命的最高法则，你不是用命令或要求，来提出你的渴望，你乃是顺服我的旨意，承认我的能力，知道我能使你洁净。"我肯，你洁净了吧！"祂伸手摸他，大麻风立刻离了他的身子。

这里有一个老问题，不断引起各方争论。有人说，耶稣摸那个长大麻风的人,是违背了摩西的律法,因为摩西的律法规定,任何人都不可接触长大麻风的人。我个人相信,祂并没有违背律法,祂没有摸长大麻风的人,祂摸的是一个得了洁净的人。祂的话语和行动是同时发生的,当耶稣的口中刚说出"我肯"这句话时,祂洁净的大能已经开始运行了。就我看来,祂摸他是为了向人显示,他已经得了洁净。祂摸他是表明他的洁净,因为耶稣不会破坏摩西律法的一点一画。

任何人读了这段故事,都会从其中得到一个启示,就是主也在对付道德上的弊病,就是罪的麻风病。有人说,圣经从来没有将麻风病当作一种罪,这也许是对的,但是历代以来的信徒、希伯来的解经家、神学家,以及基督徒的解经家、神学家,一般都认为麻风病是物质界中最能够启示灵性上的罪之象征,虽然圣经中并没有这样说。新约圣经从未说基督"医治"麻风病,祂乃是"洁净"麻风病,这点可以作参考。麻风病初发时是不知不觉的,它逐渐侵蚀、麻痹、摧毁人的生长,所以最适于用来象征罪。这里就是一个绝佳的例子。这个人身上长满了大麻风,基督有绝对的权能洁净他;这有更深一层的意义,象征了基督也能洁净人灵魂里罪的麻风病。

结果如何呢? 祂嘱咐他不要告诉别人,只要照着律法的要求,把身体给祭司看,并且献祭,祂又加上一句有意义的话,"照摩西所吩咐的……对众人作证据。"去向那些祭司,属灵的官长,那些对祂怀有敌意的人,证明他得了洁净。

然后,路加告诉我们,"耶稣的名声"越发传扬出去。前面我们曾经提起过,同样译成"名声"的,有三个不同的原文,第一个希腊文是"pheme",意思是"传闻"。第二个字是"echos",意思是"大喧噪"。第三个字是"logos",意思是不只传闻,不只在众人中有大喧噪,而是在理智上有所了解和认识。这里路加用的是第三个字。这是说,在祂洁净大麻风之后,众人在理智上对祂有了认识和了解。

还有一件美妙的事,我们只需简略带过。"耶稣却退到旷野去祷告。"祂离开了那长大麻风的人,离开了群众,离开蜂拥而至的人潮,退到旷野去祷告。这里的"祷告"一词,不仅指祈求,它本身还有崇拜的含义。祂离开了众人,去与神交通。

在这段经文中,我们看见官长们对耶稣的敌意,越来越明显了。

其实当耶稣头一年在耶路撒冷事奉的时候,他们就已经露出了敌意。我们从约翰福音可以知道,耶稣在毕士大的廊子下,如何医治了那个病了三十八年的人。那时就引起了人们反对,原因是,第一,他们说祂使那个人犯了安息日;第二,也是主要的,因为祂自称是与神平等的。路加尚未提到这些事,他只是记载了魔鬼对祂的激烈抵挡,以及拿撒勒的同乡对祂的态度。这里是第一回,他记载了官长们对耶稣的敌意。

前一章的研读中,路加说祂的"名声"越发传扬出去,人们开始了解祂;从这时起,官长们敌对的态度和行动就开始显露出来了。这种敌意从未缓和过。我们从路加或是其他福音书中可以看出,自这时候起,这种敌意就一直存在着。我们也可以看见耶稣一面安静地继续祂的工作,一面应付四周反对的势力,祂不轻忽这股势力,祂乃是以镇静的威严对付它。

此段经文可分成两部分。从第十七节到第二十六节记载了那不寻常的一日。第二十七、二十八两节记载了利未的被召。

我为什么说第十七节到第二十六节记载了不寻常的一日?我用"不寻常"这个词,是从下文中来的。"众人都惊奇,也归荣耀与神,并且满心惧怕说,我们今日看见非常的事了。"希腊文"非常的事"(paradoxia)是由"反"(para)和"观念"(doxa)两字构成的,意即不是人的观念所能了解的。这些人说,我们看见了无法了解的事。因此他们为这些事归荣耀与神,并且满心惧怕。

他们究竟看到了什么? 首先是祂的教训和医病的大能。在场的有法利赛人和教法师,他们是从加利利各乡村,并犹太及耶路撒冷来的。显然对这些教法师和宗教领袖们来说,基督已经成为他们一个日渐严重的问题。所以他们聚集在一起,"在旁边坐着",仔细观察祂。这是一个引人注意的场面。

突然之间,他们的聚会被打断了。有人拆穿了房顶,把一个人缒下来到他们中间。那是一个瘫子,他因为道德上的病而得了瘫痪。当然不一定每个病例都是如此,有许多病不是因为人犯罪而得的。但是这个瘫子,他深受道德、肉体两方面疾病的折磨。他的瘫痪是因他犯罪而得的,这点我们可以从主对付他的方法上得知。他们都为这个出其不意的中断感到吃惊,但更惊奇的事还在后头呢!

那个人躺在那里,他知道他肉体上的病痛是因他道德上的不洁净而导致的。耶稣看着他说,"你的罪赦了。"祂没有先医治他,没有先对付他肉体上的疾病。祂首先对付的,是引起肉体疾病的根由。祂说,"你的罪赦了。"

祂的话立刻遭致法利赛人和教法师的批评。他们一直坐在那里冷眼旁观。显然他们从祂的教训中找不出可以引起争论的地方,现在祂终于出了漏洞。祂竟对那人说,"你的罪赦了。"他们为此而议论纷纷。他们发现了什么?他们认为祂说了僭妄的话,因为"除了神以外,谁能赦罪呢?"这些律法师说,祂侵犯了神的特权,祂说了只有神能说的话。他们发现祂犯的是僭妄的罪。

让我们停下来想一想。他们说得对吗?他们的理由是,除了神没有人能赦罪。这话一点没错。他们说祂僭妄,他们说得对吗?如果祂不过是一个普通的夫子,那么他们是对的。我不禁急切地想知道,祂如何应付这个指控。祂对他们说,"或说你的罪赦了,或说你起来行走,哪一样容易呢?"

这里没有记录他们说了什么,他们大概没有回答什么,因为耶稣接下去又说话了。但假设他们当时回答了,我想我知道他们会怎么说。假想我当时也在场,我是一个律法师,基督问我,哪一样容易,我一定会以他们的观点说,叫人起来行走比较容易。(当然要他们如此回答亦非易事,因为叫人起来行走也是只有神能作的。)这也是基督以这种方式向他们提出挑战的原因。

　　然后,不等他们回答,祂又说,"但要叫你们知道人子在地上有赦罪的权柄。"祂并且以行动来结束祂的谈话,祂对那人说,"起来,拿你的褥子回家去吧!"那人立刻起来,离开他们去了,并归荣耀与神,因为只有祂能赦罪,只有祂能医治。祂在道德范畴中所说的带权柄的话,使他们噤不作声。祂教导他们,祂在道德范畴中所说的带权柄的话,因着祂在身体范畴中所说的大能的话而得到了证实。神赦免罪,祂也医治人,这两件事在这个例子中成为同一件事。祂藉着对付这人肉体疾病的起因,来彰显祂赦罪的权柄。祂在道德上的权柄,在祂医治这人身体的疾病时得到了证明。这人就离开了,归荣耀与神。他为了得医治而归荣耀与神吗? 是的,但我想他更是为了罪得赦免而归荣耀与神。

　　再停下来看看,他们说了什么。这里没有记录他们说的话,只有"众人都惊奇"。我想"众人"应该包括那些律法师,以及一切听见的百姓。

　　路加接着记载了马太的被召。马太、马可、路加都记载了这个故事。路加写道,"耶稣出去,看见一个税吏,名叫利未。"路加是站在一段距离之外写的,他细察了有关的记载,作了一番挑选之后,写下了这个事实。马可毫无疑问的是以彼得的观点出发,他说,"耶稣经过的时候,看到亚勒腓的儿子利未,坐在税关上"(可二 14)。马可没有称他为税吏,只是记下了事实。马太记载他自己时说,"耶稣从那里往前走,看见一个人名叫马太,坐在税关上"(太九 9)。他也没有称自己为税吏。后来他在把自己的名字列入门徒名单时,曾小心地提到他的税吏身份。此处他只说,祂看到一个人。就像耶稣一向看到的,是一个人,而不是人的身份。

　　那时马太正在岸边收船税。很可能马太是当时罗马分封王希律手下的仆役。他可能每年把一个总数的钱缴给罗马,其余的税金就放进自己口袋里。我相信那是一个有厚利可图的行业,马太一定是个富有的人。耶稣经过,看见了他,说,"你跟从我来。"祂的意思是,加入我这一行吧! 和我一起走吧! 祂要求完全的顺服,但也是在彼此有亲密交往之下的顺服。来和我一起走吧，走我所行的道路，作我的朋友，作我的同伴。

然后，路加记载说，"他就撇下所有的，起来，跟从了耶稣。"我不太喜欢"撇下"这个词，旧有的翻译可能更简单、准确，那就是"他就离开所有的"。耶稣给他的，是一个突然的呼召，他就以一个立刻的行动相回应。

这个结果是长远的，马太后来成了为王作记录的人。他被拣选去写那本显明耶稣王者身份的福音书。

这里记载了马太被召以后所发生的事。在他的家里有一个盛大的筵席。路加说，"利未在自己家里，为耶稣大摆筵席。有许多税吏和别人，与他们一同坐席。"利未设筵来庆祝他的离职。他已经撇下所有的，离开了税关，舍下了他的职分，与希律断绝关系，并且背弃罗马帝国。他没有召聚朋友来，向他们诉说他所作的牺牲，反而大摆筵席，庆祝他的离弃旧职。

路加说，他"为耶稣大摆筵席"。那是为了向耶稣致敬意而设的筵席。我们可以看见，他是多么了解耶稣，他知道耶稣想要会见那一类的人。他知道耶稣愿意和一群税吏同坐。这是很有意义的。利未急切地想把和他同样阶层、同样地位的人带到耶稣面前。他知道耶稣愿意见他们，他也知道这些人需要见耶稣。耶稣接受了他的邀请，接受了马太设筵所要向祂表达的尊敬。祂就前去赴筵，与他们同坐席，一同吃喝。官长们无法理解这件事。在路加福音第十五章第二节里，我们看见当耶稣从房里出来的时候，法利赛人正注意观察祂，他们批评祂对那些不洁的群众之态度。他们说，"这个人接待罪人，又同他们吃饭。"

在法利赛人的观念中，这种事是不容宽恕的。现在让我们将目光集中在我们的主身上，看祂的威严、尊荣、心中的大爱，这和四周官长的敌意成了一个清晰而尖锐的对比。这次的筵席引起了对祂的两重批评。

第一个批评，是透过祂的门徒，对祂提出的间接批评。"法利赛人和文士，就向耶稣的门徒发怨言说，你们为什么和税吏并罪人一同吃喝呢？"

当我们为祂的缘故受攻击时，祂能立即代我们回应，这实在是件美事。祂立刻回答他们，"无病的人用不着医生，有病的人才用得着。我来本不是召义人悔改，乃是召罪人悔改。"

他们指控的是，祂和祂的门徒竟与罪人来往。我们若仔细考虑一下，就会发现这件事对他们来说实在非同小可。这些宗教领袖，这些文士和法利赛人，他们自认是维护道德和正义的人，他们一直感到困惑的一件事，就是耶稣对待那些声名狼藉的罪人之态度。就某种意义上来说，他们的批评是有道理的。你不可能接受每一个人的邀筵；对于那些身败名裂的人所提出的邀请，你应该一口回绝才是。他们就是这个意思。他们透过门徒，间接提出对主的第一个攻击，就是祂与罪人来往。

祂如何回答？ 祂说，"有病的人"——祂承认那些人有病，祂没有为了法利赛人和文士形容那些人是罪人而提出任何辩论。祂实际上是说，他们是罪人，你们说的对，我不否认。但是，无病的人用不着医生。这暗示了祂所以和那些人来往、坐席，是因为祂是医生。祂继续说，"我来本不是召义人悔改。"这些人说，你为什么和罪人来往，祂说，因为我想接触的就是罪人；我想接触他们，就是因为他们是罪人，罪的病毒渗入了他们里面。我是那位大医生，我来是要对付疾病的。

前面我说过，有些罪人我们不能够和他们来往。但现在我要加以补充。如果我们有主同行，心中有祂的爱，我们就能去接触罪人，把他们带到神面前，使他们得医治。祂说，是的，我与他们一同吃喝，因为我来是要寻找他们。你们说的不错，他们是罪人，他们正受罪的病毒侵害，正濒于死境，"我来本不是召义人悔改，乃是召罪人悔改。"这就是我来到世界的目的。祂来是要寻找那些需要祂的男女，那些犯了罪的群众。他们指控祂与罪人来往的第一个批评，现在有了答案。祂与罪人来往，是为了医治他们的罪，这罪曾使他们与义人隔离。

然后，祂的仇敌又以另外一种方式批评祂。这一次他们对祂说话，是一个直接的攻击，但所攻击的是祂的门徒。当祂说祂来是要召罪人悔改时,他们只好哑口无言了。现在他们要来找门徒的毛病。"他们说,约翰的门徒屡次禁食祈祷,法利赛人的门徒也是这样,惟独你的门徒又吃又喝。"

现在他们抱怨说,祂的门徒缺乏刻苦的操练。他们抱怨祂的门徒的生活看起来轻松愉快。他们说,约翰的门徒和法利赛人的门徒都禁食,并且祈祷,他们要藉着刻苦的操练,以获取属灵的力量。可是看看你的门徒,他们又吃又喝。这是生活方式的对比,一个刻苦禁欲,一个和常人无异。他们说,约翰的门徒和法利赛人的门徒禁食祈祷,在现今的生活中保持着严肃、庄重的态度,以使他们的灵魂能得以成圣。可是你的门徒却又吃又喝,与一般人生活在同样的层次上。

我们主的回答相当重要。祂回答的第一句话,是局限于当地、当时的。祂回答的第二句话则是寓言性的,永恒性的。我要把其中的区别划分得很清楚。第一个回答是有地方性的,是暂时性的,不能运用在我们所有的人身上。他们对祂说,你的门徒又吃又喝,不禁食,只会作乐享受,我们看不出他们身上有任何圣洁、庄严的记号,也看不出他们对生活有任何刻苦的态度。祂说,"新郎和陪伴之人同在的时候,岂能叫陪伴之人禁食呢?"祂的意思是,当我和门徒在一起的时候,他们岂不应当快乐吗?他们快乐,是因为我与他们同在。

祂接着说,"但日子将到,新郎要离开他们,那日他们就要禁食了。"这里的动词"离开",在希腊文圣经中有"被暴力夺去"的意思。那时祂尚未告诉他们有关十字架的事,但祂用这个动词暗示了将来要有暴力临到祂。那时,人们才需要禁食。那日子确实来了,他们也确实禁食了。祂的话是指当地、当时的事,不能应用在我们身上。为什么?因为祂现今与我们同在,祂不会再被夺去。那句话只适用于祂被钉十字架和祂复活之间的几天,顶多延至祂复活到五旬节之间的那段时期。当祂藉着圣灵降临,与他们同住的时候,他们就不需要禁食了。祂的回答是针对当时的事实。你们批评我的门徒生活安逸、喜乐,他们是应当如此,因我与他们同在;但有一天新郎要被人夺去,那时他们就要禁食了。

祂所说的第二个寓言性的、永久性的回答是什么呢？

"耶稣又设一个比喻，对他们说，没有人把新衣服撕下一块来，补在旧衣服上。若是这样，就把新的撕破了，并且所撕下来的那块新的，和旧的也不相称。也没有人把新酒装在旧皮袋里，若是这样，新酒必将皮袋裂开，酒便漏出来，皮袋也就坏了。但新酒必须装在新皮袋里。"

让我们仔细观察两件简单的事，我们在读这段经文时常常会忽略了它们。第一件事是，完全发酵后的酒，可以放入任何瓶子中，不管是新的、旧的瓶子都行，瓶子不会裂开。要记住这一点。第二件事是，正在发酵的酒，不管放入新瓶、旧瓶，都会使瓶子裂开。而尚未发酵的酒，则只能放入新瓶中。如果把未发酵的酒放入旧瓶中，旧瓶里的酵就会感染新酒，把瓶子炸裂。

我们的主在这里所说的新酒，是指祂国度的新酒，是没有发酵的纯酒。祂说，你不能把这新酒放入旧瓶中，因瓶里有残余的发酵过的酒液。你如果把国度中尚未发酵的酒放入旧瓶子里，它就会发酵，把瓶子炸裂，瓶子和酒就都失丧了。

此处我们可以学到什么教训？那就是，祂来不是要修补，乃是要结束过去，开启未来。因此，祂国度里的新事物，祂来所开创的新局面，都不可以被限制在过去的格式中。它需要新的形式、新的方法、新的律法、新的规则。新酒需要新皮袋。

祂说了这些，又加上，"没有人喝了陈酒又想喝新的，他总说陈的好。"

这是对那些人的一种讽刺性的责备。你们以旧有的为满足；你们一直喝陈酒，并且喝得酩酊大醉。你们说，还是旧的最好。这就是他们钉祂十字架的原因。

官长对主的敌意所造成的气氛,仍然围绕着我们。这段经文中有两件事,可以看出宗教领袖们对祂的反对,这两件事都牵涉到安息日的问题。一件发生在麦田里,一件发生在会堂中。

门徒在麦田里作了什么,以致引起法利赛人的抗议? 路加说,"祂的门徒掐了麦穗,用手搓着吃。"显然他们经过麦地的时候,因为饿了,就掐下麦穗,用手搓着吃。

这有什么不对? 让我们翻到申命记第二十三章第二十五节,"你进了邻舍站着的禾稼,可以用手摘穗子,只是不可用镰刀割取禾稼。"这是律法,他们被允许如此作,他们并没有违背律法。

那么问题出在哪里? 问题在于他们是在安息日作这事。我们的主在祂服事的过程中,不断地责备官长们对于传统过分热心,却不顾神的命令。祂一直反对在律法之外,加上人的传统。而他们就是这样。文士阶级是在以斯拉的时代形成的,过了不久,在马加比(Maccabee)的那个时代,又兴起了法利赛人的阶级。法利赛人刚兴起时,是一个强有力的运动。但是在它发展的过程中,那些人为了坚守神的律法,逐渐开始解释律法;为了护卫律法,他们就在律法之外加上解释和应用的方法。在基督降世之前两百年,兴起了所谓的"大会堂"。我们在米示拿(Mishnah,犹太人关于律法的遗传之文集)上可以找到会堂最早设立的日期。那个大会堂采用十诫和摩西的整个律法,并且加上解释。法利赛人和文士就是作这些事,他们不教导百姓律法的内在精神,却在律法之外加上其他的戒律。

就拿安息日的问题来说。为了解释律法的一句话,"无论何工都不可作"(出二十10),大会堂就订下了三十九条禁例。这些禁例称作

"Abhoth"，是列祖的意思。然后他们又加上所谓的"Toldoth"，意指遗传，就是列祖所遗传下来的。

大会堂的禁例有一条是，收割也算工作，打谷也算工作。这些都在三十九条的禁例中，因此你在安息日不可以收割，也不可以打谷。然后又有"Toldoth"，制定规则以帮助你实现那些理想，在"Toldoth"中有明言规定：掐麦穗就等于收割，用手搓麦穗就等于打谷！

耶稣的门徒在安息日那天经过麦地，他们因为饿了，就掐下麦穗用手搓着吃，这是律法所允许的。但是他们违反了"Toldoth"，因此也违反了大会堂的禁例，那就等于违反了律法！法利赛人就是这样争论的。门徒并没有违背律法，他们只是违反了人的传统。我们经常看见，耶稣始终对那些人的传统力加挞伐，但是祂从不破坏神的律法，也丝毫不降低律法所要求的标准。

法利赛人批评门徒的行为之后，耶稣就回答说，"经上记着……连这个你们也没有念过吗？"这个"连"字显然有讽刺的意味。这些人是律法的斗士，他们熟悉律法，并且以他们的旧约圣经知识自豪。他们能说出摩西五经有多少卷书，最中间的一卷是什么，他们对其一点一画都知之甚详。祂却对他们说，"连这个你们也没有念过吗？"他们当然知道"大卫和跟从他的人，饥饿之时所作的事"。他们知道"他怎么进了神的殿，拿陈设饼吃，又给跟从的人吃。这饼除了祭司以外，别人都不可吃"。

这是祂第一个回答，是一个充满讥讽的回答。他们当然读过这段记载，但他们等于没有读过，因为他们读漏了大卫作那件事的意义。基督实际上是说，你们认为吃陈设饼是违反律法的，记住，大卫吃了。他违反律法了吗？没有，他没有违反律法。

我们的主是在向他们指明，生命是至高无上的，为了维持生命，即使去作看来违反律法的事，也是妥当的。马可告诉我们，祂说，"安息日是为人设立的，人不是为安息日设立的"（可二 27）。基督说，安息日完全是为了适应人的需要；在安息日中，任何合乎神旨意的事都可以作。大卫在安息日饿了，他当然有权吃陈设饼。维持生命是一件至高无上的事，安息日的设立绝不是要伤害人的生命。我的门徒与我一同长途跋涉，他们饿了，掐下麦穗用手搓着吃，他们是在获取生命的力量。

我们的主用了大卫的例子启示了这个原则之后，就说，"人子是安息日的主。"祂并没有废除安息日，祂来不是要取消安息日，乃是要解释安息日的意义，要避免安息日为人所误解。

安息日的原则远比犹太教还古老。它从有人类的时候就存在了。它植根于人类本性固有的需要中。回头看创世记，你就会发现这一点。安息日是创造过程中的第七天，却是人类存在以后所过的第一天，因为神是在第六天创造了人。因此人类有生命以后的第一天，就是安息日。神工作的第七天，人生活的第一天，就是安息日。人经过了第一天的休息之后，就开始工作。但希伯来人的制度却是人工作了六天，第七天才休息。耶稣的复活改变了一切，把人类再带回到"安息日是第一天"的这个最初理想中。我们不再是由工作进入安息，因为我们有了永远的安息，我们就能从安息进入工作。然而安息日的原则是不变的，我们的主在这里启示了一个事实，那就是安息日的原则固然是要叫人得歇息，但最重要的是为了崇拜。那才是安息日最基本的意义。安息日不是叫人懒散，无所事事，乃是要人放下一些琐碎的、暂时的、属物质的事物，进入祂的院，与祂有交通、团契。基督没有违反这一点。祂说祂是安息日的主，祂打破了那些硬加在安息日之上的传统，这些传统已经使安息日变成难以负荷的重担。

现在来看第二件事。这里也是同样性质的事，只是附加了一些醒目的东西。耶稣走进了会堂，路加告诉我们，那里有一个人右手枯干了。文士和法利赛人在窥探，看看耶稣在安息日治不治病，"要得把柄去告祂。"

他们的窥探显然存心不良。他们希望祂医治那人，这种希望在无意中成了对耶稣的一种赞美。在会堂中有各样的人，那个枯干了右手的人也在里面，他是被遗弃的人。这些暗怀诡计的偷窥者心里明白，那个残废的人一定会向耶稣求助。祂总是寻找被遗弃的人。

基督知道他们的意念，就对那人说，"起来，站在当中。"祂望着那只枯干的手，那只无用的肢体影响了他的力量，摧毁了他的一生。现在，安息日的问题来了。祂会不会在安息日医治这人？祂对他们说话，尖锐地指责他们，祂说，"我问你们，在安息日行善行恶，救命害命，哪样是可以的呢？"

那实在是一个令人吃惊的问题。他们也许会说，夫子，这有点不公平。我们并不想对那人行恶，也没有想害他的命，只是想能不能等到明天再管他。祂的问题所以惊人，是因为祂要人作一个选择。祂实际上是说，你面对着这样的一个病人，只有一个选择，你不行善，就行恶；你不是救他命，就是害他命；你不是采取行动使他得痊愈，就是使他永远痛苦下去。这两个选择实在形成了惊人的对比。基督用祂的问题，向他们提出激烈的挑战。在面对人类的悲惨和被弃绝时，我们不能采取中立的态度。我们不是设法相助，就是在毁灭他们。我们必须对人行善，否则就是对人行恶。

如果他们明白，就会知道他们的一切传统，在神的闪电袭击之下，会如同树叶般凋谢。我们作的工也要受到这样的试炼。如果你在安息日见到那样的一个病人，却置之不顾，掉头而去，你就违反了安息日。

第一件事启示了维持生命的必要性，第二件事启示了缓和受苦的必要性。如果有人在受苦，那么去作任何能医治、祝福、减轻、除去其痛苦的事，都不会违反安息日。

在这两个事例中，我们的主都与宗教的禁例背道而驰，这些禁例其实都不是建立在真正的律法基础上。祂为了真理而干犯传统。祂在这两件事中都没有废弃安息日，乃是将安息日重新带到神旨意的更高层次上。大卫为了维持生命，不得不进入圣殿，拿陈设饼吃；同样的，门徒掐下麦穗用手搓着吃也是必要的。不管是安息日或其他的日子，若有人受苦，就必须去减轻他的痛苦，因为如果我们眼见人痛苦，明明可以帮助他缓和痛苦，却站在一旁袖手不顾，那么我们就是对人性不敬，也就是亵渎神了。

"那时,耶稣出去……"

什么时候? 就是我们主的事工名声日隆,反对祂的势力日益增加的时候。

从我们前面的研读中就可以看出这一点。官长对我们主的敌意愈来愈明显,愈来愈恶毒。同时祂的名声也愈加传播出去,人们多少开始了解祂一些。

开头那句话,引介了从第十二节到第四十九节这一个阶段。在这一阶段中,有两件密切相关的事。

第一件事是从第十二节开始。"那时,耶稣出去上山祷告,整夜祷告神。"

第二件事是从第十七节开始。"耶稣和他们下了山,站在一块平地上。"

祂上到山上,祂下到平地。这两句话将整大段划分为二。我们现在要讨论的是第一部分。

这里,我们的主开始安排让其他的人,来继续祂的大工。基督教会整个有关服事的历史,就奠基于这一小段经文中。如果我们是真正的基督徒,我们就都继承了使徒的职分。这不是说,我们就要去作某种特别的事工,如使徒、先知、传福音的、牧师或教师。即使我们没有这些恩赐,我们还是继承了使徒的职分。在以弗所书里,记载了我刚才提到的那些恩赐,保罗还指出这些恩赐在教会里的用处是,"为要成全圣徒,各尽其职,建立基督的身体"(弗四 12)。这是说,所有的圣徒都在这事工中有分。任何人若在这世界上不负起接续基督耶稣事工的个别责任,他就不能成为基督的肢体,也不能作为教会的一分子。我们都是祂的见证人。因为我们是基督的肢体,是祂奥秘的身体,我们就被召进入作见证的职分和服事的职分中。教会是基督的身体,今日祂能藉着教会在这世上作工,就如祂在世的时候,藉着为祂预备的身体作工一样。

虽然我说过,整个基督徒的服事就奠基于此。但这个故事对于所谓全时间传道人更有特别的意义,就是那些有使徒、先知、传福音的、牧师和教师恩赐的人。

祂竟然将祂的事业托付给我们,这岂不是令人惊奇的事?天使一定也愿意接触祂的工作,但他们无法完成,因为祂的工作必须由人来接续。然而,祂将祂的事业托付给我们,还有更惊奇的事在后面。

还有什么事比耶稣拣选祂第一批门徒的前一夜在山上所作的事更引人注目、更美丽、更奇妙呢?"耶稣出去上山祷告,整夜祷告神。"我喜欢在教会选举执事、职员的时候念这节经文。教会中总是不断地有提名、投票、选举的事,甚至大主教也需要由选举产生。耶稣拣选头一批十二个门徒之前,祂花了一整夜的时间,独自在山上祷告。

我曾在前面指出过,路加如何在几个紧要的关头,注意到了我们的主一生中崇拜神的地方,这些都是马太、马可和约翰所没有注意到的。我们已经看过两处,一次是祂受洗后向神祷告,圣灵就降临在祂身上;另一次是祂的名声传遍各乡之际,祂退到一边祷告。现在我们再度看到祂的祷告。祂整夜向神祷告。向神祷告这个词,希腊文是"proseuche",意思是祷告的殿,祷告的小室。当我读希腊文新约圣经读到这里的时候,我确信它是说耶稣整夜在神的祷告之殿中。神的殿,多美的词!我也喜欢用它来描述我们崇拜的地方,祂的殿,正是我们每个礼拜天所去的地方。

"神的殿"这个词第一次出现在圣经中,是雅各在路斯大梦初醒的时候。他说,"这不是别的,乃是神的殿,也是天的门"(创二十八17)。那里没有圣殿,没有会幕,也没有祭坛。那地名叫路斯,他在那里找不到崇拜的地方。他只找到一块石头,就枕在上面睡着了,在梦中他看见了天梯。这就是神的殿。

我们的主在第一年服事中,祂曾对一个撒玛利亚妇人说,"妇人,你当信我。时候将到,你们拜父也不在这山上,也不在耶路撒冷……神是个灵,所以拜祂的,必须用心灵和诚实拜祂"(约四21～24)。祂实际上是说,哪里有人寻求神,神的殿就在那里。祂上山祷告,一整夜都在神的祷告殿中。

祂即将在次日拣选十二个门徒,藉着他们,祂的工作要更加扩展。不久之后,要有更多的人接续他们,世世代代在这世界上为祂作见证。祂即将拣选这十二个人,因此祂去到山上,与神交通。约翰福音第十七章,记载了祂在世上的使命(除了钉十字架)完成之时所作的祷告。在祷告中祂说,"你从世上赐给我的人,我已将你的名显明与他们"(约十七6)。这就是指祂经过那晚在山上的祷告之后,所拣选的那十二个人。祂称他们是"你赐给我的人"。那天夜里,祂在与神的交通中,在神的祷告殿中,作了决定,要拣选那十二个人。在祂敬拜神当中,祂得了启示。祂不是恳请、祈求,乃是与祂的父相交,顺服神的旨意,神就将祂自己的意念、心思向祂启示。我们的主在着手组织祂的门徒之前,花了一整夜的时间与神交通,我敢说那不只是神圣的交通,也是愉快、自由、亲密的交通。天亮以后,祂就知道将指定哪些人,因为在与神的交通上,祂已经作好了选择。

"到了天亮,叫祂的门徒来。"是指祂所有的门徒,相信为数一定不少,因为第十七节明白说到,"有许多门徒。"祂叫他们都来。前一晚他们都离开祂,让祂独处。现在祂要他们来到面前,祂要从其中拣选十二个人。这个拣选的行动充满了权威性。祂没有叫祂所有的门徒来一齐商量,祂乃是亲自拣选,这拣选乃是一种永恒的智慧之举。祂直接拣选了最适当的人。

几年以前,我曾经读过一篇论到这件事的文章,对其中所说的我完全无法同意。那位作者说,耶稣只拣选加利利人和平凡的老百姓作祂的门徒,是因为当时"没有其他适合的人"。他认为,"如果那时行列中有一个像保罗的门徒,或者尼哥底母当时胆子再大一点,或者亚利马太的约瑟早一点出现,那么祂都会将他们包括在名单中。"我认为他这些话缺乏理由,是错误的。我们的主清楚知道祂在作什么,我想即使大数的扫罗当时在场,他也不会被选上。祂是在与神交通之后拣选那十二个人，那是一个无比智慧的选择。

我们对这十二个人究竟知道多少？我怀疑有多少人能不翻记录，不加思索就立刻背出他们的名字。也许一开始我们都能开口说出彼得、雅各、约翰的名字，或者再加上一两个其他的门徒，然后呢？就不得不停下来苦苦思索。为什么会这样呢？因为圣经鲜少提到其他那些人。看起来似乎他们中间只有两三个人比较成功，其余的都不够成功。我们绝不可这样想。圣经没有详细说明，但给了我们一些亮光，让我们看到他们的服事是多么庄严。那位拔摩岛的先见约翰，在异象中看见神的城和最终的胜利，他说城墙的十二根基上，有羔羊十二使徒的名字。有一天我们看到那刻着名字的石头时，会发现刻着彼得名字的那块根基石，并不比刻着其他默默无闻的使徒名字的石头要大。这实在是一个宝贵的真理。最终我们服事所得的奖赏，乃是依据我们的忠心，而不是依据我们的知名度。有一天，我们中间的一些知名之士，或许必须让位给一个妇女，或我们的母亲，或一个工作上的助手，因为他们对神国的服事并不少于我们，他们的名将被记念。

这里还有一件事很重要。我每回读这个故事，都能得到很大的安慰。祂拣选门徒的时候，这个选择所带来的责任就落在祂身上，而不是在他们身上。假设我是十二个门徒之一，我一定会觉得奇怪，当时祂为什么会选上我。但祂确实拣选了我，这就够了！责任由祂负！哦！这真叫人得安慰，得力量。如果一个人在教会中担任一个职分，不管是牧师、长老或执事，神却没有拣选他，那是很可悲的。如果神拣选了他，他内心深处也知道，那就会成为他得力和得勇气的秘诀。

这故事中还有一件严肃而惊人的事。"卖主的加略人犹大。"我们不必故意说，这段经文读起来很稀松平常。它确实会产生一些难处。如果我们要了解这句话，就得从主身上着手。约翰福音第六章第七十节记载祂的话，"我不是拣选了你们十二个门徒吗？但你们中间有一个是魔鬼。"另外，约翰福音也记载了祂的祷告，在那段祷告中，祂提到这些人是神给祂的，他说，"我与他们同在的时候，因你所赐给我的名，保守了他们，我也护卫了他们，其中除了那灭亡之子，没有一个灭亡的。好叫经上的话得应验"(约十七 12)。是祂拣选犹大的。祂自己怎么说呢？祂说祂拣选十二个人，其中有一个是"魔鬼"，稍后祂又用另一个同样惊人的词"灭亡之子"，来形容犹大。从这个词一般的用法来看，我相信犹大是魔鬼的化身，他在历史中被创造，是为了要作凶恶的工作，就是地狱的工作。我可以将耶稣算作人类的一分子，但无法将犹大算作人类的一分子。对我来说，这可以解释主拣选反叛者犹大这件事的奥秘。

再一次我们看到，祂不只是拣选，祂也给他们命名。那是很有趣的一件事。祂称他们为"使徒"。我们都知道使徒就是使者的意思，但这个词还另有意义，却常被我们忽略了。"使徒"一词在希腊文中，第一个意思是"分开"，第二个意思才是一般所用的使者、代表。这个词指明了一种服务、服事，但它的字根有"分开"的意思。马可福音说到耶稣以一种醒目的方式拣选门徒，祂先设立十二个门徒，要他们与祂同在，然后再打发他们出去。祂使他们分别出来，先与祂在一起，然后再差他们出去，作祂的代表。

这就是那天早晨发生的事。经过了一整夜的祷告，教会历史上一切真正的组织，一切具有真正价值的事，就此发端了。

　　我们的主从祂拣选十二门徒的那座山下来以后，就医治病人，然后当着众人教导祂的门徒。我们必须分辨这段教训和登山宝训之间的差异。由于其中有许多相似之处，以至于人们常常把马太福音第五、六、七章里的登山宝训，和路加福音第六章主的讲论混为一谈。这是不对的。两次的场合不同，地点相异。在此处的讲论中，祂重复了登山宝训中的一些事，但显然的，祂也有所删减，并且加上了登山宝训中所没有的。祂这次不仅是对十二个门徒，乃是对"许多门徒"说话，并且还有许多其他的人在场。路加说，"又有许多百姓"，分别从犹太全地、耶路撒冷，并推罗、西顿的海边来听祂讲道。我想我们有理由推断，在群众中一定有一些官长，这在当时是很普遍的。虽然这里没有说，但从祂所说的话里，可以明显地看出那些官长也在场，祂也知道他们在场。

　　毫无疑问的，祂在整个讲论中，最注意的还是这十二个人。祂已经拣选了祂的使徒，然后对他们讲道，并且让群众和其他的门徒也都能听。

　　我们首先将整段讲论浏览一遍，便会发现它可以分成四部分。第一部分是第二十节到第二十六节，祂提出了先知的对比。然后，祂宣告"爱"是生活的法则，并在第二十七节到第三十八节中加以说明。接着祂在第三十九节到第四十五节中，揭示了祂作这一番教导的理由。最后，祂在第四十六节到第四十九节中说出了祂那至高无上的主张。

　　我将第一部分（20～26节）称为"先知的对比"，乃是来自经文本身的。第二十三节后半说，"他们的祖宗待先知也是这样。"第二十六节又说,"他们的祖宗待假先知也是这样。"

我们的主那天对他们讲话的时候,祂心中所注意的是那十二个人,祂心中想的是,他们将承担先知的整个工作。所谓先知,就是传达神话语的人。

然后注意祂作的对比。第一小段是从第二十节的中间到第二十三节的中间,这小段经文的关键词在哪里? 就是"有福了"。从第二十四节到第二十六节的关键词是什么? 就是"有祸了"。"有福了"指的是一批先知,"有祸了"指的是另一批先知。

第一小段里,祂想到的是在神古代百姓的历史中,那一连串光芒四射的先知,他们是神的代言人。他们一直受到迫害,真正的先知总是受人迫害。

但第二小段里的先知却受人赞美。那些被迫害的有福了,被称赞的有祸了。

这是不是说,神的先知总是固执、别扭,以致不受人欢迎? 当然不是。是不是说假先知总是圆滑、亲切,以致受人欢迎? 当然不是。我们必须细察他们蒙福、遭祸的原因,才能触及较深刻的含义。

"贫穷的人有福了"(太五3)。祂在马太福音的国度宣言中说,"灵里贫穷(虚心)的人有福了。"祂在那里已经充分说出了那个原则。此处祂对他们说,"贫穷的人有福了。"当然指的是灵里贫穷的人。按着我们的本性,没有人会喜欢一个灵里贫穷的人。如果我们以为灵里贫穷就是软弱、优柔寡断、缺乏自信、胆小怕事,那可不是耶稣说这话的本意。祂不是将福气赐给这样的人。灵里贫穷的人能够深深认识到自己的贫穷、无用,并且具有极大的谦卑,那和虚假的谦虚大不相同。我们从另一个字"柔和"可以找到相同的含义。耶稣说,"我心里柔和谦卑"(太十一29),那就是祂所说灵里贫穷的意思,不是拿不定主意、缺乏勇气、没有信心,乃是"虚己"。那些自己感到灵里贫穷的人,一旦站在人面前为神说话的时候,他就在灵里刚强起来。

"你们饥饿的人有福了,因为你们将要饱足。"我们必须再一次用马太福音的记述来解释,那里说,"饥渴慕义的人有福了,因为他们必得饱足。"

饥渴慕义是将预言传开的基本条件。只有当一个人灵里贫穷，心中燃烧着对义的渴望时，他才能预备好去作先知的工作。

"你们哀哭的人有福了，因为你们将要喜笑。"马太福音没有类似的记载可以供我们作解释，我们必须用演进的观念来解释。一个灵里贫穷、柔和谦卑的人，他对自己的价值和重要性毫无所觉，他心中却燃烧着对义的渴慕，这样的人知道哀哭的意思。所有作神先知的人都知道，应当为什么叹息、哀哭、忧愁、流泪。

第二十二节对于今日的我们似乎不大适用，但它的原则仍然存在。耶稣说这些话，确切地描述了祂的门徒和使徒将要实际遭遇到的情景。人们要避开你一阵子，看看你会不会改变你的心意和方式。他们要毁谤你，弃绝你，甚至将你逐出教会。祂是在向那些人指明他们将要经历的事。然后祂又加上了那美妙的应许。

"当那日你们要欢喜跳跃，因为你们在天上的赏赐是大的，他们的祖宗待先知也是这样。"灵里贫穷、饥渴慕义、为世界的罪悲伤、被人憎恨、遭受逼迫，这些都是在世上作先知的标记。人若印上了这些标记，就真正继承了先知的职分。

然后祂又继续说话，现在不是对祂的门徒说了，乃是对群众说话。"你们富足的人有祸了，因为你们受过你们的安慰。"

一直到第二十六节，我们都可以看见一种绝对的平衡。有福，有祸；贫穷，富足；饥饿，饱足；哀哭，喜笑；辱骂，赞美。

今日我们不大听到有关逼迫的事。现今的人们不会用迫害的方式对待神的先知。他们似乎不会憎恨我们，拒绝我们，毁谤我们，弃绝我们。为什么？也许有两个原因。一个原因是，这个世界漠不关心，不在乎先知说些什么。我怀疑还有另一个原因，就是我们所说的，缺乏先知的信息。我不是断言如此，至少对我个人来说可能是这原因。

接着来看第二部分，第二十七节到第三十八节。它启示了对待仇恨的法则，那就是爱。祂已宣告了先知将要被人憎恨，现在祂宣告当他们被人憎恨时，他们当如何行。先看积极的方面，爱，待他好，为他祝福，为他祷告。要爱谁？爱"你们的仇敌"。要待谁好？"恨你们的"要待他好。要祝福谁？祝福那"咒诅你们的"。为谁祷告？为"凌辱你们的"祷告。这些是对待憎恨你们之人的爱的法则，是主动的。另一部分是被动的。有人打你这边的脸，连那边的脸也由他打。有人拿你的外衣，连里衣也由他拿。凡有求于你的，就给他。我们也许会说，这些都是无懈可击的劝导，但不一定实用。别忘了，这是我们的主对祂自己的门徒说的，我们若批评这些话，就是批评祂。应当记住，祂呼召人去达到这个几乎不可能的标准，祂同时也供应恩典和能力，使人能够遵行祂的呼召。

第三十一节到第三十四节，是启示在爱的法则之下，一切行动的方法。这里重复了登山宝训中的金律。除非我们被爱所管理，我们无法遵行这些。然后祂给他们一些实用的规则，祂三度问道，"有什么可酬谢的呢?"希腊文里"酬谢"是恩惠的意思。你若单爱那爱你的人，有什么恩惠可言呢？你若善待那善待你的人，有什么恩惠可言呢？就是罪人也是如此行。你若借给人，指望从他收回，有什么恩惠可言呢？就是罪人也借给罪人。恩惠是超越了对公义、公平、平等的要求。这就是祂对属祂之人的期望，特别是对祂的先知的期望。

胜过仇恨的方法就是爱（25～38 节），如果我们真有足够的爱心，足够的行动，足够的恩惠，并且住在与父神的交通中，不久之后，那恨我们的人就会带着礼物和祝福来见我们。我们的主作到了这些。当他们夺去祂的外衣，又为祂的里衣拈阄的时候，祂静默无声，一点不抗议。祂是祂自己法律的启示者，也是诠释者。除非我活在祂的生命里，藉着圣灵动工，将这个标准向我说明，在我里面实现，并且透过我彰显出来，否则我无法达到这个标准。

第三部分是从第三十九节到第四十五节。主说明了祂讲这些事的原因。有关瞎子领瞎子的比喻，可以从祂接着所说刺与梁木的事上找到解释。瞎子不能领瞎子，同样的，一个眼中有梁木的人也不能纠正一个眼中有刺的人。

再一次我们看到，要测验善工的方法，就是看它是否结果子；行善的目的，乃是为了结果子。祂心中一直想到的，就是祂的使徒，他们要成为祂的见证人。

我们来到了最后一部分,第四十六节到第四十九节,祂在那里发出了祂最终的宣告。首先祂作了一个严厉的警告,你们为什么称呼我主啊,主啊,却不遵我的话行呢?这里很明显的,祂不是在对十二使徒或其他的门徒说话,乃是对众人说的。祂向他们宣告了与祂建立关系的条件。祂的条件是什么?就是来到祂面前,向祂降服,听祂的话,遵从祂,作祂的门徒,这样的人就是在磐石上建立深厚的根基,暴风雨来的时候,他的房子必不动摇。

再来看一个尖锐的对比。听了祂的话却不遵行的人,就像盖房子在泥土上,暴风雨一来,他的房子就倒塌了。

我们是否在祂的门徒行列中?我们是否被祂拣选,去从事特别的工作?让我们安静思想这一切,思想真先知和假先知的对比,爱的法则,祂说这些教训的原因,以及我们应该领瞎眼的人,应该结果子,将根基建在磐石上,没有任何暴风雨能摧毁我们的房子。让我们到祂面前,听祂的话,并且照着行。

从主拣选十二个人，称他们为使徒，到他们去凯撒利亚腓立比的时候，这中间是一连串忙碌的日子。路加没有很详细地记载，但他藉着事件和实例，把这段时期的情形说明了。

祂挑选了门徒，又下到平地教训他们之后，就进了迦百农，在那里有一个百夫长派人去见祂。然后路加说，"过了不多时"，有古卷作"次日"，发生了另一件事，就是祂来到拿因城。这城距离迦百农约二十五英里，祂在近城门处遇见一个送葬的行列。因此本段经文包括两件事，一件是祂医治百夫长的仆人，一件是祂使寡妇的儿子复活。

马太福音第八章第五节到第十三节也记载了百夫长的事件。我提出来是因为这两个故事之间有明显的差异，对照来看似乎是有矛盾。马太很确定地指明那百夫长去见耶稣。路加的记载则是他先托犹太人的几个长老去见耶稣，他们可能是会堂里的官长。然后他又托他的几个朋友去见祂。我们读路加福音会发现，耶稣没有和百夫长见面。其实这两个故事并没有冲突。马太只是简单地说，百夫长去见祂，去接近祂，并不一定指他亲自去，他也可能是派代表去。根据我的了解，路加清楚指明了那一天耶稣和百夫长并没有见面。

他是一个百夫长，表示他是罗马统治下的政府中的军官。我们读这段经文，可以发现三个有关这人的评语。首先是第四节，是和他同住一城的人，就是犹太人的长老对他的评语。他们去见耶稣，说到他，"你给他行这事，是他所配得的。因为他爱我们的百姓，给我们建造会堂。"

另外是他对自己的评断，见于第六节。"你到我舍下，我不敢当。"他的意思是，他不够格，他无法给予耶稣应得的款待。他又接着说，

"我也自以为不配。"这里的"配"和犹太人长老所说他"配得"的"配"是同一个字。他们说他"配",他对耶稣说,我"不配",我配不上去招待你,我自以为不配。这是他对自己的评语。

有关他的第三个评语,是基督对他的评语,见于第九节。祂说,"这么大的信心,就是在以色列中我也没有遇见过。"基督认为他有惊人的信心。

让我们来看他见耶稣这件事。他为什么要去接近耶稣? 因为他有一个仆人病得快要死了。这是一件动人的事,这个罗马的百夫长,如此关心他的仆人,如此爱他,甚至为了他的缘故去找耶稣。

但是,什么促使这人去找耶稣? 他在耶稣身上看到了什么,使他前去见耶稣? 乃是因他绝对肯定基督能救他的仆人。他说得很清楚,"只要你说一句话,我的仆人就必好了。"他怎么知道呢? 从他的话里显示出,他对耶稣有关生命的看法有清晰的、属灵上的认识。

他说,我也在人的权柄之下,我上面有罗马帝国。我在人的权下,因此我也有权柄。我对下面的兵说去,他就去,我说来,他就来。这人看见了耶稣也在权柄之下,因此祂也有权柄。他实际上是说,就像我服在人的权下,我能对我下面的人使用权柄,同样的,你服在那最终的权柄之下,你也有权柄。

从来没有人对耶稣说的话,比他这番话更动人了。虽然就世上的职位来说,他是一个百夫长,但他仍说,我不配款待你,我的家里没有什么好东西招待你,你光临舍下,我不敢当,我不配去见你。祂对基督的荣耀有多么清楚的看见啊! 记得吗? 他是住在迦百农,他以前一定见过耶稣,听过祂讲道。他认识到,祂既在神的权下,祂就有完全的权柄统辖生活中一切的事物。他就是以这样的认识作基础,采取信心的行动。我想我们可以推测,他从经验中知道,基督不必前去,就能使人痊愈。这事以前曾在迦百农发生过。约翰福音第四章记载了一个大臣因他的儿子而去见耶稣,基督没有亲自去他家,他儿子的病就好了。

我们的主以怎样的行动,来回应那个百夫长? 当长老来要求祂去时,祂立刻去了。祂尚未到达,就遇见他的几个朋友,要求祂不必进入屋里，祂也照作了。祂未发一言，未作一事，就医治了那仆人。我们看见基督全能的旨意，与神的旨意配合得多么完美！祂在神旨意的权柄之下，也得了完全的权柄，因此祂没有必要前去，祂甚至一句话也没说。那受托前来的人回到百夫长家，看见仆人已经好了。

路加说，"耶稣听见这话，就希奇他，转身对跟随的众人说，我告诉你们，这么大的信心，就是在以色列中我也没有遇见过。"

马可福音第六章，记载祂来到自己的城市，第六节说，"祂也诧异他们不信。"这里的"诧异"和路加的"希奇"是同一个字。这是仅有的两次，记到耶稣"希奇"。一次是因人的不信，一次是因人的信。祂希奇并非是因祂的不知，反而是因祂清楚了解人的信心，知道信心的奇妙，信心的力量，信心的大能，和信心的惊人之处。

现在来看接下去的事，它的美丽实在不需要我们再多作解释。祂前往拿因城。在城门口我们看见有两个行列，一个正要进城，一个正要出城。

先看进城的那个行列。它的中心人物是耶稣。路加说，祂的四周有祂的门徒和极多的人跟着祂。毫无疑问的，这些人中间有的是从迦百农跟着来的，有的是从其他地方加入的。我有把握说，他们的脸上一定洋溢着喜乐和愉快的神采，另外也许还有几个官长，正阴沉着脸注视祂。

再来看那个出城的行列。它的中心人物是一具尸体。"有一个死人被抬出来。"然后是他的母亲。啊，这是多悲惨的画面！一个寡妇，她的独生儿子死了。生命一切的悲剧都表现在那个出城的行列中，那是一支阴暗、悲伤、愁苦的队伍。主角是一个死人，他的母亲带着绝望走在行列中。路加说，"有城里的许多人同着寡妇送殡。"这里的一群人，他们的脸上毫无笑容。

两个行列相遇了。根据路加的记述，这两个中心人物彼此有了联络。"主看见那寡妇。"主看见她了，祂的眼目总是寻找心碎的人。然后呢？"就怜悯她，对她说，不要哭。"

祂接着采取了行动，说，"少年人，我吩咐你起来。"祂对他说话，好像他听得见一样。于是他就听见了！祂和他谈话，好像他是活人一样。于是他就活过来了！他的身体死了，但他没有死。人的身体死了，但人并没有死。人的灵和身体是可以隔绝的，但不是藉着死。我们的主曾三次使人复活，每一次祂都用同样的方法，祂对死人说话，好像他们能听见一样。一次是在睚鲁家里，他那十二岁的女儿死了。祂弯下腰，用手摸她，以慈母般的温柔语调对她说，"大利大古米"（可五 41），就是"小绵羊，起来吧！"的意思。祂对她说话，好像她能听见一样。她真的听见了，她就回醒过来。另一次祂是在一个坟墓边，那人已经死了四天。祂对死人说话，好像他能听见一样，祂说，"拉撒路出来！"（约十一 43）拉撒路听从祂，就从坟墓里出来了。

这个故事的中心亮光就在此。它启示了基督有权能掌管那个我们所看不见的属灵世界。对于这个属灵世界，我们个人是无能为力的。多年以前，我的小女儿死在我们家里，当她躺在那儿的时候，我曾对她说话，但我知道她听不见我说话了。从那时迄今，我从未愚蠢到想用灵媒或其他愚昧的方式与她谈话。但那些人还是活着的，祂能对他们说话，他们也能听见祂。注意祂在每一个事例中所表现的妥当与亲切。祂称那个小女孩为"小绵羊"；祂唤祂的朋友"拉撒路"；祂称寡妇的儿子为"少年人"。每一次祂都用他们家人所熟悉的称呼。

最后一小节非常美。"耶稣便把他交给他母亲。"这句话暗示了一个多么快乐的画面啊！出殡的行列变成了一支生气蓬勃的队伍。抬尸架空了。那绝望的母亲转悲为喜。耶稣行经的那道路，成了一条充满荣耀的道路。众人深感惊奇，"归荣耀与神，说，有大先知在我们中间兴起来了。又说，神眷顾了祂的百姓。"

他们说得对，但另一方面，他们知道的又太少。是的，祂是先知。是的，神眷顾了他们。祂是神道成了肉身，神的确眷顾了祂的百姓。路加用此段话结束这个故事，"祂这事的风声就传遍了犹太，和周围地方。"

这里的"风声"还是用"logos"这个字，就是前述其他地方译为"名声"的第三个希腊字，人们不但听到祂的名声，也对祂有了理智上的了解。祂所行的事，使他们对祂产生了卓越而奥秘的信心。

　　我们前面一讲结束时提到,有关基督的名声传遍了犹太和周围地方,人们开始了解祂。

　　紧接着发生的一件事,指明了他们对祂的了解是多么不完全。这件事可分成两部分:首先是第十八节到三十节,表明了约翰的困惑;其次是第三十一节到三十五节,我们的主在那里宣告了这世代的荒谬。

　　施洗约翰差人见主这件事颇富趣味,也很有价值。让我们先注意看那些代表,然后再看耶稣对他们的回答。

　　代表们是在什么样的时机下来的? 当时约翰正下在狱中。有人说,他提出疑问,是因他被下在监里的缘故。也就是说,在他那卓越的事工结束之际,他因身体、心理遭受痛苦而产生这样的反应,就如同当年以利亚在罗腾树下的光景一样。我一点不同意这样的说法。我不认为约翰是因为沮丧而心生疑问。我相信他对于他的事工和使命,还是像往常一样敏锐、活泼、警觉、充满热诚。那么,他为什么提出疑问呢?

　　路加说,"约翰的门徒把这些事都告诉约翰。"什么事? 他们告诉他耶稣所作的一切事,告诉他耶稣的名声如何远播,人们开始多多少少了解祂所作的事。他们也会告诉他官长对祂日益滋长的敌意。他听到这些事,就打发他的两个门徒去问耶稣,"那将要来的是你吗? 还是我们等候别人呢?"

　　约翰不是惊讶于耶稣所作的事,乃是惊讶于祂没有作的事。他不明白耶稣的方法。他因为门徒告诉他的事而感到困惑。他一直在用奇妙的词句,被神所启示的词句,宣告耶稣的来临。他宣告说,祂要带着簸箕和火来，祂要削平山岗，填满山谷。但是，至少已经过了一年半，约翰还看不出祂作了任何能引进祂国度的事。祂没有鼓动任何对当时暴政的反对。他没有制定任何政治计划。祂似乎对组织、集合众人的事也漫不经心。这个陷在狱中的人不禁自问：如果不推翻目前的暴政，神的国如何建立呢？如果没有一个政策宣言，新的秩序如何建立呢？如果不藉着一个组织，如何能完成最好的事，如何能建立国度呢？你们去问祂，我指认祂为弥赛亚，是不是错了？这个问题是出自一颗敏锐、诚实、迷惑的灵魂，他因基督所采用的方法而感到困惑。

今日，同样的事也困惑着人们。他们不明白基督的方法。别人告诉我们，神的教会已经失败了，我们惟一能获致成功的方法，就是建立一个标准，制定一个计划，有效地组织我们的力量。但是神往往毁掉人一切的计划，祂要祂的教会依照祂的方法自由地作工。

让我们来看基督的回答。"正当那时候，耶稣治好了许多有疾病的，受灾患的，被恶鬼附着的，又开恩叫好些瞎子能看见。"注意这里用"许多"，"好些"，证明这些事不是一次作成的，一定花了一些时间。约翰的门徒来问耶稣时，祂先让他们等候，祂继续作那些使约翰困惑的事，祂仍旧医病、赶鬼。这是祂的第一个回答。

然后祂转向他们说，"你们去把所看见、所听见的事告诉约翰。"祂接着分三方面描述祂的工作。祂首先说，"就是瞎子看见，瘸子行走，长大麻风的洁净，聋子听见。"去告诉约翰，我在全国各地行走，不是紧握着拳头来煽动推翻暴政的活动，我乃是在百姓中行走，要除去他们的疾病和软弱。

祂又说，"死人复活。"这是祂第二方面的工作。死亡是人类最后的敌人，是一切犯罪、疾病、悲伤的终局。去告诉约翰，我也是死亡这个领域里的主。

然后到达了最高潮。去告诉约翰，"穷人有福音传给他们。"祂已经介绍了祂的工作是解除人的疾病和软弱，祂也藉着使死人复活的事，彰显了祂在人类一切领域中都具有大能。但是祂最主要的工作不是医治病人，不是叫死人复活，乃是要将福音传给穷人。这里的穷人不是指没有钱的人,而是指主所说"灵里贫穷(虚心)的人有福了"的贫穷人。有的时候,从世界标准来说是最富有的人,反而是最穷的人;而世人看来最穷的人,可能是最富有的人。那缺乏真正财富,缺乏心灵财富的人,才是真正的穷人,对神来说,他们算不上富足人。

祂传的福音是什么?是神国的福音。祂在宣告神的王权,宣告这王权已为人预备好,因此人可以有权直接与神交往。去告诉约翰,我正在使人与神联合,好让人能享受永恒的特权。一旦人与神有正确的关系,凯撒就不能够辖制人。这样,基督的使命所具有的一切意义就显明出来了。去告诉约翰,我穿越犹太各地的山岗低谷,走遍各城镇乡村,就是为了将神王权的好消息传给穷人。我要带领人与神建立正确的关系,这样一切其他的关系也要改变了。这是基督对约翰的回答。

最后,祂以一个祝福来提醒约翰。"凡不因我跌倒的,就有福了。"这是一个非常温和、美丽而明确的警告。祂实际上是说,约翰,如果你不明白我的方法,那么我要求你信靠我。当你不明白我作的事,不明白我为什么作这些事的时候,当你疑惑为什么我不作你认为当作的那些事时,我只要求你,跟随我,信靠我。

我们的主在这一切上给了我们一个多奇妙的启示啊!首先我们看到,祂把人的需要看得比人知识上的疑惑更重要,即使那有疑惑的人是祂忠心的仆人也不例外。约翰有了疑难,他差几个代表前去。基督让代表在一旁等候,祂自顾作祂的工作,温柔地对付人的各种需要。祂一直都是这样的。这就是整个基督教事工的缩影。祂今日仍是让那些要求解释的知识分子稍候,祂更急于要去接触、帮助、扶持、拯救、祝福那些被遗弃的人。

另外我们也看到,祂的工作本身就是对疑难的最后解答。我们是否不明白祂的方法?祂说,仔细观察我正在作的工,好好去了解它。不要用世界的智慧去衡量基督的方法。如果我们这样作,就会觉得祂的方法都有问题。保罗深知这一点,他说,神拣选了世上愚拙的,叫有智慧的羞愧;又拣选了世上软弱的,叫强壮的羞愧。基督的方法常常对人是一个谜,如果我们想要用世界的聪明和方法去作祂的工，我们就是妨碍了基督。

今日人们岂不是批评教会的失败？对于这样的批评，教会应该如何回答？首先，她应该继续她的工作。然后，她有权指出神透过她所成就的事。教会的第一个职责是减轻人的痛苦。基督藉着教会建立了医院，这就是今日世上一切医院的来源。我们是否知道，在基督来到之前这世上有没有医院？我心中深深为红十字会这个组织感到满足。它在第一次世界大战期间提供了卓越的服务，战后也一直在作许多了不起的工作。但是别忘了它的标记，红色的十字架！那才是一切事工的起头。教会的工作就是在减轻人的痛苦。

但那不是教会最终的工作，也不是教会最主要的工作。那么是叫死人复活吗？不！祂没有将这份工作托付教会。教会的主要工作是联结人和神，好让人享有永恒的特权，得与神交通，并且脱离一切的辖制。这以前是基督的工作，现在是教会的工作。祂已经将天国向所有信祂的人开启。祂宣告了天国的事实，我们就靠着十字架得以说，天国是为各地方的人预备的。我们将人带到神面前，使他与神建立活的关系时，我们就是在作基督的工。

约翰的门徒离开以后，主作了一件奇妙而恩慈的事。祂不要那些听见这段问话、答话的群众瞧不起约翰。祂为约翰作了一个了不起的见证。祂先用几个问题，启示了约翰使命的真正意义。

第二十四、二十五节是在说明，如果约翰贪图生活中安逸、舒适、奢侈的享受，他就不会被下在监里，他应该待在宫庭里。然后祂说，"你们出去究竟是要看什么？要看先知吗？"他们承认约翰是一个先知。祂说，你们错了，"他比先知大多了。"祂又引用玛拉基的话，指出约翰就是那一位，他来是将新的时代与旧的时代连接起来。旷野中没有随风吹动的芦苇，没有追求舒适安逸生活的人。他是一个先知，不错，但他比先知大，他是一个使者，他预告了弥赛亚的来临。

然后祂对约翰的伟大作了一个极崇高的称赞。"凡妇人所生的，没有一个大过约翰的。"耶稣这里所用的"生"，和保罗说到基督"为女子所生"（加四4）的"生"，是两个不同的字，彼此有关系，但意义完全不同。耶稣说到约翰的"生"是"gennetos"，意思就是一般的生产。

保罗说到耶稣时是用"ginomai",指单由女子所出,没有男性的参与。十分明显的,保罗是指童女的生产。耶稣没有用那个字,祂用了一个普通的字,祂说,凡妇人所生的,没有一个大过约翰。那是称赞约翰本质的伟大,他在智能、情感、意志上都是一个伟人。

但是祂又说,"然而神国里最小的比他还大。"这话不是将约翰摒弃在神国之外。约翰进入神国之后,他就比在神国外面的伟大,虽然他是妇人所生的人中间最大的。

接着我们来到了第二部分,是基督对这个荒谬世代的指责。祂用了一个孩子戏耍的比喻。那些街市上的孩子,他们先玩结婚的游戏,过一会又玩葬礼的游戏。有几个孩子却不肯参加戏耍。那些游戏的孩子就对不肯玩耍的孩子说,我们玩婚礼游戏的时候,"向你们吹笛,你们不跳舞。"我们又玩葬礼的游戏,"向你们举哀,你们不啼哭。"你们两种游戏都不参加。基督说,这就是这个世代的写照,这世代就像那些既不玩婚礼游戏,也不玩葬礼游戏的孩子。

祂是什么意思呢? 祂接下去解释说,约翰来了,他对这世代向他所吹的笛一无反应,他不肯跳舞。他不愿意与他的世代一起享乐。他是一个过刻苦生活的人。你们却说他被鬼附着,你们对他不满意。

但是人子来了,祂的生活态度轻松,没有一点刻苦的味道,祂四周的门徒也个个喜乐愉悦,他们甚至不禁食。祂走到哪里,就将喜乐带到那里。这个世代有什么事叫人喜乐? 有什么事叫人悲伤? 约翰不因他们的吹笛而跳舞,耶稣不因他们的悲哀而啼哭。这个世代的荒谬就表现在它既不满意约翰的严谨态度,也不满意耶稣通人情的生活方式。

神的教会就站在这样的立场上。她既不因这世代的吹笛而跳舞,也不因使人悲伤的事而哀恸。

耶稣最后总结说,"智慧之子都以智慧为是。"意思是,应该以结果来证明方法是否妥当。约翰的刻苦,耶稣的通人情,两者并没有矛盾,乃是相辅相成的。两者都有需要。这智慧乃是从上面来的,是纯洁、温和的,能够轻易求得,它永远不因这世代的笛声而跳舞。这智慧也不会因世人的忧伤而垂头丧气。智慧是在智慧之子的身上得到证实。他们听见神的声音并且遵行，他们知道刻苦的真正意义，他们拒绝对着笛声跳舞，因为吹笛本身就有灭亡的暗示。他们也拒绝为世上的忧愁而不胜负荷，愁苦过度，因为这些忧伤的事都是短暂的，将要成为过去。智慧是由智慧之子加以证实的。

"有一个法利赛人,请耶稣和他吃饭。"圣经没有提到这件事发生的地点。路加提及前面的事发生在拿因城,那是离迦百农二十五英里远的一座小城。路加下一次提到地点是在第八章第一节,"过了不多日,耶稣周游各城各乡。"依我看来,很可能我们的主完成了祂对众人的教训,说出了祂的呼召(太十一 20～30)之后,祂就回到了迦百农,他一向以那里作为祂事工的基地。这个故事究竟发生在哪里,是无关紧要的。它主要的兴趣和价值在于,它将两个人放在我们主的亮光照耀之下,从每一方面都可以看出这两个人的尖锐对比。

让我们仔细观察这故事发生的场合、人物及经过。

首先看场合。西门请耶稣到他家里吃饭,祂接受了。这个邀请并不是诚心诚意的,而是另有诡计的。因为不久我们的主就指出,祂进入西门家时,西门忽略了一个犹太人家庭应有的礼貌。在犹太人的家庭,当客人到达时,第一件当作的事就是拿出水来给客人洗脚,并且互吻脸颊以示欢迎和尊敬,然后拿出油来抹在客人头上。但是这些事西门一件也没作。这是一个怪异的邀请,没有一点诚意。

那么他为什么要请耶稣去他家呢? 只可能有一个答案。有人推测说他请耶稣是出于好奇,我无法苟同。出于好奇心的话,他应该会以礼相待的。我相信这个邀请是出于敌意,他想要观察祂,看看能不能抓到一些把柄,他也确实找到了把柄。令人惊奇的是,基督竟然接受了这个邀请。其实我不该这么说,这等于用自己来审判耶稣,这是不对的。耶稣爱西门,就像祂爱那有罪的妇人一样。祂要在西门的家里,开他的眼睛,引领他进入光中,就像祂祝福那妇人一样。这就是祂接受邀请的原因。

如果说祂接受这种人的邀请是一件惊奇的事,那么我还要告诉你一件更惊奇的事,那就是祂竟然肯到这样的一个世界上来。祂去西门家,只是祂到这世上使命的一部分。祂爱那妇人,祂也爱西门。西门家中的气氛,和他那种沾沾自喜的态度,与基督多么不相衬!但祂还是去了。

然后,我们来看这故事中两个形成强烈对比的人物。路加简短地说,西门是一个法利赛人。这把西门放到了一个阶级、一种伦理和神学方面的地位上。我们立刻就知道他是哪一类的人。"法利赛人"这词本身颇具启示性,它不是一个希腊字。在希腊文新约中,引用了犹太的这个词来称呼这一类的人。这个名称是从希伯来文来的,意思是"分开"。法利赛人有很辉煌的历史。这个阶级是在玛拉基的圣经时代结束、马太福音的时代尚未开始之前这中间的马加比时期兴起的。法利赛人的职责,在于防止百姓与拜偶像的列族混淆。在发展的过程中,他们逐渐以外在的条文、教义、仪式为傲,以至于今日我们用"法利赛人"这个名词,来形容那种自以为是的态度。他们始终对基督怀着明显的敌意。马可福音提到法利赛人有二十八次之多,每一次都可以看见他们对耶稣的敌意。西门就是一个法利赛人,他自信十足,也绝对自满于他的职责,就是监督长老们是否遵守遗传,一切洗礼等仪式是否合乎规则。

路加以他特有的精致笔法,述说了那女人的故事。"那城里有一个女人,是个罪人。"这种说法,就等于指明了她是一个妓女。那女人出现在法利赛人的家中。这个故事立刻就生动起来。这两个人,代表了两种天渊之别的社会阶级。换用今日的话说,他们一个代表高级住宅区,一个代表红灯区。他们竟出现在同一个房子中,他们在那里的原因,都是因为耶稣在那里。

然后我们看事情发生的经过。那女人的来到是一件惊人的事。爱德赛恩(Edersheim)曾推测,西门可能曾与那女人私通,所以她知道他的家。我不同意这种说法。我认为西门不可能和她有旧交,所以他对她进来这事深感诧异。因为像西门这样身份的人,不可能有这一类的女人来访。他一点用不着担心,她不是来找他的。她为什么去呢？因为她"知道耶稣在法利赛人家里坐席"。

这就是她前去的原因。她不顾一切对她的偏见和歧视。她清楚知道那些人会以怎样鄙视的眼光看她，但她对这一切都视若无睹。耶稣在房里，所以她就进去了。

这里的记述，很清楚地指明在她进去之前，她的罪就已蒙赦免了。耶稣作的比喻显示了这一点。祂的意思是，她的爱多，因为她被赦免了。这可能不是她第一次见到耶稣，很可能那一天她已经听到祂说，"凡劳苦担重担的人，可以到我这里来，我就使你们得安息"（太十一28）。也许当时她正在那群劳苦的众人中，她听到了这个伟大的呼召，她明白了，并且有了反应。这是可能的，祂岂不是说过，"父啊，天地的主，我感谢你，因为你将这些事，向聪明通达人就藏起来，向婴孩就显出来"（太十一25）。很可能当时这位忧伤、痛心的犯了罪的女人在人群里，听见了祂的话，就因属灵的缘故去见祂，要从祂那里得安息。

她进去以后，立刻从后面绕过宾客，到耶稣脚前。她的眼泪湿了耶稣的脚，她就用自己的头发擦干，又用嘴连连亲祂的脚。然后她打破盛香膏的玉瓶，把香膏倒出来。

再来看西门。他心里说，"这人若是先知，必知道摸祂的是谁。"西门那一天真是看到了希奇的事，他看见一个堕落的女人竟抚摸耶稣，一个妓女竟把代表坚贞之爱的香膏倒在祂脚上。他心里开始嘀咕。英文修正译本的翻译更传神，它说，"这人若是先知，必会发现摸祂的是谁。"

显然西门已经认定，耶稣不是先知。因此他心里认为只有两种可能；若不是这后面有一些不可告人的秘密，就是祂对自己的道德标准不注意。

现在来看我们的主如何对付他。祂给了他一个巧妙的比喻，充满了玩笑意味的讽刺。他说到两个欠债的人，一个欠五十两银子，一个欠五两银子。债主赦免了他们。我们的主实际是说，西门，我知道你对这女人的看法。你说她是一个罪人，你的意思是，她是一个较大的罪人。西门，你是不是打算说，你不是一个罪人？西门也许会回答，当然不是啦！我没打算那样说。我是罪人，但不像她犯那么多的罪。圣经记载另一个法利赛人曾说过，我感谢神，因我不像别人，不像这个税史，我禁食，并且献上十分之一。这就是西门的态度。他可能承认自己是个罪人，但他庆幸自己没有像那女人一样犯罪。主知道他心里的态度，祂说，我就照着你所夸耀的作比方。你认为这女人是个大罪人，她欠了五十两银子，你认为自己犯罪较少，好！你就算欠了五两银子。在神的计划里，祂以救恩赦免了这两人。你认为祂对哪一个人的爱更多？西门说，"我想是那多得恩免的人。"耶稣立刻说，"你断的不错。"

祂实际是说，西门，你从我对那女人的救免上，看到了我慷慨的爱。道德上的公正，使她重拾了别人对她的尊敬。她现在是洁净的人了，她被救免了。你不能明白此事，因为你不明白许多其他的事。

耶稣说，西门，你刚才想，如果我是先知，就必知道她是怎样的人。但是，你看见这女人了吗？你知道她吗？西门也许会说，"哦！当然！我看见她了，我知道她好多年了，我对她的底细一清二楚。"且慢！西门！你真看见她了吗？耶稣实际上是说，你没有看见她。你是瞎眼的，你没有看出这女人已不是从前的样子了。西门，我要帮助你去知道她，我要将你们两人作一个对比。祂没有在属灵光景的层次上拿她和西门比，也没有在道德层次上作对比。祂只在日常生活的普通礼节上来作对比。祂说，西门，让我帮助你来认识这女人。我进了你的家，你却忽略了一个犹太人家庭普通的礼节。她弥补了你的粗鲁。你没有给我水洗脚，她却用泪湿了我的脚。你没有给我礼貌性的亲吻，她却连连用嘴亲我的脚。你甚至连最低劣的油都没有预备，以抹我的头，她却用昂贵的香膏抹我的脚。西门，我把你们并列比较时，你就像麻布一样粗糙，她则如同丝绸那样高贵。

然后祂对那女人说，"你的罪赦免了。"祂不是说，现在你的罪赦免了，祂乃是说，你的罪已经赦免了。她自由了，她在道德上的更新使她本性中的娴雅、优美又恢复了。

很显然的，我们的主作这些是为了对付西门。我对西门所知不多，但老实说，将来我在天上若遇见西门，我不会诧异，我若发现他的眼睛已经打开了,也不会觉得惊奇。我确信主在爱中寻找他,要使他得看见。祂是那女人的基督,也是西门的基督。西门需要祂,祂想赢回西门。

为什么那女人会用如此温柔、优美的态度对待基督？这一切的后面隐藏着什么？就是新生。那是惟一的、真正的高贵之处。一个重生的人,才会抓住生命中一切的美德,并且受它们的控制。人的罪得了赦免,脱离了罪的捆绑,他的灵魂就进入一个伟大、美丽的领域。这个故事的教训就在于此。

还有另外一个教训。它指明了基督注意到人的怠慢,祂也欣赏人对祂的奉献。西门没有给祂水洗脚,没有与祂亲嘴,没有用油抹祂的头。祂一言未发,进去坐席。但祂注意到了他的怠慢,在时机成熟时,祂就揭露了祂所注意到的事实。

我们是否也怠慢了祂,或者虚情假意地接待祂？祂注意到人的怠慢,也看重人的奉献。另外一件事,也启示了同样的真理。就是十字架的阴影逐渐迫近时,伯大尼的马利亚也曾以香膏抹耶稣的脚,犹大看见了就说,为什么不把这香膏卖三十两银子,以周济穷人呢？这一类的人说的都是同样的话,都颇中听。但基督严厉地责备他们。祂说,让她去吧！她是为我安葬而预备的。祂看重这事。那一天,充满西门家的香气,和后来马利亚带来的那香膏,都使耶稣基督的心欢喜快乐。

这段经文的头三节是一个摘要，概括地描述了主的工作对公众日增的影响。从第四节到第十八节，路加记载了主的两个比喻，毫无疑问的，这是主日益受人注目所产生的结果。

第一小段中，路加描述了我们主的工作，告诉我们与祂一同周游各地的同伴，以及祂和祂所呼召的十二个门徒如何得到供应。

关于主的工作，作者说，"耶稣周游各城各乡传道，宣讲神国的福音。"旧的译本作"指明神国的好消息"，不管是宣讲也好，指明也好，都是传福音的意思。

"传道"这个词，清楚说出了我们主早期的方法，祂的风格和态度。"宣讲神国的福音"则启示了祂传道的内容。每一次祂宣讲福音时，祂就是在传道。每一次祂讲道时，祂就是在宣讲神国的好消息。

"传道"这个词指明了祂的风格和态度，它在希腊文"Kerusso"里的意思是以先锋的身份宣告，这先锋是君王的代表，因此他的信息充满权威。"传道"就是在君王的名下，带着王的权柄宣告。

"宣讲福音"则启示了传道的内容。传什么道？传讲福音。什么福音？神国的福音。这就是我们主传道的内容。

常常有人问，天国和神国有何区别？答案很简单，它们没有区别。马太特别爱用"天国"一词，其他的福音书作者则用"神国"。马太用"天国"一词时，他没有排除神国的意思。路加用"神国"一词时，也没有排除天国的意思。"天国"是指最终要在这世上建立的国度。马太一直渴望着天国的降临。"神国"也是指这个，但还有更多的含义。它的意思是，神现在就是王，祂永远是王。神的国已经存在了，神的宝座从来没有被人夺走，这也是耶稣所宣讲的。也许换一个词来说也无妨。假定我们用"王权"来取代"国",这样作并无不可,因为国度最基本的意思就是王权,至于领土倒是其次的。祂宣告的是神的王权,神的统治,以及主作王的事实。这就是耶稣向世人宣讲的福音。并且祂来到世上,要告诉人,藉着恩典,人也可以拥有这国度。祂自己就是王,祂在恩典中行事。祂宣告说,这位永远的、看不见的王已经预备好了一条道路,好让悖逆的人得以归回。因此福音就是有关神的王权,这王权已经存在,并且人也能够得到。

祂周游各地,不是向众人提出一个福音,要他们考虑考虑,祂乃是报告神给人的信息,宣告这好消息。祂走遍各城各乡,宣讲神国的福音。

那时祂不是单独旅行的。祂的十二个门徒与祂同行,另外还有一群曾被祂医治、祝福的妇女,显然她们也忠心地伴随着祂。这里只提到三个妇女的名字。一个是"抹大拉的马利亚,曾有七个鬼从她身上赶出来";一个是"希律的家宰苦撒的妻子约亚拿",是属于作官的阶级,福音书中还提过她一次,就是主复活那天早上,她也在那群妇女中。另外一个是"苏撒拿",我们没有她的其他资料。路加说,还有"好些别的妇女"。她们"用自己的财物供给耶稣和门徒"。

在我们的主公开传道的这些年间,祂没有一个明显的来源供给祂的需要。祂在拿撒勒一直是木匠,靠自己的劳力维生。如果传说属实,约瑟应该是去世得很早,耶稣就必须与弟兄共同负担家计。祂离开拿撒勒时身无分文。祂的十二个门徒亦非富人,他们大部分是以捕鱼为生的渔夫。约翰在耶路撒冷拥有一间房子,但通常渔夫都是很清寒的。因此在这幅图画里,我们看见有一小群富裕的妇女,正照顾着耶稣和祂的门徒。这实在是件美事!我每次读到这里,就看到基督的恩慈,在从事祂的工作期间,祂满足于这种供给的方式。我认为将来在那荣耀之地,这一小群妇女一定有她们尊荣的地位,因为荣耀之主在世上服事的那些年间,她们照顾了祂。最初是基督服事她们,然后是她们服事基督。容我恭敬而确定地说,除非她们先顺服神和祂的信息,否则祂不会接受她们物质上的帮助。至少我们注意到,福音从未记载有任何妇女对耶稣怀着敌意。

现在我们来看那两个比喻。

第一个是撒种的比喻。这里的比喻若不是马太福音第十三章记载的那一连串比喻的一部分，就是耶稣在另一个场合所说的撒种比喻。由时间的顺序看，这是在主传道事工中同一期间发生的，但是马太福音有关撒种的比喻，又和这里的撒种比喻有明显的区别。它们所强调的不一样。马太福音先记载了撒种的比喻，然后是稗子的比喻。我们的主解释稗子的比喻时，清楚地说到，"那撒好种子的，就是人子"（太十三 37）。另外在马太福音的撒种比喻里，祂说的种子不是指神的道，乃是指个人，"那撒在……的，就是人……"。但在路加福音里，祂却清楚地说，"种子就是神的道。"

这中间并无矛盾。马太福音里的种子是"天国之子"（太十三38），谁是天国之子？就是接受这道、实现这道的人。所以种子还是指"道"。我们的主在马太福音里指出，这种子能在有生命的人身上繁殖、长大。这是马太福音所强调的。它与此处的比喻并不冲突。这里的种子不是指个人，乃是指神的道。神的道植在人里面，可以变成神国的种子。

然后祂继续说了一个灯的比喻。我们在马太福音里也可以找到灯的比喻，但不是在那一连串用比喻的讲论中，而是在登山宝训的国度宣言里。我相信祂在那时说了路加所记录的撒种比喻，以后祂又再说一遍，不是抵触原先所讲的，而是加以补充，使其中的教训更进一步，并且指明神的道如何透过有生命的人而滋长繁衍。

让我们来看这两个比喻。祂先公开讲了撒种的比喻，然后在私底下加以解释。第四节到第八节是祂公开的讲论。第十节到第十五节是祂私下的解释。

祂讲了撒种的比喻之后，门徒问祂这比喻的意思。祂回答时，先声明了祂使用比喻法的原则（4 节）。祂说的这几句话，是新约圣经中最难理解的部分。看起来耶稣似乎说，神国的奥秘只叫你们知晓，至于其他的人，我只用比喻，好叫他们无法明白这奥秘。坦白说，几年前我研读这段经文时，也是这样想。这使我受责备，我一再告诉自己，它不是这个意思。耶稣不会用某种方法去传道，以阻止人们明白祂。我发现一些正统的解经家也如此解释,但我极力反对这种看法。你不妨翻开马太福音,祂在那里有完整的解释。祂引用了以赛亚的话,不过省略了其中一部分。

祂的意思是,你们和我在一起,我可以不用比喻就将奥秘解释给你们听;但对其余的人我就必须用比喻。祂声明祂不是要用比喻来隐藏,乃是用比喻来启示。至于所省略的以赛亚引文部分,我们可以去翻以赛亚书来寻找解释。百姓的心刚硬,他们的眼睛盲瞎,他们不愿意去看,去听。现在主要用比喻的、图解的方法,打开他们的眼睛。祂是对那些不肯听主明白的宣告,并且存心悖逆的人使用比喻法。祂说完一个比喻后又说,有耳可听的就应当听。有人说祂是在捉弄他们,祂先说他们不明白的事,又要他们去听。不!不是这样的。祂用比喻的方法,是要吸引、诱导那些硬着心肠反对祂的人。这就是祂使用比喻法的意义。

祂道出了这个原则以后,接下去就解释这比喻。祂的解释我们都很熟悉,在此不多赘述。祂特别描述落在荆棘里的情况。荆棘就是今生的思虑、钱财、宴乐。前两项特别引人注意,因为它们看起来是彼此对立的。贫穷固然产生忧虑,富有其实也会产生烦恼。有人听了,接受了,但对生活的忧虑滋长开来,就挤住了种子。有人听了,接受了,但仍受世上财富的控制,种子也被挤住了。

祂继续说下去,特别对门徒说,你们点灯不是要用器皿盖上,或放在床底下,乃是放在灯台上,叫人看见你的光。

第十七节清楚说明了祂的比喻不是在隐藏什么,祂告诉门徒,祂是要使人明白这些事,因此他们的责任就是出去,显明这些事,好叫人知道。

我们来观察这整段经文的价值。对十二个门徒来说,撒种的比喻让他们明白他们出去传道时,听他们讲道的群众将会有的几种反应,那也是祂的任何仆人讲道时会面临的情景。我们宣讲祂的道,就是撒下了种子,有的落在路旁,有的落在磐石上,或荆棘中,或好土里。

对当时在场的众人来说,这比喻可以测验出他们是否听进了道。

"又有落在好土里的，生长起来，结实百倍。"说了这些之后，祂又大声说，"有耳可听的，就应当听。"这是指听到的人。当祂说完灯盏发光的比喻之后，祂也说，"所以你们应当小心怎样听。"意思是，你要听，以便宣告出来。你要听，好让神的话在你里面成为光，照射出来。

这里有三种光景是令人失望的：种子落在道旁，被人践踏；落在磐石上，无法生根；落在荆棘里，被挤住了。但它们都毫无希望了吗？英国的伯尔顿博士在他一本有关路加福音的书中说，"哦！不！那些土地不一定是毫无盼望的。荒地可以开垦，岩石可以击碎，荆棘可以拔除，沙漠可以绽放出美丽的玫瑰。"

因此，那些带着宝贵种子出去的人，将带着禾捆回来。他们出去的时候，心中知道他们的听众可能有好几种，但他们从不认为这些人是没有盼望的。我们被呼召，要将福音传给各种光景的人，我们作这事工时，必须有信、有望、有爱。

本段经文中,路加记载了我们的主继续祂在群众中的事工时,所发生的三件事。第十九节到二十一节记载了祂母亲和弟兄的来访。第二十二节到二十五节记载了祂平静风浪的奇迹。第二十六节到三十九节记载了祂在格拉森救了那个被鬼附的人。

路加所记有关耶稣母亲和弟兄来访之事,非常浓缩、简洁。这时我们主的事工正接近第三年的尾声,即将到达凯撒利亚腓立比的紧要关头,就在这时,发生了这件事。马可福音第三章有较为完整的记录,第二十节说,"耶稣进了一个屋子,众人又聚集,甚至祂连饭也顾不得吃。耶稣的亲属听见,就出来要拉住祂,因为他们说祂癫狂了。"

他们的话并无恶意,也不是恶毒的批评。那些爱祂的人只是相信,祂有陷入心理失常的危险。许多跟随耶稣基督,极度劳苦工作的人,也常常受到别人如此的批评。但愿这些人能受到主自己的安慰。

他们为什么来找祂? 当然他们想要救祂,因为祂一直在不眠不休的工作,祂的精力几乎消耗殆尽了。就人的层次来说,祂真是精疲力竭了;所以我们看见,不久之后祂要门徒把船开到对岸,祂好有机会休息。祂的母亲认为,祂正在伤害自己的健康。让我们看到这事所隐含的美意和柔情。她带了耶稣的弟弟同去。她说,我们一定得阻止祂,祂简直疯了,祂这样下去会把命都丢了。他们说的话纯粹是出于人的真挚情感,他们前去是为了劝祂放下工作,与他们一起回家。他们到了那里,发现许多人围着祂,就打发人去传话给祂。然后,我们的主就说了这段奇妙的话,"听了神之道而遵行的人,就是我的母亲、我的弟兄了。"

祂指的是谁? 马太告诉我们,祂是指祂的门徒。

祂的家人出于爱，想要帮助祂，但祂如果允许这种行动奏效，祂的工作就要受拦阻。作为基督的工人，我们面临的最狡猾的阻力，不是从敌人来的。我们反而喜欢那从反对者来的阻拦。如果有人攻击我，我可以打起精神全力以赴。但是我的亲友，他们不太了解一些事情的意义和原由，想要阻止我那些克己劳苦的服事工作，这就成了更严重的拦阻。祂的母亲就是想这样作。祂宣告说，祂的亲属不是祂肉身的母亲和弟兄，乃是那些在属灵上忠于祂的事工、忠于祂的热诚、忠于神旨意的人。肉身的亲属关系固然是崇高、柔和、美好的，但却低于遵行神旨意之人与祂的关系。我们可以从圣经中找到完整的解释。有一次，耶稣告诉那些自夸是亚伯拉罕后裔的人说，他们是亚伯拉罕的后裔，但不是亚伯拉罕的儿女。因为如果他们是亚伯拉罕的儿女，就应该作亚伯拉罕所作的事。他们虽然与亚伯拉罕有肉身的关系，却没有属灵的关系。保罗后来写道，"从以色列生的，不都是以色列人"（罗九9）。当基督的爱心，当神的旨意成为我们自己的爱心和意思的时候，我们就与祂有了属灵的契合，有了最高的亲属关系。

第二件事与前面那件事有密切的关系。路加说，"有一天"，祂要求门徒渡船到对岸去。马可说他们就把祂"一同带去"（可四36）。祂上了船，就直接到船尾较隐秘的地方，躺下来睡觉。祂实在是疲倦了。神在人疲倦时给人睡眠，这也是祂防止人过度疲倦以至于损及健康的方法。一个能入睡的人，就不会丧失他的理智。我们看这个故事的时候，有一件事会引起我们的注意，那就是祂居然没有被暴风吵醒。那不是一个寻常的暴风。路加形容湖上忽然"起了"暴风。那个湖上的暴风通常起自高山，骤然而降，猝不及防。可能十分钟以前，加利利海仍平静如镜，但瞬间湖面就会因山上下来的狂风而掀起滔天巨浪。这个湖上风暴是如此激烈，以致路加说，"船将满了水，甚是危险。"但是祂却没被惊醒，祂依然在船尾酣睡。

然后我们注意到了门徒的焦虑。他们在唤醒祂之前，尝试了一切可行的措施，他们都知道自己是操舟的老手。他们深谙行船的技巧。当他们尽了一切努力，发现于事无补，船已快装满水，他们快要灭顶的时候,他们就去叫醒祂。我们最好坦率地指出,在这一点上,他们作错了。这样说很简单,我想如果我当时在场,我一定比他们更早些唤醒祂,但是如果我这样作,也和他们犯了相同的错误。

祂醒过来,平静了风浪,然后祂转向他们说,"你们的信心在哪里呢?"马太、马可、路加都用不同的字,记录了这一句话。他们都声言,基督平静了风浪以后,就责备那些唤醒祂的人。祂批评他们,是因他们的举动显示了他们缺乏信心。他们唤醒祂是不对的。我自己很难接受这一点。他们犯了错误,因为他们没有必要唤醒祂。为什么? 你想有基督在船上,这条船会沉下去吗?

他们不了解这一点,他们没有这样的感觉。他们焦虑什么? 他们说,"夫子,我们丧命啦!""我们"包括了他们和耶稣。我不认为这些人是怕死,这不是他们最焦虑的问题。他们担心他们要淹死了,他们害怕祂也会淹死。他们害怕的就是这些吗? 不! 他们感觉到,如果船沉了,祂所代表的一切也都要毁灭了。他们听祂讲道已将近三年,他们听祂的教训,与祂在一起生活。藉着祂的解说,他们看见了神国的荣耀,看见了这个理想是多么宽广、美丽、蒙福。他们看见祂努力的目标所发出的光彩。他们感觉这一切都要化为乌有了。如果我们丧命在这船上,那么神的国也要毁灭了。这是门徒所焦虑的。船快沉了,那些有关国度降临的比喻怎么办?

今日也有许多基督徒认为,船快要沉了。我已经听到太多这种悲观的语调。船不会沉的,因为有耶稣在船上。

暴风不能打扰祂,但门徒的不信却能唤醒祂。祂虽然被他们打扰,但仍耐心、温柔、坚定地来到船舷,望着翻腾的海水。马可告诉我们,祂说,"住了吧! 静了吧!"(可四39)。译得直白一点,祂对海水说,"嘘! 安静!"这是很有趣的。我发现祂对被鬼附的人说话时,也用相同的字。我认为祂知道,那场暴风后面藏着魔鬼,我也相信约伯记所记的,撒但要控制一切事物,以拦阻神对它们的旨意。魔鬼自以为他有可能摧毁神的整个计划。他真是愚不可及!

第二十五节让我们看到,透过这次的经历,他们更深地认识了祂的奥秘和奇妙。这才是最大的收获。今日的世界,充满艰难试探,很多时候神的计划看起来似乎岌岌可危。基督似乎睡着了。但是，不要叫醒祂。不要以为神想藉着你我的手来保护方舟，来托起小船。祂不需要这样作。

然后来看第三件事。这件事用了很多篇幅来记述，颇引人注目。我很喜欢开头的话，"他们到了。"只要基督在船上，我们总是可以安然抵达目的地。"他们到了"，却是到了一个奇异的地方，在那里发生了一件美妙的事。

马太、马可、路加都记录了这事。其中有一点引起许多争论。有人说，基督无权摧毁牲畜。我们主的传道事工里，只有两个场合祂曾毁灭东西。一次是叫无花果树枯干，一次是此处叫猪投在湖里淹死。就我看来，这事无须争论。我有三个事实要说。第一，祂作这事是正当的。我从不怀疑耶稣所作的任何事。如果你说这个理由对你还不足够，那么，第二点我要提醒你，请将两千头猪和一个人的价值相比。但这还不是最终的答案，最终的答案最简单：这些人住在犹太人的领土上，他们属于犹太国，他们无权养猪。祂是犹太人的弥赛亚，祂允许鬼进猪群的同时，也是在扫除一项违反律法的生意。那些投资养猪的人对耶稣大发雷霆，就像今日某些人对立法者所订的禁则发怒一样。如果你出面干涉他们违法的投资，他们就认为你大煞风景。他们丝毫不考虑道德上的后果，他们就是当日那些养猪人的后继者。

有三个世界在这故事中相遇了：恶者的世界，人类的经验世界，神掌管的世界。这里我们看见了恶者的世界，它是这个故事的主角。我们看见这些鬼都渴望附着在一种物质或身体上，它们想要抓住人，进入人里面，控制人。他们一旦被赶出人的身体，就情愿进到猪里面，免得没有任何物质可以附着。耶稣说，"污鬼离了人身，就在无水之地，过来过去，寻求安歇之处，却寻不着"(太十二 43)。

污鬼在人身上找到安歇之处，一旦它被逐出人身，它就得不着安歇，因此它说，"我要回到我所出来的屋里去"(太十二 44)。为什么污鬼一定要寻找一些物质或身体上的接触呢？这乃是它们一贯的目标，因为只有当它们在人身上，或退而求其次，在较低层的其他生物上找到有利的位置时,它们才能妨害神在万物及这世界中的工作。这是极奇妙的启示。

另外,污鬼也怕无底坑。"无底坑"在新约里一共出现九次,一次在这里(31 节),一次在罗马书(罗十 7,中文圣经译作"阴间")中,其他的在启示录里(见第九章)。启示录里的这词,是指没有底的深渊。所有的邪灵都怕它。因此我们看见,污鬼惧怕无底坑,它们想要附着在人身上,透过人来表达它们的邪恶意图,并且与人和神对抗。

但接下来要注意,这个故事如何指明了耶稣的权柄。"至高神的儿子耶稣,我与你有什么相干? 求你不要叫我受苦。"它们求祂,不要叫它们下到无底坑里;如果它们一定得离开人身,它们情愿进到猪里。在这里我们看见了恶者世界的本貌,它们害怕无底坑,渴望附在人或动物身上以实现它们的毒计,它们也承认耶稣的权柄。

我们接着来看,这故事中有关人类的经验世界。人一旦被鬼附着,就落到极可怕的光景中。这个人被鬼附了(其实有两个人,但路加只提到一个人作代表),但那城中其他的人则被贪心所附,他们的光景更糟糕,更难对付。

那个住在坟墓中的人,耶稣已经赶出了他身上的污鬼;但是那些被贪心所附的人,因他们拒绝耶稣,祂就任由他们贪心,离开他们走了。今天,那个地区的居民被人称作"Troglodites",翻译出来就是"住在坟墓里的人"。那城因拒绝祂,祂就离弃了它。几千年来我们还可以看见那城因拒绝祂所带来的后果。

上面我们看到了恶者的世界,人类的经验世界,接着我们注意到神所掌管的世界。基督有完全的权柄管辖恶者的世界,祂也有绝对的权柄管辖人的世界。祂如何运用祂的控制权,完全看人对祂的态度来决定。若一城拒绝祂,祂绝不强留在那城。祂上了船,离开他们。祂曾在那里,以祂的大能施行拯救。祂给他们一个例子,说明祂能在人身上作工。但是他们不要祂,因为祂使他们损失了两千头猪。今天,同样的可悲画面仍一再出现。如果祂一上岸,就责备我们的过犯和我们所作的生意,赶走我们所豢养的猪,我们就想干脆把祂赶走算了。于是祂离开了他们。祂背弃他们，就是定了他们的罪，祂有权柄这样作，就像祂有权柄赶走那人身上的污鬼一样。

因此，我们看见了恶者的世界，人类的经验世界，还有神掌管的世界；管辖这一切的权柄，乃是在我们的主，那位救赎主身上。

"耶稣回来的时候。"

这句话将这里的事件和前面的事件连结起来。祂曾去了格拉森,那里的人赶祂走,祂就走了。

"耶稣回来的时候,众人迎接祂,因为他们都等候祂。"这话显示了当时耶稣在加利利是如何受人欢迎。然后路加述说了睚鲁的故事,和患血漏女人的故事。这两个故事彼此穿插,彼此相关。这段经文有一个非常美妙之处,因为这两个故事之间有极鲜明的对比,但又有极奇妙的吻合。

先看睚鲁的故事。这幅画面的背景非常光彩。睚鲁是管会堂的官,在当地是知名之士。也许那个会堂,就是当那百夫长托几个长老去求耶稣时,他们所说"你给他行这事,是他配得的,因为他……给我们建造会堂"(七 4～5)的那个会堂。显然睚鲁认识耶稣,以前看过祂行的奇事。他有一个十二岁的独生女儿。对睚鲁来说,这十二年是充满阳光的岁月,小女孩的歌声、脚步声、笑语声,曾洋溢在整个家中。

然而,这幅画面的前景却是一片阴暗。因为她"快要死了"。她得了重病,快要死了。睚鲁离开她,满怀忧虑,带着即将丧失爱女的悲恸去见耶稣,求耶稣到他家里去。他的信心不同于百夫长的信心。百夫长对主说,"只要你说一句话,我的仆人就必好了"(七 7)。

这人的信心还未到达百夫长那样高的层次。他要求耶稣到他家里去。请注意,耶稣立刻去了。祂不因信心的种类不同而稍有踌躇。哪里有信心,祂就立刻回应。这人相信耶稣若去他家,必有帮助,基督就去了。

在这故事第一阶段的结尾,路加谨慎地告诉我们,"众人拥挤祂。"马可也提到这点,但他用的词句没有路加强烈。我们最好注意到这两个动词,路加所用的词有"压挤"的意思。路加是遣词用字的好手,显然他要给他这卷书的读者提阿非罗一个印象,就是当时的群众是多么热心、渴望。他说,他们拥挤祂,使祂几乎寸步难移。马可用的词较缓和,说到群众从四面八方涌来。欢迎的群众是如此热情,以致耶稣几乎动弹不得。

然后我们看到那个患了十二年血漏的女人。这个画面的背景,是一片黑暗和痛苦。睚鲁的家中,过去的十二年是充满阳光、歌声、喜乐的岁月;但对这女人而言,过去的十二年却充满了痛苦。这是一件非常特殊的例子,我们不可用现今对疾病的态度来解释。我们必须回到当时的情景,才能透彻地了解它。根据摩西的律法,这样的女人不可以接触任何人,任何人也不可以去接触她。律法要求患这种病的女人必须被隔离。这里是一个例子,让我们看见遗传如何强加在有关卫生的律法上,这是很残酷的。人们认为任何女人患血漏,是由于个人的不道德所引起的。这是绝对错误的观念。利未记并未如此教导,但当时的人就是如此相信。他们在利未记的卫生法则之外,加上了遗传,将患这种病的女人隔离出来,又加上诸多的限制。有十二年之久,这女人被圣殿、会堂、每一个聚会的地方赶出来。根据摩西的律法,隔离这种人的原因是她患了血漏;但对这种病的错误观念却造成了一个遗传,将她当作无耻之人,把她摒弃在她的家庭和社会之外。十二年之久,她这样被人摒弃;她挣扎了十二年,想要重获健康,但是她终于陷入深深的绝望中。她所经历的黑暗阴影,和睚鲁家中过去十二年的明亮愉悦之岁月,形成了一个多刺目的对比呀!

但是,今天她的心中燃起了希望。因为耶稣经过那地。她已经听过祂,知道祂来了。每一次我读马太、马可、路加所记的这故事时,都会为她接近祂的方式感到讶异。一个软弱的人在需要的时候,竟会变得刚强无比,这是多奇妙的事!

她作了什么?我们一直读的是,她摸了祂的衣裳缝子。事实上,

"摸"这个字无法正确表达希腊文这字的意思。

她不只是摸,她乃是紧紧抓着。也许用"紧抓不放"意思更接近些。她不只是伸手摸祂,她是用手抓住。

民数记第十五章第三十七节到四十一节中,耶和华命令百姓,要在衣服边上作繸子,好叫他们看见这繸子,就记念遵行祂的命令。这是神的命令,不是遗传所加上去的仪文。毫无疑问的,耶稣遵守了这命令,祂的袍子上有繸子,繸子上钉了蓝细带子。当穿上这种袍子时,袍子的一端披在肩上,走起路来,总会有一条繸子向后搭在背上。那女人所抓紧的,就是这一条繸子。她穿过人群,用手抓住这条繸子。那实在是大胆而绝望的举动。律法规定,她不可以接触任何人,但她正陷于苦闷和无助,她一直被人驱逐,她的力量正逐渐消退,她想,耶稣在那里,只要我能触到祂,我就能得帮助。

那是一个信心的秘密举动,同时多少含有一点迷信。法拉尔说,"她认为基督行神迹是一件极自然的事,不用出于祂的意志和权力。"

这话说得很对,也很清楚。她想,只要她能接近祂,祂里面的某些东西就会自动地帮助她。但这也是信心,信心透过盲目的信而作工。使徒行传第十九章第十一节、十二节说,"神藉保罗的手,行了些非常的奇事。甚至有人从保罗身上拿手巾或围裙,放在病人身上,病就退了,恶鬼也出去了。"我们再度看到,这也是迷信,但后面有信心。他们的信心虽是以迷信的方式表达出来,但他们仍然得了医治。这女人也得了医治。这一切都颇发人深省。

只要有信心在,即使睚鲁的信心比不上百夫长的信心,即使信心是以迷信的方式表达出来,祂还是尊重这些信心,将迷信搁置一旁。

她虽然得了医治,但她还是必须出面,她的见证可以帮助睚鲁。因此耶稣停下来问,是谁摸我? 彼得看见拥挤的群众,就对耶稣的问题提出反驳。根据路加的记载,那是门徒们一致的意见,但一致并不一定表示正确。祂知道好奇群众的拥挤,和一个出于需要和信心的人之摸触之间的区别。祂说,"总有人摸我,因我觉得有能力从我身上出去。"

如此,祂使那女人来到祂面前,说出真相。然后祂望着她说,"女儿,你的信救了你。"

你的信心,而不是迷信的举动救了你。你得救,不是因为你摸了繸子,乃是因你这样作是出于信心。虽然你的行动是迷信的,但你与我有了接触,你就得了医治。

然后祂给她未来的计划。"平平安安的去吧!"

这时候,睚鲁一直在旁边等着。他一定想到了耶稣的耽搁。我相信耶稣停下来,问是谁摸祂的时候,众人必须让开一条路给那女人,那时睚鲁一定有些不耐烦了。他的女儿就要死了,耶稣还一再迟延!尽管他心焦如焚,他还是听见了这女人因摸耶稣而得痊愈的事,这对紧接着发生的事颇有影响。

然后,致命的打击来了!有人从睚鲁家中来,对他说,不要劳动夫子了,你的女儿已经死了。霎时之间,他的信心动摇了,他的爱受了伤害,他的盼望瓦解了。路加记载,耶稣听了信差所说的话,立刻对睚鲁说,"不要怕,只要信,你的女儿就必得救。"

得救?一两分钟以前,睚鲁还听见耶稣对那女人说这句话,现在他又听到耶稣对他说,"你的女儿就必得救。"

让我们想像他们继续前进,往睚鲁家走去这段路程的情形。我不知道这段路有多远,但他是凭着信心走的。这信心的意思,不一定是指他确信他的女儿会活过来。也许他在沉思,他有一点动摇,但他的信心仍使他有盼望。他们到了,我们的主赶走围观的好奇群众。从别的福音书中我们看见,那些人讥笑祂,嘲讽祂。祂将他们都赶出去。祂说,"她不是死了,是睡着了。"

按照我们对死的定义,她确是死了。祂也曾说到拉撒路,"这病不至于死"(约十一4)。但是拉撒路死了。我们所看到的死,在基督的眼中并不是死。灵魂离开了身体并不是死,死亡有更深的意思。

然后,路加告诉我们,祂拉着她的手,对她说话。马可记下了祂实际所说的话,有些场合祂是使用祂的母语亚兰话,祂说,"大利大古米。"意思是,"小羔羊,起来吧!"她的灵魂就回来了。她的灵魂没有死,虽然她的肉体没有了生命,她那最重要的部分仍然活着。

　　我们不要漏了这故事的结尾，"耶稣吩咐给她东西吃。"这是何等美丽、温柔的举动！祂知道她需要什么。她已经回到了尘世，给她东西吃吧！这件简单的事，却含有非常深刻的哲理，并且在运用上有远大的影响。我们这些成圣的人应该把握住这个哲理。

　　接着的这段经文中,路加记录了当时主服事工作的明显特征。那时正是一般所谓"加利利服事时期"的尾声,也是祂广受欢迎的时期。这一段特殊的经文中,记载了十二个门徒的第一次使命。这故事在各方面都具有永恒的兴趣和价值。这里记载了祂头一回打发门徒代表祂出去。整个教会就是承继了使徒的伟大工作,为基督耶稣作见证,代表祂出去。

　　这个故事分成三部分。第一节到第五节记述他们的奉差出去;第六节到第九节记述他们出去以后所作的工;第十节到第十七节记述他们的回来,以及接下去相关的一件事。

　　这是我们的主最后一次在加利利旅行。接下去的六个月中,祂也到过加利利,但没有在那里停留。祂主要留在约旦河另一面,在比哩亚,在较不受人注目的地方。祂以前曾两度在加利利旅行。第一次是与四个门徒同行,第二次则带着十二个门徒一起去。第一次旅行期间,祂得着了许多门徒,旅行快结束时,祂挑选出十二个门徒。马可谨慎地告诉我们,祂拣选门徒之后,命令他们作两件事:首先与祂同在,然后为祂出去。第二次祂去加利利时,祂带着十二个门徒周游各地。这里是祂第三次,也是最后一次在加利利旅行。毫无疑问的,它发生在主传道的第三年,很可能占了这一年大半的时间,因为路加说他们"走遍各乡",这不是短时间内能作完的。

　　这一次,门徒是单独出去,祂没有与他们同行。祂也分头独自去工作。马太福音第十一章告诉我们,祂交待完了对门徒的托付之后,就往各城去,就是往门徒的家乡去。当门徒被差出去工作时,祂就单独在他们的家乡工作。

这个故事有三点引起我的注意。首先是十二个门徒的富足；其次是祂差他们去作的工作；第三是他们出去时的贫乏。

他们有何富足之处？他们有赶鬼的能力和权柄，并能医治疾病。这里有两个词常被人混淆。

祂给他们能力。能力就是精力、力量、爆炸的潜力。祂不仅给他们能力，更给他们权柄。权柄就是运用能力的权利。所以祂差遣他们出去，祂又给他们能力和权柄。

他们的工作是什么？是赶鬼医病吗？不！这些都是次要的。他们要用赶鬼医病的能力作为说明的方式，以吸引众人。祂不是差遣他们出去赶鬼，出去医治病人，祂差遣他们出去，是为了"宣传神国的道"。

前面我们已经讨论过神国与天国有何区别的问题。我说过，如果我们把"神国"改成"神的王权"就更接近中心事实。有些人认为神国和天国，有特定的领土，也有人认为那是指某一段时期。这些我都不否认，但是天国和神国的含义要更广。耶稣差遣门徒出去，宣讲祂所宣讲的，也就是施洗约翰所宣讲的。施洗约翰和耶稣在开始他们的事工时，都这样宣告，"天国近了，你们应当悔改"（太三2，四17）。

我们说，神国和天国是同义词，都是指神将要在世上建立的秩序。这个观点没错，但不够充分。神国就是神的王权，是神现在作王掌权的事实。祂打发他们出去宣讲的就是这个事实。这世代最需要的，是承认神的统治，神的王权，神的国。神国并未耽延，祂现在正作王。我们的责任不是去告诉人，祂将要逐步统治管理。今日祂正掌握着魔鬼和这世界。这些人被差遣去宣传神的国，宣告这国已为人预备好了；告诉人，他们现在可以进入这国；但是除非他们变成小孩子的样子，悔改归向神，否则他们不能明白神国的福分。人怎能脱离神的治理，人怎能知道神作王的美丽、宽广和福气？因此祂差他们去宣讲祂所宣讲的。一个人若向祂的统治权降服，就没有别人能统治他。祂有永恒的特权，祂能释放各世代，祂有永生。祂说，去吧！去宣讲神的国。

我还要强调另一个词，就是祂差遣门徒"宣传"神国的道。

"宣传"的希腊文是"kerusso"，意思是作使者，通常是指代表王的使者。这个动词的意思就是带着权柄去传达信息。使者的职责不在斡旋难题。祂差他们去作神国的使者，带着权柄去宣告神的国。

然后祂说，"行路的时候，不要带拐杖和口袋，不要带食物和银子，也不要带两件褂子。"这纯粹是东方国家的习俗，但它的原则永远存在。这是一种华丽的贫穷，他们惟一的财产就是他们的信息，他们的能力和权柄，以及他们是祂的代表之事实。

第六节到第九节记载他们出去以后的情景。这里出现了"宣传福音"一词。新约中一共有两个伟大的词用来形容传福音的功效。虽然希腊文有八个不同的词可以用指"宣传福音"，但只有两个是较主要的。一个就是上面讲过的"kerusso"，另一个是"euaggelizo"，后者是宣讲好消息的意思，就是这里我们所用的。他们出去，作神国的使者，宣传福音。这就是他们的工作。如果当日他们作了这些，应该有无数册的报告和记录留下来才是，但是路加只字未提，马太和马可也未记载。

他们传福音的细节并不重要，重要的是，他们出去了，去宣讲福音。

第七节到第九节是他们出去以后产生的结果。每一件事都是以主自己为中心。因为耶稣的名声四播，引起了各种对祂不同的说法。每一种说法都与超自然的事有关：有人说是约翰复活了；有人说是以利亚显现；有人说是古时的一个先知复活了。使徒作工的结果，使众人注意到他们的主。虽然他们的工作没有详细记录，没有统计数字，但他们的工作具有非凡的意义。

最后，我们看到他们回来了，向主报告他们所作的事。如果教会也能效法使徒们的方法，那该有多好！教会应该说，我们不再出版我们的工作报告，我们把一切报告交给耶稣，而不交给世界。我想，有时我们的报告和统计数字反而会拦阻我们。我们应该向主报告。

然后祂作了什么？祂带他们过海到伯赛大去。祂知道他们累了。祂听完了他们的报告，就说，你们来，同我暗暗的到旷野地方去歇一歇。他们到了旷野，却发现那里已经聚了一大群人。

　　注意下面发生的事。群众等在那里,"耶稣便接待他们,对他们讲论神国的道,医治那些需医的人。"祂继续作门徒所作的事。

　　日头西沉,夜幕逐渐降临在旷野上。细心的门徒对主说,请叫众人散开吧! 好让他们去找些食物果腹。祂说,"你们给他们吃吧!"他们说,除非我们去买,否则我们仅有的五个饼两条鱼实在不够他们吃。他们显然已经商量过了,腓力也稍微估计了一下。他说,二十两银子的饼也无法给大家吃饱,这是他们的估计。耶稣说,叫他们坐下,祂就拿着五饼二鱼,望天祝谢。祂不是祝福饼,乃是向天祝谢,祂献上感谢。

　　四福音中只有约翰福音提到,耶稣次日曾在属灵的层次上解释祂这个使五千人吃饱的神迹;祂并且责备群众,因为他们只是有兴趣于物质方面的事,却不顾属灵的事。他们对物质上的神迹大感讶异,但祂这样作原是有一个属灵的目的。祂对门徒说的物质上的事,实际上是指属灵方面的事,今日祂也同样对教会说,"你们给他们吃吧!"饥饿的大众正濒于饿死的边缘,是因为他们缺乏生命的粮。那就是祂对自己的人所说的,你们给他们吃吧!

　　现在注意祂的方法。祂是使用他们手上现有的饼和鱼,喂饱了群众。我们也许会说,我们拿什么来喂今日饥饿的世界? 我们什么也没有,只有一些微不足道的东西。答案是,祂就要使用那些微不足道的东西,让它们成为媒介,供应这世界。

　　四十年以前,我曾到英国的一个小镇上带领特别的布道聚会。第一个主日早晨,为了鼓励那个教会与我一起动员,我特别以"你们给他们吃"作为讲道的主题。我要求会众,为这伟大的事工献上他们所有的。聚会之后,有一位虔诚的姊妹来对我说,"我听了你讲的道,我愿意有分于这工作,但是我能作什么? 我什么也不会作。"我看着她说,"你会唱歌吗?"她说,"我会,我曾在教会的音乐会上演唱过。"我说,"那好! 今天晚上聚会以前你来祷告室和我碰面,然后我们一起上讲台,你负责唱一首福音歌。"她说,"哦! 不行! 我从未演唱过这一类的歌。"我说,"你只要找一个简单的福音信息,把它唱出来就行了。"那晚她去了,她实在是个卓越的歌唱家,但是她以前从没有为耶稣唱过一首歌。那晚她唱了一个福音的信息，她并不认为那首歌里面有什么惊人之处。当时教会后排坐着一位殷实的富农，他是呼召时第一个走到前面来的人，他把自己献给了神。他说，"我信主了，但不是因为你的信息，我并不太明白你讲的道，我乃是因那位女士所唱的歌而信了神。"我立刻回到教会里，对那位女士说，"来！你应该和这位先生握握手。"她以前就认识那位农夫，她说，"当然可以，但是为什么？"我说，"因为你用你的歌声，为基督赢回了这个人！"那位农夫后来在那个地区成了一个大有影响力的人。

让我们也把我们的五个饼带到祂面前。用我们的饼想要喂饱众人是无济于事的。那固然是好的饼、有益健康的饼，但却无法靠着它们喂饱众人。把它交给基督，祂要使用我们最微不足道的东西，将其加倍增添，喂养众人。

最后，他们都饱了，并且十二个门徒还各有一篮食物。那些都是剩余的。耶稣祝谢后的饼，不但给众人吃饱，还绰绰有余，祂剩余下来给我的，比我当初拿出去的还要多。

　　路加记录了十二个门徒的任务之后，他省略了许多事件，只触及一些显著的事实。现在他记下了我们主的事工中一个紧要的关头，就是发生在凯撒利亚腓立比的事件。马太对这事有非常详细的记载，路加则简略得多。马太记下西门所承认的每一个字，"你是基督，是永生神的儿子"（太十六16）。路加只记下西门承认主这个事实；他用非常简短、清晰的方式表达西门的承认，你"是神所立的基督"。

　　马太又指出，紧接着西门的承认之后，我们的主向门徒启示三项祂从未说过的奥秘，就是教会的奥秘，十字架的奥秘，和祂第二次再来的奥秘。路加的记载中，没有提到教会的奥秘，但他指出了当时我们的主所启示的三件事：祂的弥赛亚身份，祂的十字架，和祂的作王。

　　首先我们来看祂启示的方法，然后注意祂的三个启示。

　　关于祂启示的方法，请注意路加的话，"耶稣自己祷告的时候。"马太、马可都没有提及这话。单单路加特别注意到一个事实，就是耶稣在祂一生的事工中，常常用祂的祷告来引出某一个重要事件。这是我们的主对路加特有的启示。路加有七次指出祂在祷告，其余的福音书作者则没有记录。路加告诉我们，祂在受洗之前祷告。祂的名声日益远播之际，祂退到旷野祷告。祂在挑选十二门徒之前也祷告。这里，我们看见祂在凯撒利亚腓立比祷告。后来，路加告诉我们，祂改变形像时也正在祷告。祂指导门徒如何祷告之前，祂也祷告。最后，我们看见祂在客西马尼园中祷告。如此，路加让我们看见了这位人子，道成了肉身，作为一个人，祂活在一个祷告的生活中。

　　接下去的话颇引人注目，"耶稣自己祷告的时候，门徒也同祂在那里。"这启示了我们主的祷告生活之水准。确实，我们的主总是单独祷告，祂从未真正和祂的门徒一起交通祷告。他们从未达到祂祷告的层面上。祂是在另一个层面上祷告。如果我们没有一个中保，引介我们到神面前来，我们就无法祷告。我们若不是深深认识到，我们必须靠着祂的慈悲怜悯到祂面前，我们也无法祷告。但耶稣不需要这些。祂向神祷告的时候，从来不需要一个中保。祂也不是靠着神的慈悲和怜悯来向神祷告。祂一直是和神亲密地交谈着，那是一种完美交通的祷告。路加说祂"自己祷告"就是这个意思。祂的门徒和祂在一起，但祂是单独祷告。

从地理上看，我们会发现这一阵子以来，祂一直带领门徒往东北方犹大领土的边界前进。如果他们再往前走一点，就会越过边界到另一国去了。祂领他们到了凯撒利亚腓立比的岩石地带。显然祂要带他们离开群众。

有一天，他们独处的时候，祂问他们，"众人说我是谁？"祂没有问他们官长对祂的看法。祂也没有问他们君王或税吏对祂的看法。祂不在乎人的特权或声势，祂关心的是百姓。

然后他们将所听到的，选最好的一部分告诉祂。有人说祂是约翰，但约翰已经被处死了。有人说祂是以利亚，他们一直在期待以利亚来。也有人说祂是古时的一个先知。那是很惊人的见证。他们所说的这一切揭示了一个事实，就是人们发现祂有超自然之处。

于是祂把他们带进了最紧要的一个关头，祂说，"你们说我是谁？"你们是否同意这些传言？这些年来，你们这十二个人一直与我在一起，和我有密切的交往，你们是我所拣选的人，我拣选你们与我同在，我也差遣你们出去。你们说我是谁？西门就代表其余的人发言，他宣告祂是"神所立的基督"。

接着来看三个启示。第一个启示就是西门所承认的祂是"神所立的基督"。路加简短的记载，指明了这个承认的要点。这一个尖锐的宣告，将这个伟大的事实具体化了，"神所立的基督。"我们必须记住这宣告是一个希伯来人说的，如此才能明白它的意义。"基督"这词的希腊文，相当于希伯来文的弥赛亚。历史上，希伯来这个国家，不管是盛世或衰世，颓败或兴旺，都一直在期待着弥赛亚的来临。就他们来说，对弥赛亚的期待具有三重意义。弥赛亚对希伯来人的意义是，祂是先知，能带来一个完整而最终的启示；祂是祭司，将担任救赎的调停工作；祂是君王，有绝对的王权统治管理。有时他们强调弥赛亚的先知职分，有时强调祂的祭司职分，有时强调祂的君王职分。在我们主的那个时代，他们几乎忘了弥赛亚在先知和祭司方面的职分，只专注于祂的君王身份。现在，这里有一个拙于言辞，对国家事务愚钝不灵的人，对耶稣说，你是先知，是祭司，是君王，是我们的应许，我们的盼望，我们所期待的，如今你从神那里来了。你是启示者，你是救赎者，你是统治者。

现在将这个承认与其他人的看法作一比较。有人说祂是约翰，有人说祂是先知里的一位，有人说祂是以利亚。但是这个希伯来人彼得说，你不是他们中间的一位。你是众人所期待的那一位，是"神所立的基督"。这就是他的承认，这也是一个伟大的启示。

如果我们同意将祂与其他人并列，我们就是侮辱祂、亵渎祂了。神所立的基督远非人所能比。祂是先知，带来最后的启示；祂是祭司，提供完全的救赎；祂是君王，有绝对的统治权。

耶稣立刻嘱咐他们，不可将这事告诉别人。你有没有想过，祂为什么不许他们告诉别人呢？我认为有两个原因。第一，虽然这个承认很完整，但那时他们并不了解它的全部意义。他们还不明白那位先知如何启示真理；那位祭司如何成为救赎者；那位君王如何掌权统治。他们尚未预备妥当。他们的了解还不完全。如果撇开十字架不谈，只宣告祂是弥赛亚，是先知，救赎主，君王，这样作只会误事。他们必须等待，时机尚未成熟。

另外一个原因是，祂是弥赛亚的这个事实，永远不能被辩证法所证明。任何机智的辩论都不能带来有价值的说服力。马太告诉我们，彼得作了这个承认之后，耶稣说，"西门巴约拿，你是有福的，因为这不是属血肉的指示你的，乃是我在天上的父指示的"（太十六17）。只有直接从神来的启示，才能使人相信祂是弥赛亚。我们单凭辩证法，单凭辩论是得不到什么结果的。我们必须作的，就是将人们带到祂面前，让他们面对着祂，然后从神来的启示就会藉着祂，使人相信祂真是基督。

这个伟大的启示，说明了我们主这个人的孤单而崇高的本质，以及祂的职分。祂接着启示他们第二件事，"人子必须受许多的苦，被长老、祭司长和文士弃绝，并且被杀，第三日复活。"

神所立的基督必须受苦，必须被杀，必须复活。这些"必须"是何等的伟大！

然后祂告诉他们，如何才能作祂的门徒，以及作门徒所牵涉到的事。他们不仅仅应该知道祂是弥赛亚，并且要遵从祂的计划。"若有人要跟从我，就当舍己，天天背起他的十字架来跟从我。"

祂的弥赛亚身份得到承认之后，祂就宣告十字架的重要性和必要性。接着祂又提到那不可避免的结局。祂说，"凡把我和我的道当作可耻的，人子在自己的荣耀里，并天父与圣天使的荣耀里降临的时候，也要把那人当作可耻的。"

这就是祂启示的第三件事。祂要在祂自己的荣耀，并天父与众天使的荣耀里降临。这位神所立的基督，必须经历受苦的道路，经过十字架和复活，所以祂也必须在祂的荣耀中降临。显然这些都是必然要临到的。那日子，也就是审判之日，如果今日我以祂为耻，到那日祂也要以我为耻。为什么？因为这是必然的法则。如果我以祂为耻，我就是以一切纯洁、崇高、尊贵、美丽的事为耻。我若以这些为耻，我就降到了一个低下、卑贱、粗鄙的层次中，祂在祂那荣耀的日子也必以我为耻。我们都在迈向那日子，那时我们将会置身于那些祂引以为耻的人群中吗？但愿我们各人在内心里回答这个问题。

最后祂说，"我实在告诉你们，站在这里的，有人在没尝死味以前，必看见神的国。"这话常常被认为是指祂改变像貌那时刻说的。我不认为如此。他们在变像山时并未看见神的国。马可福音说，"有人在没尝死味以前，必要看见神的国大有能力临到"（可九1）。他们在变像山上看到的只是一个画面，启示了将要建立的秩序，但他们并未见到神的国大有能力临到。

他们什么时候看见神的国降临？就是在他们看见祂钉十字架，

看见祂从死里复活的时候，那时神的国就大有能力地临到了。但神的国尚未完全，还不是最终的，一直要等到祂在荣耀中降临，祂的国才完全。当他们看见祂被人藐视，被拒绝，被唾弃，被钉在十字架上时，他们以为一切都完了，都过去了，其实那时他们看见的就是神的国降临了。不久之后，当他们看见祂从死里复活，祂是复活的救主时，他们就会明白他们已经看见了神的国。

　　"说了这话以后，约有八天。"这里所注明的时间非常重要。说了什么话以后？就是我们前一讲中所研读的那些话。如果我们要立刻将自己放在门徒的立场上，就必须先作一番预备。

　　前面发生了什么事？我们看到彼得承认基督，耶稣也证实了他所承认的。他代表一小群门徒，宣告耶稣是"神所立的基督"。那对门徒而言，一定是个喜乐的时刻。但是紧接着，主在祂教导的过程中第一次向他们宣告，祂必须被钉十字架，他们立时手足无措起来。他们不能明白，弥赛亚如果被置于死地，又如何去完成祂那伟大的弥赛亚使命呢？他们惊慌了。我们的主说了这些话，又加入一些相关的明确指示。祂说，祂的国将要降临，祂将要降临作王，祂要与圣天使一同降临。我们可以了解他们的慌张。

　　现在过了"约有八天"。每一个福音书作者都未记录这八天中的情形。这一段沉默颇富暗示性。他们本来在凯撒利亚腓立比，那是一座多岩石的城。假定改变像貌的事件不是发生在他泊山，而是在黑门山，他们可能就在那里度过了宁静的六日。我想这六天中，他们心里一定充满疑惑。我们的主也在这六天里有一些安静的时刻。六天之后，那件有密切关系的事发生了。

　　本段经文可分成四个部分，发生在四个不同的地点。首先是第二十八节到第三十六节，山上的变像。其次是第三十七节到第四十三节，山脚下的事件。第三部分是第四十三节到第四十五节，耶稣在道路上行走。最后是第四十六节到第五十节，发生在祂工作的基地迦百农。

　　让我们来看第一部分。祂"上山去祷告"。祂到一个隐密处，正安静地与神交通时,祂的像貌改变了。路加没有描述原因,只描述事实,"正祷告的时候,祂的面貌就改变了。"除此以外,他没有再多作描述,但他加上了一句醒目的话,"衣服洁白放光。"祂的衣服闪耀着荣光,看起来如此光亮耀眼。

我们转过来看马太福音和马可福音有关这事的记载。他们用了路加所未用的词——变了形像。如果我们直接从希腊原文来翻译,就是变形。变形是指形式和外表上整个改变了。毛毛虫变成蝴蝶时,就是变形,毛毛虫最基本的生命还保留着,但它的形状改变了。

现在来看这事件的意义。祂改变了形像。这件事不是在说,有光从天上下来,照亮了祂。也不是说,祂的神性在那个山上发出了亮光。世界上没有任何特定的形式可以显明祂的神性。那么,所发生的是什么呢? 乃是祂已经成全了祂属人的生命,将要开始祂属天的生命。祂改变像貌,以预备祂的离世,以及祂将要进入那一个无限奇妙的生命中。祂是神的第二个人,是神的人,祂实现了神当初说,"我们要……造人"(创一26)时的理想。一直到我们看见了耶稣,才能真正明白神说那句话的意思。我们回到创世记,读神创造人的记载,但是我们还没来得及看清人到底是什么的时候,人就打破了自己与神的关系,与神决裂了。人类堕落了,毁坏了。我们接下去读遍旧约圣经,可以看到许多代表人物,许多伟大的、屹立的、名声赫赫的人,但没有一个人真正符合神所说"我们要……造人"时的理想。一直到我们看见了耶稣,才明白这话的意思。

现在,祂在山上。如果祂在世上惟一的使命,就是实现并启示作为人的意义,那么祂的工作已经完成了。祂没有其他的事可作了。在那座山上,祂自己的、独立的、属人的生命已经成全了,达到顶点了。就祂个人来说,祂可以不经过死亡而离开这个世界了。"死亡"不是神理想中用来完结一个人属世生命的方法。死亡乃是罪的报应,是与神决裂的后果。如果亚当没有犯罪,他是不是永远留在世上? 当然不是。世界只是一个试验的地方。如果亚当没有犯罪,他在世上的职分完成之后,他就会改变像貌,不必经过死亡而离开这世界。这就是发生在圣山上的事。耶稣在这里改变像貌,祂是一个人,神的人，祂试验性的生命已经终了。

然后呢？有两个人从天上来，与祂站在一起，一个是伟大的立法者摩西，一个是大能的先知以利亚。很有趣的是，他们仍然活着，并且仍然有意义。

他们在谈论什么？是否在谈论祂因无瑕疵的生命和顺服所赢得的荣耀？是否在谈论祂的改变像貌？祂的变像是为了预备祂不经死亡而进入属天的生命里。不是，他们乃是谈论祂的去世。去世是什么意思？我们现在用去世这个词就是指死亡。但去世还有比死亡更深的意义。"去世"的希腊文是"Exodos"。他们在谈论祂的离开、退出，也就是谈论祂将要在耶路撒冷成就的事。

再来看看山上的一幕。路加说，门徒"都打盹"。我能了解这一点。那时是夜间，他们都疲乏了。他们打盹可能是因为过去六天来心理的压力所造成的反应。他们这些天来，一直不明白祂所说关于到耶路撒冷受死的事。然后他们清醒了，他们意识到有其他的声音在说话。

然后彼得说，"夫子，我们在这里真好。"他是什么意思？上一次我们听见他说话是在凯撒利亚腓立比。他听到耶稣要受许多苦并被杀，就劝耶稣，"主啊，万不可如此，这事必不临到你身上"（太十六22）。当时耶稣就转过身来，严厉地责备他。

现在他说这话的意思是，夫子，我就是想要见到你这种光景，满有荣耀，与天上的访客交谈，你在你的大能和美丽中降临，我们在这里真好。我不打算太强调彼得的话，因为路加说，彼得也不知道自己所说的是什么。不管怎样，"这里"是一个加强的语气。

那时有一朵云彩来遮盖他们，"他们进入云彩里就惧怕。"他们害怕什么？或者说，那到底是一块怎样的云彩？我们往往会以为，那就是我们所常见的云彩。事实不然。那是一朵天使的云彩，明亮无比，也就是不久之后祂升天时，迎接祂的那种云彩，有众天军出现的明亮云彩。他们进入云彩时就感到惧怕。

他们听见有声音从云彩里出来，云彩随即消失了，天使退去了，摩西和以利亚也回去了。那声音说，"这是我的儿子，我所拣选的，你们要听祂。"

彼得刚说过,这里真好,满有你的荣耀,不要去耶路撒冷吧! 不要去受苦,被杀。因为耶稣先前说过,祂必须去耶路撒冷,祂也说过要去与摩西、以利亚同在。西门说,不要去,让我们留在这里吧! 神说,这是我的儿子,我所拣选的,你们要听祂。

现在来看这位人子,这位符合神理想的人,祂没有进入天上,乃是下到山脚。这惟一能实现神理想的人,从山上下来,进入山谷中。祂在山下遇见什么? 一个被鬼所附、扭曲、喊叫、口中流沫的男孩。很引人注目的是,孩子的父亲说,"他是我的独生子。"或者直译为"他是我独生的孩子"。注意这里的对比。在山脚下,有一个人的独生儿子被魔鬼所附。从山上下来了神的独生儿子。如果祂不下山,那孩子就会一直被鬼附着。但是祂下来了,"既有人的样子"(腓二8),祂在变像山上,使自己降卑,下到山下;祂这样作,使祂有能力医治那个孩子,把魔鬼赶出去。

祂把孩子交还给孩子的父亲之后,就和祂的门徒向南往迦百农去。在旅途中,祂再度强调祂钉十字架的必要性。八天以前,祂已经在凯撒利亚腓立比对他们谈过十字架的事,他们大感恐慌。他们上了山,又听到摩西和以利亚在谈论十字架。他们听见神的声音说,这是我的儿子,你们要听祂。现在他们看见祂赶鬼后,旅途上祂又再度说到,祂将要被交在人手里,祂并且嘱咐他们要把这些话"存在耳中"。

他们到了迦百农,进入一间房子。他们经历了这一切事之后,一到房中却立刻争论起谁为大来。耶稣就领一个小孩子来,叫他站在他们中间。祂实际上是说,你们若接待这小孩子,就是接待我,他是我的使者。你们若接待我,就是接待神,因为我是神的使者。你们中间最小的,他便要为大。

然后约翰有所领悟了。他看见这个举动,听见耶稣的话,就明白自己作错了事。他实际上是说,我作了傻事,有一个人奉你的名作事,我因为他不是同我们一起的而禁止他。

耶稣说,不要禁止他。他也许不是跟从我们的,他的口音也许和你的口音不一样，他的方法也许和你的方法不一样，但是只要他是奉基督的名赶鬼，就不要禁止他。他若不是敌挡你的，就是帮助你的。

路加就这样以这个故事，结束了我们的主一生事工的最中心阶段。

　　现在我们要开始看路加福音的第三部分，也就是最后一部分。我们将跟随着我们的主，经历祂在世生活的最后六个月，迈向十字架，并且跨越过十字架，直到看见祂在复活的大能和荣耀中。如此我们将看到祂开始完成那救赎的工作，这位完全的人将透过救赎的工作，使众子得以完全，并且将他们带入荣耀里。

　　本段经文启示了祂的态度，也就是祂在这一个阶段中一直持守的态度，另外还有一些对于所牵涉的原则之说明。第五十一节是有关祂的态度之启示；第五十二节到第六十二节是原则的说明。

　　先从第五十一节开始。"耶稣被接上升的日子将到。"有一个版本的旁注说，希腊文的原意是"日子满了"。这是正确的，它的意思不是说日子临近了，而是说日子已经到了。英王钦定译本的翻译比修正译本更能正确地表达希腊原文的意思。摩法特博士（Dr. Moffatt）也采用了同样的翻译："耶稣被提升的日子现今到期了。"这真是绝佳的翻译！因为"被提升"一词把希腊文原来的"analepsis"翻译得恰到好处。

　　我停下来讨论这一点，是因为我们应该弄明白这话的意义，这是非常重要的。常常有人认为这里指的是主复活以后的升天，其实此处根本不是指祂的升天。祂升天的时机尚未来到。距离祂钉十字架也还有六个月的时间。那么路加说祂被提升是什么意思呢？那不是指祂复活以后的升天，而是指祂的变像。祂改变像貌的时期已经到了。这个"analepsis"在新约中仅出现一次。七十士译本里提到以利亚的被提时也用到这个字。现在祂藉着改变像貌被提升的时机到了。

　　我们要在这样的了解上继续讨论。我们的主在山上时，很自然地到了一个终点，也就是祂无瑕疵生命的完结点。如果祂在世上的使命，仅仅是过一个完全人的生活，向人类启示一个完全的理想的话，祂就不必再从山上下来。祂在那里变了像貌，祂预定的时期已经到了。但是祂没有被提上去。"祂就定意向耶路撒冷去。"

　　这是一个关键的时刻。祂已经实现了当初神说"我们要……造人"时的理想，已经完成了祂在世上暂时的、试验性的工作，祂可以被提上去了，但是祂却"定意向耶路撒冷去"。

　　这句话启示了基督对一件尚未完成之事的态度、心意和意志，以及祂那神圣的性格。

　　祂面向着什么目标？乃是耶路撒冷。祂如何看待耶路撒冷？耶路撒冷对祂有何意义？路加福音第十三章第三十四节说：

　　"耶路撒冷啊，耶路撒冷啊，你常杀害先知，又用石头打死那奉差遣到你这里来的人。我多次愿意聚集你的儿女，好像母鸡把小鸡聚集在翅膀底下，只是你们不愿意。"

　　这就是祂对耶路撒冷的看法，祂看到了耶路撒冷对祂的敌意。耶路撒冷在权柄、政治各方面，都与祂敌对。祂已经告诉祂的门徒，祂"必须受许多的苦"，被长老——地方官，祭司长——宗教领袖，和文士——道德官长所杀。整个城市的当权者都与祂为敌，而百姓也附和着他们的官长。祂知道这一切，但祂仍定意，面向充满敌意的耶路撒冷而去。

　　祂只看到耶路撒冷这一面吗？祂在第二十一章第二十节和第二十四节说，

　　"你们看见耶路撒冷被兵围困，就可知道它成荒场的日子近了……他们要倒在刀下，又被掳到各国去。耶路撒冷要被外邦人践踏，直到外邦人的日期满了。"

　　这就是祂所看到的耶路撒冷。祂在第十三章第三十五节还说，"看哪！你们的家成为荒场留给你们。"第二十一章第二十节说，"你们看见耶路撒冷被兵围困，就可知道它成荒场的日子近了。"

　　因此，祂看到的耶路撒冷，是一个怀着敌意，并且将要毁灭的城市。那不是比喻中的毁灭，而是实际的毁灭。祂看见了将在一世纪之内发生的事，这城将要被兵围困，罗马大军横扫而过，街道上血流成河。祂看见了将要发生的事。祂定意向那怀着敌意、将要灭亡的耶路撒冷而去。

　　祂所见到的耶路撒冷就是这些吗？不！约翰在拔摩岛上看见耶路撒冷，"我又看见圣城新耶路撒冷由神那里从天而降"（启二十一2）。耶稣远比约翰早看到这个异象，祂预见了耶路撒冷的重建。祂看见了从天而降的耶路撒冷。"祂就定意向耶路撒冷去。"

　　虽然耶路撒冷充满敌意，即将灭亡，但是祂的眼光超越了这一切因为敌对祂而引起的黑暗、灭亡、腐败和苦难。祂看到了耶路撒冷的重建。祂看见了痛苦后面的胜利，看见了表面的挫败后面的得胜。

　　我们从主的这个态度，看到了祂完美的人性和祂的神性完全契合了。保罗在腓立比书第二章第七节至第八节论到我们主这个人的那一段经文中，他提到祂主要的神性时说，"反倒虚己。"然后他论到祂那完美的人性，他说，"就自己卑微。"注意这个过程。"祂本有神的形像，不以自己与神同等为强夺的，反倒虚己。"这是完全在神性之内的行动。然后他说到结果，"取了奴仆的形像，成为人的样式。"

　　那是指什么时候？祂出生的时候吗？不！那时祂只是一个婴儿。祂十二岁的时候吗？不！那时祂只是一个少年。祂三十岁的时候吗？不！祂那时是个成熟的人。一直到祂在山上变像时，祂才有了"人的样式"。祂在那时实现了神对于人性，对于人的功能所抱的最完美的理想。那时，祂就"自己卑微，存心顺服，以至于死，且死在十字架上"。

　　如此我们看见那个完美的人，和神一起行动了。在神的行动（反倒虚己），和人的行动（自己卑微），二者中间有着完美的和谐。祂被提升的时刻到了，祂却定意面向那敌对、毁灭、并要重建的耶路撒冷，祂要去，使神的众子完全，并将他们带入荣耀中。

　　路加启示了主的这种态度之后，又举出三个例子来说明这个原则的应用。第一个是紧接在祂下山之后发生的，祂定意面向耶路撒冷而去,却被一个撒玛利亚的村庄所拒绝。第二个是雅各和约翰的反应。第三个是主对他们的反应所说的话。这些都记载在第五十二节到第五十六节中。第五十七节到第六十二节记载了三个人。路加不是严格地按着时间先后记述的。显然这里他为了加以说明,而选择三个小事件作例子。

首先,是紧接着发生的撒玛利亚事件。祂"打发使者在祂前头走,他们到了撒玛利亚的一个村庄,要为祂预备"。撒玛利亚人看见祂面向耶路撒冷而去,就不接待祂。雅各和约翰真是道地的"半尼其",就是"雷子"(可三 17),他们立刻说,"主啊,你要我们吩咐火从天上降下来,烧灭他们?"

有些古卷没有第五十五节下半节和第五十六节上半节这段话。有些近代的译本也把这段话略去。我不赞成这样作。法拉尔(Canon Farrar)有如下的评论:"我们简直不可能怀疑被省略的这段经文之真实性,因为这段话的精神,完全符合了基督的精神。我们不可能相信,路加写了'耶稣转身责备两个门徒'之后,就停顿在那里,没有继续记下耶稣所说的话。"

这两个门徒的反应十分自然。但祂说,"你们的心如何,你们并不知道。人子来不是要灭人的性命,是要救人的性命。"

祂的门徒一片忠心,往撒玛利亚的一个村庄去;当撒玛利亚人不接待祂时,他们也是一片忠心,想要用火烧毁撒玛利亚。但是,这种忠心与主的灵不相符合,也与主的方法不相符合。很多时候我们可能热切地想使神得荣耀,结果却反而失去了与神的交通。这种错误的忠心,使摩西不得进入应许之地。当他看见百姓喧嚷叫喊,吵着要水喝的时候,他的嘴唇就吐出了鲁莽的话。他显出了忿怒,就用杖击打磐石,神因此不许他进入应许之地。

那么,真正的灵应该是什么? 耶稣怎样作? 他们"就往别的村庄去了"。

若是出于忠心,而用火烧毁这城,结果就表现出一种与十字架相抵触的灵。祂当时正面向耶路撒冷而去,那足以启示祂的灵和祂的态度。祂像羊羔被牵到宰杀之地,又像羊在剪毛人手下无声,祂就是这样不开口。祂受人辱骂，从不还口。那就是十字架的灵。那种要求从天降火烧死拒绝耶稣之人的灵，不是十字架的灵，它里面缺乏十字架的原则。我们是否也像约翰、雅各一样，满怀忠诚，想要用火毁灭别人？我们的忠心若缺乏正确的精神，就会使我们与耶稣基督的交通断绝。与基督有交通，意思就是一路走向加略山，背负一切的羞耻、辱骂，而不忿怒，也没有任何欲望想要求神降火焚烧。

再来看另外三个事件。在耶稣的事工中有三种类型的人，他们被耶稣所吸引，想要对祂效忠，想要归在祂名下，想要事奉祂。他们或提出建议，或道出他们的困难。

第一个类型的人是被祂所吸引的人。第二个是被祂呼召与祂建立特定而明确之关系的人。第三个是想要事奉祂，但又延迟服事的人。

第一个人来到祂面前，"对耶稣说，你无论往哪里去，我要跟从你。"

这句话多么辉煌可观！我们千万不要用不敬的言词来论断这个人。他流露了伟大的感情。至少这个人对基督存着爱慕之心，表达出来就是一片忠诚。许多解经家批评这个人，认为他太冲动了。冲动有什么不好？我倒喜欢他这一点。今日教会就缺乏这种冲动的人，缺乏胆敢对耶稣说这样话的人。

主对他说什么？我不太关心主回答的内容，我注意的是祂如何回答。祂望着那人说，"狐狸有洞，天空的飞鸟有窝，只是人子没有枕头的地方。"祂实际上是说，你若要跟从我，要有一个条件：你必须分担我对世界的态度，也就是要远离一切阻拦我走向耶路撒冷的事物。

过去几年来，我一直以为主说这句话时，语调中含着几许忧伤。但现在我不这么想了。我相信祂说这话时心中满是欢喜。祂说，没有一件事能困住我，阻拦我走向耶路撒冷。人子在世界上没有任何牵挂，足以拦阻祂走向那对祂充满敌意，却又注定要被毁灭，然后要再被重造成为神的城市之耶路撒冷。下一次你若引用耶稣这句话时，不要同情祂，祂不需要你的同情。如果你有一个家庭绊住你，使你不肯回应神要你出来站在世界更高之处的呼召，可怜的倒是你自己。这是一个原则。如果神在你人生的旅程中，要你搬到另一个地方去，和祂一起走向十字架，你却已经在某地生根，不肯移动的话，可怜的倒是你。这是第一个条件，要脱离一切拦阻你走向神最终旨意的事物。

接下去，耶稣对另一个人说，"跟从我来！"马太告诉我们，这人已经是一个门徒，所以主呼召他，不是要他成为祂的门徒，而是要他加入祂的事工。他说，"主，容我先回去埋葬我的父亲。"

我们最好先弄清楚他说这话的含义，这是非常重要的。几年前我有机会和斯密爵士（Sir George Adam Smith）一同旅行。他告诉我，他有一次去巴勒斯坦，他想脱离人惯常走的路线，到一些鲜为人知的地区，他需要找一个向导。他有一个年轻朋友，是阿拉伯的一个酋长，他试着说服这个年轻人作他的向导，但被拒绝了。他正跟年轻人交谈时，酋长的父亲，一位强壮矍铄、年高德劭的老年人正坐在帐棚门口。那位年轻的阿拉伯人对斯密说，"先生，容我先回去埋葬我的父亲。"

他的父亲并没有死，他这样说是表达他对父亲的忠心。他的意思是，只要他父亲活着，他就不可以远游他方。那个人对耶稣说这话的意思也是如此。他是说，我愿意跟从你，但是我有家庭的责任绊住我。我父亲还活着的时候，我不能离开。我必须留在家里，直等到父亲去世，我才能作那伟大的探险。主的话迅速、尖锐而明确，响彻了无数个世纪。"任凭死人埋葬他们的死人，你只管去传扬神国的道。"

祂是什么意思？请记住，祂已经呼召了那个人。那个人一定具有一些特别的条件，祂才会要那个人立刻跟从祂。因此祂命令他，必须放弃他最亲密、最高的属世的牵累。基督的呼召，超越世上最高、最美的责任。那就是十字架。基督已经将祂那惊人的事业，就是传神国的事业照明在他面前，这个事业有一个要求，就是当世界的牵累与主的呼召相冲突时，他必须放弃世界的牵累。

最后一个例子，是又有一个人对主说，"我要跟从你，但容我先去辞别我家里的人。"你已经吸引了我，你的一切目标吸引着我，我愿意跟从你，但容我先去辞别家里的人。

基督如何回答呢？祂说，"手扶着犁向后看的，不配进神的国。"

再一次，祂的回答好像刀锋一样锐利、明确。同样是十字架的原则。人在整个过程中都要对主忠诚，不容任何事情拦阻人的忠心。

总结这三个例子，我们可以找到祂的三重命令。当祂要我与祂一同前进时，我就当放弃一切妨碍我前进、将我往回拉的事物。当世界上最高层次的爱和义务，与我对祂的忠诚互相冲突时，我就当选择走祂的道路，作祂的工。让死人去埋葬他们自己的死人吧！当我手扶着犁向后看的时候，我就不配进神的国。

仔细观察我们的主在这里所命令的一切事，祂自己都已经作到了。祂面向耶路撒冷，这个事实就足以诠释祂对那些人所提出的要求。

祂自己证明了第一个命令。你若要跟从我，不妨看看我所走的道路。狐狸有洞，天空的飞鸟有窝，人子却连枕头的地方都没有。没有任何事，能片刻阻挠祂前进。

第二个命令说，让死人埋葬他们的死人吧！任何世上的牵累，若与迈向十字架的旨意和热诚相冲突的话，就将它抛弃吧！这正是祂的态度。有一次，祂的母亲马利亚在拿撒勒附近，听说祂传道太过劳累，连吃饭的时间都没有，以为祂癫狂了，就长途跋涉去找祂，想要阻止祂。有人告诉祂，祂的母亲和兄弟在外面，想要见祂。祂却说，谁是我的母亲？谁是我的兄弟？虽然祂母亲与祂的亲属关系是如此甜蜜、美好，虽然她是出于母爱来拦阻祂，但祂还是将这一切抛置一旁。祂说，遵行神旨意，完成神旨意的人，和我的关系比我肉身的母亲更亲近。

第三个命令是，"手扶着犁向后看的，不配进神的国。"我们把这段经文的第一节，和最后这一节并列：

"祂就定意向耶路撒冷去。"
"向后看的，不配进神的国。"

祂没有向后看。祂从不向后看。祂定意面向着前面走，直奔那敌对祂、注定要毁灭、要死亡之地。祂并且经过一切的痛苦，使神国得以降临。

现在我们开始来看路加福音特有的一个段落。从第十章到第十八章第十四节里的资料，都是马太、马可、约翰三本福音书所没有的，只有第十一章第十四节到第三十二节例外，这小段经文也出现在马太和马可福音中。但路加为了说明起见，秩序有一些颠倒，他将马太和马可较早记载的那些发生在加利利的事，放在较后面。

那段期间，我们主大部分时间是在"约旦河那边"（申三 20）的地区从事祂的工作。现在我们通常称这个地区为比哩亚。当时一切行政和活动的中心是耶路撒冷和犹大，那是一个骄傲、怀着敌意、自以为享有特权的地方。它的北边是撒玛利亚；犹大地的人一向对撒玛利亚人怀有敌意。再北就是加利利，"外邦人的加利利"（赛九 1）是一个蔑视的称呼，犹大一向对加利利心存歧视。还有第三个地区比哩亚，位于"约旦河那边"，犹大对它的态度，既不是仇视，也不是轻蔑，而是一种冷漠。从耶路撒冷和犹大的立场来看，比哩亚是一个最被忽略的地区。

有了这样的了解，我们就会立刻看见，我们的主将祂在世最后六个月的时间放在这个受人忽视的地区度过，实在是一件富有启示性的事。路加在这一大段（十 1～十八 14）中，述说了许多主在这个阶段的事工。马太和马可都没有记录这个阶段发生的任何事。约翰记录了一些，例如主两次去耶路撒冷，一次退到约旦河外的伯大尼安静休息，以及祂使拉撒路复活的事。但是路加所记载的和约翰所记载的，没有任何重复的地方。

我们现在要讨论的这段经文（十 1～24），记载了主差遣七十个人的事。耶稣对他们的差遣，是祂所用的一个新方法。那是一项有计划的行动。我们看祂头三年的事工，似乎缺乏我们所谓的"组织"。这里正好相反，说明了祂如何详细组织祂的工作。祂"设立七十个人，差遣他们两个两个的，在祂前面往自己所要到的各城、各地方去"。

这是祂公开服事的最后一个行动，祂详加计划；我们今日也许会称这是一种密集的行动。祂想要去许多地方，祂先选择好要去的地方。那些地方都是在约旦河那边，是为人忽略的地区。祂差遣七十个人，两个人一组，一共三十五组，去到祂选择好的地方，好为祂最后要亲自展开的密集传道行动事先作准备。

这个故事分成三部分：第二节到第十六节是祂对这七十个人的托付；其次是第十七节，他们的工作报告；最后是第十八节到第二十四节，祂对他们的报告所作的回答。

祂对七十个人的托付，性质上和马太福音所记祂对十二个门徒的托付很相似，但是这其中也有差异。祂差遣这七十个人出去的时候，并没有托付他们赶鬼，或叫死人复活。虽然我们看到，他们确实赶了鬼，但祂并未告诉他们这样作。这些只是他们工作中一些急速、短暂的事工之一。

祂要他们作什么呢？有两件事，"要医治那城里的病人，对他们说，神的国临近你们了。"祂给他们权柄和能力医病，但是他们主要的工作是向人宣告神的国临近了，也等于说，"天国近了。"

那么，我们主的心中，为什么会兴起这样的计划和行动？祂看见什么，使祂决定拣选七十个人，两个两个的差遣他们出去？答案就在祂说的第一句话里，"要收的庄稼多，作工的人少。"

祂看见了庄稼。我们的主所看见的庄稼是什么？圣经中有三处记载祂用庄稼来比喻祂所看见的景象，祂也因这些景象动了怜悯。依照时间先后的秩序，约翰记录了第一件事。耶稣在撒玛利亚时，祂说，"你们岂不说到收割的时候还有四个月吗？我告诉你们，举目向田观看，庄稼已经熟了，可以收割了"（约四35）。

如果门徒组成一个委员会，去调查撒玛利亚这个福音工场的情形，我可以料到他们调查的结果是什么。他们会调查那个地区，人民，回溯他们的历史，然后下结论：毫无疑问的，撒玛利亚需要基督的福音,但是这块田地太坚硬了,我们若想要有所收成,还得花费一番功夫。我们必须先犁好荒芜的土地,播下种子,耐心等待收成,"收割的时候还有四个月。"这是他们的见地,但祂说,"举目向田观看,庄稼已经熟了,可以收割了。"

他们可能耽误了收割,祂说庄稼已经熟了。但那确实是一个荒凉的国度,撒玛利亚人仍陷于黑暗中。基督说,不错,他们是荒凉的,但这正是我收割的时机!

祂第二次使用收割的比喻,是在加利利。马太福音第九章告诉我们:

"耶稣走遍各城各乡,在会堂里教训人,宣讲天国的福音,又医治各样的病症。祂看见许多的人,就怜悯他们,因为他们困苦流离,如同羊没有牧人一般。于是对门徒说,要收的庄稼多,作工的人少"(太九 35～37)。

祂看见百姓困苦流离,被狼群追赶,四处逃逸,昏倦欲死,祂就说,这就是待收的庄稼。

这里祂差遣七十个人出去,是祂第三次使用庄稼的比喻。祂现在是处身于一个被人忽略的地区。最初祂是在被人憎恨的国度,然后祂到受人蔑视的地区,最后祂到了这个被人忽略的地方。这就是祂开始这个行动的原因。如果你知道任何一个国家,正处于最艰难的地步,正陷于拜偶像的黑暗里,那么,这就是庄稼了。这世上何处有败坏、荒凉,基督说,那儿就有我们待收的庄稼。

耶稣对他们的嘱咐中包括两个命令:祷告、去。"所以你们当求庄稼的主。"单单祈求还不够,"你们去吧! 我差你们出去。"

他们一切的权柄,都可以在这句话"我差你们出去"里找到。我们应该把重点放在其中哪一个字上面? 不是"你们",而是"我"。所以当他们出去的时候,他们知道他们是在祂的托付下出去的;祂既拣选他们,差遣他们出去,祂就要负全责。

"不要带钱囊,不要带口袋,不要带鞋。"钱囊是装钱的,口袋是装食物的,鞋子则是为了舒适而换穿的。

"在路上也不要问人的安。"不要有任何耽搁,因为在东方,彼此问安常常很花时间,所以不要浪费时间在这上面。

然后祂告诉他们当有的问安礼貌,"无论进哪一家,先要说,愿这一家平安。"祂是说,你进入别人家的时候,要像一般人一样问安,说愿这一家平安。但是这句问安的话有一个新的、更深远的内容和意义。"那里若有当得平安的人,你们所求的平安就必临到那家,不然就归与你们了。"

接着是七、八、十节所记载的托付。这七十个人被差遣出去代表祂,也代表神。因此这些神的代表出去的时候,都带着一个伟大的信息,"神的国临近你们了。"

第十七节记载他们回来,以及回来以后的报告。祂没有差他们出去赶鬼。他们回来了,每一个人都有一番战果,他们实际上是这样对祂说:我们已经传扬了信息,作了你要我们作的事,并且更进一步的,你没有提到要我们赶鬼,但因你的名,连鬼也服了我们。这就是他们的报告。他们报告了他们所获得的大成功。

他们一回来就向祂报告,这是很有意义的。有时我在想,今日阻挠基督教事工的因素之一,就是那些在公开会议或印刷品中出现的报告。如果我们只向耶稣报告,那该有多好!十二个门徒也是这样,单单向祂报告。我们想要知道更多关于他们访问的城市之消息,想知道这些城市的名字,会众的数目,他们发现当得平安的人有多少,以及他们工作最有效的中心地点等等。但是,为什么我们渴望知道这些特别的事?我们想要统计数字,实在是一种出于自我中心的表现,是出于肉体,不是出于圣灵。

最后,让我们细察祂对他们所说的话。祂对他们的报告有什么评论?祂首先说,"我曾看见撒但从天上坠落,像闪电一样。"这就是从祂的观点所看到的撒但的整个故事。祂看到最起初的撒但,如何变成现在的样子。"我曾看见撒但从天上坠落。"这是撒但的历史,也是他的命运。他们回来了,他们因为鬼服了他们而略感惊讶。祂实际上对他们说,他们用不着惊讶。祂知道撒但的本相,祂知道从神权柄管理的立场所看到的撒但最初、现在、整体的面貌。"我已经给你们权柄。""我曾看见撒但从天上坠落。""我差你们出去。"这几句话就说明了他们得胜的原因。

"然而不要因鬼服了你们就欢喜。"这里的重点自然是在"你们"上面。祂在批评他们,责备他们。但是祂又以奇妙美丽的声调结束这一段谈话,"要因你们的名记录在天上欢喜。"

请把这句话和前面那一句"我曾看见撒但从天上坠落"连在一起。你们是天上的公民,撒但却是从天上坠落的。你们因着和我的关系,就活在高过撒但的领域里,撒但是在你们脚下。你们的名被记录在天上了。不要因个人的成功而沾沾自喜。要为更大的事喜乐,就是你们已经属于天了,属于宝座,属于神,属于那国度,你们能够胜过仇敌一切的势力。

仔细观看这个故事的结尾。"正当那时,耶稣被圣灵感动,就欢乐。"这不是表达祂心里的感情,这里的意思是祂在圣灵里欢乐。为什么欢乐? 答案在祂对父神所说的话里。"父啊,天地的主,我感谢你,因为你将这些事,向聪明通达人就藏起来。"

那就是说,聪明人把二加上二,就得到四,此外什么也看不见,这就是他们的数学。还有更多的事,对他们就隐藏起来,只对婴孩显明。基督欢乐,是因为神国那深远的奥秘,对婴孩是显明的,向聪明人就藏起来。"父啊,是的,因为你的美意本是如此。"

然后祂再度向那七十个人说话,祂说的这段话,马太也有记载,但是在另一个场合说的。祂在这里说,"一切所有的,都是我父交付我的;除了父,没有人知道子是谁;除了子和子所愿意指示的,没有人知道父是谁。"

然后祂转过身暗暗的对门徒说话,而不是对群众说话。这段话(23~24 节)表明了基督认识到,祂的使命是何等伟大。

差遣七十个人出去的故事,是一个奇妙的故事。说到了主在那受人忽略的地区,特地展开一项计划周密的行动,以及接着发生的事,祂的教训,以及祂对那一群人在工作上的指示。这故事里面基本的原则是永远不变的,今日对于我们仍然是一个活泼的信息。

　　本段经文清晰而生动地记载了我们主的事工中所发生的两件事。首先是第二十五节到第三十七节，一个律法师提出问题，连带引出了好撒玛利亚人的比喻。其次是第三十八节到第四十二节，让人看到伯大尼一个家庭的情形。

　　先来看那个律法师的故事。"有一个律法师，起来试探耶稣。"路加所用的"试探"，是一个非常强烈的动词。在新约中，我们只看到其他两处地方用到这个字。福音书作者记录我们主受试探时，都未用到这个字，但他们提到耶稣引经上的话对魔鬼说"不可试探主你的神！"（申六 13）时，就是用的这个字。另外一处是在哥林多前书第十章第九节，保罗警告他们不可试探耶稣基督。因此我们不妨这样翻译，"有一个律法师起来，彻底地试验耶稣。"

　　这人问的是一个非常真实的问题。我想这律法师可能一直在场听祂说话，现在他站起来，提出一个问题，在他看来这个问题可以彻底地试验耶稣。另一方面，这也是一个别有用心的问题。"我该作什么才可以承受永生？"没有一个问题比这个更重大的了。

　　对我们而言，"永生"就是受洗，承受祂救赎的恩典。但是这律法师用这个词时并不是此意。在当时，"永生"是神学上极普通的用词。我们可以从拉比的著作中找到它。希列（Hillel）说，"明白妥拉（Torah，律法书）话语的人就有永生。"那些人所谓的永生，不只是一个长远活下去的生命，而是一个丰富、完全、圆满的生命，一个真正的生命。这律法师说，夫子，我当作什么才能得到永生呢？这真是个重大的问题，他用这问题来彻底试探耶稣。

　　主回答说，"律法上写的是什么？你念的是怎样呢？"祂把这人带回到律法上,因为他是个律法师。基督实际上是说,你问的问题,你自己已经有了答案。答案就在你所精通的律法书上。你问我如何得永生,得丰富的生命,这些都写在律法书上了,你是怎么念的? 显然,这律法师立刻快速地、充满自信地回答,"你要尽心、尽性、尽力、尽意,爱主你的神,又要爱邻舍如同自己。"

耶稣说,"你回答的是,你这样行,就必得永生。"

这是很奇妙的。马太福音第二十二章告诉我们,后来有一个律法师要试探耶稣(这里的"试探"是一个较弱的字),就问祂说,夫子,律法上的诫命哪一条是最大的? 祂的回答和前面那个律法师的回答完全一样,"你要尽心、尽性、尽意,爱主你的神。这是诫命中的第一,且是最大的。其次也相仿,就是要爱人如己"(37~39 节)。这就是永生的奥秘。

接下去我们读到,"那人要显明自己有理。"这不是说,他开头是不诚心的;只是因为祂击碎了一些他所知道的事,所以他要设法替自己辩解。他对耶稣说,"谁是我的邻舍呢?"他已经被击中要害,他必须设法逃脱。他明白自己没有永生,他想为自己找一个没有永生的借口。他想证明自己违反律法是有道理的,所以他问,"谁是我的邻舍呢?"

耶稣用一个故事来回答他,然后又问他一个问题,最后对他说,"你去照样行吧!"

这个故事第一个吸引我的地方,是基督一直没有回答律法师的问题。祂在祂的回答里,改变了那个人问题的重点。那人说,按着律法我应当爱邻舍,但谁是我的邻舍? 基督的回答里没有告诉他,谁是他的邻舍。基督回答的重点是:问题不在于谁是你的邻舍,而是,你是否是一个邻舍? 那个撒玛利亚人是这人的邻舍,但祭司和那利未人都不是邻舍。撒玛利亚人作了邻舍当作的事,他走过去探视这受伤的人,为他包裹伤处,扶他骑上自己的牲口,带他到店里去照应他。

律法师问,谁是我的邻舍? 基督回答,你自己先作一个邻舍,你何时尽了邻舍的本分,你就会在那需要你帮助的人中找到邻舍。他问,谁是我的邻舍? 我应当去爱谁? 基督实际上说,你若尽了本分,你若真正爱神,你就会爱人,你会在那些需要你的人中找到邻舍,你若不爱神,就根本不会看他们一眼。祭司和利未人掉头而去,因为他们心中没有怜悯,因为他们不爱神,因此一看见这个被强盗打伤的人,他们就从另一边,循安全的道路走掉了。

这位律法师承认,那个撒玛利亚人才是这人的邻舍。耶稣说,你去照样行吧! 注意这个故事中所出现的“行”。那人说,“我该怎样行?”(中文圣经作“我该作什么?”)耶稣说,“你这样行,就必得永生。”律法怎样告诉你,你就怎样去行。那人想证明自己有理时,祂就说,“你去照样行吧!”

守律法可以得到生命,但是我守不了,我无法靠着自己的力量守律法。然后祂来了,祂赐给我生命,我得以重生,可以开始去行。在祂与我一起遵行之前,我应该完全照着律法的要求去行。有许多古老的说法倒是很精辟的,我父亲过去常说,恩典和律法的差别就在于此。律法说,“如此行,你才能存活。”恩典说,“你活着,就能如此行。”新的生命不是要使我们脱离律法在道德上的要求,乃是帮助我们去遵行这些要求。

然后是伯大尼一个家庭的画面。路加说,“一个村庄。”约翰说出了这个村庄的名字伯大尼。路加说,马大接待祂到自己家里,她有一个妹妹,名叫马利亚。马利亚显然是次要的。但约翰却写道,“伯大尼,就是马利亚和她姐姐马大的村庄”(约十一1)。路加说,那个家是马大的家。约翰说,伯大尼是马利亚的村庄! 显然马大是一家之主,负责接待客人。

路加告诉我们,那一天耶稣到他们家中作客。对他们来说,那真是个大日子。也许那是他们第一次接待祂,但也很可能祂已经多次造访这个家庭了。

现在来看看这两位妇人。路加形容马大“伺候的事多,心里忙乱”。套句现在的话说,她忙得心慌意乱。马大的心多么伟大! 耶稣是客人,马大心中第一要紧的事,就是让祂受到最周全的招待。我也曾见过这样的妇人,她们出于爱心,为了使客人享受完美的招待,她们冲进冲出,忙个不停,好像有千头万绪的事要作。神怜悯她,她是出于一片好心。但是,她想用服事来表达她的爱心,却收到了反效果。她因为忙得心慌意乱,以至于忍耐不住,冲进去抱怨她的妹妹都不体贴她。她对主说,"你不在意吗?"

再来看马利亚,她在作什么? 她"也在耶稣脚前坐着听祂的道"(中文圣经无"也"字)。注意这个"也"字。它可能是说,马大和马利亚一起坐在耶稣脚前,但如果这样,这个故事的下半段就矛盾了。因此它的意思一定是,马利亚作完了接待的工作,"也在耶稣脚前坐着。"这是最重要的区别。有些人以为马利亚什么事也不作,只是坐在那里享受。如果她是这样的话,基督就不会称赞她了。马利亚明白一个深奥的秘密,就是爱心最终的表现不是在服事上,而是表现在奉献、作门徒上。

我们看了主对这两个妇人的评价,就知道我所言不虚。祂非常温柔,但也相当明显地责备马大(41~42 节)。祂没有说马大所操劳的那许多事不好,但祂说,你在这许多事上独缺了一件不可少的事,就是学作门徒,认识与我的关系。你不可一味付出,你也需要花些时间去接受,坐在我的脚前受教。所以祂夸奖马利亚,祂说,"不可少的只有一件。"马利亚得到了,她选择了那上好的。如此,强调了马利亚坐在主脚前所显示的德性。"不可少的只有一件。"马利亚学到了这个秘诀。

神要我们明白,什么是"服事与敬拜连结"。我们在约翰福音第十一、十二章里,可以找到这个故事的结尾,在那里我们再度看到这两位妇人,以及过去这段时间对她们的影响。

　　首先让我们细察路加在这一段经文中所使用的方法。从我们主一生的历史看，路加福音第十章和第十一章中间有一段空隙。约翰福音第九章到第十章第二十四节里补上了这一段空隙。在路加福音第十章所记载的事，和现在要讨论的这段经文所记载的事之间，耶稣曾上到耶路撒冷，在那里医治了一个生来瞎眼的人。

　　路加福音第十一章的头十三节经文，是论到祷告的事。第十四节到三十二节，则是他回溯到较早前发生的事。他说，"耶稣赶出一个叫人哑巴的鬼。"用的是过去进行式，显示他是在倒叙过去的事。毫无疑问的，他用过去的例子来说明头十三节经文。马太福音第十二章也同样记录了耶稣在会堂赶鬼的故事，以及别人对祂的批评，和祂所采用的空屋的比喻。但是这里第二十七和二十八节，路加记录了一些特别的事。至于约拿的神迹，马太也有记录。

　　我们下一讲将从第三十三节开始讨论，路加从第三十三节起，又继续他在头十三节所提到的事。我们读第十三节和第三十三节，就会看见两者之间的密切关系：

　　"你们虽然不好，尚且知道拿好东西给儿女。何况天父，岂不更将圣灵给求祂的人吗？……没有人点灯放在地窨子里，或是斗底下，总是放在灯台上，使进来的人得见亮光。"

　　这两节经文是相关的，但路加在两节经文中插进了一些较早发生的事，用来解释头十三节经文中的真理。因此，我们可以把这一段经文划分成二：第一，有关祷告的指示，第一节到第十三节；第二，用作说明的附注，第十四节到第三十二节。

　　我们的主所以特别指示门徒有关祷告的事，乃是出于他们明确的要求。他们为什么会提出这个要求呢？"耶稣在一个地方祷告，祷告完了……"

他们一直在观察祂的祷告。没有人能肯定他们是否听到了祂的祷告。我不知道祂是默祷，或是出声祷告。但是显然的，他们在观察祂祷告。我相信，依照祂的习惯，祂是独自祷告。第九章第十八节说，"耶稣自己祷告的时候，门徒也同祂在那里。"他们仍在那里，但耶稣却独自祷告。我相信此处祂也是自己一个人祷告。

因此，祂的教导乃是出于他们的请求。他们看见祂祷告，可能也听见了祂的祷告，使他们产生一种渴望，想要和祂作同样的事。

他们的请求是什么？他们不是说，"主啊，教导我们如何祷告。"他们是说，"求主教导我们祷告。"他们不是请求主教导他们如何祷告，祂已经在登山的宣言里如此作了。我相信，他们那一天的感觉和我们有时候的感觉一样，我们不是想知道如何作，而是想要有人教导我们去作。他们不是想要一套祷告的哲学，或是对某一种方法的说明。他们想要的，是能够像祂那样祷告。

"求主教导我们祷告，像约翰教导他的门徒。"这是一扇小小的窗子，让我们得以一窥约翰的事工。显然约翰已经教导过他的门徒祷告，他的祷告生活影响了他的门徒。耶稣的门徒也看见了祂进入祷告的领域，他们看见耶稣在一个比约翰更高的层次上祷告。祂的祷告似乎有一些约翰所不及的地方。他们实际上说，约翰教导了他的门徒，他的门徒也学会了祷告的功课，现在求你也教导我们祷告，把我们提升到你祷告的层次上。

祂回答他们的请求，首先，祂举出一个样本，然后给他们一个祷告的哲学。

第二节到第四节是祂举出的样本。我们都知道，大体上我们已经听过这个祷告。他们也知道这一点。祂从以前在伦理宣言中给他们的那个完整祷告中，取出一部分的祷告来。我特别强调时间的先后秩序，因为我们若要明白这个教训的要旨，必须与他们同处一境，看清祂对他们所说的这些事的重点。他们说，请教导我们祷告。祂实际上说，我已经教导你们祷告的形式和范围。祂没有重复整个祷告,祂只是从里面选几句出来。显然祂要他们认清一个事实:祂已经给了他们最完美的祷告样本。

那个完整的样本,和主现在所引用的几句祷告,都揭示了祷告的本质。我们应该说的第一句话是什么?"我们在天上的父,愿人都尊你的名为圣,愿你的国降临。"祂实际上说,祷告的第一个举动,不是为自己求什么,乃是为神求一些事。

我们应当求什么?求世人都尊祂的名为圣,求祂的国降临,求祂的旨意行在地上。祷告时第一个要渴慕的,就是神的旨意成就,神的心得满足,神的计划实现。这是祷告的第一个领域。向神祷告,为神祷告。

"人子来,为要寻找、拯救失丧的人"(路十九 10)。我们说一个人失丧了,我们所谓的"失丧"是什么意思?我们会马上想到这个人的疏忽,他要受的惩罚、定罪。但我们把思想的次序弄错了。如果我们失丧了一样东西,我们谈到"失丧"时,受损失的不是那个东西,而是失丧东西的人。

有一个很简单的例子可以帮助我们了解。记得有一次,我最小的儿子和他的母亲一同到伦敦去,那时他大概六、七岁。那天正逢伦敦大雾,他们搭上一辆公共汽车,下车的时候,我妻子先下来,站在车门旁边等孩子。我的儿子不知为什么,动作慢了一点,结果他尚未下车,车子就带着他扬长而去,消失在大雾中。孩子失丧了! 你想在那短短的一段时间内,最心焦、痛苦的是母亲还是孩子? 当然是母亲。我不是说孩子一点不焦虑,但是母亲的心更为焦虑痛苦。当你想到一个失丧的人时,不妨想想神的心! 加略山上一切的热望,都在这个祷告中流露出来了。"愿人都尊你的名为圣。"神的名已经被人亵渎了。"愿你的国降临。"祂所有的正在被剥夺中。"愿你的旨意行在地上,如同行在天上。"向神祷告的时候,首先要为神求。这是祷告的第一个领域。

然后呢? 接下几句也是引自那篇完整的主祷文。我们先为神求,其次再为人求。要注意这里的限制。我们日用的饮食,当天需用的饮食,仅此而已! 赦免我们的罪,因为我们也赦免凡亏欠我们的人。这句话常常引起人的闪烁其词。注意,这里是说,因为我们已经赦免了人,求你也赦免我们;而不是说,当我们赦免人的时候,求你也赦免我们。有人说,这不是站在恩典的立场上,不是属于我们的。请记住,耶稣这个祷告不是对国度之外的人说的。祂是对国度里的人说的。如果我到一个国度之外的罪人那里,我不会对他说,如果你答应赦免人,你就会被赦免。国度以外的人只要信,就可以无条件地被赦免。但是他一旦进入了神爱子的国度,他就活在国度的律法之下。这时,除非他肯赦免人,除非他已经赦免人了,否则他就不能得赦免。

我们看这句话,看整个主祷文,就会发现我们不能单独祷告。这里面的代名词都是复数,没有一个是单数的。我们如此祷告的时候,必须将别人包括进来,与他们一起向"我们在天上的父"祷告。

另一件有意义的事实是,这里提到"我们"的人称代名词都是受格或所有格,只有一次例外。我们都喜欢用主格,把自己放在句子的主词地位上。我发现这个祷告里只有一次用主格——"我们也赦免凡亏欠我们的人。"这个祷告中惟一使用主格,把我们放在主词的地方,就是告诉神,我们已经赦免了那亏欠我们的人。

祂接下去给他们一个比喻,来说明如何应用祷告。一般人都认为祂在这个比喻里,教导他们再三祈求的必要性。我却认为祂教导的正好相反。祂绝不是用那个半夜被吵醒,在强求之下才肯起来帮助朋友的人,来比喻神。这个比喻的要旨恰恰相反。祂实际上是说,即使是一个人,夜晚已上床就寝,虽然他不愿被打扰,从温暖舒适的床上起来,但是他的朋友若一再恳求,他还是会起来帮助他的朋友。至于神,祂从不上床睡觉,祂不需要我们苦苦哀求。神总是在等待,只要我们开口祈求,寻找,叩门,祂的回应就迅如闪电般临到。神是不打盹的。有人说,我已经敲了许久天堂的门,祂都没有回答。如果真是这样,你最好走开算了。神不给你所求的东西,是因为祂认为你没有这样东西比较好。祂的回答就是"不!"。因此这是一个比喻性的对比。那个人的一切都和神相反,他的答复也和神的答复形成鲜明的对比。

　　祂给了他们一个比喻性的对比之后,又给他们一个比喻性的比较(11～13 节)。你们虽然不好,尚且知道拿好东西给儿女,何况天父,岂不更将那最好的东西——圣灵,赐给求祂的人吗? 祂有关祷告的教训,就在这个宣告上结束;祂宣告:祷告最高的态度,乃是祈求从神那里得着圣灵。接受圣灵是一个开头,也需要持续下去。我们重生的时候,第一次接受圣灵,而祷告的生活就是一种不断追求圣灵、接受圣灵、被圣灵充满、浇灌的生活。

　　现在路加用过去的事作说明。这里用的文法时态显示出他在述说以前发生的事。

　　那么他说明的重点在哪里? “耶稣赶出一个叫人哑巴的鬼。”有人提出虚假的指控,说祂的能力来源是出于鬼王别西卜。路加细心地记下了祂对他们说的话,“我若靠着别西卜赶鬼,你们的子弟赶鬼,又靠着谁呢? 这样,他们就要断定你们的是非。我若靠着神的能力赶鬼,这就是神的国临到你们了。”

　　马太也记录了祂的话,“我若靠着神的灵赶鬼,这就是神的国临到你们了”(太十二 28)。

　　我毫不怀疑这两句话都是祂说的。两者并没有冲突。“神的能力”和“神的灵”是同义语。他们诬指祂的能力是假的,是出于鬼王别西卜,但祂却宣称,祂是出于神的灵。

　　然后祂用了另一个比喻。祂说,有一个壮士看守自己的住宅,后来有一个比他更壮的来,就胜过了他。壮士是魔鬼,耶稣是比他更壮的那人,祂来了,就把魔鬼赶出去。祂有无比的能力,其奥秘在哪里? 就在于神的灵,神的能力。

　　把这些和第十三节连起来。他们看见祂祷告,他们要求祂教导他们祷告。祂在教导结束时说,“何况天父,岂不更将圣灵给求祂的人吗?”

　　路加在其中插入主赶出哑巴之鬼的事件,说明祂如何宣告祂是靠着神的灵赶鬼。祂似乎这么说,你们已经看见我祷告了。我所作的一切,都是得自祷告的力量。也就是说,我仰望神,从神那里接受丰盛的灵,我就凭着圣灵赶鬼。

　　路加又记下了一件相关的事，是马太没有提到的。"耶稣正说这话的时候，众人中间有一个女人大声说，怀你胎的和乳养你的有福了。耶稣说，是，却还不如听神之道而遵守的人有福"（27～28 节）。

　　马太的确告诉我们，就在这同一个场合，祂的母亲去见祂，想要说服祂回家。但祂说，"谁是我的母亲？"（太十二 48）。我在想，马利亚可能听见了那女人说，"怀你胎的和乳养你的有福了。"也听见祂回答说，"是，却还不如听神之道而遵守的人有福。"

　　祂纠正了一个别人对与祂的关系之错误想法。那妇人说，那生你、乳养你的有福了。祂说，是的，但是还有一种更高的关系，就是灵里的关系，它远比肉身的关系更密切。

　　路加继续说明下去，他告诉我们，主在那个场合也责备那些求神迹的人，他们求的是物质领域里的惊人神迹。祂说，他们如此求，是因为他们的世代是一个邪恶的世代。祂宣告，"除了约拿的神迹以外，再没有神迹给他们看。"

　　事实上，祂是在强调，那惟一有能力的、普遍的神迹，就是祂的死和祂的复活。祂的这两个神迹何时才能变得有能力而普遍？就是五旬节圣灵降临的时候。祂的复活，再一次聚集了那些因祂钉十字架而四散的门徒。祂的复活使他们又怕又喜。他们一直未能完全了解祂的十字架，即使祂复活了，他们还是不明白，一直要等到圣灵降临那日。五旬节之后，那神迹就变成一个有能力而普遍的神迹了。

　　"何况天父，岂不更将圣灵给求祂的人吗？"圣灵就是要显明最后神迹的那一位，祂要用最后的神迹来证明一切有关耶稣基督的事。主继续说到，祂所传的和祂的智慧就是现成的神迹，所罗门的智慧和约拿所传的都不够。祂比所罗门和约拿更伟大，他们已经听见祂所传的。然而，最终的神迹就是祂的死和复活，这神迹将由圣灵来说明。

　　这三个小事件的中心要素就是圣灵。主有关祷告的教导，最后一句话就是神要赐圣灵给那些求祂的人。在说明的例子中，主宣告圣灵是祂得能力的秘诀，人与祂的关系是藉着圣灵产生的，并且圣灵要来说明那最后的神迹。

　　一般人公认，这是一段非常突出的经文。门徒看见祂祷告，他们想知道祷告的秘诀。祂就示范了一个样本，让他们明白祷告最主要的是接受圣灵，并且继续持守圣灵。那就是有能力胜过魔鬼的秘诀，就是建立与神的关系之秘诀，也是为祂作见证的秘诀。

　　从我们主一生事工的先后秩序上说,此段经文和本章头十三节经文是互相衔接的。我们把第十三节和第三十三节连起来读,就会发现两者之间的密切关系。

　　虽然前一讲中我们已经讨论过第十三节,现在我们不妨稍加重述,以明白此节经文和现在我们要讨论的教训之间的关系。

　　第十三节说,你们在天上的父岂不将圣灵给求祂的人吗?暂且想一想,这话应用在他们身上时有何意义?这话如何影响他们?我们必须认清一点:他们并没有求圣灵,他们在五旬节之前也未接受圣灵。他们那时无法明白这话的意义。这是一个伟大的声明,但他们不了解,祂也知道他们不了解。他们将祂所说的一切话都储存在记忆里,一直到五旬节那天,他们才能明白这一切话。我们必须认识到这一点,这是很重要的。

　　我们的主对他们谈到祷告时,作了这个至高无上的宣告,这也是对任何时代的人所作的宣告。只要你求父,祂就将圣灵赐给你。

　　让我们看这事不久以后,我们的主在楼上对门徒的谈话。祂说,"我要求父,父就另外赐给你们一位保惠师,叫祂永远与你们同在,就是真理的圣灵,乃世人不能接受的"(约十四16～17)。本章第十三节里祂说,你们求父,祂就将圣灵给求祂的人。稍后祂在约翰福音里说,我求父,父就赐给你们圣灵。

　　再继续看下去。我们的主经过十字架,从死里复活之后,对祂的门徒说,"我要将我父所应许的降在你们身上。你们要在城里等候,直到你们领受从上头来的能力"(路二十四49)。这证明当时他们还未领受圣灵。

然后，我们来看更进一步的记载。彼得在使徒行传里如此说，"这耶稣，神已经叫祂复活了，我们都为这事作见证。祂既被神的右手高举，又从父受了所应许的圣灵，就把你们所看见、所听见的浇灌下来"（徒二 32～33）。

把这些话按时间顺序组合一下。耶稣说，你们的天父会把圣灵给求祂的人。我求父，父就赐给你们圣灵。你们要在耶路撒冷等候，直到你们领受从上面来的能力。然后彼得宣告，祂已经被提到神的右边，并且已经将圣灵浇灌下来。

祂告诉他们这个奇妙的真理：神愿意赐给人圣灵，祂在等待，随时预备要将圣灵给求祂的人。但是他们不求，他们不明白，他们就没有领受圣灵。

神赐圣灵给求祂的人，但是他们没有求，因为他们是瞎眼的，他们不能明白。所以祂说，我要求父。祂是以祂十字架和复活的权柄，以祂升到神右手边的权柄向父求。祂代表一切信祂的人求圣灵，神就赐下圣灵。父是藉着子，将圣灵赐给一切相信的人。现在我们求，我们就能领受，因为祂也为我们求。这就是基督徒生命的开端。一个人变成基督徒时，他有什么改变？他接受了圣灵。一个人若没有接受圣灵，就不能成为基督徒。当一个灵魂空着双手来到基督面前时，他若信靠祂，就会得到什么？得到圣灵成了从灵生的人，以后藉着不断地祈求，而不断地领受圣灵。

主以第十三节的伟大宣告为基础，作进一步的说明，祂说，"没有人点灯放在地窖子里，或是斗底下。"第三十三节到第三十六节，是有关灯的教训。第三十七节到第五十二节所记载的，在某方面看似乎与前面的不相关，但在另一方面看还是有关连的。有一个法利赛人请耶稣吃饭，这里所记的就是发生在他家里的事。祂在那里指责假教师。因此这段经文在属灵上是有前后关系的。我们先来看祂有关灯的教训，然后看祂对假教师的责备。

第三十三节里主以灯作比喻。一盏点燃的灯有什么功用？"使进来的人得见亮光。"因此我们点上灯以后，就不将它放在地窖子里，或是斗底下，乃把它放在灯台上。这是很清楚、很简单的道理。

　　那么,祂如何运用这个比喻呢? 首先,我们要记住,祂以前也用过这个比喻,记载在路加福音第八章第十六、十七节。但是,虽然是同一个比喻,在应用上却有区别。第八章里,祂是教导他们要留心所听的,好发表出来,因为祂接着说,"所以你们应当小心怎样听"(第十八节)。这是为了别人的缘故,祂谈的是对于别人的责任。本章祂所谈的,则是对于个人生命的责任。

　　眼睛就是身上的灯。当然,在某方面来说,眼睛能照亮我们的身体。我们知道自己身在何处,是因为我们有眼睛。身体是在眼睛的控制之下。眼睛是身上的灯,能指导我们的行动。但是,眼睛照亮身体的功用,就像一盏灯照亮一个房间一样。我们若走进一间黑暗的屋子,即使睁大了眼睛也看不见东西。除非有亮光,否则眼睛就派不上用场。同样的,我们必须要有眼睛,否则徒有亮光也一无用处。一个瞎眼的人,即使四周大放光明,他也无法看见。一个明眼的人,若四周一片漆黑,他也不能看见。我们必须有亮光,同时必须有灯。眼睛是灯,不是亮光,它是发出亮光的工具。因此我们需要瞭亮的眼,而不是昏花的眼。最完美的眼睛是没有散光、没有近视的眼睛,能够准确无误地对准焦点。瞭亮的眼睛就像灯一样,是发出亮光的工具。昏花的眼睛会使事物变形,即使有亮光也没有用。

　　我们的主没有说,眼睛是人的灯。祂说,眼睛是身上的灯。那么,人的灯是什么? 人的亮光乃是神的灵。人的灯是什么呢? 若要回答这个问题,不妨回到旧约圣经。我们可以从所罗门那无可匹敌的箴言里,找到意味深长的宣告,"人的灵是耶和华的灯,鉴察人的心腹"(箴二十27)。人的灵(而不是耶和华的灵)是耶和华的灯,它不是亮光,而是放射亮光所凭借的工具。

　　再回到新约圣经,哥林多前书第二章第九到十二节:

　　"如经上所记,神为爱祂的人所预备的,是眼睛未曾看见,耳朵未曾听见,人心也未曾想到的。只有神藉着圣灵向我们显明了,因为圣灵参透万事,就是神深奥的事也参透了。"

　　这不是人的灵,而是神的灵。

"除了在人里头的灵,谁知道人的事? 像这样,除了神的灵,也没有人知道神的事。我们所领受的,并不是世上的灵,乃是从神来的灵,叫我们能知道神开恩赐给我们的事。"

我们从神那里,领受了一个属灵的本质,好叫我们能够知道神开恩赐给我们的事。人的灵就是耶和华的灯。我灵里的生命,是我这个人的中心,但如果没有亮光,我的灵就一无用处。若只有光,没有瞭亮的眼睛,仍然没有益处。最主要的光,是和圣灵一同来的,那才是完全的光;至于我是否能明白这光,是否能指挥我的生命和这光配合,则完全取决于我的眼睛,就是我里面属灵的生命。我的眼睛若瞭亮,若在基督里对神忠诚,圣灵就能照亮我们一切的道路。我的属灵生命,就是我的眼睛,耶和华的灯,发光的工具,若变得昏花,圣灵就无法照亮我的道路。这实在是一个奇妙的真理。

因此我们的主说,"所以你要省察,恐怕你里头的光或者黑暗了。若是你全身光明,毫无黑暗,就必全然光明,如同灯的明光照亮你。"

我们若陷于黑暗中,究竟是怎么回事? 那表示我们的眼睛出了毛病。神的光不会出毛病,很可能是我们的眼睛出了毛病。也许有人说,可是我的良心没有责备我啊! 这样说并不能证明你是对的。有时我们需要责备我们的良知,因为我们的良知也会失灵。我们的眼睛昏花了,自然我们就陷于黑暗中。第一个补救的方法,就是检查我们的灵——主的灯——是否正常。不要让别人来干涉你的眼睛,这是你和神之间的事。

耶稣曾说过别人眼中的刺,和自己眼中的梁木之教训。我们最好注意一下那个教训,它和我们这里的教训有连带关系。祂愿意赐下,祂也已经赐下圣灵,圣灵好像明光闪耀。我们仍在黑暗中吗? 那么就是我们的眼睛,我们的灵命出了毛病。我们的眼睛不瞭亮,没有对主忠心。看东西的工具一旦出了毛病,光就不能照出来。

路加又谨慎地指明接着发生的事和这个教训之间的关连。有一个法利赛人请主到他家里,主接受了他的邀请进去坐席,但是却将他们的遗传弃之不顾。祂完全忽略了这些人所坚持的洗手仪式。祂没有照着仪式洗手,法利赛人因此深感诧异。如此引出了我们主在第三十九节、四十节所说的话。祂首先指明了法利赛人最大的错误和失败。他们的错误和失败是什么？就是过分注重外表的仪式，忽略了他们生命内在的光景。祂说，你们只是洗净杯盘的外面，"你们里面却满了勒索和邪恶。"

然后，祂总结他们的错误，述说他们的三祸。第一祸记载在第四十二节。难道他们将薄荷、芸香和各样菜蔬献上十分之一是错的吗？没有错！他们错在忽略了他们当行的事。祂向他们宣告灾祸，是因为他们的价值观颠倒了，他们只注重琐碎的事，却忽略那基本的事。

接着的第二祸，祂责备他们的动机邪恶。他们喜爱会堂里的首位，又喜爱人在街市上问他们的安。他们的动机是出于自我中心。

第三祸记在第四十四节，"你们有祸了，因为你们如同不显露的坟墓，走在上面的人并不知道。"这几句话真是可怕！祂责备他们在不知不觉中对百姓所散发的腐败影响。我们要明白这一点，必须回到东方的环境和医学的知识上。他们以为人们走在坟墓上的时候，常会吸入死人所散发的有毒气体。

"律法师中有一个回答耶稣说，夫子，你这样说，也把我们糟蹋了。"主立刻又以三祸来回答他们。

首先责备他们的不诚实（46节），他们的伪善成了别人的重担。这些律法师在神的诚命之外，又添加了许多人的遗传，而他们自己却一个指头也不肯接触这些重担。他们自己活在他们的法规之外，过着不诚实的生活。

祂再度说，"你们有祸了，因为你们修造先知的坟墓，那先知正是你们的祖宗所杀的。"祂有意讽刺他们。他们的祖先杀了先知，他们为先知修坟墓，然后又继续杀先知。第二祸是责备他们的假冒为善。

祂的话还没有完。第三祸是针对律法师和文士说的。文士这个职分的标识就是钥匙。当祂对彼得说，我要将天国的钥匙交给你时，祂心中所想的就是文士的职分——解释道德法律。祂现在说，你们这些掌握钥匙的文士，究竟作了些什么？你们夺去了知识的钥匙，阻挡其他人进入。你们未能尽职，反而亵渎了你们的职分。

因此祂责备法利赛人颠倒价值、动机邪恶、散发腐化的影响力；

责备文士不诚实、假冒为善、渎职。

　　所有这一切在属灵的价值上都有关连。这一切都和祂关于祷告的教导有关，和祂关于灯的谈话有关。十二个门徒当时都在场，他们都是祂的见证。他们要求主教导他们祷告，祂告诉他们，祷告最主要的是求圣灵。祂也告诉他们，他们的灵必须有一个正确的关系，这样才能接受神的灵所发出的亮光。祂也谴责了假教师。如果一个人的眼睛瞭亮，当圣灵拍击着我们内在属灵的本性时，就不可能产生任何受责备的事，就不会在价值观上有任何本末倒置，在服事上有任何不良的动机，我们也不会散发出任何腐化的影响力。我们也不会有任何不诚实、将重担加在别人身上、假冒为善的事发生，不会亵渎了我们的职分。其中的秘诀在于：圣灵是光，我生命的灵因着对祂的忠诚而变得瞭亮。这样，我们就能完成教导和预言的神圣功能，在那值得记念的时刻，不致受到任何责备。

　　第十二章一开头就说,"这时,有几万人聚集。"什么时候? 就是第十一章末了所说的,"耶稣从那里出来,文士和法利赛人就极力的催逼祂。"这里的连接非常重要,很明显地标出了时间。祂本来在一个法利赛人家里,祂严厉地以三重祸害来谴责法利赛人。后来有一个律法师向祂提出挑战,祂又以另外三祸责备他们。

　　第十一章第五十三节说到两件事,首先是身体方面,其次是心理方面。祂出去的时候,他们故意拥挤祂。他们心怀忿怒,走近祂,几乎用手碰到祂。这是身体方面。然后他们"极力的催逼祂,引动祂多说话"。有一位作家说得很有道理,"这种暴戾的场面,在耶稣的事工中是很罕见的。"

　　这时有许多的人聚集,"甚至彼此践踏。"

　　路加就这样开始了祂的故事,这故事一直持续到第十三章第九节。我们先来把段落弄清楚。祂开始教导祂的门徒(1～12 节)。然后"众人中有一个人"打岔,祂就回答那人(13～21 节)。接着祂继续教导祂的门徒(22～40 节)。然后彼得打断祂的话,祂就回答彼得(41～53 节)。祂又对百姓讲话(54～59 节)。接下去是另一次的打岔,以及祂的答复(十三 1～9)。

　　我们现在要讨论主最先的教导,和第一次的打岔。主教导门徒,是在一个混乱的场合中。当时的情形是:领导阶层对祂满怀敌意,群众则兴致勃勃,祂的门徒却是困惑为难。祂当着众人的面先对门徒说话,祂明明知道众人可以听到祂的谈话。祂警告门徒(1～3 节),指引他们(4～5 节),安慰他们(6～12 节)。

　　首先,来看祂的警告(1～3 节)。"你们要防备法利赛人的酵,就是假冒为善。"

祂这话是什么意思？法利赛人的历史是一部辉煌的历史。他们兴起于马加比时代。他们对犹太民族的关系，就好像极盛时期的清教徒对英国人的关系一样。法利赛人形成了一种阶级，目的在阻止这个国家与其他国家接触，避免以色列国丧失其纯洁与合一。他们有最大、最佳的影响力。法利赛人这个运动的兴起，是出于人的热诚，他们渴望神对于这个国家的理想能实现。但是到了耶稣的时代，他们完全变质了。他们失去了他们在属灵和道德方面的影响力。祂实际上是说，使他们腐化的酵，就是假冒为善。在这个警告里，我们的主解释了这个神古代百姓的历史上最辉煌的运动失败的原因。是假冒为善的酵摧毁了它。什么是假冒为善？直译就是戴着面具。假冒为善的人戴着面具，不让别人看到他的本来面目。这样的人是不诚实的。那些法利赛人都是善于装假的。

祂说，要防备这事，因为"掩盖的事，没有不露出来的"。面具早晚会被人家揭穿的。

第二、三节很巧妙地运用了比喻的技巧，它与前面的话有很密切的关系。我们的主应用另一种说法，来表达同样的一个思想。这些人想要传达一个信息，他们是在黑暗中说的，是附在耳上说的。那是一个真理的信息，它要公诸于世，即使你是在黑暗中悄悄私语，这信息仍要在光明中显露出来。即使你是在内室附耳所说的，也要在房上被人宣扬。假冒为善的人戴着面具，但面具迟早要被揭穿。真理可能会被蒙蔽片时，但终必显在光亮处。任何事情，不论善恶都要显露出来。

所以，要防备法利赛人的酵，就是假冒为善。它已经毁灭了法利赛人这个运动，如果你允许它在你里面作工，它也会毁灭你的见证。但是要记住，另一方面，纵然人是以恐惧、战兢的心说出真理，是在黑暗里，在内室中说，但真理终必赢得胜利，显明出来，就好像假冒为善终必被人识破一样。

然后是祂的指引（4～5节）。注意祂的语气多么温柔！祂称呼他们"我的朋友！"。祂是在对祂的门徒说话，他们已经看见他们的夫子被人推挤、催逼。他们看见祂四周的人眼中所流露出来的狠毒眼光。他们必然感到战兢、惧怕。因此祂对他们说了第四、第五节的话。

这段话里，祂给他们一些指引。祂告诉他们，要脱离虚假的惧怕，心中应该充满真实的畏惧。祂说，那杀身体的不要怕他。这里我们看到一个生活的哲学。祂没有说，不要怕那杀你的；祂是说，不要怕那杀身体以后，不能再作什么的。"以后"这词颇醒目，也发人深省。杀身体"以后"，还有其他的东西吗？如果有人杀了我的身体，难道我还不死吗？耶稣说，人可以杀身体，但他们只能作到这一点，以后的事他们就无能为力了。祂实际上说，如果一个人杀了别人的身体，他就束手无策了，他再也不能造成其他的伤害了。显然这就是祂走向十字架时的态度、语气。祂知道他们要杀祂的身体，却丝毫伤不了祂。因此祂在另一个场合说，"没有人夺我的命去，是我自己舍的，我有权柄舍了，也有权柄取回来"（约十18）。

所以祂望着这一小群人说，不要怕那样的人。事实上，祂的十二个门徒，除了一人例外，其他都是被别人杀了他们的身体。

但是，有一种惧怕是正当的，就是惧怕那杀了身体以后，又能丢在"革赫拿"（即欣嫩子谷，位于耶路撒冷城外，是焚烧垃圾之处。中文圣经此处译作"地狱"）里的。祂将这个地点提升到属灵的范畴，祂说，有一位神，祂能将人抛入地狱里，你们当怕的是祂。这是祂对他们的指引。

然后祂继续说下去，安慰他们（6～12节）。这一段非常美丽。祂已经警告他们，指引他们，现在祂以无可言喻的安慰语气对他们说话。

这段话是祂前面所说的话之结果。注意这里的步骤何等希奇而美丽。不要怕那杀身体的，要敬畏神。因为你们认识神，所以就可以不惧怕人。五个麻雀不是卖二分银子吗？但在神面前，一个麻雀也不被忘记。就是你们的头发也都被数过了。有一个人问我说，"你真的相信神数过你的头发吗？"我回答他，圣经从未如此说。"数过"在希腊原文中的意思是祂——标明头发，那远比"数过"更详细！

　　第八节到第十二节有一个很明显的意图。祂想要在门徒面对日益明显的敌意时安慰他们。在神面前,一个麻雀也不会被忘记。他们每一根头发都被标明了,他们远比麻雀贵重。他们若承认祂,祂也必在天使面前认他们。他们若被下到监里,圣灵必引领他们。

　　圣父、圣子、圣灵都看顾着耶稣的门徒。那连麻雀跌落都知道的神,就是圣父,祂的眼目正看护着门徒。圣子则在等待,有一天祂要认他们。圣灵则随时预备好,要在他们遇见困难的时刻,伸手帮助他们。

　　以上是祂的警告、指引和安慰。接下去是一个人的打岔(路十二13)。群众中突然发出这个声音,中断了祂和门徒的谈话。听起来这人似乎是求耶稣主持公道,但不久我们就看见,他显然是一个贪心的人。

　　我们的主如何回答他? 祂首先提出一个尖锐、制止性的问题,"你这个人,谁立我作你们断事的官? 给你们分家业呢?"

　　我们最好在此处稍作停顿。基督来到世上,不是要作这一类的事。祂说,我来不是要作断事的官,不是要用这种方式来处理物质的财产。

　　然后祂设立一个原则。"于是对众人说。"这里的"众人"原文是"他们",究竟是指谁? 指门徒吗? 我想不是。指群众吗? 有这可能,但我相信是指这人和他的兄长。这兄弟俩,一个想要分家业,另一个不肯。祂怎么说呢? 祂说,"你们要谨慎自守,免去一切的贪心。因为人的生命,不在乎家道丰富。"接着祂转过来对群众说了一个比喻。

　　祂首先说的是一个原则:警告他们,要避免贪心。然后说明这个警告的原因,"因为人的生命,不在乎家道丰富。"

　　这里的"生命"在希腊文里是"zoe",意思是任何一种生命(不论是花朵、蝴蝶、野兽、人)的生物本质。很奇特的是,新约圣经的作者在说到生命的时候,都采用这一个较低层次的字,但是却将它提升到最高的境界里。我们每一次读到的永生,用的就是"zoe"。耶稣说人的生命不在乎家道丰富时,用的也是这个字。

　　这人说,"请你吩咐我的兄长和我分开家业。"我想要得到一些东西，我的兄长拥有一切家业，请告诉他分给我一点。今日世界的生活，若离了圣洁，就会被物质所控制。人们把他们的生活和物质紧紧相连，却与神分离。但耶稣说，一个人的生命不在乎家道丰富。

然后祂说了一个故事，是关于一个无知的富人。注意这人的话，"我的出产……我的仓房……我一切的粮食和财物……我的灵魂。"再看看神的话，好像平地起了一声雷。"神却对他说，无知的人哪，今夜必要你的灵魂，你所预备的要归谁呢?"末了这句，充满了怜悯，也具有无限的讽刺意味。

最后，主用一个结尾，总结了整个情况，"凡为自己积财，在神面前却不富足的，也是这样。"

那个要求分产业的人打断了耶稣的话之后,祂又接着继续教导祂的门徒。祂已经回答那人说,"人的生命,不在乎家道丰富。"现在祂的教导就因这件事,而着重在"家道"和"生命"这题目上,只是祂现在是对门徒说的。

祂首先以温柔的话安慰他们(22～34 节),然后呼召他们去完成他们的责任(35～40 节)。就在这时,彼得打断了祂的话,祂就回答彼得(41～48 节)。接下去是基督一生事迹中最引人注目的一段经文,也是一段伟大的独白(49～53 节)。

在这里的教训中,我们的主将祂过去谈到的几个题目作了一番归纳。祂先回到神对人的看顾这个题目上(22～34 节)。祂前面也提到人若认祂,祂再来的时候也要认这人,现在祂又回到人子再来的题目上(35～40 节)。祂并且再回到祂曾提过有关祂要面临迫害的题目上(49～53 节)。

在读这段安慰的话时,要注意其中几个突出的命令。第二十二节说,"不要……忧虑。"第三十二节说,"不要惧怕。"第三十三节说,"变卖……周济。"这是主话语中几个基本的要点。

"不要……忧虑。"为什么? 因为生命有它的价值。生命胜于饮食,身体胜于衣裳。因此,不要为你的生命忧虑。那么,难道我的生命不倚靠饮食吗? 祂说,不,生命不是倚靠饮食。你可以饥饿至死,但你的身体死了,你的生命却仍存在着。这是祂对人类的一个永恒性的观点。祂这个观点也表现在祂说过的一句话里——"那杀身体以后,不能再作什么的,不要怕他们。"

生命最终不是倚靠身体的饮食。人活着不是单靠食物。因此祂说，不要忧虑。不忧虑是很困难的，祂深知这一点，所以祂呼吁他们想一想。第二十四节和二十七节都有"你想"，想什么？想想乌鸦，想想百合花。乌鸦不种也不收，没有仓也没有库，"神尚且养活它，你们比飞鸟是何等的贵重呢？"

祂的意思不是说，我们就坐在那里，等神来养活我们。祂说，乌鸦不种不收，没有仓库，神尚且养活它们。但我们能种能收，也会盖仓库，我们就应该去种去收，去盖仓库。如果神顾念那些没有先见之明、没有推理能力的鸟，祂岂不更顾念我们这些祂已经赐下先见之明和推理能力的人？

再来想想百合花。它们不劳苦，我们能劳苦；它们不纺线，我们能纺线；然而所罗门所穿戴的还不如一朵花华美。神如果这样装饰不劳苦、不纺线的百合花，祂岂不更要装饰我们这些有能力劳苦、纺线的人？所以不要忧虑，祂赐给我们理解力，祂就不会置我们于不顾。纵使有一天我不能劳苦、纺线，不能收割、贮藏，神还是能；我无论如何都可以高枕无忧。这就是祂所教训的。然而神既赐给我推理的能力，我就不能期望祂为我作一些我自己应当作的事。

第二十九节到三十一节里的"求"，有积极和消极两方面的意思。我们的主不是说，我们不可以想这些吃、喝的事。祂说，我们不要为这些事挂心，不要把这些事当作生命里最热衷追求的目标。生命中最要紧的，不是吃、喝、穿什么，而是要得着神的国。这神国不仅仅是一些"遥远的事件"，而是已经存在的事实。我们所要求的，就是和这既存的神国事实，建立起一个正确的关系。生命的愿望，就是求神的国。我们越遵守这个命令，就越能进入和平、宁静和安息中。

然后祂用第三十二节作总结。注意这里有一个生动、鲜明的对比。你们要求祂的国。你们的父乐意把国赐给你们。我们求什么，祂必赐给我们。我们的心若渴望寻求祂的国，祂就乐意将天国一切的福祉赐给我们。祂是以智慧管理，以能力维护，以爱心包围祂的国。

耶稣的这句话，"你们这小群，不要惧怕，因为你们的父乐意把国赐给你们。"是多么广泛而具启示性。假定有人争论这句话，我可以想像他们的批评是什么。他们会说,祂用的表征不一致。祂一开始说,"你们这小群。"用的是羊和牧人的表征。然后祂说"你们的父"时,祂忘了羊和牧人的表征,改用父亲和家人的表征。祂又说,"你们的父乐意把国赐给你们。"再一次改变祂的表征,采用王和国度的表征。

事实上,如果把这些隐喻综合起来,就会发现它们并没有混淆。它们形成了一个完美的画面,来描绘神国的整个事实。整个叙述是东方式的,在东方国家,一族的首领就是羊群的牧人,是一家之父,一国之君。这里我们看到神的三重关系。不要怕,你们这小群,神是你们的牧人,你们必不至缺乏。祂是父,乐意赐给你们,就像一个父亲,怜恤祂的儿女。祂要赐下祂的国,因为耶和华作王。我们的主保证,对我们这些在个人的生命和服事中寻求祂国度的人而言,神是我们的牧者,是我们的父,也是我们的君王。

接着是应用的方法,这段话(33~34 节)颇有力量,呼召人真正投资他的财宝和生命。变卖你所有的,周济人。变卖你的东西,好叫别人蒙福,而不是自己蒙福,这才是真正的投资。也许一时看不到利益,但这是最稳妥的投资。我们想起耶稣所讲有关金钱的另一段话,和这里的话是一致的,"要藉着那不义的钱财,结交朋友。到了钱财无用的时候,他们可以接你们到永存的帐幕里去"(十六 9)。

然后祂提到他们的责任(35~37 节)。他们的责任是,"腰里要束上带,灯也要点着……等候主人。"他们若如此行,祂来的时候,就要叫他们坐席,由祂来伺候他们。祂自己要束上腰带,伺候在这个世代中伺候祂的人。在这一点上,祂最后说的话是,"你们也要预备。"

接着是第二次的打岔。"彼得说,主啊,这比喻是为我们说的呢?还是为众人呢?"他的问题非常有趣,又颇醒目。

注意主的回答。祂以另一个问题来回答他的问题,祂的回答可伸可缩。我们的主实际上说,我到底是对你们说的,或是对众人说的,要看情形而定。我是对我的管家说话,你们当然是我的管家,但这个门是开放的。别人如果愿意,也可以进入我的国,作我的仆人和管家。问题是,"谁是那忠心有见识的管家?"

第四十三节到第四十八节，祂特别提到应用的例子。祂教导我们如何作管家。管家的责任在喂养羊群，而不是虐待羊群。这个问题是彼得提出的，稍后他在彼得前书里说：

"我这作长老、作基督受苦的见证、同享后来所要显现之荣耀的，劝你们中间与我同作长老的人，务要牧养在你们中间神的群羊，按着神旨意照管他们。不是出于勉强，乃是出于甘心。也不是因为贪财，乃是出于乐意。也不是辖制所托付你们的，乃是作群羊的榜样"（彼前五 1～3）。

显然，彼得已经学到了他的功课。

第四十九节开始，是主的伟大独白。那是一个伟大的心声。马太、马可、约翰都未记载，独有路加记了下来。不要忘了当时的气氛：官长满怀敌意，群众兴奋激昂，门徒困惑不解。

在这段心声里，我首先发现祂有意表明祂对这世界的目的，"我来要把火丢在地上。"施洗约翰说，"祂要用圣灵与火给你们施洗"（路三 16）。使徒行传提到，圣灵好像火焰降下（二 3）。

其次，我发现这里启示了祂生命中的热望，"倘若已经着起来，不也是我所愿意的吗？"祂最热切期望的，就是完成祂的目的。

然后，我看见祂把火丢在地上的方法。"我有当受的洗还没有成就。"祂正定睛望向祂那死亡的洗礼。

当祂望着这一切的时候，祂感觉到一种限制，"我是何等的迫切呢？"基督实际上说，有些事我今日无法行。我是如此迫切。我来是要把火丢在地上，我最大的愿望就是火着起来。但是，要一直等到我受了死难的洗，这火才能丢下来，在这事未成就之前，我是何等迫切啊！

然后，祂再度对门徒说话，祂宣告那最终的过程，"你们以为我来，是叫地上太平吗？我告诉你们，不是。"我来是要叫人纷争。那些归向我的人将和拒绝我的人起纷争。

今日，我们站在死难之洗的另一面，祂已经经历死难，祂再也用不着心里迫切了。

哦主耶稣，我心欢喜，
你为我们，轻柔踏遍
那条羞耻、痛苦途径。
你神圣工，全然成就，
荣耀宝座，今属于你；
天上真神，将你高举。

祂走向那死难的洗礼。祂抛下火，祂的心已经看见祂将受的苦难，祂的心就满足了。

祂今日是否仍心里迫切呢？保罗写信给一些信徒时曾说，"你们迫切（中文圣经作"狭窄"），原不在乎我们，是在乎自己的迫切（中文圣经作"心肠狭窄"）。"基督有的时候仍会说，祂心里迫切。祂若这样说，那是因为祂的管家，祂国度里的人，那些为祂事工负责的人，没有寻求神的国，甚至有时他们还彼此殴打。但愿神救我们脱离这样的失败，使我们能忠于祂自己和祂的国，这样祂就不会为我们心里迫切、焦急了。

我们的主说过那段伟大的独白之后，又转过来对众人说话（54～
59 节）。然后祂再度被人打断祂的谈话（十三 1）。

因此，我们要考察两件事。第一，祂对众人的谈话（十二 54～
59）；第二，别人的打岔，有人在这时告诉祂一件传闻，祂听了以后就
回答他们。

"耶稣又对众人说。"这个"又"字显示了祂也把门徒包括在内。
祂本来一直是对门徒说话，众人在旁边听。现在祂开始对众人说话，
门徒则在一旁听。

首先我们要问，祂在那个场合对众人说话的原因何在？这可以
从祂附带所说的一句简短而重要的话里找到答案。祂说，"你们知道
分辨天地的气色，怎么不知道分辨这时候呢？"

"这时候"三个字，揭示了祂所说这一切事的主要原因。在第十
章第二十三节至二十四节里记载祂的话说，"看见你们所看见的，那
眼睛就有福了。我告诉你们，从前有许多先知和君王要看你们所看
的，却没有看见；要听你们所听的，却没有听见。"

"这时候"就是那些君王和先知想要看，却看不见的时候；这时候
所说到的事，就是那些君王和先知想要听，却听不见的事。换句话
说，祂在这样的场合对众人说这些话，是因为祂自己深切地体认到，
祂的使命具有非凡的意义。

想想当时那个世代的情景。全世界都被压制在罗马帝国的铁轭
之下，整个帝国的大权都集中在一个帝王手中，他还声称自己的大权
是天赐的。再想想看，耶稣降生在当时的世代，具有什么意义？没有
任何人（包括祂的门徒）能明白这个事实所具有的深刻意义。但是祂

知道，所以祂说到"这时候"。

那么，面对着祂所认为的重大"时候"，祂如何行呢？祂责备他们，并且提出呼吁。祂的责备见于第五十四到五十六节。

祂声明他们知道分辨天色。祂没有说分辨天色是不对的。祂告诉他们，他们对一般天色的观察十分正确。祂说，你们看见西边起了云彩，就说快要下雨了，你们说的没错。你们见起了南风，就说要燥热，结果确是如此。你们在分辨天色的事上很内行，但在属灵的事上你们却是瞎眼的。

"怎么不知道分辨这时候呢？"你们对于风的知识很正确，对灵的事却一无所知。你们能准确地观察天空，却不能看见天空上面那属天的事。那就是他们的光景。我们的主用一个问题来责备他们。"怎么不？"你们知道观察天色，怎么却对四周属灵的事如此盲目呢？

祂曾对门徒说，"看见你们所看见的，那眼睛就有福了。"现在祂对众人说，你们是瞎眼的，你们不明白所临到你们的这日子，不明白你们所处的时代。你们在分辨天色的事上有智慧，在属灵的事上却是愚昧、盲目、迟钝的。你们到底是怎么回事？

祂回答自己所提出的问题。祂称他们为"假冒为善的人"，那就是答案。他们所以只知分辨天色，却不分辨这时候，是因为他们的假冒为善。祂以前曾警告祂的门徒要防备这一点，祂说，"你们要防备法利赛人的酵，就是假冒为善"（十二 1）。

一个假冒为善的人，就是企图以一幅假面貌出现的人，他是活在虚谎之中。"假冒"有两种，有时我也弄不清楚到底哪一种比较糟糕。有一种人是终其一生"假冒为善"，他表现得很不错，但他里面却不是这样。另一种人是终其一生"假冒为恶"，他表现的是一个坏人，但他本人其实并不是这么坏。这是一个心理学的问题，我不打算在这里加以辩论。

祂接着问了另一个问题，"你们又为何不自己审量什么是合理的呢？"在这个问题里，祂承认一个事实——每一个人都有分辨道理的能力。

"人的灵是耶和华的灯"（箴二十 27）。每一个人在本质上都是属灵的，神就是藉着人的灵，来与人类交往。人们称这种能力为良知。但这只是人的词汇和想法，人很难解释良知的本质是什么。圣经却有明确的解释。经上说，"人的灵是耶和华的灯。"耶稣对那些人说，你们为何不知道什么是合理的？你们已经丧失了属灵的观察能力。为何你们擅长分辨天色，却看不见你们生活中的各种事实？那慈爱、赐福的云彩正覆庇着你们，你们却一无所觉。现在风的气息吹向你们，以炙人的热度向你们说话，你们却毫不明白。

在责备他们之后，祂向他们提出一个伟大的呼吁，要他们与神和好。祂用法庭作例子来说明。这里提到四个词：对头、官、法官、差役。这些都是法庭上出现的人。对头是法庭上的原告；官是指地方官，最先受理案件的人；法官则是作裁决的人；差役是执行法官判决的人。在我们生命最终的法庭里，我们的对头是神，地方官是神，法官是神，差役也是神。我们最初和最后都要向神归服。在祂的国度里，祂是官长；是破坏律法之人的对头；是下裁决的法官；也是执行判决的差役。

神是不会被贿赂的，祂不会被枝节问题扰乱，也不会被蒙骗。以赛亚书里有关神仆人的预言中，提到神赐给祂的王权，先知说这将要来的一位，"祂……行审判不凭眼见，断是非也不凭耳闻，却要以公义审判贫穷人，以正直判断世上的谦卑人"（赛十一 3～4）。

我们若拿这段话和今日的情形作对照，就会发现这段话是多么醒目。我们今日是如何审判？乃是凭着眼见，凭着耳闻，我们没有别的办法。你若进到一个法庭里，会看见什么？一个法官，也许还有陪审团。法庭的任务就是判断被告是否有罪。有一些证人会被传来作证，他们只能作两件事：述说他们所看见的事，和他们所听见的话。此外没有别的审判方法。所有的判决都是采取这种方法。

现在来看这里的对比。祂既然不靠眼见，不凭耳闻，不根据证人的证词审判，那么祂如何审判呢？乃是以公义审判。

在这里，基督启示了神就是罪人的对头，是官长，是裁决的法官，也是执行判决的差役。基督看见了他们所未看见的属灵国度，祂就向他们提出呼吁。祂说，"你同告你的对头去见官，还在路上，务要尽力的和祂了结。恐怕祂拉你到官面前，官交付差役，差役把你下在监里。"

基督对这些人说，去与神和好。我们不妨把这个呼吁和祂前面对众人说的话连接起来。祂说，你们在灵里是瞎眼的。你们为什么瞎了眼？因为你们假冒为善。假冒为善又是如何引起的呢？是因你们和神的关系不正确。一个与神有正确关系的人，是不可能假冒为善的。一个人若与神的关系出了毛病，他就会变得假冒为善，想要欺骗，结果骗了自己，他成了瞎眼的人。他知道何时会下雨，何时天会燥热，但他却感觉不到神吹在他生命中的风，感觉不到他所处那一个时代的意义。祂先用那个比喻性的话，讽刺、责备他们只会观天色，却在灵里迟钝，然后祂用法律上的词汇，呼吁他们与神和好。

然后，有人打断了祂的话。"正当那时，有人……"留意路加所特别标明的时间，"正当那时。"这些人为什么要在当时告诉耶稣彼拉多所作的一件事？那时有一些热心的加利利人违反了罗马的律法，彼拉多听见这事，就差遣一队征讨军前去。兵丁到达的时候，那些加利利人正在献祭、敬拜，他们就杀了加利利人，将他们的血搀杂在祭物中。我认为，如果不是耶稣清楚地解释了，我们就无法知道他们将这事告诉耶稣的原因何在。

祂说，"你们以为这些加利利人比众加利利人更有罪，所以受这害吗？"祂给了他们另一个有密切关系的例子。我一直相信，告诉祂这事的那些人是犹大地的人，他们对那些加利利人根本不存任何同情心。我想他们可能带着幸灾乐祸的态度对祂说这事。祂采取了这个例子，但是另外又提到了一件发生在犹大的中心地点——耶路撒冷的事。就是从前西罗亚楼倒塌的事件，当时压死了十八个人。

再进一层来看这事。祂已经责备他们不知道分辨这时候；他们就来到祂面前，他们实际上是说，我们可不像你所说的那样盲目。我们认出了你那个有关法庭的比喻里，所暗示的审判的行动。为了表示他们明白，他们就告诉祂加利利人和彼拉多的事件。他们沾沾自喜地站在那里，实际上他们从未像当时那样盲目过。

耶稣对他们说，真是这样吗？你们以为那些加利利人的罪，比其他加利利人的罪更重吗？你们以为这种灾祸是显示他们的罪孽极重吗？我告诉你们，不是的，你们错了。你们误解了公义和公平，误解了那位官长、对头、法官、差役行事的方式。

"你们若不悔改，都要如此灭亡。"你们以为那些在西罗亚楼倒塌时丧生的人，"比一切住在耶路撒冷的人更有罪吗？我告诉你们，不是的。你们若不悔改，都要如此灭亡。"

这些人所举的例子，适足证明他们的眼瞎。他们不了解神。那不是神的方法。大灾难不是证明某种特殊的罪。他们认为身体的遭害是象征道德的败坏，其实不然。一个人即使不遭彼拉多杀害，他仍会灭亡。即使没有高楼倒塌压死他，他仍会灭亡。他可能死在自己的床上，四周亲友环绕，甚至乐声不绝；但除非他悔改，否则他仍要灭亡。耶稣所说的"灭亡"，不能以身体方面的用语来解释，它在属灵范畴中有更深刻的意义，但他们在这方面却瞎了眼。

接着祂讲了一个比喻，来启示神管理人类生活的原则。一个人在他的葡萄园里有一棵无花果树，那是属于他的产业。他走到树前，想要找果子，他有权指望得着果子。但是他一无所获，他就说，"把它砍了吧！"他有权毁灭这树。但是，管园的说，"主啊，今年且留着，等我周围掘开土，加上粪。"管园的似乎这样对园主说，我不是求你可怜它，也不是求你让它逃避它的道德责任。我只是求你给它一个新的机会结果子；等我掘土、施肥以后再说。"以后若结果子便罢，不然，再把它砍了。"

因此祂让我们看见神的审判是根据公义，祂是业主，有权这样作，然而祂的审判一向是在无限的忍耐中施行。最后，如果人不顾祂公义的要求和长久的忍耐，不顾祂作为中保的服事，依然不肯结果子的话，祂就要与神联合起来施行审判。神的审判是不能挽回的。

　　我们仍然在追踪主在世上最后六个月的事工。很可能这里的事件是发生在约旦河的另一岸。祂在世最后一段时期,曾花了许多时间在那里。路加没有说出那里的地名,也没有指明时间。这件事惟独见之于路加的记载。地点是会堂,时间是安息日。

　　这段记载可分成两个段落。首先是耶稣在会堂里的举动(10～13节);然后是官长对耶稣的攻击(14～21节)。这事件虽然短,却充满亮光和启示。

　　首先来看那一位妇人,她是整个画面的中心人物。路加说她"腰弯"。那是一个医学名词,在新约中没有其他的地方出现过。按希腊文,正确的直译应该是"双重弯曲"。我们进一步读到她腰弯得"一点直不起来"。"直不起来"也是一个医学名词,曾在新约其他地方出现过。约翰福音第八章说到耶稣在圣殿中时,人们把一个犯罪的妇人带到祂面前,约翰记载说,耶稣直起腰来。这里的妇人几乎不能向上看。你如果碰见她,她是无法抬眼看你的,她的腰弯得太厉害,眼睛总是向着地面。

　　"被鬼附着"这句话,可以在第十六节里找到说明。耶稣说她"本是亚伯拉罕的后裔,被撒但捆绑了这十八年,不当在安息日解开她的绑吗?"

　　导致她生病的灵乃是邪灵。这个妇人在身体上患了疾病,根据路加这位医生传道人所说,她患了腰弯的病,无力直起腰来;然而耶稣说,是撒但捆绑了她。

　　因此这里是一个例子,说明邪灵可以造成肉体上的疾病,且长达十八年之久。这故事没有丝毫的暗示,说到这妇人在生活上有任何不道德之处。她是魔鬼行动下的受害者，我们不知道魔鬼在怎样的情况下使她生病，并且病了十八年。圣经中也没有任何线索，暗示她的病是由不道德引起的。事实上，此处她是出现在会堂里。她正要去敬拜。当耶稣称她是亚伯拉罕的后裔时，祂不仅仅要指明她是一个犹太人，因为这已经是显而易见的事；祂用这话称呼她，是要指明她对神的信心。这里是一个例子，说到撒但能用权势直接使人肉体受苦。我不打算多作解释。世界上也许还有其他类似的例子。生命中有许多事是我们还无法测透的，就像有关受苦的奥秘、魔鬼的势力等。我们只能照着所启示的来看这些事。

　　耶稣进到会堂里，我们可以只用两三句话简短地述说这个故事。首先，祂看见了她。祂当然看见她了，祂的眼目总是在观看。我们观察祂一生的事迹，就能一再地发现，祂最先看到的人，都是有最迫切需要的人。在另外一个场合中，祂进到会堂里，那儿有一个手枯干的人。当时官长们都在一旁观看，要看祂怎么行。他们当然也看到了那个枯干了一只手的人，也许他们以前就常见那人在会堂出入。他们以前对他不加理睬，可是就在耶稣来到的那一天，他们知道，耶稣一定会一眼见到那人。他们这种想法，在不知不觉中对主是一种赞美。祂一向是如此。祂一眼就见到了这个患病的妇人。如果在一群人中，有一个人的需要最迫切，那人就是耶稣所要寻找的人。

　　祂就对她说话，称她"女人"。祂在别的场合也用过这个称呼。这名词从祂嘴唇中吐出，实在有无限的温柔。于是祂用手按着她说，"女人，你脱离这病了！"她就立刻直起腰来。耶稣医病工作的特色，就是立刻见效，并且病人完全好了。祂医治人的时候，这人就十足痊愈了，没有任何迟疑。其他人也许会暂时抛掉拐杖，过不久又得重拾拐杖。但是祂医治好的人，从未再拾回过拐杖。这妇人得了医治，她完全好了，"立刻直起腰来。"

　　再来观察我们主的行动所具有的意义。这妇人被撒但捆绑；耶稣只用一句话，一次触摸，就释放了她。在此我们看见耶稣的能力和权柄胜过了撒但。撒但捆绑她，她无力挣脱，别人也无法释放她。基督来，就释放了她。祂断开魔鬼的锁链，制服了魔鬼的权势。祂比那有兵器的壮士更壮，就从壮士手中掳回那受了十八年痛苦的妇人。

这个故事中有一些奥秘，是我们感到困惑、无法明白的。为什么神允许这一类的事发生？撒但如何得着能力来胜过这妇人？还有许多其他的问题有待解答。但是，这个事实仍存留至今：有一个妇人，她并非有不道德之处，她乃是一个敬拜者，在属灵的意义上是亚伯拉罕的后裔，然而她受撒但捆绑；基督经过那里，进了会堂，粉碎了敌人的势力，医治好这妇人，使她得了自由。

现在来听听管会堂的如何说。他大为震怒。圣经说他"气忿忿的"。他是管理会堂的，是献身于敬拜神的人，竟大为忿怒。为什么？因为有一个妇人进了会堂，她是一个患病、受苦的人，现在她却站直了身，在那里荣耀神。

听听他怎么说。他是对众人说话，但他的话拐弯抹角是对耶稣的攻击，"对众人说，有六日应当作工；那六日之内，可以来求医，在安息日却不可。"

他宣告说，这件事不合程序，它破坏了诸事应有的正确程序。人"应当"工作六日，那就是说，他们不应当在安息日作任何事。他所反对的，不是妇人得医治的事实；对他来说，那妇人是否得医治是无关紧要的。他反对的是，这事破坏了安息日的仪式条文。他根本未考虑到这妇人得医治的事，他只想到主是在作工，对他来说，在安息日作任何形式的工都是不可的。他所说的"应当"，代表那些必须的、不可避免的、分内的事；但他们不可在安息日得医治，耶稣不可在安息日治病，因为治病也是属于工作的范围之内。

因此，他将属灵范畴里的得胜贬低到物质的范畴里。他只看见这妇人站直了身的行动，却完全未看到这个身体上的行动，乃是出于属灵事物的结果。那一天，就在会堂里，在属灵世界中，邪恶的势力受到了控制。他却根本未看到这一点。他只看到耶稣伸手摸了那妇人，那是工作！他看见原先弯着腰、脸面向地的妇人忽然站直了身，那是工作！这实在是不幸！在他认为，仪式比人更重要。他为了维护安息日的仪式条文不受到任何破坏，而情愿让那妇人继续受苦，等到过了安息日再说。

现在再来看耶稣,听祂说的话。首先我注意到,祂也生气了。这可以从祂称他为"假冒为善的人"看出来。那是一种生气的语气。

祂接着为自己辩明,"难道你们各人在安息日不解开槽上的牛驴,牵去饮吗?"

祂看出,管会堂的为了那妇人得释放而生气,是证明他的假冒为善。祂用这个问题启示了一个事实:归根究底,这人所反对的不是祂破坏了安息日。基督实际上说,如果我伸手解开这妇人的捆绑,是在作工,那么你解开槽上的牛、驴,牵去饮水,又是在作什么呢?你那样作了,心中毫无不安,但你现在却为这件事发怒。

显然的,当这人力争安息日的神圣性时,他心中潜伏着对耶稣的敌意,那才是他提出反对的主要原因。因此,主揭露了他的假冒为善。

然后祂采用他自己的话。这人说,"应当。"耶稣说,"这女人本是亚伯拉罕的后裔,被撒但捆绑了这十八年,不当在安息日解开她的绑吗?"

管会堂的说,你不当在安息日作任何事。但耶稣说,你的"应当"却未运用在你口渴的牛、驴身上。既然你不将"应当"运用在你的牛、驴身上,为什么你却运用在这女人身上? 就像祂在另一个场合说的,难道人还不如一只羊贵重吗? 这些人都是很顾惜动物的。他们不反对在安息日解开一只牛或驴。耶稣也不反对。但是祂反对的是,当他们的牲畜有了危险时,他们就设立一条律法来解决;而当人陷于痛苦、疾病时,他们反而采用另外一条律法来限制。祂反对这人的"应当",祂采用了另一个"应当"。管会堂的提到了守安息日的必要,但还有一件事比守安息日更必要。对耶稣来说,人比条文律法重要得多。

"安息日是为人设立的,人不是为安息日设立的"(可二27)。我们的主这样说,并不是将安息日降低到一个不重要的地位,祂乃是将安息日置于应有的地位上。安息日是为了增进人的福祉而设立的。如果这个女人,亚伯拉罕的后裔,需要在属灵的范畴内脱离撒但的权势,那么就应当在安息日结束魔鬼的辖制,使她进入自由之境。

　　我观察这管会堂的人,看到这人已经丧失了对人类价值的认识,以及对神真理的认识。他不认识神。相反的,耶稣认识神,祂知道人的价值。一个人若看不见神,不认识神,他也常常会失去对人类价值的体认。但一个人若认识神,知道人类生命的价值,他就会知道如果和公义、真理、公平、怜悯比较起来,奉献十分之一的薄荷、芸香、菜蔬实在是微不足道的小事。

　　路加说,祂的敌人都惭愧了。我不知道如何解释这句话。我愿意往最好的一面想,就是他们都为自己感到羞愧。但恐怕这不是原来的意思。至少有一点是确定的,就是众人因祂所行的荣耀之事而欢喜。

　　然后呢? 祂简单地重述了祂以前讲过的两个比喻。我们可以在马太福音第十三章里找到这比喻的完整记录。那就是一棵树不正常的发展,以及面酵所代表的腐化力量。

　　一粒芥菜种是不会长成一棵大树的,除非它有了不正常的发育。芥菜种长成大树,不是象征基督教会的发展过程,而是代表一种不正常的发展,以致招来了鸟类栖居在树枝上。鸟在这里是象征邪恶的事物。

　　我们已经熟悉长久以来各方对于面酵比喻的辩论。最普遍的解释,将本节的酵解作好的。所有解经家都承认,在圣经其他地方,面酵都归作邪恶的一类。因此我坚持认为这里也不应该例外。

　　祂为什么要重述这两个比喻? 因为祂看见并且明白管会堂之人的态度,以及众人的态度。祂因此用比喻来显明,祂已经认识到祂的工作所遭遇的难处。祂不是说,祂的工作至终不会成功,但是祂知道,在这过程中会有一些掺杂。

　　我们把这比喻和前面的事件当作一个整体来看,就会看见有两个国度:一个是撒但的国度,一个是神的国度。撒但的国度在那里,他捆绑了那女人,又使管会堂的瞎了眼。神的国度也在那里,耶稣释放了那女人,改正了管会堂的人。撒但的国度是捆绑和使人眼瞎;神的国度是释放和改正。

　　因此可见,神的国度胜过撒但的国度。神所膏的王,能够释放撒但所捆绑的，并且祂愿意照明官长们的眼睛。在神儿子的身上，我们看见了神国的胜利。

这故事里还有一个小的词，我们在前面已经强调过了，就是"应当"。这词启示了管理魔鬼国度和管理神国的动力。管会堂的说，那些事"应当"作，但他的"应当"却完全不顾及在痛苦中的人。不可在安息日赶鬼。不准让任何事来破坏惯常的仪式和宗教上的礼仪。这时撒但的面目完全暴露出来了。归根究底说来，这种漠视人类痛苦的"应当"，完全是从地狱来的。

再听听另一个国度的话。"这女人……不当在安息日解开她的绑吗？"那是一种出于怜悯的行动，想要把人类放在他正确的价值上面。人正确的价值是什么？可以从这一节最熟悉、最崇高的经文中找到："神爱世人，甚至将祂的独生子赐给他们"（约三16）。

这就是耶稣的"应当"，就是祂的动力。祂最主要的热望，就是解开被捆绑的人，使那女人直起腰来；粉碎撒但的权势，使被掳的得自由。

本段经文中,路加记载了另一件发生在比哩亚事工阶段里的事。

"耶稣往耶路撒冷去,在所经过的各城各乡教训人。"这句话使我们想起了第九章第五十一节所说的,"耶稣被接上升的日子将到,祂就定意向耶路撒冷去。"这节经文介绍了耶稣在世最后六个月所发生的事,当时祂正面向耶路撒冷而去。

此处的故事可分成两个段落:首先是记载一个推理的问题,以及主的回答;然后是有人报告祂,说祂正面临一项威胁,随后是祂的回答。

关于第一部分的问题和回答,记在第二十三到三十节。"有一个人问祂说,主啊,得救的人少吗?"毫无疑问的,这是一个出于真心的问题。我们不知道这人发问的原因。很可能他是一个眼光敏锐的人,他对这最后六个月中的甄别过程,以及众人逐渐远离耶稣的趋势感到困惑。也许这位旁观者在想,当耶稣结束一切工作的时候,祂的事工究竟会不会成功? 群众仍然围绕着祂,但他们开始了解祂之后,就逐渐离祂而去。基督的事工是不断地吸引众人,并且在群众中作分别、选择的工作,因此众人很难留在祂身边。当祂完成祂的事工时,身边连一个忠心的门徒都没有。有一句悲哀的话说到这故事,它不是单指群众,也指那十二个内圈人,"都离开祂逃走了"(太二十六56,可十四 50)。

我禁不住在想,也许这个人独具眼光。他看见群众的态度,看见他们逐渐离开祂,就说,"主啊,得救的人少吗?"

另一方面来说,这个人也可能是为自己操心,他也许听了耶稣的教训和要求之后,开始怀疑他自己是不是能得救。耶稣在肉身之日,从未暗示作基督徒是容易的。异端是为这个贪图安逸的世代所预备的，我们处在这世代中的人，只关心统计数字，远超过关心属灵的能力。

"若有人要跟从我，就当舍己，背起他的十字架，来跟从我"（太十六24，可八34）。这里未暗示任何安逸的生活。甚至祂的伦理标准是如此高，以至于诚实的人都会为之战兢；如果他们读了登山宝训就更要战兢了。因此，这个提出问题的人已经意识到耶稣的理想太高了，简直不可能实现。

耶稣如何回答？我们可以对问题本身猜测纷纷，但祂的回答却不给我们留下任何疑惑的余地。首先，我们注意到祂没有针对那问题提出任何答案。其次，必须认识到祂实际上已经作了明确的回答。这两点并不是绝对对立的。这个问题涉及猜测的范围，所以我们的主不愿意回答。这点本身颇富启示性。人们常常喜欢得着独断的答案；在某种意义上来说，祂不回答这一类的问题。有些人总是要求肯定的答案。固然我们有些事情必须要肯定，但是推测性的问题所牵涉到的，通常是不大重要的。有一次我听见胡顿博士（Dr. John Hutton）说，"有些人总是要寻找死板而肯定的答案，他们也找到了，却是一个死的答案。"

那么，耶稣回答他什么呢？"你们要努力进窄门。"注意这个回答的意义。那人问，"得救的人少吗？"耶稣实际上回答说，不要浪费时间辩论这个问题，看看你自己吧！你得救了没有？"你们要努力进窄门。"这是主回答里首先强调的。

祂接着说，"我告诉你们，将来有许多人想要进去，却是不能。及至家主起来关了门。"这里有一个技术性的字。我们不应将语句在"不能"这个词后面告一段落。整句话的意思不单单是说，有许多人想要进去却不能。它乃是指明人的机会是有限的，"及至家主起来关了门。"

基督藉此说到，进入那门的机会是有限的。时候将到，家主就要起来，把现今正敞开的门关上。

祂继续告诉那个发问者，在那日，许多人将对祂说什么，以及祂将如何回答他们(25～27 节)。

祂深知在那日，许多人要向祂恳求。我们认识你啊！我们在你面前吃过，喝过。你到过我们的城里，在我们的街上教训过人。我们对你知道得很清楚。但是耶稣要说，"我不认识你们！"这是何等严肃、可畏的话啊！个人的得救不是根据他是否熟识祂来决定，乃是根据个人与祂的关系而定。这种个别的关系只有在祂说"我认识你"时，才能得到证实。保罗有一次说到认识神，他说他情愿被神认识。这是一个有意义的转变；认识神，或者情愿被祂认识。基督实际上说，你可以熟识我，与我同桌共食，站着听我的教训，但这一切还不够。一个人得救不是靠着熟识主；得救必须建立在个人与主的关系上。

祂又加上另外的说明，"在那里必要哀哭切齿了。从东，从西，从南，从北，将有人来，在神的国里坐席。只是有在后的将要在前，有在前的将要在后。"

祂在这段话里启示了一个事实：人与祂的关系不是与生俱来的。那时的人都倚赖他们与亚伯拉罕、以撒和雅各的血缘关系。祂的声明深具含义，包涵甚广。血缘的关系算不得什么，重要的是属灵的关系。那就是拥有和他们祖先同样的信心，并且顺服他们心中的感动。

让我们不要忘记我们主对那个问题的回答。我们如果也想问得救的人是多是少，就该听听祂的声音；那永活的主现今仍在对我们说：我不回答推测性的问题，那没有任何道德上的价值。你们要努力进窄门。生命中最重要的事就是进入与神正确的关系中。你们要努力进入得救的行列中，不要管得救的人是多是少。

现在来看第二个段落。路加用"正当那时"，将下面的事件和我们刚才读的那事件连接在一起。

我们可以想像，这些法利赛人当时正站在一边，听祂对那人的回答。他们很可能对耶稣所说的人与亚伯拉罕、以撒、雅各的血缘关系不重要这部分，感到特别生气。他们过来对耶稣说，"离开这里去吧！因为希律想要杀你。"

他们告诉祂，有人威胁要杀祂。毫无疑问的，他们说的是实话。

如果他们所说希律要杀祂的话是捏造的,祂就不会叫他们传话给希律了。然而,我一直认为他们告诉祂这事,并不是因为尊敬祂。相反的,从故事本身可以看出,他们是因为恨祂,才告诉祂这事。

显然的,他们存心想要恫吓祂,以将祂赶走。我们也许觉得这种打算很愚昧,但他们的动机确是如此。他们觉得不管怎样,一定得赶走祂,也许这样恐吓祂,可以使祂闻之逃遁。

整件事最主要的价值在于祂的回答。祂如何回答他们? "去告诉那个狐狸。"这是最轻视的用词,但我们的翻译还没有把里面的讽刺意味表达出来。"狐狸"这词在希腊原文中是用阴性的,如果正确地直译,应该是"去告诉那个母狐狸"。

祂用阴性的名称来称呼希律。我们在耶稣的生平事迹中,还未发现祂在其他场合曾用过如此轻蔑的话来称呼人。我想没有其他故事,比希律的故事更悲惨了。每一次我思想我们的主个别对付人的方法时,就不禁严肃地停留在这个故事上。我认为,一般说来在耶稣的面前,没有无药可救的人,惟独希律例外。他一直未见过耶稣,直到稍后耶稣被彼拉多带到他面前为止。耶稣始终避着他。如今祂差人带给他一个轻视的信息。不久,彼拉多将耶稣送到希律那里,我们读到希律"很欢喜"见祂。为什么? 因为"指望看祂行一件神迹"(二十三8)。

一个人想见耶稣的目的,若单单是为了看祂行神迹,他就是在毁灭自己的灵魂。希律正是如此,他想寻开心。当他们面对面站立的时候,耶稣拒绝和他说话,祂一言未发。希律问祂各样问题,祂都不回答。祂对这样的人无话可说。这是一幅可怕的画面。耶稣逃避希律,差人传一个轻蔑的信息给他,后来和他见面时,又一语不发。这实在是一个严肃的画面。一个人可能堕落到这样的地步,以至于耶稣对他无话可说。

再听祂的话。"去告诉那个狐狸说,今天、明天我赶鬼治病,第三天我的事就成全了。"

那就是祂计划最终的成全。这是什么意思? 祂正面向耶路撒冷而去。祂已经清楚表明祂要去耶路撒冷受死。这就是祂现在面对希律的威胁时所提到的事实。"第三天我的事就成全了。"那是从神的方面说的。

　　"虽然这样,今天、明天、后天,我必须前行,因为先知在耶路撒冷之外丧命是不能的。"那是从人这方面说的。祂知道祂将要死,但当祂谈到死的时候,祂实际上这么说,希律,你无法杀我。我的计划都已经安排好了,没有任何事能阻挠它。我今天、明天仍医病赶鬼,但第三天——这是一种优雅的方式提到那结局——我的事就成全了。我就要完成我的计划,包括钉十字架在内。因此前面一个段落无异于是在描述祂的计划在属神的层面上的情形;第二个段落则包含了人的因素在里面,"因为先知在耶路撒冷之外丧命是不能的。"

　　那是在人的层面上之结束。我就要去耶路撒冷,在罪人手中受害;但就在那一天,我的使命也完成了,希律和地狱都不能阻挠我的使命。

　　我们到处可见主对十字架的这种明显态度。我们也要不惮其烦地再度强调说,祂每次提到祂的十字架时,同时都宣告了十字架的必要性,以及祂的复活。祂不是以"受害者"的身份向十字架走去,祂乃是以神计划中的得胜者之身份前去。

　　一直到五旬节那天,门徒终于明白了祂说的这一切话。彼得在圣灵降临之后,第一次讲到耶稣和祂的十字架时怎么说?他说,"祂既按着神的定旨先见被交与人,你们就藉着无法之人的手,把祂钉在十字架上杀了"(徒二23)。

　　因此,祂的敌人对祂说,你最好离开这里,因为希律要谋你的命!人子在神永恒的计划中,却带着欢喜,嘲笑希律说,去告诉希律,他不能阻扰我。我来是要实现神的计划,时候到了,我要被交在杀害我的人手里,我的事就成全了。这里的"成全"原文是"teleioo";祂在十字架上最后的呼喊"成了",也是出自同一个语根的动词"tetelestai",意思是完成了,成全了。

　　下面的一段话,我认为是圣经中最难懂,也最难解释的一段。那里面充满了心碎的语调,是神的心碎了。那是怀着最终怜悯的悲歌。这段话(34～35节)揭示了祂的心肠。我们读的时候,不可能读不出祂那呜咽的声音,那是神的伟大母爱。

由于耶路撒冷不肯悔改,因此神的怜悯和旨意也无法阻止刑罚临到它。"看哪,你们的家成为荒场留给你们。"至于"成为荒场"一词原文里有没有,无人能断言。但不管是否有这几个字,"成为荒场"的这个事实还是存在的。

"看哪,你们的家……留给你们。"我们用不着说"成为荒场",因为一个家若被神遗弃了,必然会成为荒场。在耶稣开始祂的公开服事时,祂进入圣殿,并且洁净了圣殿,那时祂称圣殿为"我父的家"。现在祂在结束的时候,不再称圣殿为"我父的家",祂说"你们的家",它留给你们了。如果神的殿留给我们,祂不住在里面,它就真要成为荒场了!

但祂并未停留在这里。祂最后说的话,露出了一线希望的曙光,启示了祂心中最深处的事。你们的家留给你们,但是,"我告诉你们,从今以后你们不得再见我,直等到你们说,奉主名来的是应当称颂的。"

这一切事都启示了祂对自己使命的认识是何等威严,庄重!并且启示了祂内心那深不可测的怜悯,和祂即使在刑罚中仍对公义的执着;最后,也启示了那得胜之日必要来临。

本段经文开启了一段事迹，第十四章起一直到第十七章第十节止，所记载的就是这段事迹。这里的故事发生在耶稣事工里的最后一个安息日，我们可以从其中看见耶稣抵达耶路撒冷之前，最后发生的一些事。这段经文记载了法利赛人首领家中的事件；祂离开那家以后，接着发生的事；以及祂所作与这些事有关的教导。

这里的二十四节经文在某方面来说，堪称是路加福音里最引人注目、最令人吃惊的一段经文了。

它分成三部分。首先是一件戏剧化的事（1～6 节）；紧接着是耶稣所说的惊人的批评（7～14 节）；然后是耶稣在那个房子里所讲的故事（15～24 节）。

第七节说，"耶稣见所请的客……"从"所请的客"可以知道，那是一个正式的场合。我们看见了耶稣作工的那个时代一个腐败的象征。他们渐渐侵占了本应分别为圣的时间，逐渐将安息日的下午或晚上，用在探访亲友或招待客人上。今日的基督徒也有同样的情形。许多人早上去教会（还常常迟到），下午就去访友、交际。这整件事代表了属灵的腐败。

耶稣参加了这样的一个欢宴。也许有人立刻会说，祂的参加足以证明这种欢宴是正当的。我的回答是，如果我们在这种场合也能说和耶稣相同的话，作同样的事，那么我们接受邀请参加欢宴是正当的。

耶稣在那个首领的家中，发现四周有一种批评的气氛。路加说，"在祂面前有一个患水臌的人。"这人为什么前来？毫无疑问的，他是受邀请而来，但那些人并不是因为想要他来作伴而邀请他。他为什么会在那里出现呢？让我们继续读下去，"耶稣回答说……"（中文圣经无"回答"二字）。祂回答什么？根本没有人说话啊！也没有人提出任何异议。祂应邀进来，一眼就看见那个被放在祂面前的患水臌之人。现在我知道"回答"一词的含义了。祂是在回答他们故意将他放在祂面前的这个行动。

祂知道他为什么会在那里。是他们将他带来，放在那里，想看看祂会不会在安息日治病。耶稣在一生的事工中，与官长们一直在一点上起冲突，就是祂不断地蔑视人们的俗例，一再破坏他们所设立有关安息日的种种虚假的仪式规条。

祂说，"安息日治病，可以不可以？"我想我能把握住祂的语气，听出祂的重点。我相信祂用这种语气说话，他们就能知道祂是在说出他们心中所想要问的问题。祂实际上是说，我知道你们在想什么，我也知道你们为什么把那人带来。你们就是想问这个问题，或者想叫我回答这个问题。

"他们却不言语。"每一次我听到这些人的故事时，就想到，他们确实常常会沉默片刻，这一次也是如此。

然后，"耶稣就治好那人，叫他走了。"那就是祂的回答。接着祂又用讽刺的语气，像往常一样，向他们启示一个事实：他们的反对是不诚实的，在他们所反对的祂打破仪式条文的后面，还有更深刻的事。"你们中间谁有驴或有牛，在安息日掉在井里，不立时拉它上来呢？"

有些古老抄本加上一句，"你们中间谁有儿子或有牛……"祂说，如果涉及你们所爱的人或东西时，你们难道也采取现在这种态度吗？如果你的儿子或驴、牛在安息日掉到井里，难道你不立时拉上来吗？他们再度沉默不答。

这件戏剧化的事过去了，那个安息日下午的宴会仍继续着。路加说，"耶稣见所请的客拣择首位，就用比喻对他们说。"为了明白耶稣所看见的情形，我们必须明白那些东方家庭安排席位的方式。最常见的方式是一个桌子设三个席位。像这里的场合，通常有好几桌，每桌有三个席位。各桌最中间的位子是首席。假设有九个人，就有三个桌子，每桌三人；我们分别将这些席位由一编号到九。那么，第一桌的第二号，第二桌的第五号，以及第三桌的第八号席位就是首席。在这种情形下，主人都坐在最卑微的席位，就是第九号席。坐在最中间桌子的首席之客人，就是那一天的主客。

路加说，"耶稣见所请的客拣择首位。"祂看见他们自己拣选位子，都想要坐每一桌中间的首席。

祂看着这一群人，他们中间没有一个贫穷、伤残的人，也没有一个瞎子或瘸子。这些人从来不会在这种场合出现。祂看到的是一群有成就、有财富、志得意满的人，他们正在争夺首席。

接着祂作了一件恐怕是最违反惯例的事。祂批评那些客人的无礼，以及主人的错误待客原则。

祂对客人说的话，记载在第八节。不要坐在首位上，为什么？因为首位是给尊贵的客人预备的。一个争着要坐首位的人，就证明他不是一个尊贵的人。一个尊贵的人绝不会为自己争席位。"恐怕有比你尊贵的客被他请来。"

然后祂对作主人的说话，祂再度用到"恐怕"这个词。"耶稣又对请祂的人说，你摆设午饭或晚饭，不要请你的朋友、弟兄、亲属和富足的邻舍，恐怕他们也请你，你就得了报答。"

祂的意思是，我们这样作是很危险的，他们可能会回请我们。因为我们请他们的时候，就是在指望他们也回请我们。我们的主说，这种态度已经失去了请客的真正精神。任何想要得报答的请客，都不是出于真心的好客。

我认为，以今日的生活标准来说，这仍然是一种革命性的想法。我们的主指明了不好的态度和不良的动机之间的关系，以及良好的态度和善良的动机之间的关系。如果我们的动机不良，我们的态度就不好。如果我们想要高抬自己，我们就会去争取显赫的地位。我们的动机若是好的，我们就不会去争夺高位。我们请客的动机若是为了要得别人的回请，这种请客本质上是粗鄙的。如果我们请那些贫穷、残废、瘸腿、瞎眼的人，他们根本无力报答我们，我们就有福了。这才是真正的好客。

我们很惊奇地注意到，我们的主在这里看见了那永恒的光。祂说，"到义人复活的时候，你要得着报答。"几乎将基督徒所有属天的报答都延期了。神会供应我们在这世上所需要的一切，但所有大的赏赐都要等到未来的那一个生命里才能得到。

因此，我们来到发生在这首领家中的最后一件事。有人说，"在神国里吃饭的有福了。"我相信这是出于真心的呼喊。有些解经家认为这是讽刺的宣告。我却不这么想。对我来说，显然这一位客人从耶稣的话中，看见了神国的曙光，看见了耶稣所提出的理想是何等荣耀，看见了这个原则所管理的社会秩序是何等完美；在这样的社会秩序下，没有人抢首席，没有人争权夺利，人们请客并不是为了求回请或报答，乃是真正为了别人的需要。因此他喊道，"在神国里吃饭的有福了。"

我们再一次对耶稣的回答感到惊讶。祂以故事的形式作答。我们的主在这个故事中，没有否认天国的福分。祂也没有否认那人所说的话之正确性。但祂实际上说，不错，你羡慕这个理想，但你还没有预备好为祂而有所行动。人们可能会羡慕一个理想，却不打算实现这个理想。

这个故事首先表明了神的国是一个恩典之国，神摆设了筵席，让人白白进去享受。人接受了神所赐的恩典，就得以进入神国，成为神的客人。

这让我们看到，进入神国的权利，乃在于受到了祂的邀请。神在呼召我们，祂说，"请来吧！样样都齐备了。"因此，最后这故事指出，我们若被排拒在那国度之外，是因为我们先拒绝了祂的邀请。

这故事的要旨，在指明人拒绝祂的原因。有一个人说，"我买了一块地，必须去看看。"另一个人说，"我买了五对牛，要去试一试。"第三个人说，"我才娶了妻，所以不能去。"

我们的主在这里用了一个醒目的词——"推辞"。这词在希腊原文中的意思是放在一边，辞退，翻译成"推辞"也颇能达意。在"推辞"和"理由"中间是有很大差别的。我在十二、三岁那年学会了这中间的区别，我恐怕一辈子也不会忘掉。那时我在切坦罕（Cheltenham）读书，我的老师是巴特勒（J. L. Butler）先生。为了某种原因，有一天我没有作家庭作业，妈妈就写了一张条子要我交给老师，上面说，"请准许坎伯·摩根今天不作功课。摩根太太谨上。"我将这条子交给巴特勒先生，他很仁慈地说，"当然可以。"那天放学时，我正打算回家，忽然听见巴特勒先生问我，"摩根，你要去哪里？"我回答说正要回家，他说，"请你先作完家庭作业再回家。""可是，老师，我不是带了一张条子来给你吗？"他说，"我知道你带了一张条子，但那只是推辞你昨天不作功课的借口，不能作为你今天不作功课的理由。"我一直没有忘记这件事。

"众人一口同音的推辞。"想找借口推辞，完全是因为心中不想这样作。

现在我们来细察主所举出的几个借口。有一个人说，他刚买了一块地，必须去看看。那个人若不是骗子，就是傻瓜。有谁会事先没有看过一块地，就买下它呢？

第二个人说，他刚买了牛，要去试一试。他和第一个人一样，非骗子就是傻子。你能想像一个人不先试试牛，就将它买下来吗？

最后那个人说，我刚娶了妻，所以不能来。他是三个人中最傻的。他为什么不带着妻子一同赴席呢？这纯粹是借口而已。

第一个人的借口是土地，属于产业的范围；第二个人的借口是牛，属于商业的范围；第三个人的借口是妻子，属于人类天然感情的范围。今日，这三样东西最能使人远离神的国。

他们羡慕这样的理想，"在神国里吃饭的有福了。"主用比喻的方式说，是的，你们羡慕神国，但你们却不肯进入。你们在这三个范围内找借口。这些事占据了你们的心，使你们的心容不下神。

那真是一个不寻常的安息日下午。当这一切事都过去以后，祂就离开那个法利赛人的家。下一讲将告诉我们，发生在房子外面的事。

　　耶稣讲完了那个例子,说明人心不愿意进神国的事实之后,就离开了法利赛人首领的家。路加简短而生动地描述了外面的情景,"有极多的人和耶稣同行,祂转过来对他们说。"

　　试想像当时的情景。路加强调人群的众多。他说,"有极多的人。"在耶稣作工的那个阶段中,无论祂到哪里去,都有一大群人跟着。各式各样的人紧随着祂,聆听祂说的话,观看祂行的奇迹,他们对祂深感兴趣,深深为祂所吸引,并且他们显然对祂有好感,有一种愿望想要与祂在一起,与祂联合。

　　我们看见祂离开那法利赛人首领的家,开始往前行。我们可以想像祂背对着那房子,往祂自己的道路上行。那时在外面等待的群众,就立刻跟着祂行。然后,"祂转过来对他们说。"这就是当时的情景。

　　这一章剩下的部分记载了祂对群众所说的话。然后,在第十五章开始的两节中,记载了祂的谈话和行动所产生的影响。路加告诉我们,有两种人受了影响:一种是群众和罪人,一种是法利赛人和文士。

　　那一天祂所说的话,是从祂口中所出最严厉、扎心的话语之一。我们必须先记住,当时的群众正被祂吸引,想要与祂在一起,有些想要作祂的门徒。耶稣转过来面对他们,从祂所说的话里,我们发现了作祂门徒最高的条件。祂曾重复三次说,"不能作我的门徒。"同时祂相对的,也启示了作祂门徒的独特条件。

　　这也是惟一的场合,祂如此清楚地解释了祂设立这些严格条件的原因。

先来看看这里所指出的作门徒的条件。每一次我读的时候，都会有一种惧怕，都会问，这些真的是作门徒的条件吗？每一个人读到第一个条件，说要恨自己的父母、妻子、儿女、弟兄、姐妹和自己的生命，岂不都会产生一种害怕的感觉？但祂确实是这么说的，如果作不到这点，"就不能作我的门徒。"

第二个条件乍看之下不太惊人，其实是更令人吃惊的。"凡不背着自己十字架跟从我的，也不能作我的门徒。"这里面有一些宗教、神学和教会上的语气，所以我们很容易接受它。但请留意其中的"自己十字架"一词。耶稣并没有说，背着我的十字架，祂乃是说，背着"自己十字架"。当然我们最终必须用祂的十字架来解释这里的十字架，但祂所强调的乃是个人自己的十字架。

接着我们的主又第三度用这样的句子，来总结祂前面说过的两个条件，"你们无论什么人，若不撇下一切所有的"——包括你的父母、妻子、儿女、弟兄、姐妹和自己的性命，并且背起十字架——"就不能作我的门徒。"

主从未说过，作基督徒是件容易的事。我们的信息是错误的，我们宣告作门徒很容易，结果却没有达成神交给我们的使命。我相信，我们的失败是在于我们向年轻人介绍基督时，将我们的信仰渲染成一个得到快乐生活的秘诀。如果我们能像耶稣一样，介绍基督教是一种改革的运动，我们就能更成功地得着年轻人。从头至尾，基督教信仰中最重要的就是十字架。

"人到我这里来，若不恨……"（参中文圣经小字，"爱我胜过爱"的"爱"原文作"恨"）。就是这一点使我们踌躇不前。我们必须记住，这里是东方惯用的语法，用来表现一种尖锐的对比，"恨"这个字是用来与"爱"相对立的。我们不必要说，耶稣不是在声明我们心中对所爱的人应该怀着敌对的态度。祂当时面对着的，是人对祂所提到这些人的忠心，可能超过对祂的忠心。令人注目的是，祂所提到的这些东西或人，没有一件是低俗的、卑贱的。人常常会在美丽的事物和对祂的忠心之间有冲突。人类的生命中，没有什么比对父母的爱，对妻子的爱，对儿女的爱，对弟兄姐妹的爱更善更美的了；但这些美丽的事却常常可能威胁到我们对主的忠心。因此祂宣告说,即使有片刻的时间,我们最高的属世之爱和基督的呼召有了冲突,我们只有一个法子去行,就是跨越我们自己的心,毫无妥协、毫无疑问地去跟随祂。

这一点最终必须用下一个条件来说明。"凡不背着自己十字架跟从我的,也不能作我的门徒。"背十字架的意思,就是倒空生命中一切出于自私动机的事,虽然这些事也可能是高尚的。如果一个人到了某一个时候,基督呼召他在生命的态度和行动上,过一个牺牲的服事生活;同时他又面对美丽的属世情感之吸引,在这两者中作抉择时,他惟一能作的,就是遵照耶稣所提出的条件,去跟随祂。

耶稣又加上了"和自己的性命",使这一切更加崇高。人还会爱什么胜过爱自己的性命呢?魔鬼和耶稣常常说同样的话,但却出于完全不同的标准和含义。魔鬼首先对人说,"你们便如神"(创三5)。耶稣也对我们说,"你们要完全,像你们的天父完全一样"(太五48)。两者都呼吁人要像神,但其中却有天渊之别,因为这两者对神的观念是截然相反的。关于这里耶稣所说人对自己性命的态度,使我想到撒但曾对神说到一个人,"情愿舍去一切所有的保全性命"(伯二4)。我也记得耶稣说过,"人若赚得全世界,赔上自己的生命,有什么益处呢?人还能拿什么换生命呢?"(太十六26)。

这两件事使我们看见,人对自己生命的价值应有的估量;并且明白耶稣所说,除非人符合祂所呼召的条件,恨恶自己的性命,否则不能作祂的门徒这句话的意义。

这些条件的严厉性是不言而喻的。今日我们抱怨这些条件太严苛,岂不是有些迟了?1914年第一次世界大战期间,我由乡间匆匆返回伦敦,在那致命的八月天里,我看见一批一批的英国子弟被送上战场。他们唱着军歌向前迈进,我日以继夜地可以听见他们的脚步声,他们都是优秀的年轻人。难道他们不爱他们的父母?不爱他们年轻的妻子?不爱那正挥手告别的儿女?不爱他们的兄弟姐妹?不爱他们自己的性命?他们当然爱!但是,时候来了,有一个远比他们属私己的爱更高的呼召临到他们,他们就前去,忠于那个呼召。

耶稣所要的是全部,祂需要全部。当我们谈到祂第一个条件的严厉性时，难免会引起一个疑问：基督所要求的忠诚，是否低于我们年轻子弟对于国家的忠诚？祂要求得更多，祂要求我们撇下一切所有的。祂呼召我们前进，永不回转，永不妥协。

祂的第二个条件，说明了祂的第一个条件。"凡不背着自己十字架。"十字架就是惟一的说明，因为祂的计划就是牺牲。十字架是惟一的方法。因此祂说，人若不背着自己的十字架跟从祂，就不能作祂的门徒。因为祂走的是十字架的道路，祂的门徒也必须走这一条道路。

十字架是什么呢？它的意义何在？我们常常听到一些信徒谈到他们所经历的十字架时，所说的话非常荒谬。我听过一些很虔诚的人说到他们所受的苦，所遭遇到的肉体上的疾病，心理上的困扰，物质上的损失，他们称这些个人所受的苦为十字架。他们谈到这些经历时会说，"当然啦！我们必须背负十字架。"那并不是十字架。我不能仅仅因为受了苦，就说是背负了十字架。如果受的苦只是以我个人为中心的，只是以我个人作出发点，那就仅能称为受苦，但那不是十字架。神知道我并非对受苦一事毫无同情心。但除非我们是为义、为善行、为作基督徒而受苦；除非我们是照神的旨意同情别人而受苦，因帮助别人而倾倒出自己，否则我们就没有触及十字架的范围。我们只能用祂的十字架来诠释我们的十字架。

我发现如果把耶稣在凯撒利亚腓立比所说的话，和使徒保罗受圣灵启示所写出的那一段有关主自己的话，并列来读，是非常有趣，并且富启示性的。保罗写道：

"你们当以基督耶稣的心为心。祂本有神的形像，不以自己与神同等为强夺的。反倒虚己，取了奴仆的形像，成为人的样式。既有人的样子，就自己卑微，存心顺服，以至于死，且死在十字架上"（腓二5~8）。

那就是十字架。"反倒虚己"，"死在十字架上"。我如果要跟从祂，也必须倒空自己。祂一路走向十字架；我如果要作祂的门徒，必须甘愿接受十字架，作为我一切生活和服事的原则。祂在这里的意思就是如此。祂说，人若要跟从我，就必须进入我的计划中，必须走我的道路。作门徒的意义不仅是保证灵魂得救，并且是在患难中与祂有交通，然后与祂一同得胜。除非我们预备好这样作，否则我们不能作祂的门徒。

声明了作门徒的条件之后，祂接着解释祂所以定下如此严格条件的原因。祂说，"你们哪一个要盖一座楼，不先坐下算计花费，能盖成不能呢？"接着祂又采用另外一个比喻，说到一个王出征前，先要酌量一下。

祂为什么要举出这样的例子呢？祂为什么要在那个时候，用盖楼和出征的比喻呢？

我想这段经文恐怕是新约圣经中最被误解的一段了。被误解的原因出自一个小小的词——"这样"（见 33 节）。如果这个词译成"这样"，就等于暗示祂的意思是：你若要跟从我，就必须这样先估计一下所花费的代价，就像那个盖楼的人事先算计花费，或像那个国王，出去打仗以前先坐下酌量，能否用一万兵去胜过对方的两万兵。事实上祂根本不是这个意思。按耶稣的意思，这个小小的词应该译为"所以"。祂的那些条件显示，一个人若跟从祂，就不能算计花费，不能和其他利益比较，不能在世俗的爱和耶稣的呼召之间讨价还价。

祂不是告诉人，他们必须算计花费。祂乃是告诉他们，必须算计花费的是祂自己。祂是那盖楼的人；祂是那争战的王。这就是他举出这两个例子的原因。祂说，"所以"，也就是解释祂的条件为什么如此严格，为什么你们必须符合这些条件，否则就不能跟从我。祂似乎这么说：我在世界上，就是为了盖楼，为了争战，因此我的工人和军人的品质，对我是攸关重大的。

圣经一切的启示可以照亮这一段话。祂已经接近了祂服事工作的尾声。大约六个月之前，祂也用过同样的两个比喻。祂在凯撒利亚腓立比说，"我要把我的教会建造在这磐石上"——建造；"阴间的权柄不能胜过他"——争战。在这两个场合中（太十六 18），祂都启示了祂对祂在世上工作的估量。祂来到世上，是为了建造。祂来到世上，是为了争战。祂主要的目的是建造，但在建造的过程中，祂必须作拆毁的工。祂是盖楼的人，但祂也是争战的王。这与整个圣经的启示是一致的。圣经的历史，就是神为了犯罪的人类采取之行动的历史。那是建造的作为，也是争战的作为。圣经以一个园子开始，以一个城市结束，在开始与结束之间，就是神为建造那城，在历世历代所经营的事迹。而在这过程中，由于人的罪，祂就成了争战的人子。

司布真（Charles H. Spurgeon）曾发行一本杂志，取名《宝剑和铲子》（The Sword and Trowel）。他为什么会替这本杂志取这样的名字呢？他是从尼希米的故事得到灵感的。但没有人能肯定地说，他命名的时候未认出里面更深刻的含义，而仅仅是因那个故事，就为那本基督教刊物命名。尼希米和那一班人，是一手拿剑，一手拿铲子修筑城墙。同样的，我们主所举的例子也与神所启示的作为相符合。

再来看看那一群被祂吸引，对祂怀着兴趣的群众。祂转过来，给了他们作门徒的条件。我相信祂当时看见了群众的脸上所反映的心思，那也是人类心中的想法，是我心中的想法。他们看着祂，他们似乎说，你为什么要把条件定得如此严格？我们都喜欢你，被你吸引；只要你同意，我们就可以拥戴你作王。我们愿意跟从你。

祂看见他们的表情，知道他们的心思，祂实际上说，我告诉你们为什么我把条件定得如此严格。我来世上是为了建造，为了争战。我要跟从我的人始终站在我旁边，直到楼盖好了，战争胜利了。耶稣关心"质"远胜过"量"。如果今日神的教会也学到了这个功课，教会的会众可能就被淘汰不少了。我们若不再吹嘘自己的教会有多庞大的会众，我们就能很快得到洁净。

这里也适用基甸的故事。神使用三百个真诚的壮士来成就的事，远胜过三万二千个乌合之众所能作的事。主所要的人，是祂能靠得住的人，能够和祂一起辛勤砌砖，一起冲锋陷阵，直到祂赢得战争，建好祂的城为止。那就是祂定下严格条件的原因。

最后祂说，"盐本是好的。"祂改变了比喻中的表记，再度使用祂早期事工中曾对门徒用过的比喻，那时祂说，"你们是世上的盐"（太五 13）。

"盐本是好的。"但它若失了味，又有什么用处呢？祂带着讽刺说，"或用在田里，或堆在粪里，都不合式。"都没有用处。耶稣说，人若没有盐的功用，对我来说他们都是无用的。那些视基督教信仰为愉快、轻省道路的人，他们本身没有气味，在这世上不能产生防腐的作用，不能阻止腐化的蔓延。"盐本是好的，盐若失了味，可用什么叫它再咸呢？或用在田里，或堆在粪里，都不合式，只好丢在外面。"

然后，祂以一个挑战作结束，"有耳可听的，就应当听。"

最后，请注意结果。"有耳可听的，就应当听。众税吏和罪人都挨近耶稣，要听祂讲道。"把这两节连在一起是颇有启示性的。众税吏和罪人都挨近祂，想要听祂；虽然祂设立的标准是如此高。那些知道自身需要的人，就是愿意靠近君王和救主的人。然后呢？

"法利赛人和文士私下议论。"这些志得意满的人，丝毫不为祂的话所动，反而拒绝他们所看见的。他们说，"这个人接待罪人，又同他们吃饭。"

虽然耶稣已经宣告了如此严格、必要的条件，足以使历代的人为之战兢，但祂却接待罪人，与他们一起吃饭。祂所说的话对税吏和罪人产生了影响，他们深深地被祂严厉的话所吸引。另一方面，法利赛人和文士却拒绝所看见的，因为他们没有见到祂话语中真正的价值。

　　如果我们要从圣经中选出最伟大的几章经文,我们一定会将路加福音第十五章列入。因为这章经文的生动、美丽是无与伦比的。这章经文是我们主说过的话语中,最光采夺目、最精彩荣美的。我相信,即使一个人花了很长的时间去研读它,仍然会觉得这是最伟大的篇章之一,因为在这章经文里,我们可以很奇妙地注意到圣经所代表的伟大事实,以及圣经透过文学所启示的伟大真理。

　　我们读这章的时候,必须将它和第十四章连在一起读。第十五章一开始的两节,告诉我们耶稣在第十四章说的话所产生的影响,以及其他一些人看见祂所行的而产生的反应。

　　第一节说,"众税吏和罪人都挨近耶稣,要听祂讲道。"祂已经对众人说了作祂门徒的严格条件,祂最后向他们提出一个挑战,"有耳可听的,就应当听。"然后路加就直接提到了众税吏和罪人,他们挨近耶稣要听祂。他们知道自己的需要,他们被祂严厉的话所吸引。

　　但是那里还有另外一群人,就是文士和法利赛人,他们"私下议论说,这个人接待罪人,又同他们吃饭"。他们似乎根本没有听进祂说的话,他们只看到祂所行的,就是祂"接待罪人"。

　　他们是什么意思?"接待"是一个强烈的字眼。如果我读成"这个人与罪人联合",也不会违反这句话本来的意思。他们看到的,是耶稣对那一群不洁净之人的态度。那些群众不仅在仪文上是不洁的,可能在身体上也不洁净。官长们看见祂接待那些人,与他们称兄道弟。祂的态度没有一点避讳。祂不像官长那样,把衣裳拉紧,深恐群众沾染了他们。祂甚至与众人同坐,同他们吃饭。官长们所关心的是,祂若与罪人在一起,会沾染了罪人的不洁。这就是本章经文的背景。

"耶稣就用比喻说。"对谁说？毫无疑问的，祂是特别针对批评祂的人说，但也是对所有群众说。这章经文的第一个要旨是，祂是在对虔诚的人说话。祂在这个比喻中，表达了祂用这种态度对待不洁的众人之原因；祂也解释了为什么祂与罪人接触却不会受污染。

我们先概略地看过这比喻，再来考察其他方面的事。我们可以说这里有三个比喻，但不要忘了这三个比喻是一组的，彼此互相连结。路加说，"耶稣就用比喻。"我想他是将这三个比喻整体看待。古代的教父特别声明这里不是三个比喻，而是一个比喻分成三个段落。

如果我们只取其中的一个比喻来看，而忽略了其他两个比喻，我们就会错过了许多教训，因为这是一个三重的比喻。

那么，这整个比喻的主题是什么呢？就是神的恩典。从头到尾，都是以神的恩典作主题。祂在解释官长对祂的批评时，启示了恩典；祂也启示众人所需要的就是恩典。

这个比喻分成哪三部分？一个是牧人的故事，一个是妇人的故事，一个是父亲的故事。

我们观看这个牧人的时候，看到的是什么？是他的受苦。我们观看这个妇人的时候，看到的是什么？是她的寻找。我们观看这个父亲的时候，看到的是什么？是他的欢唱。第一个比喻主要强调的是，那牧人经过受苦，找到了羊群。第二个比喻主要强调的是，那妇人不断地寻找，直到找着了失落的钱。第三个比喻主要强调的是，浪子回头之后，那父亲心中的快乐和喜悦。因此，这里的比喻所强调的是受苦，寻找，欢唱。

现在，请注意这三个比喻的一致性。它们都与失丧的事物有关——失丧的羊、失落的银子、失丧的儿子。每一个比喻中，所失落的都得到了恢复。每一个故事都是以喜剧收场。失落的东西得到了恢复；迷羊重回牧人的怀抱；失落的钱重新有了它的价值；浪子在父亲的家里重新过有意义的生活。他们都失落了，他们又都被得回了。故事的结局都是快乐的。

第一、第二个比喻中，失落的东西被找回来。最后一个比喻中，那失落的儿子自己找了回来。牧人寻找他的羊，妇人寻找她的钱，但那父亲没有找他的儿子，是那儿子寻找他的父亲。因此，加尔文派（Calvinist）和亚米纽斯派（Arminian）各自在这里找到了他们的据点。加尔文派的人把他们的重点放在第一、第二个比喻上，主张人们必须被寻找。他们的论点不错。但亚米纽斯派的人坚持，除非那个浪子找寻他的父亲，回到父亲的家，否则别人对他也帮不上任何忙。他们说的也没错。两方面都有道理，有人会说，这两种不同的道理就无法调和了。确是如此。第一个步骤是从神来的；但人必须寻找，才能得到从神来的利益。神的主权，人的自由意志，两者是不可能调和的。我们所要记得的是，我们的主是远远超越我们一切神学和哲理的辩论之上。

再进一步看这个三重比喻的每一部分。把这三部分当作整体来看，我们就可以从其中每一部分看到神。

那么，为什么要分成三个部分呢？我相信教父们对这一点的解释是正确的。他们在第一个比喻中看到的是圣子，第二个比喻中看到的是圣灵，第三个比喻中看到的是圣父。就像我前面说的，如果我们只看其中的一个比喻，而忽略其他两个，我们所看到的只是部分的真理，不是完整的真理。有关神恩典的一切真理，有关永恒神对犯罪及罪人的态度之一切真理，都在这整个比喻上分别从三方面启示出来了。

先看第一个比喻。主这里所用的比喻是祂以前用过的，见马太福音第十八章第十四节。虽然不是逐字相同，但思想是一致的。祂在那里启示的是父的态度，"你们在天上的父，也是这样不愿意这小子里失丧一个。"现在祂再度用失羊的比喻，毫无疑问的，这个比喻也是在启示父的态度，但它说明了寻找失羊乃是子的工作。

我们的主在寻找亡羊的途中，是何等沉默无声。这位神的儿子经历的痛苦、崎岖、艰难之路，是言词难以描述的。

但是这道路的终点是什么？乃是喜乐。就是那摆在前面的喜乐，那找到亡羊以后将羊扛在肩上的喜乐，使祂能忍受十字架的苦难，轻看羞辱。那就是神藉祂儿子所显明的恩典。

但这不是说，圣父和圣灵就不必受苦。法柏（Faber）说，"没有一个地方比天堂更能感受到世上的痛苦。"人类所经历的痛苦是无法计算的。我有我的痛苦，你有你的痛苦，但我们无法将你我的痛苦加起来，然后说这些痛苦是我的痛苦的两倍。所有的痛苦都集中在神的心里。我们从人子所受的苦，看见了神心里所受的苦，以及祂的作为。神最切望的，就是人类得以回转，因此祂甘愿受苦。这就是第一个比喻所启示的人子的工作——受苦。

再来看第二个比喻。这妇人代表了圣灵藉着教会工作。圣经从头到尾，都承认神的母性这个事实，并且一向以圣灵来启示神的母性。圣经第一次提到圣灵时就暗示了祂的母性。"地是空虚混沌，渊面黑暗。神的灵运行在水面上"（创一 2）。这里的"运行"译得不恰当，原文的意思是"孵窝"，是一个母性的伟大字眼。

这里的妇人代表圣灵藉着教会工作。她是羔羊的新妇。我们再度看到神的灵在寻找。教会是新妇，圣灵藉着教会来寻找失落的银钱。那是一块银子，是有价值的东西。它上面还有王的名号和刻印，但它失落了，再没有价值了。那就是人的光景。不仅是失落的羊偏行己路，那失落的钱也失去了实用的价值，因此圣灵要藉着教会去寻找，直到找着为止。

再看最后一个比喻。我们在其中看到了神的父性。首先我们看到这位父亲供应他儿子一切的需要。这儿子所有的一切都是从父亲得来的。那就是生活的哲理。我们生活中所需的一切身体上、心理上、灵性上的资源，都是从神得来的。我们生活的力量是从祂来的。魔鬼不能供应人，他只能毁灭人。

另外还有一个事实虽然没有特别指明，却是不证自明的，就是那位父亲深为失去他的儿子而痛苦。"人子来，为要寻找、拯救失丧的人"（十九 10）。一个儿子若失丧了，谁最感到痛苦？是那个失丧的儿子，还是失去儿子的父亲？让作父母的来回答这个问题！如果我们更明白神受苦的心，我们就会更热心于宣教工作。人受苦是因远离神，而当人远离神时，祂所受的痛苦远比人受的苦要深。

当然，这个故事最主要的启示，是当儿子回来时那位父亲的欢喜。这奇妙地描绘出了神的样子。那儿子还远在路那一头时，他的父亲就看见他了。这多么美妙！但下面的事更叫人吃惊，"跑去抱着他的颈项，连连与他亲嘴。"那是描写神的画面，一个年老的人向前奔跑，顾不得自己的尊严，就抱着儿子的颈项连连亲嘴。那就是神！

再来看这画面。作父亲的竟与不洁的儿子亲嘴！法利赛人就是这样批评耶稣和不洁的众人接触。他完全可以等儿子洗干净了、脱下满身褴褛、穿上华贵的衣裳以后再与他亲嘴。他完全可以先等一段时间，试验一下这个儿子的表现如何，如果他表现不错再接纳他。其实这只是我们对神的爱缺乏正确的认识。父神面对我们这种慎重其事的批评，祂会说，让我用膀臂环绕他，他的头可以靠在我的胸膛上，他会告诉我一切实话。那就是神！

有人说过，如果这就是福音的话，就根本不需要牺牲和十字架了。三十年以前，芝加哥的克帝斯（Ives Curtiss）教授写了一本有关闪族宗教的书。他在书中描述到门槛献祭的事。如果一个儿子不管是背叛离家，或者是因正当理由外出一阵子，根据习俗，当他回来的时候就要在他家门口献上祭物。献祭的原因有二：第一是为了他可能犯的罪来赎罪；第二是在这孩子返家以后，就设筵席庆祝。我问克帝斯教授，"你有没有将你所描述的这些事，应用在浪子回头的故事上？"他看着我说，"我从未想到这一点，但确实是可以这样应用的。"

我不打算在这一点上太武断，但我可以肯定说，当时他们为这儿子献了祭，也摆设了筵席。犹太人的这个习俗迄今仍存在着。也许有人会说，圣经没有记载那父亲的献祭啊！即使这个比喻中没有说到十字架，我们也可以从那个父亲的态度上，看到了人子背着十字架迈向山岭时留下的斑斑血迹。"爱"可以毫无条件地迎接那个孩子回来，但必须付上赎罪的代价。

因此我们从这三个比喻中看到了人子的受苦，圣灵的寻找，和天父失子复得以后的欢喜。

但是耶稣的话还没有说完，祂继续说，"那时，大儿子正在田里。"我们和大儿子有什么关系？有趣的是，人们在解释这一点时常常大费周章。我听过有人说，大儿子和小儿子的区别就是犹太人和外邦人的区别。这是错误的,因为我们不能将那父亲说到大儿子的话用在犹太人身上。这其间的区别不是犹太人和外邦人的区别,乃是两个儿子的区别;一个自以为义,一个是罪人。我们从大儿子身上看到什么? 他遵守父亲的命令,忠心服事父亲,但他却丝毫不体贴父亲的心,因此他无法看重他的弟弟。耶稣讲到大儿子的时候,祂正注视着法利赛人和文士。祂采用他们对自己的评语,说到他们忠于律法和忠心服事神。祂实际上这样对他们说,你们根本不了解神,不体贴神的心意;你们若明白神的心意,就不会蔑视外面那些众人。大儿子一点不同情父亲的心,今日的教会中也有多少神的儿子像他一样!

几年前我听到我的朋友查德维克(Samuel Chadwich)说到这个故事。当他站起来讲道时,他说,"今天我要讲浪子比喻中的第三个儿子。"然后他说到头两个儿子,小儿子使父亲伤心,大儿子不体贴父亲的心。接着他说,"还有没有其他的儿子! 有! 就是说出这个比喻的那位。祂是神的儿子,在人的层次上祂是神理想的儿子。祂从未犯罪,从未使神伤心,祂因深深体贴神的心,而去受死,以拯救罪人。"那就是浪子比喻中的第三个儿子。

我们呢? 我们是否切实与祂相联属? 我们对于甘心受苦以服事和拯救人,对于不绝望地殷勤寻找,对于小儿子回家时父亲的欢乐歌唱认识得越多,我们与祂的关系就越深。

我们仍旧来看在比哩亚那个安息日下午所发生的事，那是我们主服事工作阶段中的最后六个月，已经快接近尾声了。祂说了失去东西的比喻之后，又继续祂的教训。第十六章开头说，"耶稣又对门徒说。"前面祂主要是对法利赛人和文士说的，现在祂转过来对祂的门徒说话，但祂说话的时候心中仍想着法利赛人。

从第十六章第一节到第十七章第十节，所说的都是那个安息日所发生的事，可以分成三个段落。首先是，"耶稣又对门徒说"，一直到第十三节结束。其次是从第十四节开始，"法利赛人是贪爱钱财的，他们听见这一切话，就嗤笑耶稣，耶稣对他们说。"第三个段落起自第十七章第一节，"耶稣又对门徒说。"在这段里祂总结了对门徒的教训，一直到第十节止，结束了有关那个安息日的记载。

先看第一段，祂对门徒说的话。法利赛人对生活的看法是完全物质化的，虽然他们自称是百姓属灵和道德上的领导者。第十四节说，"法利赛人是贪爱钱财的，他们听见这一切话，就嗤笑耶稣。"他们一方面自称是道德律法的教师，和向百姓阐释属灵生活的人，一方面又被物质的欲望所控制。我们的主知道这一点，因此祂讲完失落东西的比喻之后，接下去的教训都是与钱财有关的。

第十六章第一节说，"有一个财主。"第十四节说，"法利赛人是贪爱钱财的。"第十九节祂再度说到，"有一个财主。"祂先对门徒说一个故事，接着就简明扼要地说到有关钱财的教训。

这个故事显明了一个不义之人的狡猾和聪明。他到最后还是不义的。他所作的是不对的。他没有权利去变更账簿。他这样作的目的，是在他被夺去管家的职分时，这些朋友能接待他。这真是聪明绝顶的办法！有人欠了一百篓油，他在账上减去五十篓；另一个人欠了一百石麦子，他改成欠八十石。我不知道为什么他一个减少百分之五十，另一个减少百分之二十。他已经浪费了他主人的财物，并且快要丢掉饭碗了，结果他怎么作？他决定继续浪费他主人的财物，以求自保。他真是个十足的恶棍！他说他无力锄地，很可能他并非无力作，而是不愿意去作。他说他耻于去讨饭，这话听来不错，其实是证明他的骄傲。我强调这些，因为这是很重要的。耶稣在故事结束时说，他的主人夸奖他。乍看起来耶稣所说的这个故事似乎很奇怪，然而请注意，我们的主没有丝毫称赞那个人的意思。

那么，耶稣为什么要说这个故事呢？我们继续读下去就能知道原因。"因为今世之子在世事之上，较比光明之子更加聪明。"祂并不是说，今世之子比光明之子聪明，祂乃是说，今世之子"在世事之上"较比光明之子更加聪明。祂就这样结束了这个故事，我也可以立刻看出这故事的要旨。

这个故事是想在今世之子和光明之子中间，设立一个对比。当时在场听的法利赛人和文士是今世之子；祂的门徒是光明之子，他们将要代表祂出去，接续祂的工作。祂对他们说话，用这个故事来表明今世之子和光明之子在动机上、方法上的对比。祂夸奖的，不是那种不诚实的举动，而是那人的聪明。这就是整个故事的重点。祂向祂的门徒指出今世之子的聪明，祂说他们在世事上比光明之子聪明，在实现他们的计划上比光明之子聪明。

然后，祂立刻应用祂所说的故事，"我又告诉你们"——指祂的门徒——"要藉着那不义的钱财结交朋友，到了钱财无用的时候，他们可以接你们到永存的帐幕里去。"

祂在这里说的"不义的"钱财不一定是指邪恶的。钱财并非是不道德的，它与道德无关。这是很重要的区别。有人说金钱是万恶之源。圣经并没有这么说。金钱并非万恶之源，它本身没有善恶之分，它全然与道德无关。只是使用金钱时才有善恶之分。它可以用在恶事上，也可以用在善事上。我们可以使用我们的金钱，败坏我们的灵魂，败坏周围人们的灵魂；我们也可以使用同样的钱，使我们和周围的人蒙福。几年前有许多人谈到"腐化的金钱",其实根本没有这回事。我想世界上有些人的钱是我不愿意接受的,我拒绝接受的原因不是因为这钱是不好的,而是因为给钱的人是不好的。如果我接受了他们的钱,就可能助长了他们灵魂的灭亡。

我们的主告诉我们,要用钱财结交朋友。我们如何用钱财结交朋友呢?要用和那个人完全相反的方法。他抢夺他主人的财物,为自己结交朋友,好让他们接他到家中。现在耶稣说,你要用钱财结交那些将来能接你到永存帐幕里的朋友。

那个人作错了,他虽然聪明,但他的聪明是用在自己的事上。他惟一值得夸奖的,是他的聪明。但聪明可能堕落为邪恶。耶稣说,今世之子在世事上比光明之子聪明,但这里有一个方法,可以使你们变得聪明。你要善用钱财,结交朋友,到钱财无用时,你的朋友就可以接你到永存的帐幕里去。

金钱本身是与道德无关的,没有善恶之分,它可以败坏人,也可以使人蒙福。无论如何,总有一天到来,金钱会变得无用。人一旦死亡,就再不能签支票了,只能留下他的钱财,让活着的人纷争抢夺。我个人认为,紧紧持守钱财至死,是很可悲的。现今就该使用它!如何用呢?藉它来结交朋友,当钱财无用的时候,当你再也不能签支票的时候,你所结交的朋友将在永存的帐幕里迎接你。不要像今世之子那样使用钱财。当世代结束时,他们的方法就失败了。他们只是"在世事之上"聪明,请注意其中的限制。他们现今聪明,但永恒里却是愚拙的。

我们作了多少投资呢?有一首诗歌说,

"在那华美天家的门前,
是否有人在观望、等候我?"

是否有一些已经去世的人,因着我们曾将钱财用在他们身上,而在那里等候我们?耶稣的教训就是这样,我们在永世中的光景,取决于今天我们怎样使用我们的金钱。

但祂不是说到此为止，祂继续说，"人在最小的事上忠心，在大事上也忠心。在最小的事上不义，在大事上也不义。倘若你们在不义的钱财上不忠心，谁还把那真实的钱财托付你们呢？倘若你们在别人的东西上不忠心，谁还把你们自己的东西给你们呢？"

祂告诉他们正确使用钱财的方法后，接着就向他们指出忠心的原则。我们在这里要谨慎留意所用的词，不然就可能产生误解。祂说，"人在最小的事上忠心，在大事上也忠心。"那是什么意思？我想通常的解释是，如果我在小事上忠心，别人就可以托付我较大的事。其实这句话的意思并非如此，这种解释完全将因果倒置了。祂不是说，人在小事上忠心，在大事上"将会"忠心。祂是说，在大事上"也"忠心。谁是在小事上忠心的人？就是那在大事上忠心的人。如果一个人在大事上忠心，他将会在小事上忠心。这才是正确的秩序。

那么，什么是小事？什么是大事呢？小事就是"不义的钱财"，大事是指永恒的真理，和有关灵命的事情，是指人与神的正确关系。一个人若在他与属灵世界的关系上忠心，就必在钱财的事上忠心。这不是说，我能藉着在小事上忠心，而获致在大事上的忠心。这句话的意思是，我必须先在大事上有正确的态度，才能在小事上无差错。

耶稣以前说过的一句话，也启示了同样的真理。祂在登山宝训的伦理宣言中，对祂的门徒说，"你们要先求祂的国和祂的义"，这是大事；"这些东西"乃是小事，"都要加给你们了"（太六33）。祂是在呼召人要正视生命，正视与生命有关的价值。因此祂在这里说，人若要在钱财的小事上忠心，他必须在属神的大事上忠心。在小事上忠心的人，乃是那些在大事上忠心的人；在小事上不义的人，乃是那些在较大的事上不义的人。这就是忠心的原则。

与神有正确关系的人，在小事上也必中规中矩。如果我们看见一个人在小事上掉以轻心，就知道他一定在大事上、在永恒的事上也掉以轻心。一个人的灵、心思、身体、他的整个人若都专注于永恒的事，他就会视生命的每一个时刻都是珍贵的。他绝不会说到要"消磨时间"，他也不会浪费逝去的每一寸光阴。这样的人知道如何使用不义的钱财，将他的财宝积聚在天上。

　　然后呢？"一个仆人不能事奉两个主；不是恶这个爱那个，"——这种仆人比较激烈，另外一种比较温和——"就是重这个轻那个。"两种人所面临的选择都一样，只是可以看出他们有不同的性情。有一种人非常积极、自然、热情，我们通常美其名曰这一类人为"性情中人"。殊不知这个词在今日被滥用来窝藏多少罪恶！这样的人会恨恶这个、爱好那个。但比较起来我还喜欢这一类的人，因为另一种人更冷漠，"重这个轻那个。"他们所呈现的事实是一样的——"一个仆人不能事奉两个主。"这话的意思，可以从衪接下去的话中表明出来，衪说，"你们不能又事奉神，又事奉玛门。"衪所强调的是"事奉"。你不能又事奉神，又事奉玛门，你不是爱这个恶那个，就是重这个轻那个。

　　我们是哪一种人呢？我们是恨恶神而爱玛门呢？或是爱神而恨恶玛门？我们是重神而轻玛门呢？还是重玛门而轻神？当金钱控制一个人的时候，它能毁掉那人。当神控制一个人的时候，衪能造就那人。神若控制一个人，这人并不舍弃他的钱财，他乃是控制住他的钱财，为永恒的住所积攒财宝，使钱财成为人蒙福、神得荣耀的媒介。另一方面，人若受制于钱财，就会利用神，想占神的便宜。当然这样作是不可能得逞的。

　　在这整个教训中，我们的主向衪的门徒指明，生活中有两种动机：爱钱财、爱人。那些法利赛人和文士贪爱钱财，耶稣爱的是人。我们若再深究，就会发现个中的原则。贪爱钱财，追根究底说来，就是贪爱自己；爱人，其根源乃在于对神的爱。法利赛人和文士爱自己，因此他们贪爱钱财。耶稣爱神，因此衪也爱人。

　　这个对比是不证自明的。从衪所说的这个故事来看，这也是一个呼召，要人运用智慧。耶稣说，今世之子在世事上比光明之子更加聪明。那是衪对光明之子的评价。衪并非说他们不是光明之子，而是说他们缺乏能力去从事他们的重大事工。甚至到今日，耶稣所作的这个比较还是确实的。你若拿魔鬼在这个城市中的事工，和神在这城市里所作的事工相较，就能清楚明白耶稣的意思。魔鬼从不休假，从不睡觉。今世之子比光明之子更精于为他们的商品作广告，将他们的建筑物装饰得灯火通明，让世人注意他们所想要公诸于世的东西。确实，有些时候光明之子似乎以为，所谓圣洁只是在一旁发出微弱的虔诚之光。这个对比可以从有些教会会友经营他自己的事业时，和他从事教会工作时的不同方式上看出来。我常想，如果基督徒能把他用在经营自己事业上的一半热诚，拿来用在教会事工上，那就不错了。今世之子远比光明之子机智、灵巧、敏锐。我不是故意作惊人之语，我只是在竭力辩明耶稣所说这话的意思。祂要光明之子为国度的事工，为永恒的事，尽上他一切的才干智慧。

　　这段经文显然是和前一讲所讨论的经文相连的。这里记载了法利赛人的事，他们的打岔和嘲弄，以及主因此对他们所说的教训。

　　短短几句话，就记下了他们的打岔，"法利赛人是贪爱钱财的，他们听见这一切话，就嗤笑耶稣。"

　　这句话指明了一种公开而积极的打岔。路加先告诉我们这些人的实情。他们"是贪爱钱财的"，是贪婪无厌的。他们生活中最关心的就是物质财产，那也是我们主一直在对祂门徒谈论的主题。他们听见了主的这些教训，"就嗤笑耶稣。"

　　"嗤笑"一词译得极佳，但我们不妨看看这词的原文"Ekmukterizo"，直译是翘起鼻子或咧着嘴。这字的字根是出自"mukterizo"，指动物的鼻子，但被用来形容人嘲笑或轻视时的面部表情，它代表轻蔑的意思。但这里用的字是"Ekmukterizo"，多了前置词"ek"，表明了一个事实，就是他们是公开地如此行。这些人不仅鄙视耶稣，并且公然嘲笑祂。他们对这个贫穷的加利利人所谈论的关于钱财的话嗤之以鼻。对他们来说，耶稣的这些教训简直荒谬可笑。他们的嗤笑是公开、粗野、轻蔑的，这正足以揭露他们的本来面目，就如路加所记载的，他们是"贪爱钱财的"。他们生活中最关心的就是钱财。

　　对于他们的嗤笑，我们的主以几句肯定的话相应（15～18 节），然后对他们说了一个故事。

　　祂首先使这些人面对一种动机上的对比：一个是人的眼光，一个是神的眼光；一个是完全符合人的意见的生活，一个是总将神放在眼前，遵这异象而行的生活。

　　然后祂说了一句启示性的话，"因为人所尊贵的，是神看为可憎恶的。"祂所说"人所尊贵的"是指什么？我们可以从诗篇第四十九篇中找到亮光。那里是论到爱慕钱财之人，值得我们细读。在那篇诗里，诗人说到富有的人，"他活着的时候，虽然自夸为有福（你若利己，人必夸奖你），他仍必归到他历代的祖宗那里"（18～19 节）。请特别留意括弧里的那句话，"你若利己，人必夸奖你。"

那句话在今日仍适用。我们仍然喜欢夸奖那些生财有道的人，称他们是成功者。人们总是称赞那些精于积攒钱财的同伴。

因此祂用一句异常讽刺的话，来启示神对这种事情的态度，祂说，"因为人所尊贵的，是神看为可憎恶的。"直译的话，就是那些在神嗅来是恶臭的。

祂接着针对整个情况作了一个醒目的评论。"律法和先知到约翰为止。从此神国的福音传开了。"神国包含了神的王权，神的权柄，神的主权。请注意，我们的主形容那是"福音"。我们很容易认为，那是指神恩典的信息。当然它最终是有这个含义，但基本上，那是指神管理的信息。

耶稣说，律法是从摩西起，到约翰为止。然后呢？然后就是神掌王权的福音。那么福音是否会将律法挤到一边去呢？祂谨慎地否定了这种想法，"天地废去，较比律法的一点一画落空还容易。"

神掌王权的福音不会将律法挤到一边，但却启示了这福音的严格要求。祂下面的话就解释了这要求，"人人努力要进去。"祂说这话是什么意思？我们再来看看法利赛人，就能找到答案。他们是依人的想法，作为生活的标准。人们因为他们善于谋取利益而称赞他们。他们妥善地照顾自己，在地上积攒财宝。这样的人若想进神国，就必须努力，将他们的私心践踏于脚下。他们讥笑祂是理想主义者；因祂对属世钱财的轻视而嘲笑祂；并且嗤笑祂有关金钱价值的看法，因祂认为金钱的价值在于结交朋友，以后好迎接我们进入永恒的帐幕。对于这一班人，祂实际上是说，用人的眼光看，你们是不错的；你们在人眼中被称为义，但神知道你们的心；人所尊贵的，神看为可憎恶。律法到约翰为止。现在，神王权的新宣告、新解释、新宣言来了。你们若要进入那国度，就必须努力。这是祂一向对于进神国所持的观点。

"若有人要跟从我，就当舍己，背起他的十字架来跟从我"（太十六 24）。任何人要进入那国度，都必须用这法子进去。

然后，祂忽然又谈到了离婚的事。许多解经家觉得很难解释，为什么这段话会出现在这里。有人认为是后人添加进去的。我想主在那时说这段话，是有一个符合当地情形的原因。当时官长们对离婚的事态度很随便。连希列都说过，如果一个妇人在汤里放了过多的盐，她的丈夫就有足够的理由可以和她离婚。今日，我们似乎又回到了希列的时代。耶稣知道这些人，也许基于当时的一种认识，而忽然说出，"凡休妻另娶的，就是犯奸淫。娶被休之妻的，也是犯奸淫。"

然后祂说了一个故事。我们称它为财主和拉撒路的比喻。有人甚至给这财主取了一个名字"戴夫斯"（Dives），但新约没有记载这财主的名字。这是一个比喻吗？我不敢武断地回答。耶稣没有称之为比喻，路加也未如此说。并且事实上，虽然祂未提到财主的名字，但祂却提到了那个乞丐的名字。这样，很可能祂是在说一件实际发生的事。它也可能只是一个比喻，若是这样，至少我们会觉得很惊奇，因为它是耶稣所说的比喻中，惟一提到人名的。

比喻也罢，历史事实也罢，这个故事介绍了两个人，并且描述了他们在地上的光景。财主穿着紫袍和细麻布衣服，天天奢华宴乐。有的版本旁注说，"天天欢乐奢华。""欢乐"的希腊原文是"lampros"，只是指"辉煌的"。这个字不是在暗示一种值得羡慕的辉煌，而是指外表上的辉煌。我想最好的翻译应该是"华丽"。这个财主装扮奢华，排场华丽。这是有关他的一个醒目的描述。这里没有说他犯了任何罪，以至于我们应该将他贬为下流之辈。他的生活只注重外表的华丽。他是一个财主，以自己为中心，尽量炫耀他的财富。甚至路加说到那讨饭的被放在财主的门口时，所用的"门"那个字，也有华丽之门的含义。这是很重要的，让我们看见他是哪一种人。不论古今，任何世上的法庭都不会逮捕或谴责那一种人。相反的，人们都称他为义，夸奖他，说他混得不错。我们主在介绍他的时候，把重点放在他的夸耀财富上。

再看看另一个人。主用悲哀的语调描述了拉撒路的苦境。"有一个讨饭的……浑身生疮。"我们必须处身犹太地方,才能了解这情形。"要得财主桌子上掉下来的零碎充饥。"不要在此处妄自加上"也没有人给他"的句子,那是浪子比喻中的事。他可以得到一些零碎吃。这个画面仅仅在呈现一个贫穷落魄之人的光景,而没有涉及到社会的光景。

耶稣又说,"并且狗来舔他的疮。"狗比财主的心还要善良。那是我们主对这两个人所作的对比。现在法利赛人会歌颂财主的成就,而冷眼不睬那个讨饭的。

但这两个人的故事还没完。主继续说,"后来那讨饭的死了……财主也死了。"两个人都死了。财主纵有万贯家财,也无法贿赂死神,逃避一死。讨饭的也不能延迟死亡片刻。他们都死了,在死这件事上他们平等了。法利赛人即使对讨饭者之死存有一丝悲伤,也会说,"像他这样的人,死了还算是福气呢!"但对财主之死,他们会说,"这人死得真可惜! 不知道他留下了多少家产?"也许他们还会说,"他真是个成功者! 让我们为他写传记,来勉励后进吧!"

他们都死了! 故事结束了吗? 没有! 耶稣说故事尚未完呢! 每一个人都会死,但死亡不是一切的结局。死亡不是财主的结局,不是乞丐的结局,不是任何人的结局。

那么,两人的死有何区别呢? 圣经上没有说到拉撒路被埋葬。很可能他根本没有下葬,因为当时在耶路撒冷,凡是无名的、无主的乞丐若死在街上,他们的尸体就被运到城外的革赫拿,扔进烧垃圾的火里一起焚烧。

那个财主如何呢? 他"死了,并且埋葬了"。不知道他的葬礼花了多少银钱!

现在,一切都结束了。他们将一个尸体扔进革赫拿,将另一个尸体埋葬了。但耶稣说,还没有完。耶稣用犹太人在神学上用的术语说,那个讨饭的死了,"被天使带去,放在亚伯拉罕的怀里。"犹太人也用另一个词"祭坛底下"来描述人死后,灵魂所去的那个极乐之地。耶稣说,天使带他进入光明中,那儿再也没有黑暗;带他进入亚伯拉罕平静安息的怀中，那儿再也没有疮，没有饥饿。

至于另一个被埋葬的那人遭遇如何呢？他"在阴间"。阴间是离世的灵所去的世界，拉撒路也去到阴间，他们两人都在阴间。但主说，他们在阴间的时候，一个人被放在亚伯拉罕的怀里，那是安息、宁静、痊愈、平安之所；另一个却在火焰里受痛苦。

我们的主在这个故事中，对那些人所要说的重点是什么？首先，祂指出善用今生权益的重要性。这里的财主，他没有利用不义之财结交朋友。

因此，祂又指出，人死后的光景是由现今生命的实况所造成的结果。这财主活着的时候专营己利，举世都称他为义，交相赞美，但神却厌恶他；因为他的生活是以自我为中心，他的灵魂已经腐坏了。他一旦死亡，就进入自己所造成的光景中。

也许整个故事最吸引人注意的是最后一句话。这人说，请打发人到我弟兄那里去；亚伯拉罕回答说，他们有摩西和先知的话可以听从，他们若不听从摩西和先知，就是有人从死里复活，那么他们也不会听劝。

这句话启示了一个惊人的事实：一个生命若不为道德的事实所影响，他也不会为奇迹所影响。不久之后，另一个名叫拉撒路的人死了，耶稣使他从死里复活。圣经清楚记载，就是这同一班人竟然想要杀掉拉撒路。后来，他们杀了耶稣，耶稣又从死里复活。但是祂的复活，并不是为了要来劝这一群人，因为他们缺乏让神居首位、用永恒的标准来衡量一切生活的认识。

这是主的教训中仅有的一次，将幔子升起，让我们看到人死后的光景。"他死了。"那不是故事的结局。一个是被天使带走，一个是在火焰中受痛苦；我们的结局是哪一个？这要看我们的生活是依从神的国度，还是依从人虚假的标准。

　　路加在这十节经文里，记载了在比哩亚那个安息日下午所发生之事的最后一部分。主责备了法利赛人的嗤笑之后，再度转向祂的门徒，祂所说的教训仍是连贯的。本段经文包括祂所教训的四个主题。首先是绊脚石（1～2 节），然后是饶恕（3～4 节），接着是信心（5～6 节），最后是服事（7～10 节）。

　　第一、二节是为了耶稣所谓的"小子"而说的。马太福音里，我们看到有一次祂也用了同样的词"小子"，显然那是指小孩子。但此处祂不是特别指小孩子。我不是有意将小孩子排除在外，他们当然包括在其中，但祂说这话是特别指那些与祂有亲密来往，却为法利赛人所轻视的群众。

　　请注意祂当时所看到的世界的光景，今日世界的光景依旧如此。祂说绊倒人的事是免不了的。在一切小子四周，在一切男女的周围，都有绊脚石，使他们跌倒、失败、犯罪。祂看出这些事是无法避免的，因此祂严厉地说，"但那绊倒人的有祸了。"这话启示出，引起人绊倒的行为是错误的。

　　今日这个事实仍然存在。我们放眼去看，今日的国家、城市、各地人们生活的光景，不管是贫民窟或林荫大道，不管是学府或监狱，只要是有人生活的地方，就有绊倒人的事。我们的主因此说，"绊倒人的有祸了。"

　　尽管绊倒人的事是无可避免的，但绊倒别人的人不能因此就逃脱他们的责任。我们不妨广泛地来考虑、应用这句话。我们的主此处是在追溯人类犯错、失败、犯罪的原因，找出那些置放绊脚石的人。祂看到的不只是小子们的跌倒，并且看到这事后面隐藏着的那个绊脚石。我们的主不是说,跌倒不算犯罪。祂也没有说,跌倒之人所犯的罪不是真正的罪。但此刻,祂所考虑的是原因。祂实际上是说,在小子的道路上置放绊脚石的人,他要比那因绊脚石而跌倒的小子更为有罪。

再来看看这祸。"但那绊倒人的有祸了。"这里没有为"祸"下任何定义。我们的主不是说,要将磨石拴在这人的颈项上,丢在海里。那只是逃避祸害的方法。"还强如",基督的意思是,一个人与其让他绊倒小子,还不如将他淹死在海里。那还可能是一个逃避因绊倒人而面临的祸害之方法。我们若忘了这话是主紧接着论死后之事的话之后对门徒说的,就会认为主丝毫没有描述、解释这个祸害。如果我们读了那个被放在财主门口的"小子"拉撒路的故事,就会多少了解一些这祸害。

我们要好好思想这个原则,它不仅适用于世界局势和光景,也适用于我们自己身上。世上那些男女、老幼,那些单纯的人,愚昧的人,都会在各处遇见陷阱,他们也会因之跌倒;但是那些置放绊脚石的人,他们最终的罪要比这些被绊倒的人更大。

因此祂就论到第二个主题。"你们要谨慎;若是你的弟兄得罪你,就劝戒他。他若懊悔,就饶恕他。倘若他一天七次得罪你,又七次回转,说我懊悔了,你总要饶恕他。"

我们的主毫无中断地直接谈到这题目,虽然这个转换有些突然,但祂实际上是从另一面来谈同一件事。假如有人在我的道路上置放绊脚石,假如他犯罪得罪我,我对他的态度应如何? 我应劝戒他,他若懊悔,就饶恕他。如果在一天之中,他七次放置绊脚石,或者他放了七个不同的绊脚石在我的道路上,又七次回转说他懊悔了,我就当饶恕他七次。绊倒人的固然有祸了,但你自己也要提防小心。如果弟兄得罪你,劝戒他;他若懊悔,就饶恕他。我若这样作,就不致使那绊倒我的人,因我而被绊倒。

请小心注意,我们的主说,他若懊悔,就饶恕他。如果一个人毫无懊悔的样子,就不要饶恕他。如果他毫无回心转意的迹象,如果他坚持犯罪,不断作我们所劝戒他不可作的事,就不要饶恕他。饶恕是建立在他的懊悔上的。主又说,他若七次得罪你,又七次"说",我懊悔了,你总要饶恕他。这话实在使我受责备。祂首先说,他若懊悔,就饶恕他;然后祂知道人的心,就从另一个层次着眼,祂说,如果这人"说"他懊悔了,就要饶恕他。情愿饶恕一个口是心非的人七次,以获取我们灵魂的圣洁和美丽,也比拒绝饶恕一个真诚懊悔的人要好,免得我们绊倒了他。

然后我们读到,"使徒对主说,求主加增我们的信心。"如果这话是西门彼得说的,我就不会觉得惊奇。但路加此处所用的"使徒"是一个复数。他们一致感觉到为难。他们说,"求主加增我们的信心。"这是他们说过的最有智慧的话。这个请求表明了他们认识到,要实现主所提出的这种生活是何等困难。因此他们说,"求主加增我们的信心。"那是一个聪明的请求,因为他们没有说,求主加增我们的爱心。不,他们说,加增我们的信心。信心可以抓住未见之事,以支持生活中各样的活动。"信……是未见之事的确据。"加添我们的信心,使我们对永恒的事,具有更大、更坚定的把握,否则我们就无法活出你所要求的这种生活。

耶稣的回答颇有意义,也颇富启示性。祂说,"你们若有信心,像一粒芥菜种,就是对这棵桑树说,你要拔起根来,栽在海里,它也必听从你们。"

我曾说过,他们的请求很有智慧,但请注意祂的纠正。他们说,"求主加增我们的信心。"祂实际上是说,你们不需要更多的信心。如果你们谈论的是信心的大小,你们只要有芥菜种那么小的信心就够了。你们需要的不是信心的量,而是信心的质。

一粒芥菜种的里面,有什么特殊之处?就是生命。芥菜种里面的生命最后生长起来时,不仅足以拔起桑树的根,也足以拔起一座山。主在另一个场合也说到山,"你们若有信心像一粒芥菜种,就是对这座山说,你从这边挪到那边,它也必挪去"(太十七20)。

意大利有一个受人瞩目的坟墓,是根据埋在其中的那人生前的嘱咐,而以花岗岩造成的。那人生前安排,要用一大块花岗石覆在他的坟墓上面。他说这样作的目的,是为了将来若真有复活的事,他不至于从坟中起来。我们会对他的愚昧一笑置之。有趣的是,那块数吨重的花岗石现今仍在那儿,但已经一分为二了。原来当他被埋葬的时候,工人正将花岗石置于他的坟上之际,忽然有一只鸟衔着一粒橡子飞过,正巧将橡子掉在那儿。他们"砰"地一声,将花岗石覆盖上去。你现在去看,就能看见那块数吨重的花岗石,自中间整齐地分裂为二,那棵由橡子生长出来的橡树,正从裂缝中直挺挺地长出来! 橡子里面活的生命,竟分裂了那块花岗石。

耶稣说,如果你有芥菜种那样的信心,你的信心若有活生生的本质,你的信心若超越死板的教义,而不仅仅是接受智慧的道理,你的信心若是活的,那么它就会在你的生命中产生一些结果,与你所宣告的信仰互相一致,这样就没有一件事是不可能的。你就可能饶恕你的弟兄七次,你也不致成为任何人的绊脚石。

然后,祂来到最后一个主题,这里再度呈现一个明显的对比,但祂单刀直入地说出来。"你们谁有仆人耕地,或是放羊。"这是和前面互相连着的。祂知道人若有芥菜种的信心,足以移山,就可能会产生骄傲;因此祂说,"你们作完了一切所吩咐的,只当说,我们是无用的仆人。"

祂用一个对比的比喻,来介绍这个观念。我们把这个比喻(7~9节)铭记于心,再回头看路加福音第十二章的记载,"你们腰里要束上带,灯也要点着。自己好像仆人等候主人,从婚姻的筵席上回来。他来到叩门,就立刻给他开门。主人来了,看见仆人警醒,那仆人就有福了。我实在告诉你们,主人必叫他们坐席,自己束上带,进前伺候他们"(35~37节)。

主在那里是论到祂自己,祂宣告说,祂的仆人作完了一天的工作之后,祂就要叫他们坐席,祂要伺候他们。此处祂说,你能想像这种情况吗? 这是寻常之举吗? 这是一个相对的比喻。祂在这个比喻中向门徒指出世界的方法。祂警告他们,要避免属灵的骄傲。祂刚说过,你们若有芥菜种那样的信心,就必看见有大事成就。现在,祂实际上说,你若见有大事成就时,不要忘了那是因为你有活的信心;你不能在所成就的事上居功。即使在属灵的胜利时刻,你也要逃避骄傲，因为即使我们是佼佼者，我们也不过是无用的仆人，我们只是尽了自己的本分而已。

奇妙的是，不久之后，祂要为我们作那些世上的主人不可能为他们的仆人所作的事。那全然是出于恩典，我们无权要求，也不能因此沾沾自喜，以此夸口，或趾高气扬。服事的目的若是为了得奖赏，那就是自私的服事。但很多时候，我们仍喜欢谈论将来要得的奖赏。这种为奖赏而服事的态度不是基督徒的态度，而是非基督徒的态度。主为我们虚己，祂是为"那摆在前面的喜乐"而服事。但祂的喜乐是什么呢？乃是拯救别人、祝福别人的喜乐。

这个安息日下午的奇妙故事就到这里结束。让我们再略为回顾一下。我观察到，耶稣在经历这一切环境时，所表现的是何等光明、奇妙。首先是别人批评祂破坏安息日，因为祂在安息日医治了一个人。然后他们继续批评祂与罪人来往，并嗤笑祂那超越世俗的观点。我观察那个安息日时，第一个吸引我注意的是，在世界的层面上而言，祂是没有安息日的。祂在各处都不得安息。那法利赛人首领家中的聚餐使祂不能安息，因为他们的生活是虚假的。犯罪的群众使祂不能安息，因为他们正陷于痛苦、忧伤和需要中。那些气势凌人的官长也以无礼的话和嘲笑，破坏祂的安息。即使是祂虔诚的门徒，也因他们的迟钝愚昧而使祂不得安息。

但是当我们再仔细看时，就能看见在远离世界的喧扰之处，有一个永恒的平面，在那儿祂有永远的安息日。祂以全然的沉静和永不枯竭的力量，经历尘世的道路。祂在安宁和自信中，走完了祂的道路。祂是我们光明的主，祂为了人类，放弃一切安息的念头，但祂至终安息在神怀里，在那里得着了平安。

　　从历史的观点或时间先后的顺序来看，路加福音第十七章第十节和第十一节中间，是有一段空隙的。毫无疑问的，主在比哩亚的时候听到拉撒路生病的消息，祂在那里停留了几天，然后前去使拉撒路从死里复活。这段事迹记载在约翰福音第十一章。在那一章经文中，我们又读到祂叫拉撒路复活之后，就往北走到以法莲，我们不知道祂在那里停留了多少天，但显然祂在那里安静地与祂的门徒共处了一阵子。

　　此处路加的记载，就是从这一点衔接上的。我们发现祂更往北走，到了撒玛利亚和加利利的交界处。"耶稣往耶路撒冷去，经过撒玛利亚和加利利。"那并不是说，祂进入了撒玛利亚，也不是说祂进了加利利。祂已经离开了加利利，一直到祂钉十字架、复活之后，祂才再回去。本段经文一开始的"耶稣往耶路撒冷去"，并不是说那时祂真的走在往耶路撒冷的路上。第九章第五十一节标明了耶稣事工中的凯撒利亚腓立比阶段，和最后六个月的阶段之间的界线。"耶稣被接上升的日子将到，祂就定意向耶路撒冷去。"那是祂钉十字架的前六个月，在那六个月中，祂毅然地向着最终的目标前进。路加一直将这个事实铭记于心，因此他在这里写道，"耶稣往耶路撒冷去。"在下一章（第十八章）第三十一节里，我们将读到，"耶稣带着十二个门徒，对他们说，看哪！我们上耶路撒冷去。"那节经文正式开始记载耶稣最后一次前往耶路撒冷的旅程。

　　本段经文包括了两件事，一件是十个麻风病人的故事，另一件是耶稣有关神国的教训。

　　我很想说，十个长大麻风的人的故事几乎用不着什么解释。这是一个如此清楚、美丽的故事。然而，我们也不妨稍停下来，强调其中的两三件事。有一点值得注意，就是那十个人不敢靠近耶稣，只是远远地站着。因为患大麻风，使他们产生了共同意识。那十个人中间有一个是撒玛利亚人。"犹太人和撒玛利亚人没有来往"（约四9）。当然撒玛利亚人也不和犹太人来往。但我们看见那十个人因为同样的病而连结在一起了。他们因为疾病而不得不产生共同的意识。在这种情况下，人们就忘记了彼此之间的分野。因此如果痛苦能够使人产生共同的意识，忘记彼此的区别，那么在某些情况下，痛苦还不失为一件有利的事。在苦难来临的时刻，人们就会忘记了他们以前所争论的事，以及引起他们分裂的事。问题在于一旦苦难过去，他们又都记起来了。

这故事另一点引人注意之处，是耶稣对待那些人的方法。第五章记载了耶稣医治一位长大麻风的，"有一回耶稣在一个城里，有人满身长了大麻风，看见祂就俯伏在地，求祂说，主若肯，必能叫我洁净了。耶稣伸手摸他说，我肯，你洁净了吧。大麻风立刻就离了他的身。耶稣嘱咐他，你切不可告诉人，只要去把身体给祭司察看"（12～14节）。请注意耶稣对待那人的方法。

现在耶稣用了不同的方法。这些人"高声说，耶稣，夫子，可怜我们吧！耶稣看见，就对他们说，你们去把身体给祭司察看"。祂没有摸他们，也没有说，我肯，你洁净了吧。祂只是说，你们去把身体给祭司察看。早先的那件事，祂是先洁净了那人，再叫他去见祭司。现在祂先打发这十个人去见祭司，然后在他们去的路上洁净他们。我不知道为什么祂要在这两件事上用不同的方法，但这中间的区别说明了主对付人的时候，常用各种不同的方法。然而基督的跟随者们，却常因微不足道的不同而分派别，这实在值得怜悯！

还有一件事值得注意，就是在这两个场合中，祂都打发长大麻风的人去给祭司察看。为什么？答案可在利未记中找到。利未记第十三、十四章记载了有关长大麻风的律法。在神的制度里，祭司被任命去检查一个人是否真的患大麻风病；并且如果这人得了洁净，也要由祭司来宣布他的洁净。因此耶稣告诉这些人，要遵照摩西的律法去给祭司察看，让祭司来宣布他们得了洁净。

　　祂对待这些人的方法是，在洁净他们之前先打发他们去见祭司。因此他们前去，乃是凭着信心去。显然的，他们一动身就得了洁净。

　　然后，惊人的事出现了。十个得洁净的人中，只有一个回来感谢神。耶稣说，"洁净了的不是十个人吗？那九个在哪里呢？"这个事实启示了基督是看重感恩的，如果人不表达出来，祂就得不着感恩了。第七章里我们看到另一个相关的例证。祂到西门家里作客，却未得到犹太人家庭一般的待客礼节。"你没有给我水洗脚……没有与我亲嘴……没有用油抹我的头。"我们是否也可能像那九个人一样，忘记了我们的赞美？我们几乎已经丧失了纯粹赞美的艺术，甚至我们的赞美诗歌也只变成感恩的诗歌，而赞美应该比感恩包含得更广。感恩是表达我们因神对我们的恩典而来的喜乐；赞美则是敬拜，颂扬，表达出我们认识到神的良善和荣耀。不要忘了神在旧约圣经里默示人所写的那句话，"凡以感谢献上为祭的，便是荣耀我"（诗五十23）。至少我们应该为祂所作的献上感谢。得洁净的不是十个人吗？那九个在哪里呢？

　　下一段经文包含了有关神国的教训，首先是对法利赛人说的（20～21 节），论到眼前的神国；然后是对门徒说的（22～37 节），论到最终的神国。

　　法利赛人问祂，"神的国几时来到？"他们这样问，是带着讽刺的。让我们看一下第十九章第十一节，"众人正在听见这些话的时候，耶稣因为将近耶路撒冷，又因他们以为神的国快要显出来，就另设一个比喻。"那句话指出了人们对祂的态度。当时人普遍地相信，祂就要去建立神的国了，那是他们对于"建立神国"的了解。我们的主在祂整个事工中，一直使祂感到为难的是，官长和百姓对神国都抱着错误的观念。他们只期待一个世上国度的建立。他们期待有一天罗马的势力崩溃，罗马的暴政告终，那时就有一个物质的国度被建立起来。耶稣在祂一切的教训中，始终极力抨击这种错误的、物质化的观念。这些法利赛人知道耶稣正要往耶路撒冷去，就问祂，神的国几时来到。这个问题显然带有讽刺的意味。

我们了解他们发问的精神，就能明白祂回答的意思。祂的回答包含二点消极、一点积极的因素。第一点消极的回答是，"神的国来到，不是眼所能见的。"第二点消极的回答是，"人也不得说，看哪，在这里；看哪，在那里。"积极的回答是，"因为神的国就在你们中间。"

祂首先说，"神的国来到，不是眼所能见的。"我不知道还有没有其他的经节，像这节经文这样使解经家大伤脑筋。有一种说法很有趣，认为这句话的意思是，神的国不声不响地来到，以至于人们看不见它。其实不是这个意思。神的国来临时，不管是个人或国家都能立刻见到它。

重点在"眼所能见"这个词。事实上，我们译成"眼所能见"的这个字的希腊原文"parateresis"，在新约圣经中只出现这么一次，它是一个抽象的名词。从它衍生出来的动词"paratereo"在圣经中也很罕见，只出现几次(可三 2；路六 7，十四 1，二十 20；徒九 24；加四 10)，若细察这些经文，就会发现这个字都是指带着敌意的窥探。(加四 10，中文圣经将此字译作"谨守"，原文有窥伺别人是否谨守的意思——译注。)

因此我们的主宣告，神的国不会对那些带着批评的眼光和带着敌意的人显现。耶稣又说，他们也不能说神国在这里，在那里。意思是，神国来时绝不会只影响某一个地区，因此人们不能说，这里是神国的中心，或说那里是神国的枢纽。

然后祂作了一个积极的宣告。祂说，"神的国就在你们中间"(见中文圣经小字)。不是在你们"心里"，而是在你们"中间"。这个字的原文"entos"与复数一起用时，都是指"在中间"；不是在个人的中间，而是在一个团体的中间。这里我们又遇见了一句普遍被人误解的重要经文。有人言之凿凿，认为耶稣的意思是说，神的国存在于每一个人的心里。其实祂一定不会说，神的国在那些与神国为敌的人心里。祂当时说话的对象，是一群祂后来斥为伪君子、假冒为善者的法利赛人。神国不在他们里面。当时神国在他们中间，是因为神国的君王在那里。

然后祂转向祂的门徒，"祂又对门徒说，日子将到，你们巴不得看见人子的一个日子，却不得看见。人将要对你们说，看哪，在那里；看哪，在这里。你们不要出去，也不要跟随他们。"祂是在谈论将要临到他们的事，那时祂将不会像从前一样在他们中间。

路加福音第十章第二十三、二十四节说，"看见你们所看见的，那眼睛就有福了。我告诉你们，从前有许多先知和君王，要看你们所看的，却没有看见；要听你们所听的，却没有听见。"那时祂是指祂在地上作工的日子。此处祂是说，日子将到，我就不再像现今这样与你们在一起。现今因我在这里，神的国在你们中间；日子将到，神的国就不再像这样在人中间了。然后祂吩咐他们，到那时，他们不要受人的迷惑。祂不在了，就会有人起来，说基督在这里，基督在那里。他们会将神国局限在某一个地方。那时，你们不要被迷惑。

现今我们就处在这样的时刻。虽然从属灵上来说，祂一直存在；但就肉身上来说，祂自从升天以后就不在世上了。从那时起，就断断续续有人起来，说，看哪，祂在这里，祂在那里；或说，这里是神国的中心。可悲的是，几个世纪以来许多神的选民都受了迷惑。我们的主就是警告祂的门徒，要防备这样的危险。

祂提到将要发生的那日子之后，接着就告诉他们最终的景况。"人子在祂降临的日子，好像闪电，从天这边一闪，直照到天那边。"祂不在世上的这段时期，将因人子的显现而告结束。祂要在公开的方式下显现，以致所有人都知道祂来的日子到了。

"只是祂必须先受许多苦，又被这世代弃绝。"甚至祂的门徒都盼望祂将要在物质的基础上建立祂的国度。祂说，不！我现在正走向十字架，在最终的显现之前，必须先有十字架。

祂继续指出祂降临时的光景。祂告诉他们，在祂降临的那日，也就是人子结束隐藏时期，向人显现的那日，有许多人会没有预备好等待祂。就像挪亚和罗得的日子，人们照常吃喝、嫁娶、买卖；就在日常的生活中，人子突然显现了。人子显现的时候，是突然出现在世界的事物上。

祂说，那日子还要带来惩罚。那是一个刑罚和分别的日子。"我对你们说，当那一夜，两个人在一个床上，要取去一个，撇下一个。"

就教会而言,此处所论的并不是主第二次再来。我们的主是在论世界的光景,祂宣告说,那些反对祂的人将受审判。人子来的时候,是如此明确、积极,没有人不知道。就好像闪电的光,照亮天际。那日祂将发现世界的光景正如挪亚和罗得的日子,有人对祂忠心,有人沉溺罪中。因此祂的来临,一方面要审判,一方面要区别。

门徒问祂说,"主啊! 在哪里呢?"这不是很令人吃惊吗? 祂明明警告他们,不要将这事局限在一个地方,他们居然还问,"在哪里呢?"他们的问题是地域性的,属物质的。祂怎么回答?"尸首在哪里,鹰也必聚在那里。"

祂的回答是普遍性的,道德性的。他们说,哪里有这事呢? 你来临是以哪里作中心呢? 祂说,哪里有尸首,那里就有鹰。哪里需要对付,我就在那里显现。这是整个宇宙的事,是在对付一切的生命,并且是彻彻底底地对付。

这一切教训都与世界的光景有关。这里根本没有提到天上,也就是属神的众圣徒将要聚集之处。祂使用的是那些期待国度之人所用的词句,和法利赛人的批评中所用的词句。祂实际上是说,是的,这国度有一天将要在地上建立起来。人子来时,这国度就在地上建立了。祂来的时候,不需要特别的宣布,全地都会知道的。祂会发现全地都在等候祂吗? 祂稍后说,"人子来的时候,遇得见世上有信德吗?"(十八8)。

祂没有回答那个问题,但显然的祂在暗示祂来的时候,将看不见信德在世上得胜。那时世上将有许多掺杂。此处祂也在启示同样的真理。世界还是照常吃喝、嫁娶、买卖。但祂来了,整个过程就要结束;一切犯罪的事都要告终,新的秩序将要建立起来。只有与神的王权互相和谐的事物才能存留。

　　路加在这三十节经文里，记录了耶稣最后一次去耶路撒冷之前，祂的公开事工中末后的几件事。第三十一节说，"耶稣带着十二个门徒，对他们说，看哪，我们上耶路撒冷去。"从那里启开了耶稣最后一次的耶路撒冷之行。

　　因此，本段经文的背景，和前几讲中我们所思想的那些事的背景相同。祂的门徒仍和祂在一起。带着批评态度的官长仍伺机以动。祂的四周则是一群寻常的、杂乱的大众。

　　本段经文分成两部分：首先是主说的两个比喻；然后是所发生的两件事，毫无疑问的，这两件事有密切的关系。

　　第一个比喻是对门徒说的。第十八章一开始说，"耶稣设一个比喻。"我们从第十七章第二十二节"祂又对门徒说"这句话，可以知道祂的比喻是对门徒说的。然后祂又对另一些人讲论同样的道理。"耶稣向那些仗着自己是义人，藐视别人的，设一个比喻。"因此，第一个比喻是特别对祂的门徒说的；第二个比喻显然是特别对那群好批评的官长说的，他们自以为义，把别人看得一文不值。这两个比喻所思想的范围是一样的，但所强调的重点却全然不同。

　　第一个比喻的开头颇引人瞩目，"耶稣设一个比喻，是要人常常祷告，不可灰心。"告诉了我们祂说这个比喻的原因。我想没有人能武断地说，这句经文是路加蒙启示写的，还是耶稣设比喻之前说的。可能是路加记录了耶稣在设比喻以前所说的话，用来介绍这个比喻。不管怎样，我们现在知道了耶稣说这个比喻的原因。祂是要强调祷告的必要性，以及常常祷告的必要性。

　　我们千万不要忘记这个比喻和祂前面的教训是互相衔接的。祂前面说过，祂最后显现的那日，世界的光景就像挪亚和罗得的日子一样。因此，住在那个世代的蒙召之人必遇到极大的难处。这个比喻就是在启示：忠信之人在那样不利的世代中应该常常祷告。在那样的世代里，祷告是生活中所不可或缺的。我们的主实际上说，在这种情况下我们只有一个选择，不是祷告就是灰心。主遥望那世代，和祂子民在那世代的生活，祂的结论是，除非人们祷告，否则他们必要灰心。

也许有人会问，我们怎么可能"常常"祷告呢？要回答这个问题，必须先明白什么是祷告。祷告不仅仅是说出一些字句而已。我可能在自己不认为是在祷告的时候祷告。我们可以不发一言地祷告。追根究底说来，祷告乃是人生命倾向于神和属灵事物的一种冲力，就像保罗一样，将心思放在属天的事上。每一天生活中的每一个细节，都可以被这种冲力所控制。祷告照字面上说，就是向前期许。因此，祷告是对最终事物的愿望，是终其一生对于神国的来临、属灵事物的得胜之渴望。现在耶稣说，除非你的生命具有这种性质，否则你必灰心。

我们知道这个比喻的目的——"要人常常祷告，不可灰心"之后，就可以接着看下面的比喻。

"某城里有一个官，不惧怕神，也不尊重世人。那城里有个寡妇，常到他那里说，我有一个对头，求你给我伸冤。""伸冤"的意思不是报复，而是伸张正义。这寡妇不是要求他报复某人，她只要求给她主持正义。他起先不准，"后来心里说，我虽不惧怕神，也不尊重世人，只因这寡妇烦扰我，我就给她伸冤吧！免得她常来缠磨我。"

这个比喻通常被称为"切求的寡妇之比喻"。那个官最后给她伸冤，他的动机不是因为惧怕神或尊重人，他的动机乃是避免被缠扰。

几乎所有的解经家都认为，这个比喻在教导我们切切地祈求。我的观点正相反。我认为它是教导我们，在与神交通的时候，我们不必要切切地求。这是一个对比的比喻。我们的主说，"你们听这不义之官所说的话。神的选民昼夜呼吁祂，祂纵然为他们忍了多时，岂不终久给他们伸冤吗？我告诉你们，要快快的给他们伸冤了。"虽然那寡妇因不义之官迟迟不准允而切切地求,然而神却要快快地给祂的选民伸冤,因此他们没有必要切切地求。

每一个人都可以看出不义之官和神之间的区别。他既不怕神,也不尊重人。他答应给寡妇伸冤的惟一理由,是他不愿意被缠扰。神是有权柄的,祂永远有义的权柄。祂不能破坏义,祂是在宇宙最高的法则之下行动。因此耶稣实际上说,如果一个人为了避免受缠扰,而答应别人的切求,那么公义的神岂不快快有所行动吗?神没有要求人费口舌来说服祂,也不要人担忧。注意"快快的"这个词。神回答祂百姓的呼求时,比闪电还要迅速。祂的回答不一定总是以我们所希望的那种方式临到,但祂一定回答。

由于我们的神会迅速地、随时回答任何遭压迫之人的正确呼求,因此我们能不断地祷告。"要人常常祷告",永远将他们的生命与神的生命连结,与祂随时的供应连结;并且知道,即使祂的回答不是我们所想要的,那仍是祂的回答,祂的回答总是最好的。

我们主最后以一个问题来结束这个比喻。"然而人子来的时候,遇得见世上有信德吗?"这必须借助祂先前的话来解释。祂来的时候,世界仍如往常一样。祂的问题是,祂能在世上找到信德吗?

祂当然能找到选民,找到靠信心而活的人,他们已经经历各样的波折、磨练,并且胜过了困难。他们常常祷告,以避免灰心。但是祂找不到已获最后胜利的信德。祂来的时候,全地不会充满有信德的人。祂在举例说明祷告的必要性和可能性时,再度说到那世代的艰难,因为神不是一个不义的神。

我们继续往下看。如果说第一个比喻与祷告有关,我们也可以说,第二个比喻与自以为义有关。有一点值得注意,我们的主在对付这群自以为义的人时,祂所谈论的仍然是在祷告的范围中。祂让我们看见一个自以为义的人如何祷告。

这个比喻一开头,就表明了祂说这个比喻的原因。"耶稣向那些仗着自己是义人,藐视别人的,设一个比喻。"希腊文直译应是"藐视其他的人……","其他的人"有轻视的含义。这一群官长站在那里,用手提着自己的衣袍下摆,深恐沾染了那群不洁大众的污秽。

"有两个人上殿里去祷告。"两个人，都是凡人。我们的主首先用来描述他们的词句，表明了他们是天上所看到的人。每当人跨入圣殿的大门时，高天就记下他们的名字。

他们都是进去祷告的。他们一开口祷告，不同之处就出现了。"法利赛人站着，自言自语的祷告。"你有没有发现字里行间透露的讽刺意味？听听他怎么说。"神啊，我感谢你，我不像别人，勒索、不义、奸淫，也不像这个税吏。"

显然他看见另外那个人了。我想他虽然瞧不起那税吏，但心中一定窃喜他在那儿，因为税吏是一个黑暗、可鄙的罪人，正可以衬托出他自己的光明和显赫。

"我一个礼拜禁食两次，凡我所得的，都捐上十分之一。"那就是他的祷告。他五次用人称代名词时，都是采取主格的形式。他承认有神；表面上他是在对神说话，但从耶稣明确的讽刺语气中可以看出，他实际上是在对着自己祷告。他无法逃避神，但他与神距离非常远。他有头脑的知识，但这无法使他与神连络。地狱中也充满了头脑的知识。他承认有神，但他心中所想的都是自己，他无法摆脱自己。他根本没有提到神。"我……我……我……！"

"那税吏远远的站着，连举目望天也不敢，只捶着胸说，神啊！"他一开始说的也是同样的话"神啊"，但接下去的话就显露出他的观念和态度。"开恩可怜我这个罪人。"

这里只用了一个受格的代名词——"我"，一个对"我"的描述——"罪人"，以及对永恒的切望——"开恩可怜"。两个人，一个神；每一个人开头都称呼神。其中一个人只想到自己的义，根本没有提到神；另一个人一心想到自己是罪人，他只能全心仰赖神的慈悲，他连举目望天也不敢。

然而，主说出了天上的判断，"我告诉你们，这人回家去，比那人倒算为义了。"那是特别针对这两个人说的，然后祂广泛地论到一般的人，"因为凡自高的，必降为卑；自卑的，必升为高。"

两个人都在祷告。一个人滔滔不绝地谈到自己的长处，并且为之沾沾自喜。另一个人厌恶自己的罪，恳求神无限恩慈的怜悯临到他。耶稣实际上说,这两个人都是在圣殿中寻求称义。一个在神面前自称为义,另一个不是求神称他为义,而是求神的慈悲。那自称为义的,结果仍然是不义的;那寻求神怜悯的,回家之后就被算为义了。

　　我们再看接下去的两件事。第一件与孩童有关。"有人抱着自己的婴孩来见耶稣。"路加的记载不太完整。马太和马可都告诉我们,带小孩子来见耶稣这件事,是发生在主说到有关离婚的事之后。对我来说,这种关连性是富有暗示的。

　　"有人抱着自己的婴孩来见耶稣。"路加所谓的"有人"是指谁?我们通常说那是指母亲们,但路加可不是这么说。当然他也没有指明是父亲们,但当他述说门徒责备他们时,他用了一个希腊文中男性的"他们"(autois)。那个字也可以是中性的,然而用来指人时就不可能是中性的了。在希腊文里,可以用男性的形式来泛指男人和女人,因此也可能包括母亲们;但此处很肯定是指父亲们也在场。如果单指母亲,就应该用女性的"她们"。我所以强调这一点,是因为在犹太人的制度里,父亲要负责孩子们信仰方面的教导。今日教会所以弊端丛生,就是因为作父亲的在这一方面没有尽到他们的责任。

　　"门徒看见就责备那些人。"请不要生门徒的气,我想我能了解他们。他们十分清楚,也怀着万分忧虑,晓得耶稣正向耶路撒冷行进,将去承受一种奥秘的苦难。在过去的六个月中,祂不是一再对他们提及此事吗? 因此门徒认为,万万不可在这个时候让小孩子来打扰他们的主。

　　此处路加的记载还是没有马可完整。马可告诉我们,"耶稣看见就恼怒"(十 14),接着祂就说了路加在这里记载的这些话。当门徒阻止小孩接近耶稣时,祂就生气了。任何人若想阻止小孩子接近祂,祂都会恼怒。这对教会是非常重要的,我们应该明白这一点。

　　祂接下去说的话,显示了小孩子在世代末了时的特权,"让小孩子到我这里来,不要禁止他们。"祂似乎这么说:不管你禁止任何人,但不要禁止小孩子。"因为在神国的,正是这样的人。"也许你会喜欢较早的译本,"因为神国就是属这样的人。"祂不是说,把小孩子带到我这里来;祂说,不要禁止他们到我这里来,"让小孩子到我这里来。"

如果我们把一个孩子放在耶稣面前,这孩子会立刻走向祂。我情愿相信一个孩子的判断力,而不愿信任某些成人的判断力。坦白说,如果一只狗不喜欢某个人,我也会对那人心生怀疑。孩子们的鉴赏力是卓越的。如果一个孩子喜欢亲近某人,我也会想认识这人。耶稣实际上说,如果你让孩子们来,他们都会到我这里来。不要禁止他们,不要拦阻他们。如果我们今天发现一些孩子(即使是基督徒家庭里的小孩)不想到耶稣基督面前来,那是因为我们拦阻了他们。

然后祂将这个真理运用在众人身上。祂说,除非你们都变成小孩子的样子,否则你们永不能到我这里来,也不能进入神的国。"凡要承受神国的,若不像小孩子,断不能进去。"

最后让我们略略看一下接着发生的一件事。有一点很有意义,就是马太、马可、路加都告诉我们,当耶稣对那些想要禁止小孩子亲近祂的人恼怒,并且按手在小孩子身上,抱他们在怀中的时候,那个年轻的官就来到祂面前。我个人相信,这个年轻的官已经听到了耶稣有关离婚的谈话,并且看见了祂对小孩子的态度,他不得不来求告祂。他说,"良善的夫子,我该作什么事,才可以承受永生?"

我想他是因为听了耶稣所说的,看了祂所行的,才萌生了这个问题。你仔细察考过这个年轻人没有?他实在是个好青年。他温文尔雅,正直诚实,并且观察敏锐,他看见耶稣里面的良善。他并且坦承祂的良善,毫不在乎祂是乡下人装扮,而他自己是身着紫袍的官长。他见到祂的良善时,就谦卑地不惜下跪。更有甚者,他专心寻求最高的事,追求一个丰盛、永恒的生命。那个时候,他无法为永恒的生命付上代价,我们不知道他后来是不是肯付上代价。

这件事最重要的地方在于主对待他的方法。耶稣先对他说,"你为什么称我是良善的?除了神一位之外,再没有良善的。"

我不知道为什么许多解经家和牧师在解释这个故事时,大多忽略了这一句话,不然就是草草带过。祂说这句话的意思,要么就是说,我不是良善的;要么就是说,我是神。我相信耶稣在这里是说,我是神,所以我是良善的。

祂立刻用十诫里面的最后六诫来质问他。祂没有用前面的四诫来问他,而选择了那六项关于人与人之间关系的诫命来光照他。这年轻的官回答说,"这一切我从小都遵守了。"他说的是实话。

耶稣又对他说,"你还缺少一件,要变卖你一切所有的,分给穷人……你还要来跟从我。"他还缺少什么? 缺少贫穷? 那是完全错误的解释。他缺少的,是一种从外面来的、可以管理他生命的因素。祂要他舍弃那拦阻他的,就是他的财富。那是一个反面的、预备性的命令;接着就是一个正面的、主要的命令,"你还要来跟从我。"祂呼召他放下自己的生命,让祂来管理。

现在我们把这个命令和祂一开始所说的话——"为什么称我是良善的? 除了神一位之外,再没有良善的"——连在一起看。如果你要承受永生,就必须舍弃一切使你自满自足的东西;顺从、降服、跟从我;实际地将你的生命顺服在神管理之下,因为你若看见了我,你就见到了神。

"他听见这话,就甚忧愁,因为他很富足。"故事到这里结束,我们最好就让它在此结束。我们无权说他失丧了。这个故事只是显明主给他的选择,并且记录他在当时拒绝了主的要求。

这段记载的最后一部分,是记录因他而引起的一段对话。"耶稣看见他就说,有钱财的人进神的国,是何等的难哪! 骆驼穿过针的眼,比财主进神的国还容易呢! 听见的人说,这样谁能得救呢?"

确实,一般人都认为,如果一个富人不能得救,就没有人能得救了。祂针对这个问题提出回答,"在人所不能的事,在神却能。"在神来说,即使一个富人也能进神的国。人一旦与神连结,一切不可能的事都要成为可能了。

彼得就说,"看哪! 我们已经撇下自己所有的跟从你了。"祂说,"我实在告诉你们,人为神的国撇下房屋,或是妻子、弟兄、父母、儿女,没有在今世不得百倍,在来世不得永生的。"

这件事在此结束。不要忘记了,耶稣这时仍然是定意向着耶路撒冷而去。

　　现在我们要进入路加所记载的这"道"服事工作之最后阶段（他在第一章第二节里以"道"来称呼我们的主）。从这里开始，每一件事都蒙上了十字架的阴影，或是带着十字架的色彩。一直要经过这段深沉黑暗的日子，一切的黑暗才会变成复活的荣耀曙光。

　　有一点很重要，我们不妨在此停留一下，注意观察路加如何不断让我们面对面看见，我们的主在这一整段时期里那从不改变的目的。第九章第三十一节，他告诉我们摩西和以利亚在荣光里显现，谈论耶稣"去世"的事，"就是祂在耶路撒冷将要成的事。"同一章第五十一节说到，"耶稣被接上升的日子将到，祂就定意向耶路撒冷去。"

　　我们再看第十三章第二十二节，"耶稣往耶路撒冷去，在所经过的各城各乡教训人。"第十七章第十一节，"耶稣往耶路撒冷去，经过撒玛利亚和加利利。"现在到了我们正在研读的这段经文，第十八章第三十一节，"耶稣带着十二个门徒，对他们说，看哪！我们上耶路撒冷去。"这个结果一直继续到下一章（第十九章）第十一节，"众人正在听见这些话的时候，耶稣因为将近耶路撒冷，又因他们以为神的国快要显出来，就另设一个比喻。"以及第二十八节，"耶稣说完了这话，就在前面走，上耶路撒冷去。"因此我们看见，祂这一路上都是"向耶路撒冷去"。

　　本段经文可分成两部分，第一部分（31～32 节）是叙述最后那些事的过程；第二部分记载了两件事，都与耶利哥城有关，一件是祂接近耶利哥城时发生在城外的事，一件是祂进城后发生在城内的事。

　　让我们特别留心看前四节经文。首先我们必须记住，祂那时是在对祂的门徒说话。"耶稣带着十二个门徒。"祂似乎是将其他的门徒留在外面,单独对这十二个门徒讲下面的教训。这十二个门徒是祂所拣选,所指定与祂在一起的,不久祂将要打发他们出去。这两年半来,他们与祂有最亲密的联合。那时他们正陷于困惑的阴影中,因为祂从凯撒利亚腓立比就开始告诉他们,祂必须走向十字架。从那时起,他们虽然紧随着祂,心中却是充满惧怕、困惑、惊讶。从祂第一次预告十字架到现在已经有六个月了,路加这时说,"耶稣带着十二个门徒。"祂要告诉他们,将要发生之事的过程。

"看哪! 我们上耶路撒冷去。"这是头一件事。"先知所写的一切事,都要成就在人子身上。"这是整体的叙述。然后祂就启示那个过程。"祂将要被交给外邦人,他们要戏弄祂,凌辱祂,吐唾沫在祂脸上,并要鞭打祂,杀害祂。第三日祂要复活。"

请特别注意祂所说这一切将发生的事。从那一刻起,路加就按着这个程序来记载。"上耶路撒冷去"的旅程是从第十八章第三十五节开始,一直继续到第十九章第四十四节。"被交给外邦人"的记载是从第十九章第四十五节开始,一直到第二十二章第五十四节的中间部分。然后祂又仔细描述这个过程,祂说他们将要"凌辱祂",这是从第二十二章第五十四节的中间开始,继续到第二十三章第二十五节。"杀害祂"的记载是在第二十三章第二十六节到五十六节。"祂要复活"记载在第二十四章的前十二节里面。

这个过程首先吸引我们注意的是耶稣所说,"我们上耶路撒冷去,先知所写的一切事,都要成就在人子身上。"祂是在宣告说,祂前面的道路已经在先知的笔下启示出来了;这些先知所预告的一切事都将要应验了。

那么,先知所预告的是什么事呢? 第一,"祂将要被交给外邦人。"耶稣被以色列人交给外邦人去治死,这件事本质上是把祂出卖了,但它还有更深的含义。五旬节那天,十二个门徒中有一位,他当时虽然不明白耶稣所说那过程的意思,但他在五旬节时回顾以往,就提到了这件事,他说,"祂既按着神的定旨先见,被交与人"——同样用这"交"字——"你们就藉着无法之人"——就是外邦人——"把祂钉在十字架上杀了"(徒二23)。

　　因此彼得一方面认出耶稣被以色列人出卖了,一方面他采用了"被交与"一词,来描述这项行动乃是"按着神的定旨先见"。当耶稣说祂将要"被交给"外邦人时,祂固然在指明以色列的罪,但也同时表明了祂认识到:临到祂的一切事都是在神的管理下。

　　然后祂仔细描述将临到祂的事。"他们要戏弄祂,凌辱祂,吐唾沫在祂脸上,并要鞭打祂,杀害祂。"这一切都是祂在外邦人手中时发生的,是罗马的兵丁和罗马的权势所作的。这样并不因此减轻以色列人出卖祂的罪,因为你若雇凶手去杀人,远比你亲自去杀人更罪大恶极。但这里涉及了外邦人的世界。罗马帝国和罗马地方官所代表的外邦人世界并非毫无亮光。罗马的律例就证明罗马人并非没有亮光,他们知道分别善恶,分别义和不义。耶稣被交给外邦人最高的法律和政府阶层。从祂的例子上,我们看见他们恣意破坏律法的原则和公义。罗马的巡抚说,他查不出祂有什么罪来,但他还是因着群众的咆哮,而使祂被击打、被人吐唾沫、被苦待。这就是人性的罪。以色列人的罪是将祂交给外邦人;而在临到希伯来人启示之外的外邦人,他们的罪是破坏了义,使祂受凌辱。

　　然后,"杀害祂。"那是最终的罪。那是罪在人类历史上最严重的表现。他们杀了祂。人类历史上有许多骇人听闻的记录,但没有一件比杀害耶稣更可怖。罪在这事上表达了它最严重、最败坏的一面。当我记起祂的身份,祂在世为人时的生活方式,祂的一言一行和祂的服事工作,并且看见祂死在加略山的十字架上时,我就会想,除非这件事有比历史或实际情况更深刻的解释,否则掌管这宇宙的一定不是一个善良的神;或者说祂从未允许这类事发生。但是不久之后,复活的亮光照明了十字架,五旬节来到,我看见败坏了的犹太人和罗马人都重新有了一个新的灵和新的生活方式,洁净的江河开始涌入人类的事务中,这时我才知道,祂的死有远比"被杀害"更深刻的意义;这时我才知道,那是最重的罪,那也是最重的恩典。

　　当然,这并不是整个过程的结局,祂最后说,"第三日祂要复活。"我们在思想到十字架以及基督与十字架的关系时,不可忽略了祂有关复活的这句话。我愿意重复这个在解经时不可省略的事实,就是自从凯撒利亚腓立比之后，耶稣每一次预告祂的十字架时，都同时预告了祂的复活。

本段经文最重要的价值，在于它启示了耶稣是如何清楚地知道一切将临到祂的事。祂告诉祂的门徒，每一件将临到祂的事之细节。我们若用这些记录来解释十字架，就不会说耶稣是一个受害者。祂实际上是一个胜利者。如果我们说，祂是带着英雄的风度，向人类所不可避免的事实屈服，我们就是歪曲了真理。我们所得到的启示是，祂是行在神所命定的道路上；即使当祂经历了十字架的痛苦后说"父啊！我将我的灵魂交在你手里"（二十三 46）之时，祂仍然抬头挺胸，有着无限的尊严。

路加在结束这一段主对门徒的谈话时说，"这些事门徒一样也不懂得，意思乃是隐藏的，他们不晓得所说的是什么。"这是难免的，他们当然无法明白祂的话。祂说祂将要去耶路撒冷，他们明白这个意思。他们或许也明白祂所说祂将被交给外邦人的事，那是一个法律上的用语，指明官长可能采取的行动。他们或许也明白祂将被戏弄、受凌辱、被吐唾沫；因为如果祂落入敌人手里，这一类的事是可能发生的。他们也明白祂所说祂将被杀害的话。但是，当祂说到第三日祂要复活时，他们就糊涂了，他们抓不住这话的含义。因此他们也无法明白祂受苦和受死的意义。

现在我们来看路加所记载的两件事，都是在祂刚开始祂最后一次的耶路撒冷之旅时发生的。这两件事非常美丽，也广为人所知。

"耶稣将近耶利哥的时候，有一个瞎子坐在路旁讨饭。"耶稣已经渡过了约旦河，再度来到犹太地。耶利哥距离耶路撒冷约有十五英里。祂正要进耶利哥的时候，就发生了这瞎子的事件。我们不要将这个瞎子和巴底买混淆。马太和马可都提到瞎子的事，马太记录有两个瞎子得医治，马可只提到一个。他们中间有一个就是巴底买。马太和马可所记录的，都是耶稣正离开这城时医治了那瞎子。路加则清楚指明，这里的瞎子得医治是在耶稣将近耶利哥城时发生的。

这瞎子听见众人的脚步声，就问是怎么回事。别人告诉他，是拿撒勒人耶稣经过。他就大声呼叫，"大卫的子孙耶稣啊，可怜我吧！"

显然这人听过耶稣的事迹，他对耶稣的称呼颇有意义。由于某种未解释的原因，他不仅是听过耶稣，并且也相信祂。他用一个完整的弥赛亚头衔来称呼祂，"大卫的子孙耶稣啊，可怜我吧！"

"在前头走的人就责备他，不许他作声，他却越发喊叫。"这时他放下了"耶稣"的名字，但仍保留弥赛亚的头衔"大卫的子孙"。

然后呢？"耶稣站住，吩咐把他领过来。"注意事情急剧的发展。我们不妨将这个戏剧化的故事里面的对话，用诗的形式表达出来：

"大卫的子孙，可怜我吧！
你要我为你作什么？
主啊！我要能看见！
你可以看见，你的信救了你！"

结果如何？瞎子得看见了，他就跟随耶稣，归荣耀与神。众人看见这事，也赞美神。

那时祂正走向祂的十字架。一个瞎子出于信心，称祂是大卫的子孙；基督呼召他，并给他看见。如此我们就在这个行动上，看见了十字架的怜悯和大爱。

然后祂就进了城。当时的耶利哥城里住着许多罗马的税吏和耶路撒冷的祭司，这是颇富暗示性的事实。那城是一个罪恶之地。耶利哥通往耶路撒冷的公路上满是凶险。主所说好撒玛利亚人的比喻，就是以这条公路为背景。因此祂前往这城的举动颇有意义。这是自古以来就被咒诅的城市。祂当时正走向祂的十字架。祂不必经过耶利哥。当时还有其他的路线可走，但祂却到了耶利哥。这里惟一记录发生在耶利哥城里的事，就是撒该的故事。我相信祂去耶利哥的原因，就是要寻找撒该。

撒该是一个税吏长，也是一个财主，用那个时候的情形来衡量，就知道他是一个恶棍。罗马的征税系统绝对不会使一个人致富，除非他在当收的税额之外又强加勒索。罗马政府给一个税吏特定的区域，他就负责在这个区域内收税。罗马有一定的缴税期限，这人必须到时候缴上罗马所规定的税额。除此之外,罗马就不再多问了。如果他是一个义人,他的收入也足够开销。由于他大权在握,他若是一个恶棍,就会趁此大饱私囊,成为财主。当一群这样的税吏到施洗约翰面前,问他说"我们当作什么呢?"时,他知道他们,因此他说,"除了例定的数目,不要多取"(三12～13)。撒该是一个税吏,又是一个财主,这证明他是一个恶人。

但他是一个好奇的人。众人走过,瞎子听见了,撒该看见了,但他看不见众人拥挤的原因,不知道是怎么一回事,他很想探个究竟。请注意路加怎么说,"他要看看耶稣是怎样的人。"

他并不是要爬上桑树去看耶稣。他根本不知道祂是谁,不知道是何人如此吸引大众。但由于他身材矮小,不能越过众人的头和肩膀观看,而他心里又好奇,又不想罢休,所以他爬到一棵树上,要看看这个围在众人当中,引起如此骚动的人是谁。

耶稣走到桑树下,祂看见了撒该,就说,"撒该,快下来! 今天我必住在你家里。"他下来了,满心欢喜地接待耶稣。我不禁想,他欢喜接待耶稣的一个原因,可能是他乐意作任何足以使法利赛人恼怒的事。

然后,幕暂时放下来了。耶稣进了撒该的家。你有没有听见外面众人的议论? 还有那一群法利赛人、官长们的议论? 他们看见祂进入撒该的家,就说,"祂竟到罪人家里去住宿。"对他们来说,这真是惊骇的事。祂竟然接受一个恶棍的款待,而且还是祂主动要求的。那是基督对待撒该的第一个方法,祂要他款待祂。

我常常会想,耶稣在房中对他说了些什么? 我相信祂一定很有礼貌地和他谈话,但是除了礼貌的话之外,祂一定还有更深刻的谈话。不久幕又拉开,或者说门打开了,他们两个一起走出来。路加说,"撒该站着。"意思是他已经从他家出来,要对众人说一些话。他当着众人的面对耶稣说,"主啊,我把所有的一半给穷人。"

那是他的第一句话。他没有描述他过去的生活,只是说出他新的决定。很可能他长久以来一直在强取穷人的一半财物,现在他要拿出这些来。他又继续说,"我若讹诈了谁,就还他四倍。"那也是他的新决定。他愿意赔偿。

因此他与耶稣交谈后，出来时他有了两个决定：我要施予，我要赔偿。他当初进去时，一心想要有所得着。他出来以后，一心想要给别人什么。他以前只想利用自己的生命来利己，现在他要用公义的方法来舍己。他们在屋内时一定发生了什么事。到底发生了什么？我不必苦苦思索，因为耶稣已经回答了这个问题。祂说，"今天救恩到了这家。"

是救恩，将一个贪婪的本性转为仁慈，将一个自私的生命转为公义。耶稣又加上一句说，因着所发生的事，他已成了亚伯拉罕的子孙。

然后祂从祂自己行动的立场，来解释这整件事："人子来，为要寻找拯救失丧的人。"祂在那个家中寻找撒该，找到了他，并且拯救了他。我们看见这个蒙拯救的人，他主要的特点是，我给；他急切要行的是，我赔偿。

再一次我们不要忘记了，耶稣那时一直在向祂的十字架前进；不论是对瞎子，或撒该，祂都是在十字架的能力之下行动。

本段经文一开头的文字，"众人正在听见这些话的时候"，将下面发生的事和前面的记载连结起来。我们因此知道主说这个交银比喻的场合。"众人正在听见这些话的时候"，所指的是什么话呢？乃是他们听见了撒该与耶稣会面之后出来所说的话，以及耶稣接着所说的话，"今日救恩到了这家，因为他也是亚伯拉罕的子孙。人子来，为要寻找拯救失丧的人。"这样就很清楚地标明了两段记载之间的连接关系。

第十一节下半段，告诉我们耶稣为什么要说这个比喻。"耶稣因为将近耶路撒冷，又因他们以为神的国快要显出来，就另设一个比喻。"

虽然我强调这个比喻和前面耶稣说的话是衔接的，但显然祂设这个比喻，并不都是因为他们听见了祂论撒该的话；主要的原因还是由于他们那时心中存着不正确的想法，"他们以为神的国快要显出来。"

可能他们是从一个物质的观点，来解释祂说祂来是要寻找拯救失丧的人这句话；他们以为祂所指的是政治上的解放运动。可能因为这样，他们就以为神的国快要临到，因祂已经快到耶路撒冷了。

这三年半来，祂一直在这个地方周游传道。现在祂要作一个结束了，一切都要有所转变了。我们无法肯定地说，这里的"他们"是指祂的门徒，或指众人。我个人相信，那是指门徒，也是指众人。这种转变的感觉是普遍的。祂正接近耶路撒冷，那是一切的中心地。在那段特别的时候，他们都清楚知道，耶路撒冷要比平时拥挤得多。逾越节将近，人们从各方涌向耶路撒冷。约瑟夫告诉我们，大约有两百万人（远超过平常的人口）会聚集到这城和它的郊区来。大家普遍有一种感觉，就是有大事要发生了。

"他们以为神的国快要显出来。"他们这样想，并且这样相信。三年半以来，祂在四处游行。祂曾奇妙地感动了众人；尤其是加利利人，对祂特别忠心。犹太地的人因受他们官长的影响，对祂仍心存疑惑，但是大家普遍地期待某些事情发生，他们以为将要发生的事，就是神的国快要显现。

"显现"是一个很强烈的词，它是在描述一种加强的、积极的出现。他们期待一种重大的、关键性的显现。也就是说，他们期待祂现在就声明自己是弥赛亚，实现他们所认为的弥赛亚使命。他们以为，祂现在就要自称为王，在耶路撒冷建立神的国。他们基于自己对神国的认识、解释和愿望，期待着神国的迅即降临。祂的门徒也在这些人中间。

他们以为神的国，就是在耶路撒冷建立一个物质的、表面的大卫宝座，打破罗马的铁轭，实现他们所认为的弥赛亚职分。他们中间许多人已预备要追随祂左右，投入祂的旗下。因为这个原因，祂对他们说了这个比喻。

祂用分银的比喻，来指明他们对神国的了解是完全错误的。他们不明白，建立祂所要作王掌权的那个世界秩序所需要的是什么。祂并不是说，祂永远不会这样作王掌权；但他们误解了神国的性质，因此也误解了国度的时间。他们不明白国度的程序，所以祂对他们说了这比喻。当时仍有一些人以为，祂要建立一个犹太人的国度。圣经并未支持这种观点。神国将要来临，祂将要来掌王权，但祂的国度不是犹太人的国。不久之后，祂要离弃这个国家。他们完全没有看见神国里真正重要的事；这些事若不实现，地上的秩序就永远无法建立。

很有趣的是，主在这个比喻里所采用的事物都是他们所熟悉的，曾经在他们四周不止发生过一次。亚基老、希律大帝和稍后的安提帕都作了这一类的事。他们都曾离开他们的国或分封地一阵子，前往罗马去"得国"。

以亚基老作例子。他在耶稣说比喻的这个城——耶利哥，建造了他的宏伟宫殿。他曾离开耶利哥的宫殿，前往罗马，要求给他王的名分。他本来是四分领主（罗马一州的四分之一的统治者），但他不满足于此，他想拥有王的特权，但他必须从罗马得到此权柄，因此他前去罗马，提出他的请求。他离开的时候，留下一个人，名叫腓利普斯（Philippus），负责处理国中有关钱财的事。但他离开之后，百姓却联合起来，打发一个特别的代表到罗马，告诉罗马皇帝说，他们不要亚基老作他们的王。这里，耶稣采取这件事，运用在祂自己身上，以纠正他们以为神国将要临到的错误观念。

这个比喻里有三件事值得注意。第一，延迟的事实；第二，离开到回来这中间的等候阶段，以及填满这阶段的方法；第三，祂带着安全、绝对的权柄回来的这个事实。第三点与历史的事实有些出入。亚基老后来失败了。他前往罗马想要被封为王，却没有如愿。耶稣说，我要离开去接受一个国度，我将带着权柄回来。我将要离开，因此你们所期待的不会马上实现；而在我离开之后到我回来之间，你们有要担负的责任。

祂首先强调延迟的事实。这里有一个重要的问题：什么延迟了？祂的王权吗？不！延迟的是他们以为将要发生的事，也就是祂国度的显现。祂的国并未延迟。祂离开是要去接受一个国度。我们可以这么说，祂定意去耶路撒冷，祂到了耶路撒冷，在那里受死，并从死里复活，升到高天上。祂升天时就接受了祂的国。祂升天时就被加冕为王。那也是保罗在腓立比书所说的，"既有人的样子，就自己卑微，存心顺服，以至于死，且死在十字架上。"祂离开荣华天庭，降世为人。然后呢？"所以神将祂升为至高，又赐给祂那超乎万名之上的名。叫一切在天上的，地上的，和地底下的，因耶稣的名，无不屈膝"（腓二8~10）。

那是指祂完成世上的工作时，祂要升上至高接受祂的国度。因此延迟的不是祂的加冕，乃是神国度在地上的显现。今日，神的国仍然没有完全，没有达到最终的地步。它只是延迟，但它快要来了。

"所以你们要把下垂的手，发酸的腿，挺起来"（来十二12）。如果一任手下垂、腿摇摆是非常危险的。这种态度是不对的。这王将显现，国度将显现，这世界就会真正明白耶稣独掌王权的恩惠和好处。

祂将要来,但祂此刻就是君王了。

"便叫了他的十个仆人来,交给他们十锭银子。"我们要小心,不要将这个分银的比喻和按才干分银的比喻相混淆。两者是全然不同的。在按才干分银的比喻里,主人给一个仆人十两银子,一个仆人五两银子,另一个只给一两银子。那个比喻是论到才干的差别;这里的比喻却不是,其中每一个仆人分到的钱是一样的。这里强调的是,每个人的机会都是均等的,主不在的期间,祂要给每一个仆人十锭银子。这表明了每人机会相等,责任相等。

保罗在以弗所书第五章里说,"你们要谨慎行事,不要像愚昧人,当像智慧人。要爱惜光阴,因为现今的世代邪恶"(弗五15~16)。有的版本在旁注中不用"爱惜",而用"把握机会"。"光阴"这个词原文的意思也不是指一般的光阴,而是暗示一个特别的时刻,也就是机会。希腊文"爱惜"这词并不是一个普通的词,乃与市场有关。那是一个商业用语。我们可以从这个词中看见一幅画面,希腊商人为他们的货品讨价还价,等待最佳时机买进或卖出。主人要他们善自经营,"你们去作生意,直等我回来。"

主并没有明确说银子代表什么,但我们都知道,那是指为祂作见证,这是祂托付给我们每一个人的。世界的眼睛看不见主。一千九百多年以来,神国的华美从未彰显在世界上。因此每一个人分得一锭银子,每一个人都有一笔信托金,每一个人就要为这一锭银子负责,好叫神的旨意尽早在世上实现。耶稣基督的每一个仆人,都有责任使用祂所托付的真理、福音、耶稣的伦理和祂来到世上所完成的事工作为本钱,来为耶稣作买卖。每一个人都有责任为那已离开的君王,经营属天的生意。

主人将责任交给仆人之后就走了。"他本国的人却恨他。"值得注意的是,祂提及世人的时候,统称他们为祂的子民。所有人都是祂的子民,祂要求统治一切人。

"他本国的人却恨他,打发使者随后去说,我们不愿意这个人作我们的王。"我不须再多作说明,这正是当时世界说的话,今日世界仍然是这么说。我们应该作什么? 我们应该赢回那些对祂心怀敌意的人,使他们归顺祂。这就是我们当作的买卖。

"他既得国回来。"这是很醒目的话。祂明显地指出这中间的区别来。亚基老从未得国;但是祂得了国,并且将要回来,以外在的显现来建立祂的国。祂描述了祂回来以后的情景(15～24 节)。那赚十锭银子的仆人并未自居其功。他用所得的银子作买卖,赚了当得的利润。但那恶仆却不是这样,他说,"我原是怕你,因为你是严厉的人;没有放下的还要去拿,没有种下的还要去收。"我们的主不是承认他所说有关祂的话是真的,不过从接下去的经文可以看到,祂就按他所说的定他的罪。

因此,我们的主回来时,祂要一一对付祂的仆人,看看祂不在的时候他们如何应用祂的银子。这个故事里,一个人充分利用了他的本钱,赚取十锭银子;另一个人赚了五锭(他可以作得更好些);还有一人什么都未赚到,他守住他的本钱,不敢花掉,不敢丢掉,只是将它包在手巾里。啊!今日这世上也有许多人将耶稣的一锭银子包在手巾里。他拒绝所托付给他的责任。

我们看见,祂来的时候,国度将要显现,将要得到绝对、最后的建立。祂的权柄首先彰显在祂对付祂的仆人这事上。祂将对第一个仆人说,"你的一锭银子已经赚了十锭……可以有权柄管十座城。"于是奖赏他,给他更多的责任。祂给那个赚五锭银子的仆人五座城,让他管理。至于那个一文未赚的仆人,祂将他仅有的一锭银子也拿走。

关于这一点,保罗曾写道,"因为我们众人必要在基督台前显露出来"(林后五 10)。"台"并不是指白色大宝座。我们来到基督的审判台前,不是按我们与祂的个人关系受审判,乃是按我们的工作受审判。保罗在哥林多前书里说,"各人的工程必然显露"(林前三 13)。我们的工作要受火的试验。我们的工程是建立在金、银、宝石还是草木、禾秸的根基上?"那日子要将它表明出来"(林前三 13)。祂要用火来试验,因此金、银、宝石的真实美丽将被表明出来,同时草木、禾秸将被烧毁。

"人的工程若被烧了,他就要受亏损;自己却要得救,虽然得救乃像从火里经过的一样"(林前三 15)。除了个人的救恩之外,其余都荡然无存。这里面有一些可悲，也有一些奥秘，但事实是如此，得救好像从火里经过。比喻中那恶仆的遭遇就是这样，因他疏忽了作仆人的责任，有一段时间一事无成。

　　然后我们看见，主要对付衪的仇敌。他们拒绝衪，因此当国度最后建立的时候，他们除了受审判，什么也得不着。"至于我那些仇敌，不要我作他们王的，把他们拉来，在我面前杀了吧！"那些拒绝衪作王的人，就被排拒在衪的国度之外。

　　本段经文还有一节，"耶稣说完了这话，就在前面走，上耶路撒冷去。"衪正迈向衪的宝座。衪要去得国。衪仍然未向这世界显现。衪正在作王，衪将要回来。衪已经给我们每个人银子，好在这段时间作买卖。我们将如何运用这银子呢？

在上一讲中,我们看见主正离开耶利哥,循上坡的路走向耶路撒冷。祂依然定意往那座城去。这就是上一讲结束时我们所看到的,"耶稣说完了这话,就在前面走,上耶路撒冷去。"

现在祂已经抵达耶路撒冷,我们通常称这一段故事为"胜利的进城"。必须指出一点,马太、马可、路加和约翰有关这事的记载都不完全,因此我们必须把四福音的记载合并在一起看。这样作的时候,我们就会发现,虽然我们通常在复活节的前一个主日,就是"棕榈主日"庆祝耶稣的进城,事实上根据历史记载,祂是在连续三天中三度进城。祂第一次进城是在安息日,祂骑驴进了城,直接到圣殿,周围看了各样物件,未发一言地离开圣殿,就出城去了。次日,也就是我们现在所称的礼拜天,祂再度回来,在祂前往耶路撒冷的途中,发生了路加所记载的那一件感人、美丽的事,就是祂在橄榄山上,俯瞰全城的时候,祂哭了。祂第三次进城是在礼拜一。这三次进城,主都多多少少引起了耶路撒冷合城的注意。

关于主第一次的进城,就是安息日那天发生的事,路加没有提及,他只是说主将近耶路撒冷。马太和马可记载了祂的进城,马可又加上一句,说祂进了圣殿,"周围看了各样物件",然后离开圣殿。那一天是安息日,可能圣殿中没有买卖的事,也没有兑换银钱的桌子,因为那天有崇拜在进行。因此我们看见耶稣进了圣殿,一言未发。祂"周围看了各样物件",就离开圣殿出城了。

第二天,也就是礼拜天,祂再度回来。由于是一星期的头一日,那些在圣殿中作买卖的都回来了。祂就洁净整个圣殿。路加这里的记载很简短。然后,第三天,也就是礼拜一,祂再度回来,路加记下了一些当天发生的事,祂在那天与官长起了冲突。

祂第一日是以君王的身份进城,第二日是以祭司的身份进城,第三日是以先知的身份进城。这样说似乎有些刻板,但请注意,祂三次进城都是有深远意义的。

第一天的进城,显然是君王的样子。祂进入大君之城,又进了神的殿,那殿是全国生活的中心。祂环顾四周,就转身离去,那是一个最悲哀、有着不祥兆头的行动。

次日,祂以祭司的身份回来,发现神的殿被亵渎了,祂就洁净圣殿,逐出兑换银钱的人,推翻他们的桌子。祂不是以王的身份,而是以神的大祭司之身份,带着威严和尊严告诫他们,要使神的殿洁净,成为敬拜神的地方。有一本福音书告诉我们,那一天在殿里有一些患病的人到祂面前,祂就治好了他们,同时有一些小孩子在一旁歌颂祂。在那片刻里,祂使圣殿恢复了它最初的目的。

第三日,祂再度进圣殿,立刻有人向祂挑战,质问祂仗着什么权柄作这些事。祂在那一天所说的教训实在是卓越无比的。在回答他们的诡辩和反对时,祂以神的大先知之身份,带着庄严的权柄,仿佛以神的声音来对付每一种情况和问题。

我们可以如此将路加的记载,和这三天的庄严行动连在一起来思想。这实在是一个庄严的行动。我们从凯撒利亚腓立比开始就一直跟随祂,路加说祂从那时起“就定意向耶路撒冷去”。这一路上,祂的目标就是耶路撒冷。现在,祂到了最终的时刻,到了祂生命中最迫切关心的关头。祂在无限的庄严堂皇中抵达这城;祂不是受害者,而是胜利者。

这一段中有三件事值得我们思想:预备王的进城(29～35 节),进城的行列(36～40 节),次日的接近这城和进城(41～48 节)。

首先是进城的预备(29～35 节)。路加记下了这个寻找驴驹的美丽故事。我们必须记住,驴驹在东方国家里是尊贵的坐骑。当时国王并不骑军马,而是骑驴。

关于这一点,路加的记载和马太不同。马太特别注意到耶稣选一只驴驹这件事和先知的预言之间的关系。撒迦利亚书第九章第九节说，"锡安的民哪，应当大大喜乐；耶路撒冷的民哪，应当欢呼。看哪！你的王来到你这里，祂是公义的，并且施行拯救，谦谦和和的骑着驴，就是骑着驴的驹子。"我们必须明白很重要的一点：撒迦利亚不是说，王来的时候要骑着驴驹，以证明祂的卑微；他是说，王要在庄严的尊荣里来临，祂要像王一样骑着驴，甚至是一匹驴驹。我看见有人写过，也有人说过，认为祂的甘愿骑驴正是表现了祂的谦卑，这种说法是错误的。骑驴正是象征着祂的王权，祂选择了这个表记进城。

耶稣的这项行动，是为了要确定地显明祂自己。祂决定这最后一次的进城，是要以一种能吸引人注意祂的方式进去。最紧要的时刻来了，祂选择这一种方式进城。祂以前从未作过这样的事，祂从未作一些激起人注目的事。我们看见一次又一次，每当众人似乎开始拥护祂的时候，祂就从众人中退开。有一次他们想要祂作王，祂打发他们散去，拒绝了他们要加给祂的王权。但是现在祂却故意选择、安排以王的样式进城。

驴驹固然是尊贵的坐骑，但在人这方面，却没有任何东西指明祂是王。有时我会想像自己也是当时在场的旁观者之一，正观看祂的进城。当时耶路撒冷仍在罗马的势力范围之内。彼拉多在那里，他衙门中的官员也在那里。另外还有希律的士兵，他们一心想穿罗马的紫袍，作罗马政府的官员。我毫不怀疑彼拉多身旁的人和负责的士兵及官员中，一定有一些是从罗马来的罗马人。我可以想像有一些罗马贵族当时正坐在有利的地位，观看耶稣的进城。他们一定会讥笑祂。这个欢迎行列所挥舞的只是一些旧衣服和断树枝！罗马贵族认为这不过是庶民穷人的行列，不值得重视。耶稣来了要教训人知道，这些庶民穷人在神的国里都是贵族。

然后我再从希伯来官长的立场看这次进城，我不认为他们的态度是轻蔑的。我倒认为他们被这次进城搅得心神不宁。他们熟读旧约，一定记得像前面读过撒迦利亚预言一类的事。他们知道一个普遍的行动要展开了，他们担心会丧失权柄，因此他们决定要在这个礼拜之内解决这个问题。我相信祂用这种方式进城，在人的层次来说，促成了官长们采取行动，这项行动最后导致他们将祂杀害。

　　我们再从实际的情况来观察这次进城。这是一次辉煌荣耀的进城。让我们再回到撒迦利亚书第九章第九节。请留意那里所用的形容词:"公义……施行拯救……谦谦和和的。"将这些和罗马贵族所见过的罗马大军凯旋时的壮观情景相比较。看看那些所向无敌的罗马将领,再看看耶稣的公义、施行拯救、谦谦和和。这实在是奇妙壮丽!祂是王,是公义、施行拯救、谦谦和和的王。

　　再回到路加所记载的故事上。我想这个过程不需我们多加解释。路加优美的文笔已使当时的情景历历如绘。但请特别注意祂是被祂的门徒所围住,他们扬声赞美神,"众门徒……都欢乐起来,大声赞美神。"

　　这里的门徒不仅是指十二门徒。耶稣离世之前曾有数百个门徒,在五旬节以前,他们中间没有一个人受到完全的教导。五旬节那天有一百二十个门徒聚集。在那之前,耶稣复活之后,祂曾在加利利与五百个弟兄会面。耶稣进城的那天,耶路撒冷充满了来自邻近各方的人,他们中间有许多是祂的门徒。当祂将近耶路撒冷时,他们就唱起赞美之歌。

　　他们所说的话里,有一点颇有意义。我承认,我越多思想到这一点,就越感到惊讶,因为我相信自己得到了一些属灵的亮光,是他们当时所未得到的。他们所唱的也许超过他们自己所了解的。

　　"奉主名来的王,是应当称颂的。在天上有和平,在至高之处有荣光。"他们不是说,在地上有平安。我们会立刻想到路加福音第二章第十四节里天使唱的歌,"在至高之处荣耀归与神,在地上平安归与祂所喜悦的人。"此刻祂的门徒在祂最后一次去耶路撒冷的路上,围着祂唱歌。他们没有提到任何在地上的平安,他们唱着"在天上有和平,在至高之处有荣光"。那是出于他们对耶稣的一片忠诚。

　　祂出生时,天使唱着"在地上平安归与祂所喜悦的人";祂将要去受死时,人们唱着"在天上有和平"。若不是从天上来的平安,这世上就不会有平安。人与神和好的时候,地上才有平安。

　　然后路加告诉我们,那些敌对的法利赛人和官长因这些人而恼怒。他们为什么对门徒所说的话感到忿怒?因为门徒的话里只有一个意思,就是完全承认耶稣是弥赛亚。

"奉主名来的王,是应当称颂的。"他们在往耶路撒冷的路上如此高歌,已经近乎是叛逆罗马政权,因此法利赛人对耶稣说,"夫子,责备你的门徒吧!"

现在请特别留心。主接受了门徒的敬意,祂拒绝去禁止祂的忠心跟随者。祂甚至还说,"若是他们闭口不说,这些石头必要呼叫起来。"显然祂体认到这个时刻所具有的意义,以及它的重大后果和这个时刻在永恒里的必要性及重要性。耶稣实际上说,责备他们?现在发生的事如此重大,即使人不出声,石头也会呼叫。这城里将发生的事是多么奇妙啊!

然后,路加省略了那一天祂实际进城的记载,而述说次日祂接近耶路撒冷城时所发生的事。

我觉得对这故事第一部分最有力的解释,就是以严肃敬虔的心静默不言。有三件事值得思想:祂的眼泪,祂的悲叹,祂的预言。

"耶稣快到耶路撒冷……就为她哀哭。""哀哭"这词不仅是指眼泪滚滚落下祂的脸颊,而且是暗示祂的胸膛上下起伏,因忧愁而悲泣。没有一个词比这里所用的"哀哭"一词更强烈了。当祂为这城哭泣的时候,这城正象征着人类对祂的态度和人类的罪。祂看见这些就哭了。

接着祂发出了悲叹。路加的记载并不完全,但是简短扼要。"巴不得你在这日子,知道关系你平安的事。无奈这事现在是隐藏的,叫你的眼看不出来。"这事就是昨天祂的门徒所唱的"天上有和平",并且在地上有平安。

然后这位哀哭、悲叹的主,宣告了耶路撒冷的灭亡,因祂毫不怜悯破坏公义之人。撒迦利亚说,"你的王来到你这里,祂是公义的,并且施行拯救。"祂是谦谦和和的,祂要像王一样骑着驴驹。祂所宣告的灭亡(43~44 节),都在一个世代之内一一实现了。

我们对祂第二天进圣殿的行动无须赘言。祂所说的话里有两点颇富含义。"经上说,我的殿必作祷告的殿。"这是出自以赛亚书。然后祂说,"你们倒使它成为贼窝了。"这是出自耶利米书。祂引用他们自己先知的话。祂洁净圣殿,赶出那些用神的殿来谋利的人,可见祂反对人们亵渎圣殿,至少在一段短时间内,祂恢复了圣殿最初的目的。

最后两节经文,概括了祂最后那段日子的生活(47～48 节)。我们在第二十一章末了也可以读到,"耶稣每日在殿里教训人,每夜出城在一座山,名叫橄榄山住宿。"在最后一个礼拜中,祂从未在耶路撒冷过夜。祂每夜出城,住在橄榄山。让我们用心灵来体会这件事。耶路撒冷拒绝祂,不久之后祂也要弃绝这城。祂以君王、祭司、先知的身份来,耶路撒冷却没有地方接纳祂。祂离开圣殿,穿越街道,通过城门,走到橄榄山上。最后一个礼拜,祂就在那里住宿。至于耶路撒冷城内,是互相冲突的局面。官长们想要杀祂;百姓却欢迎祂,"百姓都侧耳听祂。"两种力量势均力敌。我们就这样,看见祂到达了耶路撒冷。

　　本段经文一开头就标明了时间,"有一天,耶稣在殿里教训百姓。"那是指主进耶路撒冷和圣殿的第三天。祂这次不是以君王的身份,也不是带着祭司特有的忧伤和心碎,而是以先知的身份进城,要解释神的道路和旨意。

　　祂第三次进城那天发生了许多事。路加记下了其中的一些事件,它们分别出现于第二十、二十一章全章,和第二十二章的头六节。这段时刻在许多方面必然是人类历史记录中最美丽的时刻之一。我们从其中看见了耶稣在祂三年半的事工终了之际,如何清楚知道再过不多时候,他们要捉拿祂,将祂钉在十字架上。

　　这一天里,我们看见祂长期以来和官长在属灵、心灵方面的冲突达到了最后的阶段。他们一开始就反对祂,然后越演越烈。我们的主所要应付的是祂那个时代里最聪明、最狡猾的人。他们并非平庸之辈,乃是精明之徒,有着惊人的聪明。在这段记载中,我们看见耶稣和这些人面面相对,作最后一次的短兵相接。整体看来,在人的层次上他们似乎赢了,因为最后祂被钉上十字架。但是实际上他们片刻也未赢过。若单从心灵的力量这方面看,主以祂那明亮的智慧和奇妙的方法胜过了他们。

　　这十八节经文可分成两个段落。首先我们看见,那些有权柄的人明确而威风地向祂的权柄挑战。其次我们看见耶稣对付了这些有权柄的人之后,转向众人,对他们说话。毫无疑问的,祂曾以最严肃的话使法利赛人哑口无言;现在祂当着他们的面对众人说话。

　　这段记载中头一件吸引我注意的是,当他们前来打岔的时候耶稣正在作的事。祂当时正在殿里教训百姓,传讲福音。这福音就是祂整个传道事工中所一直宣告的，即神的王权，以及人可以得到神，因为祂已经来了。那是祂的福音。祂一再强调有关神和人的真理，就是创世记一开头所写的，人是神的后嗣，有权接近神；那时神和人一同在园中散步。但因人犯了罪，败坏堕落，以致神与人分离。耶稣来了，祂说，天国近了。祂的意思不是说天国快要来临，而是说天国现在就在这里。祂有一次说，神的国就在你们中间。因为祂在那里。祂告诉他们这些福音，向他们传讲信息。

祂正这样作的时候，官长来到祂面前。我们要注意来的这些人是谁，这是很重要的。路加谨慎地说，"祭司长和文士并长老上前来。"六个月前在凯撒利亚腓立比，"从此耶稣才指示门徒，祂必须上耶路撒冷去，受长老、祭司长、文士许多的苦"（太十六21）。路加告诉我们，就是这些人，现在来到殿里见耶稣。

这些名字指明了当时这些职分都是由公会的成员所占有。耶路撒冷的主要权柄操在公会手中，占有公会席位之人就是属灵的官长，祭司；道德的官长，文士；人民的官长，长老。他们来见耶稣说，"你告诉我们。"这话是一种带着权柄的命令。他们实际上是说，我们在这个城市中的权柄是被明确承认的，我们被指定在灵性、道德、人民等方面掌权柄，因此我们来见你，带着一个命令，"你告诉我们。"

他们问祂两个问题："你仗着什么权柄作这些事？"和"给你这权柄的是谁？"

你仗着什么权柄昨天在殿里，推翻兑换银钱的桌子，搅乱正常的营业，并且打断那些人的财路？"给你这权柄的是谁？"则是在询问祂权柄的性质和来源。

必须认识到，这在他们中间是很寻常的问题。他们在权柄的范围之内来往，若有任何人自称有权作某事，或说任何与权柄有关系的话，其他人就有权问他，他的权柄是何性质，是由何处得来的？

先认识了这一点，再来看这段记载。这些人已经观察耶稣有三年半的时间。他们问题的后面是，他们相信祂根本没有权柄；在人的层面上看来，他们没有错。祂不是祭司，不是文士，也不是长老。祂在公会中未占一席之地。因此他们的问题是很妥当的，这使得耶稣的拒不回答更显得不寻常。

祂回答的方式很有意思。祂说，"我也要问你们一句话，你们且告诉我。"他们说，"告诉我们。"祂也说，"告诉我。"他们那样说是自认为有权柄。祂如此说也是在承认祂自己的权柄。因此他们向祂的权柄挑战，祂就在回答中应用祂的权柄。

祂说，"我也要问你们一句话，你们且告诉我，约翰的洗礼是从天上来的，是从人间来的呢？"这个问题本身就指向祂的权柄。如果这些人完全诚实，他们会在答复祂的问题时，同时回答了他们自己的问题。他们彼此商议说，"我们若说从天上来，祂必说你们为什么不信他呢？若说从人间来，百姓都要用石头打死我们。"

我在此处观察到的第一件事是，他们极端聪明，但他们判断错了。如果他们说，"是从天上来的。"我不相信祂会照他们假定的那样说。我想祂会说，你们若相信约翰是从天上来的，你们就应该思想他所说有关我的话，他说他就是弯腰为我解鞋带也不配；你们也应该思想他所宣告的，我是带着簸箕、火、斧子，以神的弥赛亚之身份前来；思想他所说，"看哪！神的羔羊，除去世人罪孽的"（约一 29）之话语。你们既然承认约翰作的事是从天上来的，你们若思想他的话，就可以找到答案，知道我是仗着什么权柄行事，知道谁给我这权柄。我相信主会这样回答他们。

他们商议怎样回答。他们不敢说是"从人间来"，因为百姓都相信约翰是先知。他们也不敢说"从天上来"，因为怕会自相矛盾。因此他们说，"不知道。"他们知道得一清二楚！他们以前拒绝约翰的事工时就清楚知道了。神不会因人的不知道而责备人，神的审判是针对那些有了亮光却不遵行的人。

由于他们不诚实，祂就说，"我也不告诉你们，我仗着什么权柄作这些事。"请注意这件事的戏剧化过程。他们说，"告诉我们。"祂也说，"告诉我。"他们拒绝告诉祂，祂也就不告诉他们。他们的拒绝是出于不诚实，祂的拒绝回答则是坚定的、必要的。他们对约翰不诚实，他们也不可能对祂诚实。祂不愿意对不诚实的人宣布祂权柄的奥秘。

在他们的打岔之后,祂又继续祂的工作,教训百姓,传讲福音。路加明白地说,"耶稣就设比喻,对百姓说。"这个故事显然是因官长的打岔所产生的。请记住,官长们仍在一旁听。这是一个有关葡萄园的故事,对他们不是陌生的。他们熟知他们的文学,对葡萄树和葡萄园的表记已经耳熟能详。圣经里第一次出现这个表记是在诗篇第八十篇,亚萨歌颂神,因祂从埃及挪出一棵葡萄树,把这树栽上。以赛亚书也有葡萄园之歌,"我要为我所亲爱的唱歌,是我所爱者的歌,论他葡萄园的事。我所亲爱的有葡萄园,在肥美的山岗上。"

另外,以西结也有四、五次用到葡萄园的表记。耶利米提到过它。何西阿说,"以色列是茂盛的葡萄树"(何十1)。因此他们非常熟悉这个表记。当时葡萄树是象征犹太百姓。祂的比喻是在他们的宗教文学范围之内,使用象征他们国家生活的表记。祂这样作,等于将官长们这些世代以来的历史作了一番素描。神的葡萄园没有结出神所指望的果子来。神指望结好葡萄,它反倒结出野葡萄。"祂指望的是公平,谁知倒有暴虐;指望的是公义,谁知倒有冤声"(赛五7)。他们杀了主的仆人,又没有结出果子来。于是祂说出这个惊人的故事。

"园主说,我怎么办呢?我要打发我的爱子去。"祂继续说,园户不仅打伤园主的仆人,甚至园主的儿子来时,他们也将他杀了,"使产业归于我们。"这正是官长所作的事。他们对祂心怀敌意,这后头藏着的是他们对失去权柄的恐惧。约翰告诉我们,他们曾在公会举行特别会议,他们说,我们当怎么办?我们快要失掉权柄了。

官长对这个故事颇感兴趣。路加记载祂那时说,"这样,葡萄园的主人要怎样处治他们呢?他要来除灭这些园户。"马太告诉我们,官长回答了祂,他们说,"要下毒手除灭那些恶人"(太二十一41)。因此祂利用他们自己分辨是非的能力,来断定审判;在这种情形下,惟一的判决就是毁灭园户,将葡萄园转给别人。

此处,马太再一次记录了路加所没有记录的事,就是祂对这个国家的弃绝。"神的国必从你们夺去,赐给那能结果子的百姓"(太二十一43)。路加只是记录,"听见的人说,这是万不可的。"

然后祂说,"经上记着,匠人所弃的石头,已作了房角的头块石头,这是什么意思呢?"祂是从哈利路亚诗篇的结尾部分引来这句经文。哈利路亚诗篇包括了诗篇第一百十三篇到一百十八篇。在所有犹太人的节期中,他们都会部分或全部地唱这一组诗篇。当时殿中可能正响起这组诗篇,因为再过数小时就要开始守逾越节了。

> "匠人所弃的石头,已成了房角的头块石头。
> 这是耶和华所作的,在我们眼中看为希奇。
> 这是耶和华所定的日子,我们在其中要高兴欢喜。
> 耶和华啊,求你拯救;耶和华啊,求你使我们亨通。
> 奉耶和华名来的,是应当称颂的。"
> (诗一一八 22~26)

前一天门徒和孩童所唱的就是最后三个句子。下面紧接着说,"理当用绳索把祭牲拴住,牵到坛角那里。"毫无疑问的,他们那天所唱的诗歌是哈利路亚诗篇。很可能他们在去客西马尼园之前,耶稣也与他们一同唱着,"理当用绳索把祭牲拴住,牵到坛角那里。"

祂此刻引用了其中的一句,"匠人所弃的石头,已作了房角的头块石头。"并且又严厉地加上说明,"凡掉在那石头上的,必要跌碎。那石头掉在谁的身上,就要把谁砸得稀烂。"

我们时常教小孩子唱一首歌,我非常喜爱这首歌,《温柔耶稣,谦卑慈爱》。这话很美,也是对的,但不全对。耶稣在面对假冒为善的人和顽梗悖逆神之人时,祂再不会温柔谦和了,羔羊的忿怒要像火焰发出;而这里祂是在十字架的阴影之下,启示祂的忿怒。

上一讲中我们看见了祭司长、文士、长老对耶稣的权柄所提出的挑战。我们也看到祂的回答，以及祂接着所说的葡萄园户的比喻。现在，我们看到这些官长因这个比喻而发怒，他们的敌意要化成具体的行动了。

本段经文里，路加记录了他们的恼怒和将采取的行动。他并且记下他们采取的两个攻击祂的方法。下面的话可以显示出他们充满恶意的动机。"于是窥探耶稣，打发奸细装作好人，要在祂的话上得把柄，好将祂交在巡抚的政权之下。"

前一节经文启示了他们这样作的原因，"文士和祭司长看出这比喻是指着他们说的。"他们因此发怒。他们明白这比喻的意思。马太和马可也说到同样一件事，但方式略有不同。

因为这样，他们"当时就想要下手拿祂"，也就是对祂亲自动用暴力。约翰告诉我们，在此之前他们曾在公会聚集，大祭司该亚法在会议中发表了动听而机智的演讲，使得他们达成了一项决定。他们聚集的目的，是要商讨怎样对付耶稣。该亚法在讨论中说，"你们不知道什么。独不想一个人替百姓死，免得通国灭亡，就是你们的益处"（约十一 49～50）。

那纯粹是政客的一套堂皇说辞。他明明心中想要谋杀人，却用优雅的言辞来粉饰他恶毒的动机。现在时刻到了，他们决心要实行该亚法的建议。然而他们不敢立即动手。他们有所顾忌，他们害怕百姓，因此不敢贸然行动。他们就打发奸细，装作好人。他们这样作，是因当时的生杀大权操在罗马政权手里。他们不能够定人死罪；即使用他们自己的律法审判，也必须有巡抚在死亡判决书上盖印，并且这项判决必须先由罗马批准。因此他们想要在祂的话里找把柄，好将祂交在巡抚的政权之下。稍后当祂被带到彼拉多面前受审时，他们就捏造祂的谈话，诬告祂散播背叛凯撒的言论，以及祂宣告说纳税是不合法的。

这两个攻击非常不一样。第一个纯粹是政治性的；第二个全然是宗教性的，或者说是教义性的。政治性的攻击记载在第二十一到二十六节；宗教性的攻击记载在第二十七节到四十节。

首先来看政治性的攻击。他们先接近祂，对祂说，"夫子，我们晓得你所讲、所传都是正道，也不取人的外貌，乃是诚诚实实传神的道。"他们在说谎呢？还是说实话？他们讲的当然是实话。祂确实是如此，只是有人怀疑他们心中究竟是否真相信自己所说的。他们若不信，罪就更大了。然后他们问祂，"我们纳税给凯撒，可以不可以？"

这很明显是一个政治性的问题。当时犹太人中有两个政治团体，他们对这个问题意见分歧。法利赛人反对纳税，他们坚持神的百姓没有义务向一个异教的政权纳税。撒都该人则赞成纳税。他们把这个问题带到耶稣那里，他们以为这样作会使祂与其中一个团体产生磨擦。如果祂说不可以纳税给凯撒，法利赛人会立刻赞成，撒都该人就可以去向罗马政府报告祂传讲反叛的言论。如果祂说可以纳税，法利赛人就可以说，那么你怎能自称是弥赛亚呢？他们希望这样可以打击祂的声望，使祂失去民心。他们认为，祂若一旦承认纳税给罗马是可行的，就会使听到的众人不再相信祂是弥赛亚。这些人的极端聪明和狡猾于此可见。

祂如何驳回他们的攻击？"耶稣看出他们的诡诈。"祂第一句话就是，"拿一个银钱来给我看。"祂吩咐他们拿一个银钱来。我相信祂身上一定没有罗马银币。我不认为祂会带着钱。他们那一个小团体中，是由犹大负责钱袋；祂是由当时一小群富有的妇女所供应。路加曾告诉我们这些妇女的名字，他说她们"都是用自己的财物供给耶稣和门徒"（八 3）。

也许这就是祂要他们拿给祂看一个银钱的原因。奇特的是祂没有要求祂的门徒拿出银钱，犹大或许已经找到了一个银钱，但祂要他们拿出来。也许你和我一样，曾看过当时通行的银币。其正面是凯撒提庇留的肖像。从人看来，那是一张代表力量和威严的脸孔。凯撒提庇留年轻时非常俊美，可惜后来他变得荒淫无度。银币的另一面刻着"最伟大君王"（Pontifex Maximus）的缩写。耶稣拿起钱币说，"这像和这号是谁的？"

他们立刻回答说，"是凯撒的。"我想当时一定一片静寂，大家屏息以待。耶稣望着手中的银钱一会儿。不久之后，这双手就要被肖像所代表的政权钉在十字架上。耶稣看着银钱，祂说，这是谁的像和号？是凯撒，最伟大的君王吗？

于是祂说，"凯撒的物当归给凯撒，神的物当归给神。"祂略过了一切政策、政党、不同的人在行政和治国之道上的各样意见，宣告了一个可以用之于当时及后代的原则："凯撒的物当归给凯撒，神的物当归给神。"

那个意思是，第一，如果一个人生活在凯撒的统治下，受凯撒的武力保护，使用凯撒的钱币交易，他就欠这个政权的债，因为他从其中蒙受利益，那么他就应该将凯撒的物归给凯撒。

但祂又说，"神的物当归给神。"这里牵涉了另一个问题。祂也许会问，你身上的像和号是谁的？如果说银钱上刻着凯撒的像和号，说明他是最伟大的君王，那么每一个人的脸上也都有神的像，因为人是按着神的形像造的；每一个人生命中刻着的"最伟大君王"之名号都应该单单指神而言。所以祂实际上是说，这钱币是凯撒的，但你是神的。将凯撒的物归给凯撒，但不要忘了将神的物归给神。

这两句话之间的关系是一目了然的。第一句话"凯撒的物当归给凯撒"必须在下一句话成立时才能成立。神的物当归给神。这不是说，我们的生活有一面是属世的，另一面是圣洁的；也不是说我们可以一方面玩弄政治，一方面仍是虔诚的。耶稣基督的使徒保罗在罗马书里说，"他是神的用人（指那些当权的人），……是伸冤的，刑罚那作恶的……你们纳粮，也为这个缘故……凡人所当得的，就给他；当得粮的，给他纳粮；当得税的，给他上税；当惧怕的，惧怕他；当恭敬的，恭敬他。凡事都不可亏欠人，惟有彼此相爱"（罗十三 4～8）。

保罗非常强调，一切的权柄都是由神来的。虽然他告诉罗马人，神是最伟大的君王，但一切其他的权柄都是神所委派的。因此他接着指出，神给当权者惩罚恶人、奖赏善人的权柄。

"在上有权柄的，人人当顺服他；因为没有权柄不是出于神的，凡掌权柄的都是神所命的。所以抗拒掌权的，就是抗拒神的命；抗拒的必自取刑罚。作官的原不是叫行善的惧怕，乃是叫作恶的惧怕。你愿意不惧怕掌权的吗？你只要行善，就可得他的称赞，因为他是神的用人，是与你有益的。你若作恶，却当惧怕，因为他不是空空的佩剑。他是神的用人，是伸冤的，刑罚那作恶的。所以你们必须顺服，不但是因为刑罚，也是因为良心"（罗十三1～5）。

有趣的是，他们所用的"纳税"一词，和耶稣所用的不是同一个词。他们用的是"didomi"，意思是捐；祂用的是"apodidomi"，意思是回报。祂说，要给回去。"apo"这个前置词等于承认人欠了凯撒所给他的利益，欠了神所给他的一切。

路加说，"他们当着百姓，在这话上得不着把柄。又希奇祂的应对，就闭口无言了。"祂当时正走向十字架，这是祂在殿中最后的几天，是祂最后一次与当权者起冲突。他们想将祂交在政权的手里，好置祂于死地。祂完全识透他们的诡计。祂不是凭着政客那种诡诈的聪明，而是凭着祂的话语；祂的话启示了永恒的原则。

接着来看他们的第二个攻击。"撒都该人……有几个来问耶稣。"现在他们和法利赛人的联合已经结束了，又回复壁垒分明的局面。路加提醒我们，撒都该人"常说没有复活的事"。他在他的第二本书使徒行传里说得更透彻，"撒都该人说，没有复活，也没有天使和鬼魂"（徒二十三8）。这里他只是提到与这件事有关的部分。显然这些人是带着一个已经预定的结论来见祂。他们不相信复活的事，也就是说，他们在哲学和神学上是自然主义者。

他们告诉祂一个故事，说到一个妇人连续作了七个兄弟的妻子，然后他们问祂，"当复活的时候，她是哪一个的妻子呢？"

我可以肯定地说，他们是故意找出这么一个怪异的例子，竭力想要证明复活这教义所产生的难题。他们所提出的问题适足以揭露他们的思想充满了淫秽。他们用肉体的名词来思想复活后的生命。事实上，他们根本不是在思想复活以后的生命，因为他们根本不相信复活的事，他们只是想，如果有复活的事，就会产生肉体的难题。耶稣知道他们问题的重点。那不是有关复活的问题，而是有关不道德的问题，我们可以从主的回答里看到这一点。祂略开他们以为的难题，来到他们自然主义者的不信上，他们因不信，而将人性贬低了。

耶稣回答的第一部分（34～36节）非常简短、严肃、果断。祂纠正他们有关复活以后的情景之揣测。祂明确地用"这世界"和"那世界"来划分复活前后的情景。"这世界"里的某些事物，到"那世界"里就不存在了。祂这样纠正他们属肉体的观点。祂说那些能够进入"那世界"的人，就和天使一样，这是指他们复活后的光景而言。祂不是说他们就成了天使，但他们和天使一样，成为"复活的人"，他们"也不娶，也不嫁"。嫁娶是这世界的事，是现今生活的一部分。它不会延续到复活以后。在那个世界里，这一类的关系都必终止。

有人问，我们在天上会不会彼此认识呢？世上的友情可以在天上继续，但不是以这种方式或范围存在。我们当然会彼此认识，但那时的情景将完全改观。

祂的话还没有完。祂又说，"至于死人复活，摩西在荆棘篇上称主是亚伯拉罕的神，以撒的神，雅各的神，就指示明白了。"

摩西与在荆棘中的神谈话时，用人的话说，当时亚伯拉罕、以撒、雅各都已去世许久了。他们都是死人了，但是耶稣说，当时神对摩西所说的话是真实的，就是说，"神原不是死人的神，乃是活人的神。"神说，我是"亚伯拉罕的神，以撒的神，雅各的神"。意思是，他们都仍然是活人。

这些撒都该人是自然主义者，他们否认复活的事，否认人死后的生命。祂说，你们错了，你们所称的死人并未死。神不是死人的神，祂是活人的神。人死后仍继续有生命，这事实使得复活的教义和真理在任何方面都是可信的。

祂回答了他们的问题。他们的自然主义被否定了，他们的哲学遭到了反驳，祂对他们浅薄的问题一笑置之。祂印证了这些人的不道德，并且强调我们所认为死了的人，并不是真的死了，因为神永远是活人的神。

　　路加以下面的话结束这件事："有几个文士说，夫子，你说得好。"我每逢读到这里都会起一些疑心。可能这些文士是法利赛人，赞成祂的哲学；也可能他们是假装赞成祂，因为路加说，"以后他们不敢再问祂什么。"他们彻底被击败了。由此我们看见，他们想在政治和宗教上找祂把柄的企图完全失败了。祂正走向祂的十字架，但祂君王的尊严还是明亮地闪耀着。

接下去所记载的,仍然是主第三日在圣殿中的情形,那是祂在耶路撒冷的最后一个星期。

主已经驳回了官长对祂的两个攻击:一个是有关纳税的政治性攻击;一个是有关复活的教义和道德的宗教性攻击。主接着提出一个问题,但没有作任何回答。马太告诉我们,祂终于用这个问题堵住了祂仇敌的口。马可告诉我们,祂的答案使众人满意,众人都喜欢听祂。那是指杂乱的众人,他们和官长有显然的区别。祂提出这个未作回答的问题之后,就当着众人对祂的门徒说话。然后是寡妇捐献两个小钱的事件。

先看主对官长提出的问题。马太告诉我们一件路加未记载的事,就是在祂提出路加所记载的问题之前,祂曾问了另一个问题,"论到基督,你们的意见如何?"(太二十二 42)。祂不是问他们对于祂自己的意见,祂问的乃是他们的信念和盼望。如果我们将"基督"这词的希腊文换成希伯来文,就会比较了解主问这句话的意思。祂实际上是说,你们对弥赛亚的意见如何? 祂是谁的儿子? 他们都熟读旧约经文,知道先知所预告的话,以及他们赞美诗里所歌颂的事。他们如此熟悉对弥赛亚的盼望,虽然他们有如此深的误解和无知,但这盼望仍如明光闪耀。他们中间不断地对这个问题有神学上的讨论,有些拉比宣告说,弥赛亚必定只有一位;另有些人认为必有两位弥赛亚,一位是胜利的,另一位是受苦的。

尽管这些人在解释弥赛亚时有所混乱,但他们仍和这个国家的历史一样,始终抱着弥赛亚要来临的希望。在他们的文献中,对祂有不同的描述,例如黎明之星、听讼之人、细罗、以马内利,总括起来就是弥赛亚，被膏的那一位。祂问他们对弥赛亚的意见如何？他们认为弥赛亚是谁？祂是谁的儿子？马太告诉我们，他们回答说，"是大卫的子孙。"这适足证明他们的圣经知识是何等详尽正确。

然后祂提出这个重要的问题。祂说，基督怎么会是大卫的子孙呢？因为大卫自己在诗篇里说，"主对我主说，你坐在我的右边，等我使你仇敌作你的脚凳。"他既称祂为主，祂怎么又是大卫的子孙呢？

一个人的儿子，怎能又作这个人的主呢？这在东方实在是个不可思议的问题。他们已经正确地回答说，弥赛亚是大卫的子孙，但是大卫却称自己的子孙为主。祂怎么会又是他的子孙，又是他的主？

翻开这句经文所出自的诗篇（第一百一十篇），我们可以发现，那里说，"耶和华对我主说……"这里的"主"是指"全权的主"。大卫使用这个字是指弥赛亚。这样问题就来了，如果弥赛亚真是大卫的子孙，祂怎能作他的全权之主？他们没有回答，祂也没有提出答案，但答案尽在不言中。

数年之后，一个犹太人（他在被耶稣得着之前也是公会的一员）说他自己是"希伯来人所生的希伯来人"（腓三5），那就是说他的血统纯正，父亲和母亲都是希伯来人，他是便雅悯支派的人，他写到耶稣时说，"论到祂儿子我主耶稣基督，按肉体说，是从大卫后裔生的，按圣善的灵说，因从死里复活，以大能显明是神的儿子"（罗一3～4）。

耶稣问这些人，他们认为弥赛亚是谁？祂怎么会又是主，又是儿子？保罗对这一点毫无疑难，他称耶稣为"我主耶稣基督"，宣告按着肉体说祂是大卫的子孙，但按圣善的灵说，祂是神的儿子，因为祂从死里复活就证明了这一点。

主在问这个问题时，实际上回到了当天一开头他们所问祂的那个问题上。他们对祂说，"你仗着什么权柄作这些事？给你这权柄的是谁呢？"祂因他们的不诚实而拒绝作答。祂问他们，"约翰的洗礼是从天上来的，是从人间来的呢？"他们没有诚实回答，所以祂也不回答他们。祂说，"我也不告诉你们，我仗着什么权柄作这些事。"

现在，祂提出另一个问题，是关于他们对自己的圣经和对弥赛亚的解释。如果他们能看清楚，能够了解，这个答案是非常简单的。祂的权柄乃在于祂是主。大卫称他的子孙为主,因为祂仅按肉体说是大卫的子孙,但在祂位格的奥秘中,祂是神,藉肉身彰显出来。我可以看出,祂要极力使那些官长再多加思考。祂迫切想使他们由疏忽中回转,再一次好好思想。

我们的主在最后那些日子中,并没有因祂的敌人将被毁灭而沾沾自喜。相反的,祂的眼目因耶路撒冷而流泪。我们已经听到祂那颗破碎的心所发出的悲叹:"耶路撒冷啊! 耶路撒冷啊! 你常杀害先知,又用石头打死那奉差遣到你这里来的人。我多次愿意聚集你的儿女,好像母鸡把小鸡聚集在翅膀底下,只是你们不愿意"(路十三34;太二十三37)。这告诉我们,祂的心为这些人忧伤。

当时一般的人欢喜听祂,各式各样的人甚至被祂吸引,但祂一心想要接触这些官长。不过他们不回答祂,也不研究祂提出的问题。他们根本不面对这问题。如果他们肯面对,他们就会重新面对祂的声明;但他们不肯这样作,他们回避问题,对祂怀着恶意,只想将祂治死。

然后耶稣对门徒揭露文士的真面目(45～47 节)。耶稣在这段话里,启示了他们心怀敌意的主要原因,以及他们的盲目和耳聋。请注意祂如何揭露他们。首先是他们的动机,他们"好","喜爱";然后是他们的行动,"侵吞","假意作很长的祷告"。他们好穿长衣,以证明他们的文士地位。他们穿着长衣走到任何地方,别人都知道他们是文士。他们喜爱人在街市上问他们安,喜爱会堂里的高位和筵席上的首座;他们在商业、宗教和社会上都爱被高举。他们的动机是以自我为中心的。他们所作的一切,其动机都是出于骄傲和自私的欲望。

至于他们的行动,"他们侵吞寡妇的家产",这里面有很可怕的暗示,字面很难全部表示出来。耶稣在祂的事工初期和末了,都曾洁净圣殿。祂两次都将兑换银钱的桌子推翻。他们在那里作什么? 靠兑换银钱来牟利。罗马历史学者宣称,当耶路撒冷被罗马军队攻克时,他们在圣殿的地窖中发现两百五十万银钱。"他们侵吞寡妇的家产。"有的新译本以"诈取"代替"侵吞",意思差不多。再看下面带着讽刺的话,

"假意作很长的祷告。"长的祷告并不一定不好,但是最好的祷告往往是最简短的。我有一次听我的朋友查德维克说,他离家外出的时候,一定每天给他太太写一封信。他如果只是短期逗留在外,他的信就简短;他离开得越远,他的信就越长。这使他想起一些人。他想到有些人一定离神老远,因为他们的祷告冗长不堪。这句话的重点在"假意",他们一方面压榨穷人、只喜爱对自己有利的事物,一方面又假装虔诚的样子。祂对门徒说,要防备他们。这是警告的话。

祂对他们的判决很简单,他们"要受更重的刑罚"。

然后我们来看下一章(第二十一章)的头四节。这里记载主称赞那捐两个小钱的寡妇。旧的译本将"有余"这词译成"丰盛",但远不如"有余"强烈,而且后者也较接近捐项的真正特色。那些人都是把多余的拿出来放在捐项里,只有这寡妇将她一切养生的都投上了。

我一直认为这件事好像一线亮光,射进了那黑暗的日子,替耶稣那沉闷黯淡的一天,带来了荣耀和美丽。那个穷寡妇使耶稣的心得到了满足。祂的仇敌已经停止询问祂。他们被祂那平静的尊严和确定的言辞所折服。横扫过祂身上的暴风雨现在暂时平静了。他们无话可说了。这时祂就抬头观看。

这件事发生在圣殿的女院,因为女院中有十三个盒子或器皿来装捐项,他们称之为"shopharoth"。人们将捐款投在里面。马可说,耶稣观看众人"怎样"投钱入库。祂看见了他们投的是什么,但祂更要看的是他们"怎样"投。当然"怎样"投已经包括了投什么。祂看重动机,远过于钱的数量。祂正观看的时候,财主走近银库,投下他的捐项,那真是一笔可观的数目。然后祂看见一个"穷"寡妇,这个字的原意是指穷人中最穷的,她上前来投了两个小钱。

两个小钱换成今日的币值,简直小得不值一提。这说明了她真是赤贫如洗。同时不要忘了,这是她所有的家当,除此之外她一无所有了。

我禁不住要观看耶稣。祂以君王的样子骑驴;以祭司的身份进入;以先知的身份在那里一整天;祂又是人们长期以来所迫切期待的弥赛亚,神的儿子。祂在女院中看着人们纷纷进来,投下人看为是慷慨的捐项。然后祂看见这寡妇进来了。祂知道她的一切处境。这两个小钱是她所有的家当,是她赖以养生的。但她是亚伯拉罕的子孙,她信靠亚伯拉罕的神。她也看见了圣殿的华美,照着人的看法,她知道自己这两个小钱对圣殿是一无用处的,但她将她一切养生的给了神。耶稣一直在旁观看。

祂不仅观看,祂也称赞她。祂说,"我实在告诉你们。"注意祂用这个语气,特别强调祂判断的正确性。"我实在告诉你们,这穷寡妇所投的比众人还多。"祂不是说,她投的比任何人都多。祂是说,她投的比众人加起来的还多。用比方说,祂倒空那里的十三个盒子,将里面所有的金币、银币加起来,放在永恒中来衡量。祂将财主们的慷慨捐项放在一只手中,将那两个小钱放在另一只手中;祂说,这两个小钱比另一只手中的所有钱币还重,她所捐献的多于其他人的总和。耶稣说,在神的制度里,这寡妇的两个小钱在国度的事工上远比富人的慷慨捐项更有价值。

祂说明其中的原因,"因为众人都是自己有余,拿出来投在捐项里;但这寡妇是自己不足,把她一切养生的都投上了。"

耶稣那天在圣殿中,看见了两种捐献的方式:拿出自己有余的;投上一切养生的。"有余"这个词,照字面讲就是拿出多余的,他们不需要的。那就是他们给神的——有余的。我相信那一定是笔可观的数目,但是对他们毫无影响。然后是牺牲的捐项。她处境维艰,吔需这两个小钱,她第二天的生活所需还得依赖这两个小钱,但她全部捐上了。她倾囊倒出,全给了神。

这个故事对我们有何意义?它启示了两种捐献的方式:拿出有余的,我们不需要的,也不会受影响的财物;以及拿出我们牺牲的礼物。耶稣说那妇人所给的比众人还多。祂不久前才说,文士侵吞寡妇的家产,随后祂立刻看见这寡妇投两个小钱入银库。我在想,也许她的家产就是被文士侵吞的。

帕克博士有一次说,"富人将不需要的多余金子给神,神不屑一顾地随手扔进地狱里;但祂却拾起那斑斑血迹的铜币亲吻,将它放进永恒的金库中。"

　　路加用本段经文,结束了他有关主进耶路撒冷后第三日情景的记载。让我们想像当日的情形。我们看见主的周围有祂的门徒,毫无疑问的,还有众人跟着。祂有短暂的休息,至少祂的仇敌暂时止息了炮火,"他们不敢再问祂什么。"然后,祂在殿中观察,看见财主的捐项,和穷寡妇的捐项。祂在祂的话语中,将捐献的两种方法区分出来。

　　然后路加说,"有人谈论圣殿。"他的说法很简略。马太和马可告诉我们,那是祂自己的门徒在谈论圣殿,引起祂的注意。马太说,门徒把"殿宇"指给祂看(太二十四1)。马可说,门徒要祂看这"殿宇"和"石头"(可十三2)。我每逢读到这里,就会有一些惊讶之感,不明白为什么门徒那一天要祂注意这圣殿? 我有时在想,是不是他们看到祂每次进圣殿,总是有重要的信息要释放,总是太专注于祂的信息,以至于从未注意过圣殿? 不管是否如此,他们要祂注意这殿宇和石头,就引发了祂有关圣殿的预言。然后他们问祂两个问题,祂一一回答了。

　　首先来看祂的预言。"论到你们所看见的这一切,将来日子到了,在这里没有一块石头留在石头上,不被拆毁了。"

　　就在他们被圣殿的荣耀、建筑的壮观、妆饰的华丽深深吸引住,并且指给祂看的时候,他们听见祂清楚地说,日子将到,这些石头没有一块会留在另一块石头上。

　　这个预言再清晰不过了,没有丝毫假托或隐喻之处。祂直接提到实际的殿宇和石头。祂的话清楚、明确,并且令人吃惊。然而,四十年之内,这个预言完全应验了。耶路撒冷被夷为平地,圣殿被火焚毁。历史告诉我们,这城在罗马人手下惨遭劫掠和蹂躏。

这个预言如此惊人,自然引起了门徒的疑问。"他们问祂说,夫子,什么时候有这事呢? 这事将到的时候,有什么预兆呢?"我首先被吸引住的是,门徒相信了祂的话。这证明他们对主的信心。常常有许多解经家和牧师喜欢批评门徒,说他们是笨拙的人。确实,他们可能和我一样犯了不少错误。但是不要忘了,耶稣稍后对这些人说,我在磨炼中,常和我同在的就是你们。他们除了笨拙一点,仍然是可敬的人。他们没有怀疑这个预言的可能性。他们相信祂所说的都是真实的。他们想要知道,何时会有这事,以及这事的预兆是什么。祂回答了他们。

我们要在这里稍作停留,思想一件重要的事。这里的预言是不是橄榄山预言? 马太福音第二十四章和第二十五章里记载了橄榄山预言,这里的预言是不是同一个? 大部分的解经家认为如此。我不想过分武断,但我相信这里记的不是橄榄山预言。马太记下了完整的橄榄山预言,马可只记载了一部分。但那个预言和路加所记载的有很明显的区别。祂在这里说了一些橄榄山预言中同样的话,但祂还说了一些其他的事。我相信,他们到橄榄山上时再度正式提出这个问题,祂就给了他们更充分的回答。因此我们在看这里记载的回答时,不要将它和祂稍后较充分的回答连在一起。

第八节到第十一节是耶稣对那两个问题的直接回答。"你们要谨慎。"这是针对他们的第一个问题——"什么时候有这事呢?"祂说,你们要小心,"不要跟从他们。"祂又说,"末期不能立时就到。"他们说,主啊,什么时候? 祂的答复非常谨慎。不要受迷惑,假基督将兴起,人们说祂就在这里,祂就在那里;或说时候近了。不要相信他们,不要跟从他们,也不要让他们领路。末期不能立时就到。

他们还问了另一个问题,这事将到时有什么预兆? 祂的回答在第十节和第十一节。祂告诉他们,到时会有国与国之间的纷争,和自然的灾变,打仗和打仗的风声四起,又有地震、饥荒、瘟疫。但祂说,不要被迷惑,末时还不会立刻就到。这是祂第一部分的回答。

再仔细读接下去的第十二节到第十九节。这段所讲的与我们无关，也与后来的教会无关。它是指生活于主说这个预言和这预言应验之间那一时期的人。他们要因替祂作见证而遭逼迫。这确是实情。从主被钉十字架，到主后七十年耶路撒冷和圣殿被毁这中间，许多为耶稣作见证的人遭到严厉的迫害。我们略略读过使徒行传，就可以看见迫害的情形。扫罗也被用来迫害基督徒，"口吐威吓凶杀的话"（徒九 1）。主的见证人从耶路撒冷分散到各处，传讲神的话。这就是祂所预告的情景。祂对他们说，你们必被"害死"，"然而你们连一根头发也必不损坏。"连带的，我们可以看见主对人类的展望。祂以前在祂的公开服事中曾对他们说，"我的朋友，我对你们说，那杀身体以后，不能再作什么的，不要怕他们"（十二 4）。

　　然后呢？第二十节说得很清楚，"你们看见耶路撒冷被兵围困，就可知道它成荒场的日子近了。"祂说，这就是预兆。他们问祂什么时候有这事，会有什么预兆。祂警告他们，不要受迷惑，不要相信各处兴起的假宣告。人若告诉你时候近了，也不要相信他。不要因异象、奇迹、打仗、打仗的风声、饥荒、瘟疫、国和国争战、自然的灾害等而受迷惑。这些都不是预兆。只有当耶路撒冷被兵围困时，就可知道那日子近了。

　　现在祂再度论到实际的、物质的事。这是一个预言，就像祂论到圣殿的石头将要被拆毁那样明确。这城将被军兵攻陷。四十年后，预言应验了，罗马大军长驱直入。祂说，当你们看见那些军队围集城外，看见耶路撒冷被攻陷的时候，那就是预兆了。预兆什么？预兆我的预言快要应验了，圣殿的石头将被拆毁了。

　　然后祂预言耶路撒冷崩溃之日将发生的事（21～24 节）。那时祂有关圣殿被毁的预言将要应验。祂说，结果百姓将被分散到各国，耶路撒冷要被外邦人践踏。这些都在主后七十年应验了。

　　请注意祂是如何谨慎地说，这是报应的日子，使经上所写的都得应验。

　　然后祂继续说到那日的情景（25～26 节）。这些不是末日的预兆，而是延续的事实。"日月星辰要显出异兆。"这是比喻的话，用来形容那时期地上的光景。"人想起那将要临到世界的事，就都吓得魂不附体。"他们惧怕的,并不是临到世界或临到这世代的事,而是在神的制度中将要临到的事。"天势"是指神所命定的势力;人一切统辖的势力都将震动。这岂不是今日这个世代的写照吗? 你能不能找出主说出这预言之后的任何时期,与这里所说的情景不相吻合? 祂所说的预兆,至今仍然存在。 祂所用的比喻性质的话,毫无疑问的,也可以用来形容今日的政治、政权、失败、纷扰、动乱。因此,神子民惟一当有的态度是,不断警醒预备那最终的日子。教会历史上每一个时期的预兆,都是指向那最终的日子。

那么,这些如何结束呢? 祂说,"那时他们要看见人子,有能力,有大荣耀,驾云降临。一有这些事,你们就当挺身昂首,因为你们得赎的日子近了。""这些事"是指什么事? 就是祂一直在谈的天上的异兆,以及国与国的纷扰。基督徒的态度应该是昂起头来,容光焕发,知道祂随时都会再来。除了圣经所启示的以外,我们不明白神其他的计划。如果我们有时候忍不住问,祂怎么还不来? 祂为什么不来? 那么我就当责备自己,因为我必须回答说,祂知道祂何时来,我应该让祂处理。那日子,那时辰,无人知晓;甚至子也不知道,只有父知道,这是耶稣曾说过的。

祂正式回答了他们的问题之后,又用另一个例子来警告他们,"耶稣又设比喻对他们说,你们看无花果树。"有些研究预言的人说,那是指犹太人的国家。为了避免被别人误会祂是单指犹太人,祂又说,"和各样的树。"祂不仅用无花果树象征犹太人的国家,并且加上"各样的树"。祂下面要说的,关系到所有的树。"它发芽的时候,你们一看见,自然晓得夏天近了。"

祂用一个自然现象来说明祂将要说的话。 祂这个例子的意思是,"结果"是由"原因"产生的。你看见树发芽的时候,就知道夏天近了。树发芽是由树液上升所引起的,因为夏天近了。今日有些人看见目前的迹象,认为犹太人的树正重新发芽。若是这样,所生出来的也不过是一个死的树干。在犹太人中并没有任何属灵或道德的复兴迹象。他们只是想在物质方面复兴犹太人的国度。

"这样,你们看见这些事渐渐的成就,也该晓得神的国近了。"

那不是说，主快要二次再来，乃是说神的国降临了，神正在掌权作王。就如祂以前说过的，神的国在你们中间。神的国近了。你们观察一切事，就可以看见神，知道神的国近了。

再提到将临到他们的那时刻，祂说，"我实在告诉你们，这世代还没有过去，这些事都要成就。"将这话和他们的问题连在一起看。"这些事"在这世代过去之前"都要成就"。祂又回到他们有关圣殿被毁的问题上。

留心祂接着说出的威严、庄重的声明，"天地要废去，我的话却不能废去。"祂接着又说，"你们要谨慎，恐怕因贪食、醉酒并今生的思虑，累住你们的心，那日子就如同网罗忽然临到你们。因为那日子要这样临到全地上一切居住的人。你们要时时警醒，常常祈求，使你们能逃避这一切要来的事，得以站立在人子面前。"

不要忘了祂是在怎样的环境下说这话。几小时之后，他们就要钉祂十字架了。祂仍以平静的尊严和清楚的眼光，观察从祂说话的那时刻，直到现今我们的世代，以及后来世代的光景。到底以后的世代还有多长，无人能够知晓。祂对祂子民说的这段话有三重要点："谨慎"，"警醒"，"祈求"。

　　第二十一章末了两节经文告诉我们一件有趣的事。路加说，耶稣那些日子都不在耶路撒冷过夜，祂出城到橄榄山住宿。有人怀疑祂那段日子可能根本未阖上眼休息。我不知道是否如此。很可能祂确实有一些睡眠，因为即使在那样危机四伏的关键时刻，祂仍然安息在神里面。"惟有耶和华所亲爱的，必叫他安然睡觉"（诗一二七2）。祂确是神所爱的。祂白天在殿里教训众人，我们可以从"众百姓清早上圣殿，到耶稣那里，要听祂讲道"这句简短的叙述里，看见即使在那最后的时刻，众人还是迫切想听祂讲道。

　　现在的这一段经文，开始记载祂钉十字架前一天所发生的事。这里记载的主要是发生在傍晚的事，一直延续到当天深夜。从许多方面来说，那一天实在是繁忙的一日。路加的记录里省略了许多事。他没有记下耶稣洗门徒的脚，以及祂所作有关洗脚的对话。只有约翰提到这些。但路加记载了约翰未记录下来的一些谈话，我们等下就会讨论到。路加也未记载他们当晚歌唱哈利路亚诗篇，以及祂最后有关受苦及得荣耀的预言。这些事都是在那一天里发生的。

　　这里我们注意到，路加所记录的两件事在时间顺序上有所混乱。我们多次在路加福音中发现，路加常常将某段时间发生的事，放在另外一个地方出现，因为他想要用这件事来作说明。这里不按照秩序记录的两件事，一是犹大卖主，把耶稣交给官长，路加将它放在逾越节筵席的前面。另一件事是彼得否认主，路加的记录是，耶稣被捉拿之后，随即发生了这件事。这些都无关紧要，我只是顺便提及。

　　本章第一节到十三节记载的事，都是为了其后将发生的事预作准备，这是很令人注目的。显然整个气氛就是快要接近转捩点了，每一件事都是朝着一个最顶点进行。在这些经文里,我们看见世界、地狱和天上都在预备那顶点的来临。

首先来看世界的预备(1～2节)。路加指名是祭司长和文士;马太指名是长老和祭司长;马可指名是祭司长和文士。这些官长们的敌意现在化为明确的行动了,他们定意要杀害耶稣。路加说他们"想法子怎么才能杀害耶稣"。这表示他们得费尽苦心这样作。为什么? 他们何不放手去行? "因他们惧怕百姓。"可以看出在祂迈向最顶点的一切过程中,大部分百姓都是同情耶稣的。虽然不久之后,他们受到官长的鼓动,和官长一起喊叫,要钉祂十字架;但我们必须注意到,在最后的那段时刻,官长是如何对百姓心存戒惧。当时是在逾越节的节期中,耶路撒冷挤满了从各处来的人。一般人对耶稣的同情已达到了某个程度。

再看地狱的预备。"这时,撒但入了那称为加略人犹大的心。"在耶稣开始祂的传道事工时,祂直接来到约旦河,受约翰的洗,被证明为弥赛亚,并且受圣灵的膏。路加告诉我们,祂"被圣灵充满","圣灵将祂引到旷野,四十天受魔鬼的试探"(四1)。那个故事的结尾是,"魔鬼用完了各样的试探,就暂时离开耶稣"(四13)。希腊原文的意思是,"就一直离开耶稣。"但这样句子不太完全,因此翻译圣经的人觉得有必要将它弄得通顺些,就译成"暂时离开耶稣"。我不是说这样译法不正确,但我常常觉得翻译圣经的人为了追求流畅通顺,而可能使我们丧失了一些惊人的内容。此处就是一例。路加说魔鬼用完了各样试探,也就是他对耶稣这个人已无计可施了,就一直离开祂!直到什么时候? 从那次耶稣在旷野大获全胜的时刻直到现在,圣经从未再提到耶稣直接受到撒但的攻击。祂在旷野的胜利是绝对的胜利。撒但从此以后就被彻底击溃了。此处我们看到他又回来了,但他不是直接去找耶稣。他曾这样作过吗? 我想他曾非常接近客西马尼园,但没有到祂面前。

如果我们以属天的立场,或以地狱的立场,来看加略山所发生的事,我们就能看见撒但亲自在那里出现。我想这就是保罗论到耶稣时所说这段话的意思,"既将一切执政的掌权的掳来,明显给众人看,就仗着十字架夸胜"(西二15)。执政掌权的当然是由他们的首领所率领。这里我们看见撒但最后一次接近耶稣,他不再使用旷野的诱惑之计,也不直接对祂攻击,他这次想透过祂的一个门徒来接近祂,使祂陷入他的死亡权势中。撒但不是无所不知的,他甚至不知道耶稣受死的意义。在人的层面上而言,他赢了;他成功地利用犹大作为他的工具;他实现了对耶稣的反叛阴谋,将祂钉在十字架上。但是,撒但因耶稣的死而夸胜之时,正是女人的后裔打碎毒蛇的头之时刻。

犹大就去和祭司长并守殿官商量。这个会议是由地狱的力量所推动的。那是一次邪恶的会商。然后呢? "他们欢喜!"是出自地狱的欢乐,以看见人受折磨为乐。于是他们就"约定"给犹大银子。这也是出自地狱的条约。路加没有告诉我们钱的数目,但我们知道,那是通常买一个奴隶的价钱,三十块银子! 这还没完呢! 犹大"就找机会",要"把耶稣交给他们"。他为什么要立刻去作? 下一句话提供了答案,"趁众人不在跟前的时候。"当时百姓仍对耶稣存着同情,犹大知道如果别人发现他正在逮捕耶稣,或他正领人捉拿耶稣,他自己的生命就可能不保。因此我们从这小段经文中,看见了地狱的预备,地狱的踌躇,地狱的无用,地狱的愚昧,地狱的恶毒。

接着来看天上的预备,这一段我们不必多加解释。这是一段温柔而美丽的记载。耶稣对祂的门徒说,去为我们预备逾越节的筵席,好叫我们吃。他们问祂,"要我们在哪里预备?"意思是,他们没有一个地方可以吃逾越节的筵席,因这纯粹是家庭团聚的筵席。但显然主事先已经嘱咐一些不知名的门徒去安排这事了。祂告诉他们往何处去。祂知道他们那时会看见侍候的人拿着水走过来。祂说,你们跟着他进入房子,"对那家的主人说,夫子说,客房在哪里? 我与门徒好在那里吃逾越节的筵席。"毫无疑问的,那是一个命令,家主正在等着这个命令。他引他们进入房间,他们就在那里预备。

我们现在来看他们进入那个楼上的房间,也就是客房之后,所发生的事。我们前面说过,逾越节的筵席是一个家筵,由一家之主居首席。这里的情形有些特别。坐席的是一群远离家园的男子。他们在另一个人家中作客,家主却未坐在首席上。他让他们借用他的房间。

这仍然是一次家庭的团聚,但这是一个新的家庭！耶稣居首位,祂是一家之主。祂坐在首席上,就好像父亲总是坐在逾越节筵席的首席上一样。这是一个新的王权。祂以前曾说过,谁是我的母亲？谁是我的弟兄姐妹？遵行神旨意的人就是我的母亲和弟兄姐妹了。这里有一小群人围着祂,就是一个新的家庭。

然后他们一同守逾越节的筵席(15～18 节)。路加省略了大部分的事,只记下最后一件事。通常逾越节的筵席中,要将杯轮流传递四次,每一次都有一种象征的意义。最后一次通常是喜乐之杯,路加仅提到最后这一次。毫无疑问的,主也循例传杯分喝,到了最后一次的喜乐之杯,祂将这杯献给他们。

耶稣一开始坐席时就说,"我很愿意在受害以先和你们吃这逾越节的筵席。"这话非常惊人。祂表达了一种强烈的愿望。我想应该把重点放在"这逾越节"几个字上。为什么呢？祂以前也守过逾越节,然而这个逾越节是神所承认的最后一个逾越节。我们记起许久以前那个在埃及的黑夜,当时第一个逾越节的羊羔被杀献上。许多年代以来,他们或多或少的按时守逾越节;有时大肆庆祝,有时平淡度过。这节期的目的是要提醒他们,他们初作神子民时的生活,以及他们是由为奴中被赎,被拯救出来的。

现在耶稣说,"我很愿意……和你们吃这逾越节的筵席。"我读到这里的时候就忍不住想,祂的意思是：我一直在朝这个时刻行,一直存着这个愿望;在世界的层面上而言,这是最顶点、最终的时刻,但我的使命要在这时刻真正得以完成。

路加在第十二章里,记录了有一天祂如何自心中发出独白,"我来要把火丢在地上;倘若已经着起来,不也是我所愿意的吗？我有当受的洗还没有成就,我是何等的迫切呢？"(49～50 节)。祂当时所注目的就是这个时刻。祂实际上说,我在世上的使命就是把火丢在地上。它还没有着起来;在我当受的洗未完成之前,我是何等迫切啊！现在祂已经进了耶路撒冷,逾越节到了,祂与那一小群门徒同守逾越节的筵席。他们都在祂左右入座之后,祂说,"我很愿意……和你们吃这逾越节的筵席。"

祂与他们一同进食，到了最后一杯的时候，祂说，"你们拿这个，大家分着喝。我告诉你们，从今以后，我不再喝这葡萄汁，直等神的国来到。"

祂是什么意思？我承认这段话很难解释。我自己是照字面解释。我们是否在后来发生的事件中，看见祂曾喝葡萄酒？是的，约翰告诉我们，他们给祂醋喝，那是酸的酒，祂接过来喝了。"耶稣知道各样的事已经成了……就说，我渴了"（约十九28）。于是他们拿酸酒给祂喝。祂在十字架上喝了酸酒。当祂知道神国已经来临，各样事情都成就时，祂才喝下这酒。

现在我们来看接下去真正发生的事，我们先看第二十一节到二十三节，再回过头来看第十九节和二十节。在这几节经文（21～23节）中，记载了犹大的被排除。耶稣说，"看哪！那卖我之人的手，与我一同在桌子上。"如果将这话和其他的故事相比较，就会发现祂所指的是逾越节筵席的桌子。

"人子固然要照所预定的去世，但卖人子的人有祸了。他们就彼此对问，是哪一个要作这事。"长久以来，人们不断地争论，到底犹大那一天是否参加了这个新的筵席。我个人相信，他一定没有参加。他在设立基督徒的筵席之前就被排除了。我承认这样说会引起一些疑难。马太和马可的记载也没有提供太多线索。约翰明白地告诉我们，犹大接受了耶稣给他的一点饼，那饼是逾越节筵席上吃的，他"立刻就出去"（约十三30）。

虽然主是被出卖的，但请注意主怎样提到这事。"人子固然要照所预定的去世。"被谁预定呢？耶稣是不是说，我必须受死，因为他们已经这样决定了？当然不是。如果我们要知道祂所谓的"预定"系何所指，不妨翻到使徒行传。彼得在那里谈到这件事，他说，"以色列人哪！请听我的话。神藉着拿撒勒人耶稣，在你们中间施行异能、奇事、神迹，将祂证明出来，这是你们自己知道的。祂既按着神的定旨先见，被交与人，你们就藉着无法之人的手，把祂钉在十字架上杀了"（徒二22～23）。

彼得所说的"按着神的定旨先见"，就是耶稣说"人子固然要照所预定的去世"这句话的意思。祂说,我的去世是在神的计划、神的程序中。但这并不是说,人就可以逃脱责任。"但卖人子的人有祸了。"

然后我们来看设立新筵席的记载,这里毋需我们多作解释。逾越节的筵席已用过,喜乐的杯也分给大家喝了,犹大也被排除了,接着是什么呢?"又拿起饼来,祝谢了,就擘开,递给他们,说……"

我们看到什么?看到耶稣手中拿着饼,正注视着它。这饼象征着祂的身体;祂擘开饼,就象征了祂的身体被破碎了。祂将饼递给他们,祂说,"你们也应当如此行,为的是记念我。"

然后祂从逾越节的席上拿起杯来,递给他们说,"这杯是用我血所立的新约,是为你们流出来的。"我看见祂将象征祂身体的饼分给他们吃,将象征祂宝血的杯递给他们喝,祂自己并未吃这饼,喝这杯。祂只是分出去给人。祂说,这饼象征我的身体,为你们破碎,你们吃吧!一起分享吧!这葡萄酒象征我的血,为你们流出,你们喝吧!我不知道他们是否会记起祂以前对他们说过的话,就是除非他们吃祂的肉,喝祂的血,否则他们里面就没有生命。那句话确实很奇怪奥秘。约翰的记载颇令人痛心,他说耶稣讲了那话以后,祂的门徒就各自回家,再不跟从祂了。不管那时他们是否明白,至少他们在这筵席中所看见的事,多少可以解释主先前那句奥秘的话。

让我们以祂稍早在那个严肃场合所说的一句话,来结束这一讲。祂说,"我很愿意……和你们吃这逾越节的筵席。"为什么?因为这是最后的逾越节;在这之后,许多世纪以来逾越节所预表和指明的一切都要应验了。因此,在祂被钉十字架、成为我们的逾越节、为我们牺牲之前,祂先设立了这个筵席,用简单的饼和酒象征崇高的事实,这新的筵席要一直延续到祂再来。

逾越节的筵席结束了，犹大也被赶出去了，新的逾越节筵席设立了。然后，路加记载他们离开那个屋子和那城之前，耶稣对祂门徒所说的话。

首先，祂因看见他们争论谁为大，而纠正、教导他们（24～30节）。然后是祂对西门个人的谈话（31～34节）。最后指示那摆在他们前面的新争战（35～38节）。

首先来看祂的纠正和教导（24～30节）。让我们回顾一下祂说这段教训的场合。有一个小字可以给我们线索，就是"也"这个字。耶稣告诉他们有人要出卖祂之后，"他们就彼此对问，是哪一个要作这事？门徒也起了争论，他们中间哪一个可算为大"（中文圣经无"也"字）。这个"也"字，将这里的争论和前面发生的事衔接起来。

"争论"是什么意思？希腊原文的这个词是从"好争吵之人"而来的。争论就是一群爱争吵之人中间的活动。这个词暗示了他们的争吵是因某种心理状况而产生的。这在他们中间已经不是第一次了。

这就导致了一件惊人的事实。当时是何等严肃的一个时刻！祂将象征祂身体的饼擘开，又拿起杯来说，这是我的血，为你们流出。他们竟在那样严肃的时刻和场合，争论谁为大！我前面已说过，这个词暗示他们的争论由来已久，流露出他们心里的光景。我们可以从新约圣经的记载，清楚看见这种争论已经持续了至少六个月。自从主在凯撒利亚腓立比开始向祂的门徒指出，祂将要去耶路撒冷，在那里受苦、被杀、第三天要复活之后，他们就不断在祂谈论到十字架的时刻，突然提出相同的问题：他们中间谁可算为大？

虽然这个事实有些可悲，但我们也不应该忽略其中一个因素。

他们如此关心他们在祂国度里的地位,证明他们一直对祂存着信心。祂已经告诉他们,祂将要钉十字架。他们不明白祂所说的。彼得说出了这一群人的心声,他说,神必帮助你,主啊,这事万不可临到你。他们不明白祂的十字架,不相信祂这样定意去耶路撒冷受苦、受死是对的,因此他们想劝阻祂。然而他们依然相信,祂正迈向祂的国度。他们清楚知道,祂要陷在仇敌的圈套中;但他们仍然相信,祂正在进入祂的国度中。因此他们的争论,适足证明他们那坚定不移的信心。我并非凭揣测说这话,耶稣自己说,"我在磨炼之中,常和我同在的就是你们。"

但是另一方面,他们的争论也显示他们轻忽了祂在世上的使命之意义。在五旬节之前,他们一直不明白。他们对祂按着神的定旨先见而来的弥赛亚使命缺乏概念。他们仍然以为神国是建立在物质的范畴中。在祂复活之后,他们问祂,"你复兴以色列国,就在这时候吗?"(徒一6)。即使在祂复活之后,他们还是未能明白祂的使命之含义。一直到圣灵降临,他们才恍然大悟。他们后来的见证可以证明这一点。

这就是主纠正、教导他们时的背景。祂的教导是在启示他们一个新的等次。祂将世上的观念和天上的观念相对照;将世界的方法和祂国度中的方法相对比。

祂开始说,"外邦人有君王为主治理他们,那掌权管他们的称为恩主。"我读到这里的时候,就会感觉到耶稣的声音带着一种温柔,但又有几分讽刺的幽默。外邦的君王作些什么? 掌权管理;因为他们掌权管理,所以被称为恩主。这是地上的观念,认为主人就是为大的。他们的君王以武力镇压他们,他们还称他为恩主。因为君王是主人,是发号施令的,那被管辖的就称他为恩主。

然后主为了启示一个对比,祂用强制的命令语气说,"但你们不可这样。"总括地否定了世上的观念,接着这个消极的命令后面的,是一个积极的解释,"你们里头为大的,倒要像年幼的。"这对东方人来说,是颇具革命性的。他们不认为年幼的比年长的重要。"为首领的,倒要像服事人的。"

　　为了强调新的一点，主再度谈到世界的等次。"是谁为大？是坐席的呢，是服事人的呢？"就世界的等次而言，答案只有一个，是坐席的大。然而主尖锐地指出了差别之处，"我在你们中间，如同服事人的。"

　　他们是不是打算说，祂比他们小呢？按照祂的标准，那坐下来受人服事的是小的，服事人的才为大。今日一般的观念是，如果你走进一家餐馆，坐下来，你就是较大的，那侍者是较小的。基督说，"然而我在你们中间"作侍者！这种有关社会的观念，不论是在当时或现在，都是颇具革命性的。

　　祂继续说，"我在磨炼之中，常和我同在的就是你们。我将国赐给你们，正如我父赐给我一样。"祂的父如何将国赐给祂呢？"我在你们中间，如同服事人的。"祂通往宝座的方法，乃是虚己，以牺牲的态度服事。这就是祂说那句话的意思。祂实际上说，我将这种国度赐给你们。你们争论说，你们中间哪一个可算为大。你们若学不会这个功课，就永远无法进入国度的大能和权柄中。在祂所赐的国度，人有两种特权：他们坐在祂的席上吃喝，那是彼此的交通；他们也要坐在宝座上，审判以色列十二个支派，那也是他们的权柄。在祂的国度里为大，必须要有所服事。

　　如此我们看见神的国和世上等次的对比。有关谁为大，地上和天上的观点有明显的差别。人们认为有权治理人、作主的，就算为大，他们称这样的人为恩主；但是在神国里，服事人的要比受服事的为大。不要忘了，主是在十字架的阴影之下，是在一个虚己、牺牲、服事，并且将要因此而作王的重要时刻，说出这个教训的。

　　然后，祂转过来对西门说话（31～34节）。祂直接对西门说话的时候，宣告了要临到他们每一个人的甄别过程。祂的话非常令人注目。"撒但想要得着你们。"在希腊原文中，"得着"是一个强烈的动词。撒但不仅仅要求，并且因着要求而得着了他们。得着他们作什么？好筛他们，像筛麦子一样。注意这里的代名词"你们"是复数形式。魔鬼好筛他们每一个人，像筛麦子一样。然后主又用单数代名词，我们不能因此而认为，祂不为其他人祷告。祂只是特别提到那个陷于最大危险、最需要祂帮助的人。

从第三十一节中，我们对撒但有一个明显的认识。他的目的在这里被揭露出来了。"好筛你们，像筛麦子一样。"这话实在惊人！它描述了一个甄别的过程。撒但想要得着这一群人，并且筛他们。一位古代的清教徒解经家特拉普（Trapp）说，耶稣是用簸箕，筛去糠秕；但魔鬼是用簸箕，筛去麦子。

我们由此可知撒但的诡诈，但另一方面来说，他仍是在神的权柄之下。神若不允许，撒但就不能筛他们。他是神的仇敌，也是所有人的仇敌，特别是那些相信神之人的仇敌。他总是在察看他们。神说，"你曾用心察看我的仆人约伯没有？"（伯一8）。这话真是可畏，揭露了撒但那狡猾的双眼，他总是在虎视眈眈地寻找着链子中最弱的一环，寻找城堡中最薄弱的门。但是，若没有神的允许，他不能伸手动约伯所拥有的骆驼背上的一根毛。

"撒但要求得着你们"（另译），撒但必须先提出这个请求。因此，不管筛的情形如何，这事临到你们，必定是经过神的允许。这是祂说到这群人的第一句话。

祂接着说，"但我已经为你祈求。"撒但所要求的，是要将他们放在试炼中。耶稣说，"我已经为你祈求。"这里的祈求和撒但的要求不同。"祈求"的字根与捆绑有关。我已经为你祈求，我将自己当作你的奴仆，你的担保人，来为你祈求。

这里启示的事是何等惊人啊！魔鬼和基督都为西门这个人祈求。撒但要求得着他、筛他、毁灭他。基督以他奴仆的身份站在他后面，祈求他不至于失去信心。"我已经为你祈求，叫你不至于失了信心。"

我们必须立刻指出，西门的信心最后并没有丧失。他在三次否认主的时候，并未失去信心，也未失去他对主的爱。他失去的是什么？失去了他的希望，并且因此而丧失了勇气。许久之后，彼得在他的书信中赞美神说，"愿颂赞归与我们主耶稣基督的父神，祂曾照自己的大怜悯，藉耶稣基督从死里复活，重生了我们，叫我们有活泼的盼望"（彼前一3）。当彼得失去盼望，失去勇气的时候，他就成了懦夫。耶稣知道他不会失去信心。祂知道他会落到什么地步，但请听祂怎么说，"你回头以后，要坚固你的弟兄。"主有信心，彼得会回头。

彼得说,"我就是同你下监,同你受死,也是甘心。"他是真心如此。但耶稣平静地说,"彼得,我告诉你,今日鸡还没有叫,你要三次说不认得我。"这句话并不与祂前面那句话冲突。祂实际上说,我知道你在天亮前会否认我。我知道你并不了解自己,西门。我知道你里面已经开始萌生软弱和怯懦,我也知道这些会使你在未来陷入黑暗的时刻中;但是我已经为你祈求,你将会回头,并且回头之后,就坚固你的弟兄。

现在来到祂的教训之尾声(35～38节)。祂已经启示祂来是要建立生命的新秩序,这秩序就是,人的为大系根据他们甘愿降卑,甘愿服事的程度而定;祂看到他们将要在这个新的秩序中出去,去服事这个世界,而不是去发号施令。现在祂就给他们新的指示,这和祂以前打发他们出去时所给他们的指示有所不同。祂略作回顾,问他们说,"我差你们出去的时候,没有钱囊,没有口袋,没有鞋,你们缺少什么没有?"他们说,"没有。"祂说现在情况不同了,你们出去的时候,要带着钱囊,因为你们需要钱用;要带着口袋,因为你们需要携带食物;并且要带刀,不是为了攻击,乃是为自卫。

祂又接着说,"我告诉你们……那关系我的事,必然成就。"换句话说,祂是这么说:我要接近顶点了,我世上的工作已接近尾声,大功即将告成。未完成的是摆在他们前面的工作。祂解释他们需要带钱囊、口袋和刀的原因,因为他们以后需要这些。祂要他们带钱囊、口袋和刀,固然很令他们意外,但最使他们震撼的,还是刀。他们说,我们有两把刀。耶稣说,"够了。"祂不是说两把刀够了,而是说祂所说的话已经够了。祂突然中断了他们的谈话。祂停止了正在谈论的话题,立刻离开这城,往橄榄山去了。

本段经文记载了耶稣钉十字架前一天,所发生的最后几件事。它们都是在夜里发生的。

让我们虔诚地跟着祂的脚踪。我们来到两个地方,一个是橄榄山上(39～53节),然后是大祭司的住宅(54～65节)。

路加没有提到客西马尼园,他只是说到橄榄山。他也没有说祂被带到谁的宅里,他只是说那是大祭司的宅。从其他福音书的记载,我们知道祂是去客西马尼园,后来祂被带到亚那的家里。天亮之后,公会的人聚集了,就将祂带到该亚法的住宅。

路加说,"耶稣出来,照常往橄榄山去,门徒也跟随祂。"

路加福音第二十一章第三十七节,"耶稣每日在殿里教训人,每夜出城在一座山,名叫橄榄山住宿。"

约翰福音第十八章第一、二节,"耶稣说了这话,就同门徒出去,过了汲沦溪,在那里有一个园子,祂和门徒进去了。卖耶稣的犹大也知道那地方,因为耶稣和门徒屡次上那里去。"

如果我们把这两处经文放在一起,就可以明白当时的环境。路加说祂最后那段日子,从未在耶路撒冷过夜,祂都是在橄榄山住宿。后来他又说,逾越节筵席之后,祂设立了新的筵席,就离开那城,照常去橄榄山。显然路加的意思是,这个常例不仅限于最后那个星期;早在以前祂就有上橄榄山的习惯。约翰以怜悯、悲痛的语气说,犹大知道在那里可以找到耶稣,因为他也常去客西马尼园。耶稣曾多次越过汲沦溪到那里去。现在他们用完了逾越节的筵席,新的筵席也设立了,夜幕逐渐降临,祂就往橄榄山的客西马尼园走去。

客西马尼园里发生的事可分为两个部分:耶稣在与神交通时的

伤痛；耶稣的被捕。

　　首先是祂与神的交通（40～46节）。这个故事是如此神圣，我们无法以注释或解经的方法来诠释它。况且，其中有许多事是难以解释的。整个事件充满了朦胧的奥秘，我们无法识透。因此让我们以虔诚静默的心，来接近这个事件。

　　首先请注意，在这段记载的前面，和将要结束的地方，耶稣都对门徒说到同样的一件事，这事始终围绕着主的这段经历。祂在第四十节说，"你们要祷告，免得入了迷惑。"后来又在第四十六节说，"起来祷告，免得入了迷惑。"祂的心对他们充满了怜悯，祂完全了解他们。如果要更接近希腊原文的意思，我们不妨把这句话译成"你们要祷告，不陷入迷惑中"。

　　换句话说，祂对他们说，他们若祷告，就可以避免被迷惑。"祷告"一词涵盖甚丰富。我们若改用"敬拜"也不为过。祷告不只是祈求。主实际上对他们说：你们若祷告，就可以逃避迷惑人的势力。在那个黑暗、试炼的时刻，主重复对祂门徒说的"祷告"一词，实在燃放出整个生命的哲理。

　　想想看，对那三个门徒和其余留在外面的门徒，那是怎样的一个时刻！我们曾多次提到，自从凯撒利亚腓立比之后，到此刻的六个月中，他们心中一直充满着奇怪的预感，现在六个月快要结束了。他们知道官长们对祂的态度，知道现在祂要实际受到祂仇敌的苦待。对他们而言，这是一个试炼的时刻，他们因为试炼过于沉重而入睡了。路加是惟一提到他们因忧愁而睡觉的作者。

　　毫无疑问的，祂了解他们所受的压力，因此祂两度对他们说，"祷告，免得入了迷惑。"不论日子如何黑暗，道路如何崎岖，都应维持与神交通的生活；因为一个人若活在敬拜中，就能抵挡试探和迷惑。

　　现在让我们虔诚地来看祂与父的单独交通。祂将整个世界、一切的朋友都留在外面，进入与神交通的场所。那是一个"伤痛"的时刻，但那是在交通中的伤痛。在客西马尼园中，祂未曾片刻不想到神，未曾片刻远离神或神的照顾。客西马尼园不是加略山。祂说，"父啊！"这个词表达了祂不仅仅是站在神的立场，祂也是站在人的立场,来认识祂与父神的关系。

我们仔细思考这个故事。祂当时心中最挂念的是什么？答案是"这杯"。"你若愿意,就把这杯撤去,然而不要成就我的意思,只要成就你的意思。"

即使最虔诚的圣经学者,对这句话真正的意思也有不同的见解。我不打算在此处作任何争论,仅仅提出其他的经文作为我们的亮光。马太福音第二十章记载了西庇太儿子的母亲,带着两个儿子雅各和约翰来见耶稣,她说,"愿你叫我这两个儿子在你国里,一个坐在你右边,一个坐在你左边。"耶稣说,"你们不知道所求的是什么。我将要喝的杯,你们能喝吗?"(21～22节)。祂那时提到祂的杯,是指什么呢？

我们又看到祂在逾越节的筵席上,拿起杯来说,"这杯是用我血所立的新约,是为你们流出来的。""你们喝这个。"那时祂心中所想到的是什么呢？

再来看约翰福音第十八章第十、十一节记载客西马尼园中的事,"西门彼得带着一把刀,就拔出来,将大祭司的仆人砍了一刀,削掉他的右耳,那仆人名叫马勒古。耶稣就对彼得说,收刀入鞘吧！我父所给我的那杯,我岂可不喝呢?"

如果我们将这些有关"那杯"的经文集中起来看,就会很明确地相信,那杯是指摆在祂前面的死,就是加略山上十字架的奥秘。有人说,祂害怕肉身死在十字架上,因此祈求避免它；但祂说这话的意思并非如此。这种说法等于假定,罗马的绞架才是当时惟一较有价值的死刑方法；事实不然。祂也可能被无法之人用绞刑以外的其他方法处死。祂当时并不是求神使祂逃避钉十字架的肉身之苦。约翰告诉我们,祂在公开事奉快结束的时候,有几个希利尼人来见祂,祂说,"一粒麦子不落在地里死了,仍旧是一粒；若是死了,就结出许多子粒来……我现在心里忧愁,我说什么才好呢？父啊,救我脱离这时候,但我原是为这时候来的"(约十二 24,27)。

我们探索这事时,要带着格外的敬畏,也许最好是不要探索。祂正在园中说,"父啊！你若愿意,就把这杯撤去,然而不要成就我的意思,只要成就你的意思。"我只能说,我思想这段话的时候,透过那扇幽暗的窗子，看到了一道奥秘的亮光，让我更加认清十字架的可怕，甚至比亲自在加略山认识得还清楚。

但我们也不要忘了，祂未曾片刻离开神的旨意。即使祂表现了无限的伤痛，祂与神之间的交通也未曾须臾中断。

这事件太神圣了，远非人的心灵所能明白；但我们可以看见这时刻对祂的意义，祂在这时刻临近之际向神祷告，祂正站在深不可测的苦海边缘，祂所发出的叹息和悲痛，在我们听来好像灭亡的声音。我们看见祂与神有牢不可破的交通，祂绝不以自己的意思，来扰乱或拦阻神的意思。所以祂作了这个祷告。路加告诉我们，有一位天使出现，加添祂的力量。在那崇高的时刻，祂在肉身、心灵和属灵方面都得着了力量。

最后一件事不必多作解释，我们只需读过即可。那是以肉身的征状，来象征祂精神上极端的痛苦。"汗珠如大血点，滴在地上。"

接下去是祂被捉拿的记载（47～53 节）。这个故事同样难以解释。单单仔细读一遍就够了。这里我们看到犹大的亲吻和耶稣的责备。我对犹人的任何责难言辞，都不足以述尽他那卑鄙狡猾的行动。没有任何解经家或出色的小说家，能够从犹大的背叛之吻来辩护他是正直之人。

然后西门彼得拔出刀来，这虽是出于血气之勇，但比起犹大的亲吻要好多了。然而我一直认为，这是一件有暗示性的事，深深使我感到敬畏，就是耶稣用祂温柔的手所施行的最后一次医治，竟然是祂门徒所惹来的。我有时想，从那次事件之后，祂也一直在医治由祂门徒的血气之勇所造成的各种伤痛。

我们且以敬畏的心，来看基督如何以威严和尊严的态度，对待那些官长。这些年来他们一直跟踪祂，我们看到他们的敌意日益高涨，他们屡次想要在祂的话语中找把柄，好将祂交在黑暗的权势中，置祂于死地。现在他们终于将祂包围住，基督首先对他们说话。祂提出的惟一抗议是，祂反对他们捉拿祂的方式。"你们带着刀棒，出来拿我，如同拿强盗吗？"

然后祂以讽刺的语气，证明祂早已识透他们的阴谋；祂是在祂父的手中，而不是在他们手中。祂说，"我天天同你们在殿里，你们不下手拿我。"

最后是一句严厉的话，"现在却是你们的时候，黑暗掌权了。"注意祂所说"你们的时候"，你们这些祭司，守殿官，官长，这是你们的时候！是的，但在这一切后面的，乃是黑暗的权势。祂一方面承认这是官长的时候，一方面指出他们邪恶的动机后面，乃是黑暗在掌权。

继续读下去。第五十四节告诉我们，他们如何拿住耶稣，把祂带到大祭司的宅里。第六十三节到六十五节说到他们在大祭司的宅里如何戏弄祂。路加在这中间插入了彼得三次不认主的事件，实际上这件事是稍后在该亚法宅里发生的。

根据犹太人的法律，随便逮捕任何人并且将他送到拘留的地方监禁起来是不合法的，除非有人对他提出特别的控诉。在耶稣的事件中，并没有这样的控诉。当他们清晨在公会举行非常会议时，曾设法找出一个对祂的特别控诉。他们将祂送到亚那家这件事非常引人注意。此处有一个例外的事实，就是当时有两个大祭司，亚那和该亚法。这不是摩西设立的制度，也不是神设立的。事实上，亚那是当时的大祭司，但因他不见容于罗马，罗马大帝下令他虽可保住头衔，但没有实权，另外指定该亚法取代他。亚那很满足于这种有名无实的职位，因为他可以利用收取圣殿的奉献，来压榨百姓。他因敲诈、强夺而致富。他们拿住耶稣以后，就将祂送到亚那的宅里。那里比该亚法的住宅要接近客西马尼园。他们将祂拘留在那里直到天亮，好让祂在公会面前受审。

"看守耶稣的人戏弄祂，打祂，又蒙着祂的眼，问祂说，你是先知，告诉我们，打你的是谁？"还有什么比这种行径更怯懦呢？"现在却是你们的时候，黑暗掌权了。"

有关彼得不认主的故事，路加的记载很简单（54～60节）。马可福音（在某方面而言，那也是彼得自己的福音书）则直率地道出全部真相。他们拿住耶稣以后，彼得就一直跟踪着他们。我们为此感谢神。虽然他是远远地跟着，这是可悲的，但你我都不必感觉惊奇，因为我们明白自己是怎样的人，我们毫不惊讶彼得"远远"跟踪的行为。在那个寒冷的早上，他们在该亚法的院中生了火取暖，彼得也坐在众人中取暖。无意中，有一个使女走过来，也许他们心中有一点儿狡猾的意图，她说，"这个人素来也是同那人一伙的。"彼得说，"女子，我不认得祂。"不久又来了一个人，他说，"你也是他们一党的。"彼得回答说，"你这个人，我不是。"约过了一小时，另一个人说，"他实在是同那人一伙的，因为他也是加利利人。"彼得说，"你这个人，我不晓得你说的是什么。"

然后呢？"主转过身来，看彼得。彼得便想起主对他所说的话，今日鸡叫以先，你要三次不认我。他就出去痛哭。"

我早年服事主的时候，往往可以痛骂彼得十五分钟而乐此不疲。但现在不同了。我并不是宣布他算为无罪，但如果我鉴察自己的心，就不会惊奇他这么作了。并且我停止批评他，是因为我发现耶稣也没有批评他。祂了解一切。祂从未放弃他。"我已经为你祈求，叫你不至于失了信心。"

他并未失去信心。他在那个寒冷的清晨出去痛哭，那起伏的胸膛和破碎的心代表着什么？他仍相信耶稣，仍然爱着祂，但因他的希望落空，他就丧失了勇气。他落入深谷之中，主转过身来看他。那是怎样的目光？没有责备，只有爱，只有无限的怜悯。虽然他不认祂，但祂的目光仍带着相信的光采。那是挽回的目光，是恢复的目光；那双眼睛在说，我在这里。

让我以一段旧事作结束。许多年前，一个八月的星期天，我刚好待在伦敦没有什么事，就去听史坦顿（Stanton）主教讲道。他是属于圣公会的。我对他的工作并没有什么兴趣。他那天早晨讲的主题经文是取自："耶稣……周围看了各样物件……就……出城了。"他在讲道结尾时所说的一件事吸引了我的注意。他讲到耶稣的目光，祂如何从四周观看圣殿，如何观察各样的事，如何转身看彼得，使彼得为之心碎。讲到这里，史坦顿主教靠着讲桌，弯身对大家说，"不要忘记，不管耶稣的目光多么慈爱，如果彼得当时没有望向祂，这一切都归于徒然！"

你想过这一点没有？这是事实。我再度看见，这个粗俗的、发咒起誓不认主的西门，仍然暗地跟着主，他仍爱着祂，将他的双眼望向祂，因此他的眼睛能捕捉到耶稣那充满慈爱的一瞥。

　　路加有关耶稣在公会前受审的记载非常浓缩,他只强调了几个特出点。为了介绍起见,我们不妨偶尔引用一两处其他福音书所记载的细节,作为本段经文的背景。

　　上一讲中,我们看到耶稣在客西马尼园被捉拿,然后被带到亚那的宅里,在那里受人戏弄,一直到天亮。天亮以后,"民间的众长老,连祭司长带文士都聚会,把耶稣带到他们的公会里。"

　　从其他的记载中,我们知道这次的聚会是在该亚法的家里;我们也知道在耶稣被带到公会以前,该亚法曾与祂有一次半私人性的谈话。

　　此处是一个正式的聚会,他们一大清早被匆忙唤来开会。若从犹太人的律法上看,这个聚会是不合法的。聚会的地点也不合法。当时犹太人中有三种法庭,一种是在人口少于一百二十人的小镇之法庭,有的专家说是二百四十人,这种法庭有三个审判官。另外一种是在较大区域里的法庭,包括二十三个成员。至于最高法庭就是公会,有七十一个成员,他们聚会的地点应该是在圣殿的院里。他们也有权在其他私人的地方聚集,但这样的聚集根本无权审判耶稣。事实上,他们也没有审判祂,他们没有对祂下任何判决。到目前为止,他们还是保持在他们狭窄的律法限制之内,但他们聚集的目的是决心要审问祂,好治死祂。他们发现祂犯了亵渎的罪,他们就因这个罪名决定治死祂。但在彼拉多面前,他们的控诉是无效的,因为罗马帝国并不接受犹太人观念中的亵渎罪名。

　　路加在这段浓缩的报告里,记录了当时发生的两件事,这对当时和后世都具有非凡的意义。我们看见耶稣在这些宗教法庭前受审。

下一讲中我们会看见祂在行政法庭前受审。路加记录了他们问祂的两个问题，以及祂的两个回答。

他们的第一个问题是，"你若是基督，就告诉我们。"祂的回答引发了他们第二个问题，"这样，你是神的儿子吗？"这两个问题不管在当时或现今，都是极重大的问题。祂是基督吗？祂是神的儿子吗？我们的回答，可以显示我们对基督教的态度。这两个问题不仅关系到当时在公会里聚集的人，也关系到那个国家，更关系到整个人类。祂是基督吗？祂是神的儿子吗？

他们的第一个问题纯粹是法律上的问题，他们以合法的形式问祂，"你若是基督，就告诉我们。"这些官长以前也曾用同样的方式说，"告诉我们。"耶稣那时对他们说，"我也要问你们一句话，你们且告诉我"（二十3）。在他们的"告诉我们"，和祂的"告诉我"中间，有很尖锐而明显的对比。

此处祂也采用同样的方式。这是一个固定的法律用语，等于要祂起誓。这是逼被捕的人说真话的方法。现在他们用具体而干脆的手段问祂一个关系到祂的整个生命和事工的问题。祂在传道时，一直声称祂是弥赛亚。祂的跟随者也承认祂是弥赛亚。他们作门徒的意义就在此。早先祂的第一个门徒安得烈就说，"我们遇见弥赛亚了"（约一41）。这些接受祂是弥赛亚的跟从者不断增加。对那些宗教的官长而言，这是一个惊人的声明。一切虔诚的以色列人，心中最迫切的盼望就是弥赛亚的来临。现在，他们面对这个问题了。弥赛亚来了吗？约翰曾宣告祂是弥赛亚，但即使是约翰，当他陷于极大的心理困惑时，也曾疑惑自己的宣告是不是正确，所以他才会打发人去问耶稣说，"那将要来的是你吗？还是我们等候别人呢？"（路七19；太十一3）。

那些官长们提出这个问题，他们要根据祂的回答来下定论。我们都了解这些人，知道不管祂说什么，他们都不会相信。稍后我们就可以证明这一点。祂怎么回答呢？面对这些全国的代表，祂如何解释？祂是弥赛亚吗？

即使从他们的立场看，这也是一个关系到他们是否已到达历史上的焦点之问题。他们信仰里一切的象征,都指向那将要来的一位,祂要应验所有古代的礼仪和先知的见证;这些美丽的名字:弥赛亚、细罗、黎明之星、听讼的人、以马内利等等,都指向那位将要来临的弥赛亚。因此他们问了这个问题,他们绝对有权如此问,"你若是基督,就告诉我们。"

请注意祂的回答。首先是一个谴责性的拒绝,其次是一个启示性的印证。祂以他们问祂的方式,拒绝回答他们的问题;但祂又给了他们一个回答,使得公会中所有的人都对祂的声明了然于胸。

祂首先说,"我若告诉你们,你们也不信;我若问你们,你们也不回答。"这是祂拒绝回答他们的原因。

这使我们回想起有一天在圣殿中的情形。他们拿各样问题来问祂,最后祂问他们,"人怎么说基督是大卫的子孙呢? ……大卫既称祂为主,祂怎么又是大卫的子孙呢?"(二十 41,44)。他们没有回答祂。

再往前一点回想。有一次他们问祂仗着什么权柄行事,祂说,"我也要问你们一句话,你们且告诉我,约翰的洗礼是从天上来的,是从人间来的呢?"(二十 3~4)。他们商议一番后,决定不回答祂的问题。

耶稣如此提醒他们应有的态度。祂实际上对公会的众人说,你们没有资格在这件事上审问我。你们是不诚实的。如果你们事先已经有了结论,并且我讲了这一切话,作了这一切事之后,你们仍旧不告诉我你们的看法,那么,我的陈述又有什么用呢?

但是祂的话还没完。祂又说,"从今以后,人子要坐在神权能的右边。""从今以后"是指从你们拒绝我的时候,从你们将我治死,将我钉十字架的时候开始。"人子要坐在神权能的右边"是什么意思? 祂再度带他们回到稍早祂所引用的诗篇中,那时祂问他们,大卫既称弥赛亚为主,祂又怎能是大卫的子孙呢,诗篇第一百一十篇一开始说,"耶和华对我主说,你坐在我的右边,等我使你仇敌作你的脚凳。"这些人知道这篇诗篇,他们都明白这篇诗的弥赛亚的价值。祂现在用这些专门名词,宣告这一切都要在祂身上应验。

没有任何其他的文辞,能比祂的这段弥赛亚的宣告更明白、利落了。祂用圣经的话清晰地声明祂是弥赛亚,使得听到的人无法产生任何误解。

他们听见祂如此说,就一致问了另一个问题,那不是事先经过研究,已经预备好的问题,而是由祂的回答中所引发的问题,"这样,你是神的儿子吗?""这样"一词颇有意义,指出祂刚才所说的话给了他们一个结论:他自称是神的儿子。祂其实没有自称是神的儿子,祂自称是人子。祂引用诗篇第一百一十篇的话,祂说,"从今以后,人子要坐在神权能的右边。"那么诗篇怎么说呢?"耶和华对我主说。"

那是指谁? 指大卫的子孙。他们现在的问题,就是祂以前问过的,他们当时没有回答。显然他们知道答案。现在事实显明出来了。他们因此知道,祂声明诗篇第一百一十篇的弥赛亚预言在祂身上应验,就等于声明祂是神的儿子。因此他们提出第二个问题,"你是神的儿子吗?"

祂如何回答?"你们所说的是。"简单明了,意思是你们说得对,我就是。

祂就这样在公会面前,宣告自己是弥赛亚,是神的儿子。如果祂的第二个宣告是假的,祂就犯了亵渎罪;如果祂的第一个宣告是假的,祂就是一个骗子。所以他们说,"何必再用见证呢? 祂亲口所说的,我们都亲自听见了。"另一本福音书作者告诉我们,祂作了这个宣告以后,该亚法就撕裂了他的袍子。那是一个合法的行动。大祭司在面对亵渎的情况时可以撕裂袍子,表示灾祸临头了。

对我们而言,这一切最主要的价值在于,耶稣当着公会面前,起誓宣告祂是弥赛亚,是神的儿子。换句话说,祂承认西门彼得在凯撒利亚腓立比的宣告是正确的。有人会想,西门彼得是否听见祂在公会面前所说的这些话? 我不知道。如果他听见了,那么当耶稣回头看他时他一定更心碎了。在六个月以前,彼得曾说过,"你是基督,是永生神的儿子"(太十六 16)。现在耶稣印证了彼得的宣告。祂的仇敌问祂,"你若是基督,就告诉我们。"祂声明祂就是。他们又问祂,"你是神的儿子吗?"祂说祂是。

　　我们记得当祂受审时，有两个门徒比其他门徒较靠近祂，一个是曾认祂是基督的彼得，另一个是约翰。许多年之后，约翰用异于其他人的方式写下耶稣的事迹。他为什么这样作？他自己说，"但记这些事，要叫你们信耶稣是基督，是神的儿子"（约二十31）。约翰实际上说，我写这书是要指出彼得在凯撒利亚腓立比所作的承认是对的；我写这书是要表明耶稣在公会面前的宣告是真实的；祂是基督，是永生神的儿子。

　　在回答公会的挑战时,耶稣明确地作了双重的宣告:祂是弥赛亚,祂是神的儿子。

　　第一个宣告并未引起众人的愤怒,因为也有其他人自称是弥赛亚。当然这样的宣告很容易激起敌意。但随之而起的第二个宣告就为祂引来了亵渎的罪名,这项罪可以导致死刑。然而我们知道,犹太人当局不能判人死刑。他们多年前已经丧失了这项权利。因此若要治死祂,必须将祂交在罗马的审判权之下。如果到彼拉多面前控诉祂犯了亵渎罪是没有用的,他会嘲笑他们,把他们赶出衙门,因为罗马帝国愿意将任何神祇纳入他们的帕特农(Parthenon)神殿。

　　这个事实说明了他们在本段经文中的这些行动之原因。本段经文一共有两个段落。首先我们看到耶稣被带到彼拉多面前,然后再被带到希律面前。套用祂自己的话,祂"被交给外邦人"。也许有人会抗议,说希律并不是外邦人。希律是以东人。希律的家族都是以东人的血统。况且祂被交在希律手里是次要的事,因为祂先被彼拉多交给希律,希律又将祂交还给彼拉多。因此我们看到祂被交在代表罗马帝国的彼拉多手中,我们可以说,祂是"被交给外邦人"。这个在犹太人的启示之光外面的外邦人世界,拿耶稣怎么办好呢? 很快的,这变成了彼拉多个人的难题。他一方面气愤大祭司,一方面气愤百姓,他忿忿地说,"我怎么办祂呢?"(太二十七 22;可十五 12)。

　　这里路加再度省略了许多细节,他用非常浓缩的形式来表明一些突出的事实。他断然省略了某些事,以使那些更重要的、关键性的事能被鲜明地衬托出来。有关祂清早在公会面前受审的事,他只记录了他们在法律上和宗教上对祂的挑战,以及祂的回答,这些都是最中心的事。此处他显然又采用同样的方法。首先让我们看有关祂在彼拉多面前的记载（1～7节）。

"众人都起来。"是指哪些人？乃是指聚集的长老和公会的人。"众人"的原文是"pletho"，意思是所有人，一切审问祂的人。他们起来，将祂解到彼拉多面前。

彼拉多的事迹是饶有趣味的。如果不是他与耶稣之间的关系，世人可能根本不会听到他的名字。也就因为他与耶稣的这种关系，研究圣经的人才对他这么有兴趣。我们知道犹太人恨恶他，他也憎恶犹太人。他一上任的时候，就采取了一项行动，大大激怒了犹太人。他将罗马的旗帜（上面有罗马帝王的肖像）带进了圣城耶路撒冷。对犹太人来说，这是一种无可宽宥的亵渎行为。他最后不得不将这些旗帜拿走，但已经激起了众怒。他在政府中是一个冷酷、固执、无情、残忍的人。在他担任巡抚的四年中，他和犹太地的人、加利利人、撒玛利亚人的关系都破裂了。他们就是将耶稣带到这样的一个人面前。他们若要将祂交在罗马的权势之下，就不得不这样作，因为他是巡抚，握有内政、军事和司法的大权，所以他手中也操有生杀大权。有一本福音书作者记载，彼拉多对耶稣说，"你岂不知我有权柄释放你，也有权柄把你钉十字架吗？"（约十九10）。在人的层面上，他说的一点不错。他们为了将耶稣定罪，只好放下一切自尊、偏见，来到彼拉多面前。

他们在彼拉多面前提出控诉。如果没有一个清楚、明确的控诉，是不能将人犯带去见巡抚的。他们说，"我们见"，那是一个正式的用语，代表一种司法的行动；他们向彼拉多提出他们在公会审问祂时所发现的证据。"我们见这人诱惑国民，禁止纳税给凯撒，并说自己是基督，是王。"

他们用"是王"来向彼拉多解释"基督"的含义，他们这样作实在狡猾，目的在控诉祂犯了叛国罪。可能这些人也和当时所有官长一样，只想到物质方面的事，以为弥赛亚的惟一解释就是作王。他们的先知书和诗篇的经文，都介绍了弥赛亚的双重职分。祂是君王，祂是祭司。有关弥赛亚的预言都指出祂是头戴冠冕、身穿紫袍的那一位。

但当时他们在解释弥赛亚的功能时,几乎不再提到祂的祭司职分。他们只想到"君王",但平常他们也不敢轻易提起,因为提到君王就等于反叛罗马帝国。我想这就是他们在这里用"是王"一词的原因。他们没有对彼拉多说到祂犯了亵渎罪,就像我们前面说过的,彼拉多对这一项罪毫不在意。他们控告祂诱惑国民;从政治、经济、社会、道德的观点看,这都是一个明显的谎言。他们又控告祂禁止纳税给凯撒,这是第二个谎言,完全歪曲了祂不久之前才说过的话,"凯撒的物当归给凯撒,神的物当归给神。"

然后他们说了一句部分正确的话,"并说自己是基督,是王。"他们只用君王来解释祂的声明。我们从这里看出他们如何向罗马卑躬屈膝,说谎,只用君王一词来解释弥赛亚的意义。他们是如何不明白先知的话语啊!他们又是何等诡诈啊!

然后路加记录了彼拉多的问题,"你是犹太人的王吗?"路加在这里又有许多省略。他只记下彼拉多和耶稣私下交谈之后的一个要点,彼拉多直接以控告的立场问祂,"你是犹太人的王吗?"

我每逢读到这里,就难免会觉得,彼拉多的话里带着刺;他讽刺犹太人的意味要多于讽刺耶稣。那时耶稣站在他面前,祂因为早先在被带到该亚法住宅之前所受的虐待而遍体鳞伤,血迹斑斑。我仿佛能看到那个傲慢的罗马巡抚,以一种奇特的、有兴趣的、困惑的眼光看着祂,然后对祂说,"你是犹太人的王吗?"不管怎样,这是一个出于控诉意图的问题,你自称是王吗?

祂回答了,"你说的是。"那是一种直截了当的印证,"你说的是。"基督实际上是说,是的,我就是犹太人的王。

然后我们再次看到路加在记录上的简略。他这样记载,"彼拉多对祭司长和众人说。"事实上这不是紧接着发生的。祂被带到彼拉多的衙门,祭司留在外面,只有彼拉多和耶稣在里面作了一次惊人的谈话。约翰记下了彼拉多审问耶稣时的谈话,他写道,耶稣当时说,"我的国不属这世界"(约十八 36)。路加未记录这些谈话的细节,他只记录了那个中心的问题,和耶稣坚定的回答,然后彼拉多就对众人说,"我查不出这人有什么罪来。"

　　有一点很重要,我们应该认识清楚,这并不是在表达一个忠实的意见。这乃是当时法庭上用的词句,就好像我们现今在法庭上听到的裁决——"宣判无罪"一样。认识这一点,我们就可以看出彼拉多违反律法的地方。根据罗马的律法,判决一个人无罪之后,惟一当作的就是解开他的捆绑,放他自由。为什么彼拉多没有这样作呢?"但他们越发极力的说,祂煽惑百姓,在犹太遍地传道,从加利利起直到这里了。"

　　现在彼拉多骑虎难下了。律法要求他立即释放这个犯人,但他为何踌躇不前?为何不解开祂的捆绑?因为当时祭司长和众人大大激怒,他们要求彼拉多更改他的判决,他们声称耶稣危害到国家。路加没有记下一切细节,另一位福音书作者告诉我们,他们说,"你若释放这个人,就不是凯撒的朋友"(约十九12)。

　　我终于明白彼拉多犹豫不决的原因了。他要在政治和公义之间作一番衡量。这是壁垒分明的局面。按着正义,一个无罪的人应该被释放。为什么不放掉祂呢?彼拉多自忖着:如果我释放祂,这些愤怒的祭司一定会生乱子,他们向罗马告我,我的职位就难保了;而且如果引起暴动,会有多少人被杀害!我怎么办呢?我应该为了政治因素而牺牲祂,以挽救整个局面和我的饭碗呢?还是为了公义勇往直前,不计后果?那正是彼拉多的难处。他犯下了许多人所犯的同样错误,为了方便和安全,他出卖了自己的良知,藐视正义,玩弄政治手腕。

　　但是,他突然想到一个脱离这个难处的方法。"从加利利起",你们说祂是加利利人?那么我就可以脱身了,我要将祂送到希律那里,让他来伤脑筋。我已经和希律断绝来往一阵子了,我们是死对头。如今正是大好良机,来弥补当初因为我将加利利人的血掺入祭物而引起的嫌隙。

　　我们在这里又看见一个严谨的法律名词,"既晓得耶稣属希律所管,就把祂送到希律那里去。""送"这个字是一个专门用语,指将一件案子由一个法庭转呈到另一个,通常指的是呈到较高一级的法庭。彼拉多不会承认希律的法庭比他的高一级,但在这个事例上,他显然有礼貌地说,让希律来处理这个案子吧! 我把这个案子呈给他,由我的法庭转呈到他的法庭。

在新约圣经中,这个故事在许多方面都是最悲哀的。首先可悲的是希律看见耶稣,"就很欢喜。"为什么? 他早已听说祂,他指望能看祂行神迹。他想为他那腐败的生活凭添一些刺激。因此他用各样的事来问耶稣,基督却一言不答。新约圣经中惟有他这个人,耶稣对他无一言可说。祂对彼拉多说了不少话,祂想尽办法帮助彼拉多;但是对于希律,祂一句话也不说。

我们暂且回顾一下希律的历史。有一次圣经上提到,希律知道约翰是个义人,"并且乐意听他"(可六 20)。那一次他曾非常接近神的国。但有一天他纵情酗酒,结果陷入了窘境。约翰早先就反对他娶淫荡的希罗底,即使那时候,希律仍护卫着约翰。他将约翰下在监里,不是为了要杀他,而是要护卫他免遭希罗底的毒手。直到那一天,他在酒醉之下给那个跳舞的女孩应许,结果为了遵守誓言,他将约翰砍头了。他真是越来越堕落! 耶稣从未见过他,他也从未见过耶稣。耶稣有一次差人传话给他,"你们去告诉那个狐狸"(路十三 32)。这里的"狐狸"在希腊原文中是阴性名词,不妨译成"去告诉那个母狐狸"。

祭司长和文士喧哗着,要希律采取行动。看看希律怎么作。他根本没有审问这件案子。祭司大声喧嚷,就是想要他开始审问。他们似乎这样说,你只是拿祂来取乐,你只是东问西问,指望祂行神迹;但我们希望祂被定罪。他们极力控告祂,他却似乎听若未闻。他们怕希律不定祂死罪。他们了解希律,知道他没有一点良心,他什么也不在乎,因此他们大声告祂,希律却不理会他们。希律根本不在意有关祂的任何控诉,他不是拿祂当犯人看待,而是当小丑看。注意这个人是何等败坏! 他曾乐意听约翰讲道,但现在他却不能站在公义的立场看这件案子。

我们看见耶稣站在那里,饱受兵丁的凌辱和嘲弄,受到希律的讥笑。祂一言不发。这是很令人注目的,祂没有任何话对希律说。另一方面,祂的沉默是很美的。祂以沉默对抗加之于祂的一切侮辱。

祂好像羊羔"被牵到宰杀之地，又像羊在剪毛的人手下无声，祂也是这样不开口"(赛五十三 7)。

这一切是如何的滑稽！注意看那些敌对耶稣的人如何联合起来。原先彼拉多恨祭司，祭司也恨彼拉多。彼拉多和希律彼此有仇，但是他们在这里都结成一党了。外邦世界、犹太人世界、混杂血统的世界、以东人都联合起来敌对耶稣。官长们一直是仇恨祂的。彼拉多起初漠不关心，后来因急于保护自己的职位而甘愿破坏公义。希律则是败坏的人，以愚弄人为乐。

我们在这里看到，耶稣从希律那里回来，再度在彼拉多面前受审。彼拉多提到祂的时候，三次都是用"这人"。祂的仇敌以前也用过同样的名称说到祂。此处没有记载耶稣说的任何话，因此我们在思想祂的时候，不妨将注意力集中在祂周围的人身上，特别是彼拉多。

彼拉多从这些事上得到一个好处，就是得到了希律的友谊。他和希律一向有仇，这种敌对的局面对于他，远比对希律不利。现在仇恨消除了，两人重归于好。但是我认为彼拉多在这事上也有不利之处。他又回到原先的难题中。他将耶稣送到希律的法庭，原是指望逃脱此事。但希律根本没有认真处理这个案子，他欢喜接见耶稣，想看祂行神迹。耶稣对他一言不发，他就和手下的兵丁一起嘲笑、戏弄祂，然后将祂送回彼拉多那里。兜了一个大圈子之后，彼拉多又陷于原来同样的困境中。

本段经文中，记载了彼拉多三度想要释放耶稣。这是一个难懂的故事，因为当时是一个极其纷扰的时刻。一切司法的规则都被摒弃了。祂第一次在彼拉多面前受审时，还有一些司法程序可言，但现在的审判却变成了法官和暴民的争论。这位罗马巡抚，握有整个地区人民的生杀大权，就如他所声称的，他有权释放耶稣，也有权治死祂。我们却看到这样手握大权的巡抚竟和一群暴民争论不休。最后暴民赢了，彼拉多被打败了。

让我们来思考彼拉多所作的三次尝试。故事的开头很有意义，"彼拉多传齐了祭司长和官府并百姓。"早先的过程并不是这样，那次聚集的都是与司法有关的人。现在彼拉多不仅传祭司长和官府，他也传来百姓。他想要当着众人释放耶稣。第一次审问时，他曾费心与祭司周旋，结果被他们逼得进退维谷。然后他把耶稣送到希律那里，想藉此推卸责任。这个计谋未成，他现在就想诉诸民意，将百姓拉到耶稣的一边。如果他的计划成功，他就可以击败祭司。"彼拉多传齐了祭司长和官府并百姓。"

然后他当着官长、祭司、领袖和百姓的面，公开宣告他审问的结果，他以法庭上的用语说，"你们解这人到我这里，说袘是诱惑百姓的。"这是他们控告袘的罪名。"看哪，我也曾将你们告袘的事，在你们面前审问袘，并没有查出袘什么罪来。"他在早先的场合已经宣告说，"我查不出这人有什么罪来。"现在他又重复一遍，这是一个纯粹法律上的判决，"宣告无罪！"他接着说，就是希律也一样，没有找出袘该死的罪。

然后他作了一个惊人的建议，"故此我要责打袘，把袘释放了。"他的判决要求他释放这个犯人，但他说在放袘之前，他要"责打袘"。这是彼拉多所作的第一个不公平的决定。责打一个被宣判无罪的人是绝对不公平、不正当的。他想用妥协的方法解决这件事。杰出的政治家摩利(John Morley)在一篇论到妥协的文章里说，"在某些情况下，'妥协'可能是我们的语言中最不道德的一个词。"他说得不错。如果不涉及原则，或者可以允许妥协；但是一个人若在原则的事上妥协，他就已经失败了。

彼拉多实际上说，这个人是无罪的，我不会判袘死刑，我打算释放袘。如果我让袘先受些苦，也许这些我所恨恶的人会感到满意一点。所以我先责打袘，再释放袘。因此彼拉多以妥协的手段作了一个不公平的建议。

再听听他们的回答。路加还是记得非常简单扼要，"众人却一齐喊着。"注意他们是异口同声地喊。众人在祭司长和官长的影响之下，"一齐喊着说，除掉这个人，释放巴拉巴给我们。"

有一些古卷说到，"每逢这节期，巡抚必须释放一个囚犯给他们"（17节）。有些学者相信这是路加福音里面的注解，我想他们可能是对的。不管怎样，这节经文能说明这件事；可能这就是有些版本保留它的原因。

从别的福音书中，我们知道彼拉多要他们在耶稣和巴拉巴之间作一个选择。一般人都以为，彼拉多是依照惯例，让他们在耶稣和巴拉巴之间作选择。事实不然。他没有依循惯例。我们知道彼拉多有一个习惯，在这节期释放一个囚犯。马太说到，他"随众人所要的"（太二十七 15）释放一个囚犯。但这一次他没有让他们自由选择，他只限他们在两个人中间选一个。他实际上说，按照常例，你们可以在节期中任意选一个囚犯，将他释放；但是今年不同，我只给你们两个囚犯去选择。你们可以选巴拉巴，也可以选耶稣。我相信他一定以为他们会毫不考虑地选耶稣，因为这巴拉巴是因"在城里作乱杀人"而被捕的。他们却没有控告耶稣杀人。他们控告祂诱惑百姓生乱，但祂未用暴力。

我们在此暂停下来，看看巴拉巴的故事。他因作乱杀人而被下在监里。换句话说，他在耶路撒冷生乱子，导致有人在暴乱中被杀害。因此他被控作乱和杀人的罪。我们通常将巴拉巴看成强盗，这是不对的。他一定是个政治领袖，因叛乱被捕。他的名字颇有暗示性，"Bar Abbs"，父亲的儿子。这与其说是一个名字，还不如说是一个头衔。我们不知道他的真正名字。但我个人认为，我们可以知道。有一两个古老的抄本，俄利根（Origen）认为是可信的，他们给他一个名字——耶稣巴拉巴，和主的名字一样。这也许无法被证明，但我个人毫不怀疑它的正确性；也就是巴拉巴是一个假弥赛亚。在犹太人的历史上，有一段时期许多假弥赛亚兴起。这个人也自称是弥赛亚，并且采用巴拉巴这个头衔。我不敢武断地说，他的第一个名字是不是耶稣，但他的另一部分名字巴拉巴却实在是一个头衔，暗示他是弥赛亚。他在耶路撒冷作乱，想要推翻罗马政权，建立他自己的国度。那就是巴拉巴。他不是一个寻常的强盗。

我们从彼拉多提出那个中心问题的方式，可以看出巴拉巴的第一个名字是耶稣。他说，"那称为基督的耶稣，我怎么办祂呢？"（太二十七 22）。他为什么说"那称为基督的"？我个人相信，他是要将祂与那称为巴拉巴的耶稣分别出来。你们既然选择释放那称为巴拉巴的耶稣,那我该怎么处理这个称为基督的耶稣?

对我而言,这是了解整个情况的关键。如果巴拉巴确实是假弥赛亚,那么祭司和众人的选择就更有含义了。这些官长并不相信巴拉巴自称是弥赛亚,但如果要他们在一个造反作乱、满手血腥的人,和一个从未使用过暴力的人之间作选择,他们却宁愿选巴拉巴而舍耶稣。我看见他们所作选择的后面,是他们对弥赛亚的主张、使命和对神全能旨意的误解。他们对神国的想法纯粹是属物质的,耶稣在祂的教导中一再提到此事,祂私下与彼拉多谈话时也说到,"我的国不属这世界;我的国若属这世界,我的臣仆必要争战"(约十八36)。

巴拉巴曾经想建立属这世界的国度,他也为此争战,流人的血。耶稣说过,不! 这不是神国的方式。因此,众人是在两个对神国的不同观念之中作选择。他们把耶稣带到彼拉多面前,控告祂谋反生乱;但是他们却选择释放另一个因作乱杀人而下在监里的人,这是何等的矛盾啊!

彼拉多听了他们的选择,就第二度试着想释放耶稣。他第一次是建议鞭打祂,好将祂释放。第二度的尝试非常简略,也很戏剧化。"彼拉多愿意释放耶稣,就又劝解他们。"希腊文中的动词"劝解"有大声疾呼的意思。他们的回答非常突然、简单。"他们喊着说,钉祂十字架,钉祂十字架!"

但彼拉多还不死心。他作了第三度的尝试。显然他停顿了一会,等四周的喊叫喧嚷平息之后,再次向他们请求。他说,"为什么呢? 这人作了什么恶事呢? 我并没有查出祂什么该死的罪来。"接着重述一遍他那不义的、不公平的建议,"所以我要责打祂,把祂释放了。"为了让你们满意,我会责打祂,给祂苦头吃,虽然祂是无罪的。然后我就放祂走。

接着呢? "他们大声催逼彼拉多,求他把耶稣钉在十字架上。"多少世纪以来,我们还能听到那一群因仇恨而失去理智、蛮横残忍的人所发出的呼喊。他们叫嚣着要流祂的血,于是彼拉多就将拿撒勒人耶稣交给他们钉十字架。只因为一群半疯狂的人所发的怒吼,他就下了判决。我怀疑历史上还有什么事比这个更可悲了。"他们的声音就得了胜。"

彼拉多那一整天都听到两个声音；也许还有其他的声音，但至少有两个。一个是他妻子的声音，她打发人传话给彼拉多；另外他听到更多的，就是他的良心所发出的声音，那声音一整天都在对他说：你要择善而行，不管天崩地裂，不管罗马政府是否将你革职，你都应该选择对的事，勇往直前；要依从你的良心。但是，"他们的声音就得了胜。彼拉多这才照他们所求的定案，把他们所求的那作乱杀人下在监里的释放了；把耶稣交给他们，任凭他们的意思行。"

就如我一开头所说的，这里的中心人物是彼拉多。我们后来又看见他出现一次。他们杀害了耶稣之后，又回来找彼拉多，要求派兵丁看守祂的坟墓。他的回答带着讽刺，"你们有看守的兵，去吧！尽你们所能的把守妥当"（太二十七 65）。

从圣经以外的历史，我们知道那一天彼拉多得到了什么。他牺牲了他的良知。他被召回，被革职了。然后历史的记载就中断了，人们常常想，他以后的遭遇如何？关于他的传说不胜其数，但有价值的却不多。

但这个问题还是值得一问的。我们不能武断地下判断，但至少可以考虑几个可能性。弗兰西（Anatole France）在他的书《珍珠之母》（Mother of Pearl）中，说到有关彼拉多的故事。他的说法是最令人惊异的。这故事名叫"犹太地的巡抚"。弗兰西想像彼拉多被革职之后，因为已聚敛许多财富，他就回到故乡西西里，过着不问世事的奢华生活。这个故事说到有一天他遇到旧日的朋友，两人谈论起犹太人和在犹太地的那段日子。最后他的朋友说，"那时有一个年轻的加利利人，名叫耶稣，是从拿撒勒来的，他因为某种罪名而被钉十字架。我不太清楚他犯的是什么罪。本丢，你记得有关这个人的事吗？"

"本丢彼拉多紧蹙着眉，用手顶住前额，一副陷入沉思的样子。沉寂片刻之后，他喃喃地说道，'耶稣？拿撒勒人耶稣？我根本不记得有这个人。'"

弗兰西的故事在此结束。我想他写了许多事来导向这个结局，以显示一个人可能变得多么迟钝麻木，以至于连亲手作过的事都忘记了。他的猜测实在可悲，但也可能是事实。

另外还有一种说法。科普替教会（Coptic Church）（没有人能武断地说他们信仰错误）中有一种传说，或者是一个传统，认为彼拉多后来受妻子的影响成了基督徒，并为教会接纳。他的妻子被列为科普替教会的圣徒之一，在他们的日历中，十月二十七日是圣普劳科拉节（St. Claudia Procula），就是记念彼拉多的妻子普劳科拉。

另外有一个故事，说到彼拉多回到罗马后，有人发现他参加了墓窟中的信徒聚会，向拿撒勒人承认他的罪。

我不知道哪一种传说是真的，你也无法知道。但我知道弗兰西的说法有它的可能性。我看见有些人确实丧失了一切道德意识、一切良知，遗忘了拿撒勒人耶稣，他们实际上也说，我一点不记得祂了。另外，我也知道，彼拉多也可能受了他妻子或别人的影响，有一天他跪下来说，"哦！拿撒勒人耶稣，我有罪了，我有罪了，求你施恩怜悯我。"这样，我将要在天上与他见面，因为耶稣为众人死，也为彼拉多死。

我们必须在此告一段落，但不要忘了这个故事里的警告。这里讲到一个人，他存心想要作对的事，一整天在他的良知和利益之间挣扎，最后，暴徒的声音赢了，他犯下罪，违反了正义，也违反了神。

路加在这里述说了钉十字架的事件。他和其他福音书作者一样，以敬虔安静的态度叙述中心的事实。他用最简略的句子一语道出整个事件，"就在那里把耶稣钉在十字架上。"马太、马可、约翰也是用同样简短的句子。马太说，"他们既将祂钉在十字架上"（二十七35）。用的是已经完成的语气。马可将这件事用寥寥几个字道出，"于是将祂钉在十字架上"（十五24）。约翰采用相似的方法，"钉祂在十字架上"（十九18）。

我所以强调这些，是因为我越来越相信，如果我们太注重肉身的事实，就会有失去属灵亮光的危险。我常常希望，最好没有人画过任何有关钉十字架的图画。我并不是否认主在肉身上承受的痛苦，但我觉得如果我们在教导孩童时，过多谈论到钉痕、荆棘、枪，这是很危险的。这些都是次要的；我承认这也是必须的，目的在于将神藉着基督在十字架上所受的无比伤痛，显明给世人看。但我们的心可能因同情肉身的痛苦，而忽略了属灵的伤痛。

本段经文分成两个段落，首先是钉十字架之前的情形；然后是钉十字架的过程，以及接着发生的有关事件。

先来看钉十字架之前的情形。我们必须记住，祂当时还是有人的肉身。自从祂和门徒用过逾越节的筵席之后，祂就一直滴水未进。祂在客西马尼园中，灵里伤痛，心灵和肉身都受着难以言喻的煎熬，以致汗如血珠流下。祂被带到亚那的住宅，在那里受人戏弄。祂又被带至该亚法的宅里，在公会前受审。他们后来将祂解到彼拉多面前，然后是希律那里，最后又解回彼拉多处。他一再受到侮辱和嘲笑。这就是祂走向十字架时的情景。

约翰告诉我们,耶稣出去的时候是背着自己的十字架。路加提到了古利奈的西门被抓去背主的十字架。其实两者并无矛盾。从彼拉多的衙门到城门口这一段路,是耶稣背着自己的十字架。我们可以从一些图画中看出,耶稣经过了那段时间的折磨,已经精疲力竭,几乎无力负荷背上的十字架。他们到了城门口,就抓住古利奈的西门来替代祂。

我不打算讨论这个西门到底是谁。有两种可能:他可能是一个犹太人;他更可能是一个黑人。两种说法都缺乏证据。他是古利奈的土著,他不是自愿背负耶稣的十字架。路加说,"他们……把十字架搁在他身上。"马太和马可都说,"就勉强他"(太二十七 32;可十五 21)。"勉强"这个词在希腊文中是一个军事用语,意思是他们强迫征召他。我不知道他们这样作是出于内心的同情,还是害怕祂在钉十字架之前就死了,以至于他们的毒计不能得逞;但他们这样强迫一个人背耶稣的十字架,确实是一件不寻常的事。

马可记载到西门的故事时,特别提到他是亚力山大和鲁孚的父亲,显然这两个人也是耶稣的门徒。虽然西门并非自愿背十字架,虽然他是被迫如此作,但我相信因着这件事,他后来成了耶稣的跟随者。至少马可提及他两个儿子的名字,是一件有趣的事实,显然他们后来成了门徒。

然后路加说,"有许多百姓跟随耶稣",其中有好些妇女,"妇女们为祂号咷痛哭。"这些妇女并不是加利利人。从耶稣对她们的称呼,可以看出她们属于犹太地,并且是这城的人。祂称她们"耶路撒冷的女子"。她们纯粹因为同情祂而痛哭。女性很容易因看见别人受苦而心中涌出悲伤和同情。她们看见祂,饱受忧患,伤痕累累,面容憔悴,就禁不住号咷痛哭起来。

耶稣转过身来,对她们说话。这是记录中从祂被定罪到被钉十字架之间,祂所说的仅有的话。因此,这些话语格外有意义。祂怎么说?"耶路撒冷的女子,不要为我哭,当为自己和自己的儿女哭。"

然后祂重述先前祂在圣殿对门徒宣告的话,就是预言将有毁灭临到这个国家,而且在祂钉十字架后的一个世代之中,这事就必成就。

耶稣又宣告说，日子将到，人要因生育而受咒诅，并且要说那没有孩子的人有福了。"那时，人要向大山说，倒在我们身上；向小山说，遮盖我们。这些事(指祂所受的苦)既行在有汁水的树上(那里还有生命存在，因为神的国已经临近了)，那枯干的树，将来怎么样呢？"就是说，当这树枯干，被交在不义之人手中受折磨时，他们怎么办呢？

这些话非常严肃。里面有一些同情，是怜悯那将要受苦的人；也有坚定的宣判，就是有灭亡要临到拒绝祂的国家。

我们来仔细思考这些话，"不要为我哭，当为自己和自己的儿女哭。"这些妇女为何号啕痛哭？因为她们看见祂受苦、软弱，她们只看到这些。当我们看见祂在通往十字架的道路上前行时，你和我看到的是什么？如果我们只看到祂的软弱，我们就是瞎眼的。祂彰显的不仅是软弱，也是能力。我们看见祂带着能力前进，这能力不是出于人的，也不是人所能明白的，它远非人的哲学和神学所能解释，这能力乃是出于神的怜悯。我相信保罗写到神的软弱胜过人的刚强时，心中所想的就是这一点。

人怜悯祂的软弱，就可能导致对祂的不忠，也可能导致对祂的大能视而不见。从头至尾我们看见的情形不就是这样吗？祂的那些仇敌、官长、当权的不就是这样吗？一般人不也是这样吗？他们看不见祂的大能，只看见祂的软弱。祂转身对痛哭的妇女说，不要为我哭。我们不也正想为祂痛哭？但祂说，不要为我哭。这话证明了祂知道自己正带着全能和尊严前进，祂的全能和尊严已经在祂甘愿受死这个事实上彰显出来了。在人这方面说，祂根本不必去受死。当祂的门徒在比哩亚和其他地方劝祂不要回犹太地的时候，祂大可以就此逃脱。但是什么促使祂回来？乃是救赎的爱和大能。因此祂说，不要为我哭。

我在希伯来书第十二章第三节读到这样的话，"那忍受罪人这样顶撞的，你们要思想。"有人将这节经文修正成："那忍受罪人这样顶撞他们自己的，你们要思想。"这是因为手抄本的出入所引起的问题。有些抄本是"顶撞祂"，有些抄本是"顶撞他们自己"。没有人能够断

言最初作者用的是哪一个字。我个人相信应该采用后者的翻译。祂
固然忍受罪人对祂的顶撞，但祂最深的痛苦不在于罪人敌对祂，而在
于他们对祂的顶撞将为他们带来毁灭。因此祂对妇人说，"不要为我
哭，当为自己和自己的儿女哭。"

　　耶稣在往十字架的路上所说的话，燃放出十字架真正的原则。
"耶路撒冷的女子！"多么温柔、甜美的称呼，你们不要为我哭，当为你
们自己和你们的儿女哭。如果我们站在十字架旁，怜悯祂肉身上的
软弱，我们就没有真正抓住祂那最深处的悲伤。让我们的悲伤，进入
祂最深沉的悲伤领域中，这样我们才会发现，当祂因软弱而被世人怜
悯时，祂正在运行祂那带着救赎大爱的永恒能力。追根究底，耶稣永
远不是犯罪、被定罪的人类所怜悯的对象，祂是世人崇拜爱慕的对
象。我们看见祂在华丽庄严中迈向祂的十字架。在这条悲伤而至高
的道路上与祂作伴的，却是两个强盗。祂"被列在罪犯之中"（赛五十
三 12）。

　　接着我们来看钉十字架的经过。"到了一个地方，名叫髑髅地，
就在那里把耶稣钉在十字架上。"我不知道这里译成"髑髅地"，能对
我们的了解有多少帮助。这词的希腊原文是"Kranion"，拉丁文是
"Calvaria"，希伯来文是"Golgotha"。这三个字的意思都是髑髅之
地。我们现今在教会中把这词当作一个特定的地名。它只在圣经中
出现这么一次。我们不知道它确实的地名是什么。我个人相信，那
不是我们传统中所说的山丘。戈登将军（General Gorden）发现了真
正的遗址。它显然是当时的一个刑场，位于城墙外面，是一个状如髑
髅的小丘。他们"就在那里把耶稣钉在十字架上"。

　　再听听当时的声音。首先我们听到耶稣的声音，"父啊，赦免他
们，因为他们所作的，他们不晓得。"那是人性的最高点。人们对于人
性的伟大有各种不同的定义。我承认人性中再没有比说这句话的人
子耶稣更伟大的了。祂的心中毫无怨恨、愤怒或想要惩罚那些苦待
祂的人之愿望。人们常常推崇武力。我听了耶稣这里的祷告，就知
道惟一适用武力的地方就是地狱。

　　如果那是人性的登峰造极之处，那么它也显明了神最深处的事

实。神"不愿有一人沉沦,乃愿人人都悔改"(彼后三9)。十字架的意思是什么?"父啊,赦免他们,因为他们所作的,他们不晓得。"

我读到这里,就会问自己一个问题,祂的祷告蒙允许了吗? 只可能有一个答案,他们毫无疑问的都被赦免了。这不一定表示,他们就开始与神建立正确的关系;而是表示因着神听了耶稣基督的祈求,祂已赐下赦免给每一个人。有许多传说论到这件事。我们不能信靠传说,除非我们确知这个传说的后面有一些想要辨明真相的因素存在;传说常常会失真,是因为它们过分强调某事,或强调神奇的部分。我不知道这件事的真相如何,我没有任何证据;但是当我回到天家时,我若在天家遇见那些将钉子钉入耶稣手中,置祂于死的人,我也毫不以为奇。无论如何,祷告已经蒙了应允,赦免已经赐下。耶稣从完美人性中发出的第一声呼喊,启示了神心中最深刻的旨意、目的和怜悯,我听到这呼喊,就不能不相信它已经蒙应允了,所有人都有机会得赦免。

我们继续读下去,就会听到另外的声音,"官府也嗤笑祂说,祂救了别人,祂若是基督,神所拣选的,可以救自己吧!"官长的讥笑实际上是对弥赛亚的试验,他们如何试验? 他们说,如果祂是基督,是神所拣选的,祂就该救自己。他们根本不明白,"弥赛亚"的意思不是救祂自己,而是救别人。他们对弥赛亚的整个观念是愚钝的、物质化的、堕落的。他们看见祂被钉在十字架上就说,一切都结束了,祂根本不是弥赛亚,不然祂就不会被钉在那里,无法自救。然而祂仍被挂在那里;摆在他们眼前的,其实正是弥赛亚最高的证据。那就是弥赛亚的职分。祂不能救自己,为什么? 因为祂要救别人。祂能拯救别人,为什么? 因为祂不救自己。

再度,"兵丁也戏弄祂。"他们没有说到弥赛亚,他们根本不知道弥赛亚是什么。他们不在乎基督是不是神所拣选的。兵丁对这些都缺乏兴趣。罗马帝国也不在乎这一点。他们说,"你若是犹太人的王,可以救自己吧!"

此处我们看见,他们在考验祂的王权,看看祂是否有能力照顾自己。他们没有看出,君王真正的基础在于照顾他的国度和子民。他们怎么可能明白？他们是罗马的兵丁，他们不明白一个帝王怎么会没有能力照顾自己。如果一个罗马帝王不能照顾自己，这些兵丁岂不成了废物？作为君王的资格是：打倒众人，然后辖制他们，镇压住他们。因此这些兵丁嘲笑祂说，你若是犹太人的王，可以救自己吧！

我们不论是从官长的声音，或是兵丁所代表的帝国的声音中，都可以听出人类的生命如何受到地狱的影响；人们以"顾念自己"为座右铭，并且用世俗对于"伟大"的观念来衡量弥赛亚和君王。但是，藉着受苦、受死，弥赛亚的意义彰显出来了，祂不是要救自己，乃是要救别人；同时祂的王权也得到了永远的确据，祂决心受死，倒空、谦卑自己，以使人类得到高举和满足。

最后就是给祂题上名字。"在耶稣以上有一个牌子，写着：这是犹太人的王。"注意这些字有它的真实性，也有它的限制。祂是犹太人的王。祂是如此告诉彼拉多的。当彼拉多这样问祂的时候，祂回答说，"你说的是。"祂是神在以色列的旨意，是神的冠冕和荣耀。经过了长远的历史，现在这一位成就神旨意的人终于来了，祂有权作君王，祂确实是犹太人的王。

但这个头衔还是有限制，不能尽意。我们回到路加福音第一章。那里记载了天使对马利亚说的话，论到耶稣的降生，"可以给祂起名叫耶稣。祂要为大，称为至高者的儿子。主神要把祂祖大卫的位给祂；祂要作雅各家的王，直到永远。"天使又加上一句，"祂的国也没有穷尽"（一31～33）。"穷尽"的原文是指没有限制。它描述的是耶稣的国度，那是没有限制的国度。"犹太人的王"，是的，但更进一步，祂也是神所膏、所命定的王；因此我们看见十字架乃是那永恒国度的冠冕！

现在我们来到路加有关十字架的记载中最后的几件事,以及耶稣被埋葬的情形。有三件事值得深思:两个犯人的故事;十字架上未了的事;安葬。

首先看路加所记犯人的事。就像我们一再提及的,路加一向采用浓缩的方式,特别是最后这一阶段的记载。他有许多事没有记下。但另外一方面,他也记载了一些其他福音书作者所未记载的事,如果不是他记下这些事,我们就无从知晓。我们要常常记住路加在他的序言中所说的方法,他在那里说,他将传道之人从起初亲眼看见,又传给他的那些事,"既从起头都详细考察了",就将它们"按着次序"写下来。现在他细细考察这个故事,发现其中有一位犯人悔改相信耶稣。马太、马可、约翰也说到有两个犯人与祂同钉十字架,但仅仅路加记载有一个犯人归向耶稣。然而马太和马可也记下了一件路加所未记的事,就是那两个犯人最初曾与官长和兵丁一起嘲笑、谩骂耶稣。

我个人认为,那个垂死犯人的信心故事可以说是耶稣基督一生事工中最奇妙的一个。我们仔细考察他首先为了耶稣,对另一个犯人说的话;再看他对耶稣说的话,那是出于一种需要得释放的感觉,我们就不得不承认,这是最奇妙的信心表现。

首先来看这两个与耶稣同钉十字架的人,是怎样的人。马太和马可用来形容他们的字,在今天也许可以译成强盗或土匪。路加用的是另外一个字,意指犯罪的人。

我们现在根据路加的叙述,将注意力集中在这两个人身上;但也不要忘了马太和马可所告诉我们的话,就是他们两个最初一起嘲笑耶稣。就目前所知,这个人和耶稣惟一的接触就是在十字架上。当然这也不能绝对肯定。他可能以前见过耶稣,或听过祂的教训。这些我们无法确定,但就这里的记载看,似乎他第一次与耶稣接触就是在十字架上。

他在十字架上看见、听见了什么? 他首先见到一幅惊人的画面:这个人如此甘愿接受钉十字架的痛苦,一无反抗,一无哀泣。"祂像羊羔被牵到宰杀之地,又像羊在剪毛的人手下无声,祂也是这样不开口"(赛五十三7)。然后他听见耶稣的祷告,"父啊,赦免他们,因为他们所作的,他们不知道。"他也听到官长的声音,讥笑祂自称是弥赛亚。他又听到兵丁的笑声,嘲弄祂自称是犹太人的王。

然后,这件惊人的事发生了。就在这个黑暗遍布的悲剧时刻,在官长和兵丁无情的嘲弄中,忽然从十字架上传出声音来。犯人中的一位,越过耶稣的身体,对另一个犯人说话,责备他。现在留心他所用的词句。他说,"你既是一样受刑的,还不怕神吗? 我们是应该的,因我们所受的,与我们所作的相称。但这个人没有作过一件不好的事。"

这些话显露了一个事实:这个人的灵魂里面,起了惊天动地的变化。路加形容他是一个犯人,那就是犯罪之人,无法无天的人。这种人不会把神放在眼中,也不会敬重他的同伴;他可以为了己身利益不惜杀死同伴。但是,现在我们听见这样的一个人居然承认有神,"还不怕神吗?"并且承认他同伴的权利,承认他受的惩罚是应当的。这就是悔改。

然后我们听到他对耶稣说的话。"耶稣啊,你得国降临的时候,求你记念我。"这实在是一件令人诧异的事。耶稣已经被钉十字架了,祂即将死亡。这个犯人也濒于死境,他知道耶稣也一样快要离世。但是,他听见耶稣对天上的神说话,称祂为父,他又听到祂祈求父赦免那些苦待祂的人。他就向耶稣祈求,他相信耶稣将进入祂的国度,进入那有能力、有权柄的属灵国度。就在他垂死之际,当罗马的权势已经对耶稣施尽了伎俩,将祂钉在十字架上;当他再也找不到世上的法庭可以投诉时,他突然发现还有另一个宝座,一个高过凯撒的宝座,那里有一位父,可以施慈爱怜悯。他在耶稣身上看见,祂有权柄向那宝座、向那位父祈求,他就投身进入这个更广的领域中,进入这个人类更高的层次里。"耶稣啊,你得国降临的时候,求你记念我。"这就是信心。

主的回答显示祂对这祈求运用了祂的权柄,"今日你要同我在乐园里了。""乐园"是指阴间里义人的灵居住的那一部分,正因为有他们的存在,就使这一部分变得美好。

你可曾想过这件事对耶稣有何意义?让我们试着虔诚地进入耶稣的心意中。祂那时被祂的门徒遗弃,被官长嘲笑,被暴民唾弃、辱骂;突然之间,祂见到一线荣耀的亮光,有一个人承认祂救赎的王权,完全投身依赖祂的慈爱。就在那个时候,祂多少看见祂的灵魂所受的劳苦,祂的心就满足了。祂打开天国的门迎接这个垂死的犯人时,虽然祂仍在忍受十字架的苦难,但祂已经进入那摆在祂面前的喜乐中了。

我们接下去读。"那时约有午正,遍地都黑暗了,直到申初。"整整有三个小时的黑暗,这三小时中发生了什么事,没有任何记载。三小时的沉默,三小时的黑暗。三小时结束的时候,"约在申初。"马太记载着,"耶稣大声喊着说,我的神,我的神,为什么离弃我?"(太二十七 46)。

这是我们所仅知那三个小时中所发生的事。对我们这个按日头升起、落下计时的小世界而言,三小时是非常短暂的,但这短短三小时所发生的事是如此奇妙,难以描写,难以述说。在人类历史的潮流中,有无数个小时、日、周、月、年、世纪、千年过去了;但从属天的观点看,在这无以计数的年月中,这黑暗而沉默的三个小时,是最惊人的一个阶段。

路加接着记载,"耶稣大声喊着。"祂大声喊什么?路加没有记录,他只告诉我们祂大声喊,但从其他的福音书作者那里,我们知道祂是说,"成了!"(约十九 30)。然后祂才说,"父啊,我将我的灵魂交在你手里。"然后,马太和马可说得很清楚,祂低下头,圣殿的幔子从上到下裂为两半。这个故事值得我们一再深思,直到我们的思想被淹没，我们的心被摸到，我们的意志被降服。这三个小时是如此惊人，奇妙，其中惟一的亮光就是那绝望的呼喊，"我的神，我的神，为什么离弃我？"

注意祂大声的喊叫，那不是一个失败者发出的微弱痛苦的声音，而是一个胜利者的雄壮声音。"成了！"接着是平静、自信的声音，"父啊，我将我的灵魂交在你手里。"我们回到祂最早被记录下来的话，"我应当以我父的事为念"（二 49）。再来看祂现在的话，"成了！""父啊，我将我的灵魂交在你手里。"不论如何，这事成了，在这黑暗而沉默的三小时中成了。

路加接下去记录当时立刻产生的影响。百夫长说，"这真是个义人。"三小时以前，那垂死的犯人才说过，"这个人没有作过一件不好的事。"

然后是路加特有的记述，"聚集观看的众人，见了这所成的事，都捶着胸回去了。"那不是通常众人观看钉十字架之后惯有的反应。他们那一天看见了希奇的事，听见了希奇的声音。遍地黑暗的现象一定使他们惊惧。他们捶着胸回去，带着伤痛的感觉。我们不要心存希望，认为他们中间许多人因此知罪。我个人认为，这件事是为五旬节预作准备。

路加也说到，一些祂所熟识的人远远站着观看。我相信祂肉身的两个兄弟雅各和犹大也一定在其中。我也相信就在这个时刻，他们的心就归向祂，让祂管理。我虽不敢确定这一点，但无论如何，当门徒在楼上等待圣灵降临的时候，他们也在其中；当圣灵降临时他们也与门徒一同在圣殿里，这都是引人注意的事实。

这个故事的结尾很优美，记载了耶稣的被埋葬。只有爱主之人的手，才接触过耶稣死去的身体。是一些爱祂的人将祂从十字架上取下，他们预备了坟墓将祂安葬。这里亚利马太城的约瑟出现了。路加谨慎地描述他是一个"议士"，那是指公会的一员；"为人善良公义；众人所谋所为，他并没有附从"——是说他没有投票赞成治死耶稣；"素常盼望神国。"约翰告诉我们，他"因怕犹太人，就暗暗的作门徒"（约十九 38）。这是很有趣的，在祂死亡的那日，关心祂安葬事宜的都是秘密的门徒——亚利马太的约瑟，还有尼哥底母。在关键的时刻，常常是那些像彼得一样大声说"我就是必须和你同死，也总不能不认你"（可十四31）的人，会跌倒失败；反而是那些暗地里作门徒的人，会突然激发勇气。约瑟的行动是出于爱，即使在极端失望的时刻，他仍不失爱心。那也是所有门徒的感觉。爱心胜过死亡，他们的手乃是爱之手。

　　我们从那些妇女身上也见到相同的情形。"那些从加利利和耶稣同来的妇女，跟在后面，看见了坟墓，和祂的身体怎样安放。"那些失望的妇女，对祂仍存着何等的爱心！

　　我们暂时告一段落，留下已死的基督在这里。想想看！若祂就这样死了，没有进一步的发展，那么你和我就成了最可怜的人。但是，祂没有死。即使在那个时候，祂也没有死。祂下到阴间，进入灵的世界。祂在那里作什么？我相信祂在那个离世之人的灵聚集之处宣告祂的得胜。祂在那里也迎接那个犯人，带他进入乐园。"今日你要同我在乐园里了。"

62　　　　　　路加福音二十四 1～32

　　上一讲结束时，我们将基督已死的身体留在岩石坟墓中。现在我们来到第二十四章，一开头就用了一个有意义的词"但是"（中文圣经无"但是"二字）。我小的时候，别人告诉我，"但是"是一个反义连接词。一点不错，它是分离的，但也是连接的。我每逢看到"但是"一词，就知道我下面要读的，和我前面读过的是连接着的；但我同时知道，下面要读的，是属于另一个全然不同的范围。本章经文以"但是"开头，这是一个美妙的反义连接词，连接已经记载的事，又暗示下面的记载有另一番面貌。

　　我们已经说过，耶稣被安放在约瑟的墓里。妇女们对祂作了最后一次的瞻仰。本段经文的故事就以这些妇女作开头（1～3 节）。路加对复活的第一日仍然记载得很简略。然后他省略了以后那段日子的描述，直接跳到耶稣的升天。

　　关于复活的第一日，他挑选了分别发生在当天清早、下午和晚上的事。在本讲中我们将讨论那天早上的事（1～12 节），和下午发生的事（13～32 节）。

　　当天早上的故事是以妇女开头，以彼得结束。头七节是妇女和天使；第八节到第十一节是妇女和门徒；第十二节讲到彼得。

　　首先看妇女和天使（1～7 节）。我们看到妇女们正忙着一件爱心的事工，但整个事工充满了忧伤和失望。她们带着香料前来，这是美丽的画面。她们为了表示对主的爱，而带着香料来。她们想到祂已经死了。她们对祂的爱是如此深；这爱胜过了死亡，她们对祂的爱并未因死亡而终止。她们对祂的信心也未失去。只是她们所期望的事已经落空。祂被人捉去、鞭打、治死，但她们依然爱祂，她们要来找祂的尸体，为尸体抹上香膏。

她们在那里发现了天使。路加将天使描述作人，"有两个人站在旁边，衣服放光。"假设他们就是天使。当时天使出现在人类的历史中，实在是饶有兴趣的事。那时神的儿子已不再具有天使所熟悉的形像。祂来到世上的时候，不是倒空祂的神性，乃是舍弃祂原先彰显的样式。祂脱去威严的样式，取了奴仆的样式。祂在世的时候，天上只能看到祂在地上的样式。毫无疑问的，他们一直在观察祂。天使想要细察这些事。有一个天使事先宣告祂的来临；祂降生时，也有一班天使歌唱报佳音。祂在服事期间，天使曾在旷野侍候祂，又在客西马尼园伸手相助。现在他们从天上降下，要对妇女们说话。他们首先以温柔、美丽的话责备她们，"为什么在死人中找活人呢？"

她们以为祂已经死了。不错！但天使的话显示出她们应该知道祂将要复活。"祂不在这里，已经复活了；当记念祂还在加利利的时候，怎样告诉你们说，人子必须被交在罪人手里，钉在十字架上，第三日复活。"

这是否也让我们记起马太所说的，"从此耶稣才指示门徒，祂必须上耶路撒冷去，受长老、祭司长、文士许多的苦，并且被杀，第三日复活"（太十六21）。祂一再告诉他们这些事，每一次祂都提到祂将要复活。

现在，天上在对世界说话。衣服发光的天使对妇女说，你们为什么在死人中找活人呢？显然祂对门徒说的那些话，天使都耳熟能详，因为天使在这里所说的几乎和祂所说的一模一样。你们不记得祂在加利利告诉你们的话吗？祂说祂将被交在罪人手里，钉在十字架上，第三日复活。这是当日清晨发生的第一件事。

紧接着的是什么？"她们就想起耶稣的话来。"经过天使的解说，突然之间，整件事重新呈现在她们眼前。模糊的画面现在对准了焦距，因而变得鲜明清晰了。是的，祂说过祂要复活。她们记起来了。主一再告诉她们，祂要复活，但她们似乎从未听进去。当然她们是听到了，但她们从未明白这话的意义。我相信，没有人能解释说她们那天等在坟墓边是要看复活的耶稣。她们听说过祂要复活，但她们不明白。我个人认为,是她们的正统派信仰阻碍她们明白耶稣的话。

让我举另一个故事作例子。耶稣在使拉撒路复活之前,曾对马大说,"你兄弟必然复活。"马大回答说,"我知道在末日复活的时候,他必复活"(约十一23～24)。她相信最终的复活,她根本没有想到主指的是立即从死里复活。这些人也一样,他们听见祂说祂要复活,就以为祂是指"末日"的复活,以至于未能抓住祂话里的真正含义。路加说,"她们就想起耶稣的话来。"我想,在那个时候,她们才第一次明白祂教训的含义。

然后,她们"便从坟墓那里回去,把这一切的事告诉十一个使徒和其余的人。那告诉使徒的,就是抹大拉的马利亚和约亚拿,并雅各的母亲马利亚,还有与她们在一处的妇女"。奥古斯丁(Augustine)说,抹大拉的马利亚是"使徒的使徒",就是将复活的信息带给使徒的人。

"她们这些话,使徒以为是胡言,就不相信。"如此而已吗? 不!那天早上还有其他的事。"彼得起来,跑到坟墓前。"

彼得,这个发誓赌咒否认主的人,自从他离开会堂到外面痛哭之后,这阵子他待在哪里? 他一直与约翰在一起。路加没有提到这一点,但从其他的福音书中我们知道,妇女们去见约翰,彼得也在那里。约翰有福了。他在主复活和彼得得到恢复之前,接待了彼得。当妇女们找到他们时,彼得正和约翰在一起。

"彼得起来,跑到坟墓前。"你是否看见他在奔跑? 约翰和他一起跑,约翰比较年轻,所以先跑到那里。路加没有告诉我们这些,他把注意力放在彼得身上。彼得"跑到坟墓前,低头往里看,见细麻布独在一处"。这些包裹耶稣身体的裹尸布,就像没人动过一样,仍在那里。彼得只看见尸布,却未见到尸体,"就回去了,心里希奇所成的事。"

然后路加告诉我们那天下午所发生的事(13～16节)。从主复活到祂升天的这四十天里,最突出的特色之一是,当耶稣与祂的门徒在一起时,他们可能根本不知道祂是谁,一直到祂希望自己被他们知道时为止。这里我们看见祂与两个门徒同行,他们却不知道祂是谁。

主复活之后所发生的事件中,这个故事是最吸引我的一个。每一个人读到这个故事，都不能不相信，即使在复活的生命里，神仍然彰显出祂的幽默来。祂与这两个人周旋的方式实在充满温柔、优美的趣味。幽默和哀愁一样，都是神圣的；我研究耶稣的生平时，实在不能不看出祂的幽默。这位复活的主，生命和荣耀之主，已经胜过死亡和罪恶，祂加入这两位绝望的旅行者中间，他们以为祂死了，祂就对他们说，"你们走路彼此谈论的是什么事呢？"

"二人中有一个名叫革流巴的，回答说，你在耶路撒冷作客，还不知道这几天在那里所出的事吗？"他的意思是：你是耶路撒冷中惟一不知道这些事的人吗？"耶稣说，什么事呢？"

想想看，是祂问他们"什么事"。祂在诱导他们说话，他们就说了。"就是拿撒勒人耶稣的事。祂是个先知，在神和众百姓面前，说话行事都有大能。"他们仍然相信祂，爱祂。他们看见祂死了。在某方面来说，他们知道祂被击倒了；但祂虽然被击败，他们仍说，祂在神面前说话行事都有大能。他们的话还未说完，他们继续说，"祭司长和我们的官府，竟把祂解去定了死罪，钉在十字架上。但我们素来所盼望要赎以色列民的，就是祂。"

这就是他们的态度，显示了十字架对耶稣的门徒所产生的影响。十字架没有摧毁他们对祂的爱，也没有摧毁他们对祂的信心，但却毁灭了他们的希望。"我们素来所盼望"，用的是过去式！

他们又说到妇女和门徒发现墓空了的情形（22～24节）。如果没有复活，整个基督徒的运动就到此为止。然而基督的教会握有复活的最终证据。

现在基督对他们说话了。注意祂所用的方法。祂将他们带到他们自己的经文中，带他们到最熟悉的事物中，"先知所说的一切话，你们的心信得太迟钝了。基督这样受害，又进入祂的荣耀，岂不是应当的吗？"

祂对他们一开头说的话带着责备，正如天使一开头就责备妇女，只是祂的责备比较严厉。"无知的人哪！先知所说的一切话，你们的心信得太迟钝了……于是从摩西和众先知起，凡经上所指着自己的话，都给他们讲解明白了。"

　　我读到这里就会有一种感觉,我真愿意花上一切代价去那条路上与他们同行,聆听祂的讲解。如果我们思想旧约圣经,就多少能够想像出祂那一天对他们所讲论的话。他们听这位陌生人引用圣经,向他们解明其中最深奥的道理。他们听祂向他们启示摩西律例里最难解的部分,祂将古代律法里面所蕴含的爱之奥秘向他们述说。祂用所有先知的话语来追溯弥赛亚的特质,指出祂是大卫的王,"比世人更美"(诗四十五2),在所罗门全盛时期,祂是那"全然可爱"(歌五16)的一位。祂是以赛亚书中那位作王的婴孩,政权必放在祂的肩头上,祂的名字是以马内利,这名包含了一切崇高的尊荣。祂是耶利米所谓的"公义的苗裔"(耶二十三5),"在地上施行公平和公义"(耶二十二3)。祂也是以西结所说的"有名的植物"(结三十四29),供应护庇和散发芬芳。祂是但以理书中那块非人手凿出来的石头,把像砸碎,后来这石头变成一座大山,充满天下。祂是何西阿心目中理想的以色列,"如百合花开放,如黎巴嫩的树木扎根"(何十四5)。对约珥来说,祂是百姓的盼望,是以色列子民的力量。祂就是使阿摩司看到"耕种的必接续收割的,踹葡萄的必接续撒种的"(摩九13)这个异象的人;祂也是使俄巴底亚看见"在锡安山必有逃脱的人,那山也必成圣"(俄17)这异象的人。祂是成就约拿三天三夜在鱼腹里这个神迹的那一位。祂是弥迦所说"必再怜悯我们"(弥七19)的那一位。祂是那鸿所说,在山上传平安信息的那一位。祂是哈巴谷所歌颂"出来要拯救……百姓"(哈三13)的那一位。祂是西番雅书中带给百姓清洁言语的那一位。祂是哈该所谓的真所罗巴伯,要建立神的殿。祂将引导撒迦利亚预言中"马的铃铛上,必有归耶和华为圣的这句话"(亚十四20)那一天的到来。祂是玛拉基所梦想的"炼金之人"(玛三2),坐在火前,又是那"公义的日头"(玛四2)。这就是"凡经上所指着自己的话"。

　　然后,他们到了目的地。他们慷慨地邀请祂留下,祂接受了,祂也慷慨地供应他们。这是两个阶段。有一首非常流行的诗歌,叫《黄昏将近,请与我同住》,是莱特(Lyte)的作品。他是在阴影笼罩中写下这首诗。我并不反对诗中的任何词句或思想,然而这首诗的整个思想就是：请来，照顾我。

　　这并不是那两个门徒的意思。他们并不是请耶稣留下来，好照顾他们。他们请祂留下来，是为了要照顾祂。他们说，天已经晚了，道路又险阻，你留下来吧！祂就进去了。祂并不需要这种被人照顾的爱。我喜欢莱特的诗歌，但不要忘记另一面。祂是复活的主，胜过了罪恶、死亡和地狱。这位宇宙的王，当人向祂付出诚意的款待时，祂就接受了。我想，祂还是喜爱听我们说，"求来到我心，主耶稣，我心有空房为你。"

　　上一讲结束时,我们读到两个门徒在以马忤斯,他们的观点有了一百八十度的转变,他们尚未完全明白所发生的奇妙之事,但他们已经面对"主并未死,祂仍然活着"的事实。他们曾带着温柔的爱谈到祂,又为祂的死悲伤,他们以为祂的使命失败了。他们不是和祂同行了吗? 不是听到祂的谈话吗? 不是看见祂在黄昏时坐下来与他们共进晚餐吗? 祂岂不是将这晚餐当作擘饼的圣餐吗? 然后祂就消失了。他们虽然困惑,但许久之后彼得写到他的经验时说,"藉耶稣基督从死里复活,重生了我们,叫我们有活泼的盼望"(彼前一 3)。

　　他们立刻回到耶路撒冷,与在那里的门徒会合,并且告诉他们所发生的事。但他们还没来得及开口,门徒就先告诉他们一些事。他们就在楼上一起谈论这些事,这时耶稣亲自站在他们中间。

　　原先这两个门徒并不打算那晚回到耶路撒冷,他们已经走了七英里半的路到达以马忤斯;毫无疑问的,他们打算在那里过夜,但他们不能留下,他们必须回去。路加清楚地指出,他们一刻也未停留,"他们就立时起身。"

　　他们还没有说出自己遭遇的事,十一个门徒就先告诉他们一个消息,"主果然复活,已经现给西门看了。"然后才轮到他们二人说话,"两个人就把路上所遇见和擘饼的时候怎样被他们认出来的事,都述说了一遍。"

　　十一个门徒所说的话是很有意义的,他们现在确定主复活了,因为祂"已经现给西门看了"。似乎这样事情就确定了! 我们前面看到,两个门徒在去以马忤斯之前,他们中间有一项传言。他们说,"有几个妇女使我们惊奇……说看见了天使显现,说祂活了。"但现在他们有了积极的证据,有一个人看见祂了!

毫无疑问的,这对所有的门徒都是一件奇妙的事。祂"已经现给西门看了"。西门!这个曾经公开否认祂的人!关于这件事,我们没有其他的记录,只有保罗在哥林多前书第十五章中,统计由那些见到耶稣的人之见证所提供的复活证据时,他明确而令人吃惊地提到,"并且显给矶法看"(十五5)。

我们难免会带着一点迷惑来看这件事。我不知道主在哪里找到彼得。我无法告诉你。但我们知道,马利亚那天清晨是将这个消息带给彼得和约翰。约翰在耶路撒冷有一栋房子,显然约翰曾在那个漆黑、哀伤的夜里,从官府外面找回伤心欲绝的彼得,就将他带到自己的家中。我不知道主耶稣是不是到约翰的家里,如果祂去了,有谁会在那儿?因为约翰曾将主的母亲接到他家里。我比较相信,耶稣是到约翰那里,但祂没有见约翰,也没有见祂的母亲。那是一次祂与彼得的私人会谈。在那次会面中,彼得否认主时所犯的罪和羞辱,都得到了对付和消除。我可以想像,耶稣会对彼得说,"西门,你是否记得我曾警告你,由于你未完全信靠我,你将跌到深处!但我已经为你祈求,叫你的信心不至于跌倒。西门,现在你明白我为什么要钉十字架了吗?我是永活的主,你的罪赦了。"虽然以上都是我个人的揣测,但我相信距离真相不远。至少我们有一点可以确定的,祂确实是向西门显现了。这件事是何等荣耀!

然后,那两个门徒述说他们所遇见的事,他们如何在祂擘饼的时候认出祂来。

这时,忽然发生了一件奇妙的事,使他们大为惊慌害怕。耶稣突然出现在他们中间,祂没有开门,也没有闯开门栓;他们那时因怕犹太人而紧闭大门,然而,"正说这话的时候,耶稣亲自站在他们当中,说,愿你们平安。"

注意这里的强调语气祂"亲自",不是幻影,不是鬼魂,也不是他们的想像或心中的幻觉。不!"耶稣亲自"站在他们中间!

"愿你们平安。"这是祂对他们的招呼。这在东方是一个寻常打招呼的话,就像我们现今对人说"早安"一样平常。但是这句话从祂的口中说出，就变得不寻常了。他们从未听过祂以同样的权威说过这句话。祂当时说这话一定有一种奥秘的奇妙和威严在里面。一句寻常的话，变得满有亮光和荣耀，具有前所未有的意义——"愿你们平安。"

我们发现"他们却惊慌害怕，以为所看见的是魂"。他们为何惊慌？当时他们正关着门，他们因耶稣复活的消息而惊奇，也因祂向西门显现，又在往以马忤斯的路上向两个门徒显现的事惊奇。然后祂突然站在他们中间，像往常一样问他们安。他们因为祂不经门而入感到害怕，"以为所看见的是魂。"

我们继续读下去，就会看见更奇妙的事，祂不但把手脚给他们看，证实祂的复活，更当着他们的面吃了一片烧鱼（38～43节）。没有任何解释能将它说得完全。祂当时作了什么？祂在证明祂确实是复活了。祂站在那里，手脚依旧，其上的钉痕历历可见。他们这才看出，祂真是他们的主。他们曾亲眼见祂被挂在十字架上。祂为了使他们更明白，就说，有什么吃的没有？他们找来一片烧鱼，祂就吃了。祂以此来证明祂有人实际的特质，祂的肉身实际复活了。

在某方面而言，这件事是不可能加以解释的。但这不是说，它就不是真的。还有经文可以用来解释它。保罗在圣灵的引导下给了我们一些解释。他在哥林多前书第十五章说，"或有人问，死人怎样复活？带着什么身体来呢？"（35节）。意思是说，有人以为复活可能不包括身体的复活。保罗很谨慎地指出这实在是一个难题，然后他回答说，"无知的人哪！你所种的，若不死就不能生。并且你所种的，不是那将来的形体，不过是子粒，即如麦子，或是别样的谷。但神随自己的意思，给他一个形体，并叫各等子粒，各有自己的形体"（36～38节）。

他用自然界的事来作例子，他说，你将一粒子粒种在地里，它先死了，然后再生出来；但再长出来的并不是你当初种的；然而你若当初不种下它，它就不可能再长出来。这是自然的现象，和复活一样难以解释。

保罗又接着说，"凡肉体各有不同，人是一样，兽又是一样，鸟又是一样,鱼又是一样。有天上的形体,也有地上的形体。但天上形体的荣光是一样,地上形体的荣光又是一样。日有日的荣光,月有月的荣光,星有星的荣光"(39～41 节)。

这段话的意思是,身体的本质有许多种。这段话的要点在于:有天上的形体,也有地上的形体,另外还有其他的形体。日、月、星辰既不是天上的形体,也不是地上的形体。"天上的"这词原文是"Epourance",指天空以上的,纯粹是一个相对的词,因此也可以用来指日、月、星。不管怎样,保罗是在分辨地上的形体和超地上的形体之间的区别。在两种情形下,都有实际的形体存在。有属天的身体,有属地的身体。

然后保罗将这些应用到复活的事上,"死人复活也是这样,所种的是必朽坏的,复活的是不朽坏的;所种的是羞辱的,复活的是荣耀的;所种的是软弱的,复活的是强壮的;所种的是血气的身体,复活的是灵性的身体;若有血气的身体,也必有灵性的身体"(42～44 节)。

耶稣在受死之前,祂有一个肉身的形体,是属世界的,是地上的形体。祂复活之后,就有了一个灵性的身体,是属天的,是天上的身体。祂复活的身体不再受地上的身体所受的那些限制。祂还是一个样子。请看祂的手,祂的脚,祂仍然能够吃喝。但祂已经有所改变。人的身份不是依靠物质的形体来决定的。我们没有一个人的身体仍和七年前的一模一样。我们现在的身体没有一个部分仍是七年前就有的。我们物质的形体总是在改变。当复活的时候,不只是身体有改变,并且在同样的物质中,物质的特性也在改变,身体变得适合更高层次的境域,但仍然是一个身体。

这段经文可以解释门徒那天在楼上所见的情景。在那四十天中,耶稣的时现时隐实在是极奥妙的事。祂时而出现,时而消失。祂在作什么? 祂要他们习惯一个事实,就是即使世界的形体看不见祂的时候,祂仍在那里,随时提供帮助;祂可以出现在任何地方。现在祂的身体改变了,祂可以随着自己的意思,在复活的清晨向一位妇女说话;祂也可以和两个门徒同行数英里路,与他们谈话,而他们居然未认出祂来。但如果祂愿意让他们认出来,他们就能立刻正确地认出祂来。祂一呼唤马利亚的名字，马利亚立刻认出祂，说，"拉波尼！"祂一擘开饼，两个门徒就认出祂。这是何等奇异、奥妙啊！虽然这个事实难以解释，但并不表示它不确实。有一天我们将完全明白，因为我们在复活的生命里也将有那一种身体。

我们继续读下去，祂出现在他们中间之后，就开始教导他们。"耶稣对他们说，这就是我从前与你们同在之时，所告诉你们的话，说，摩西的律法、先知的书和诗篇上所记的，凡指着我的话，都必须应验。"在某方面来说，祂在楼上对众门徒说的话，和祂在往以马忤斯的路上对那两个门徒所说的话是相同的。祂那时"从摩西和众先知起，凡经上所指着自己的话，都给他们讲解明白了"。

圣经没有告诉我们，祂是否讲解给众门徒听，但祂宣告说，旧约一切的话，都是在见证祂。祂用三个重要的部分来称呼整本旧约圣经，第一部分是"Torah"，意思是律法书，通常称为摩西五经；第二部分是"Nebiim"，是希伯来文的先知书；第三部分是"Kethubim"，希腊文是"Hagiographa"，即圣卷，我们一向称第三部分为诗篇，因为它的第一卷书是诗篇。祂说，一切指着祂的话都必应验。

路加告诉我们，祂作了这个宣告之后，"耶稣开他们的心窍，使他们能明白圣经。"祂开了他们的心窍。"开"是一个奇妙的字。希腊原文的"dianoigo"意思是全部打开。如果译成"解开"可能更达意。祂解开他们的心，使他们的心脱离一切偏见和傲慢的束缚；祂对付他们的心意，使模糊不清的画面，清晰地对准了焦距，于是他们能够看清整件事，不是看清每一个细节，乃是顺序一件件明白了。

然后祂作了一个总结。"照经上所写的，基督必受害，第三日从死里复活；并且人要奉祂的名传悔改、赦罪的道，从耶路撒冷起直传到万邦。"

这就是主总结有关旧约的教导，祂藉着显现在这群门徒中间，证明了这一切都是真的。基督的受苦、死亡；后来世人的悔改、罪得赦免；人的态度、神的行动；这就是祂使命的整个意义。

至于门徒的责任，祂说，"你们就是这些事的见证。"这是那些门徒的工作，也是整个基督教会的工作。

最后，门徒要受到装备，以从事这工作。"我要将我父所应许的降在你们身上。你们要在城里等候，直到你们领受从上头来的能力。"

我们由此可见，路加的记载实在很简略，但也涉及了每一个层面。祂到他们当中。祂证明了祂实际的人性。祂为旧约圣经盖上了神圣权柄的印记。祂将旧约的教训作一个总结，这些教训指出基督要受苦并复活，人因此可以传悔改救罪的道，从耶路撒冷直到万邦。祂告诉聚集在楼上的门徒，要为这些事作见证，作祂的凭据和见证人，也就是作祂的殉道者。

然后路加省略了其后的日子和事件，直接记录主的升天。"耶稣领他们到伯大尼的对面，就举手给他们祝福。正祝福的时候，祂就离开他们，被带到天上去了。他们就拜祂，大大的欢喜，回耶路撒冷去，常在殿里称颂神。"

这就是主升天的记载。"耶稣领他们"离开哪里？离开耶路撒冷，离开圣殿，离开一切枯竭无用的旧秩序。他们看见祂的最后一个姿态是高举双手，像祭司一样给他们祝福，他们见祂这样离开他们。那是一项行动，祂先是离开他们，然后被带走，"anaphero"的意思是被带到天上。他们不再看见祂，就回去，常在殿里称颂祂。请注意，那正是圣灵降临时，他们所在的地方——圣殿。

要结束路加福音的研读，最好的方法是采用使徒行传第一章的话，"提阿非罗啊！我已经作了前书，论到耶稣开头一切所行所教训的。"它所提到的"前书"，就是我们刚刚研读完的路加福音。路加并没有说，这书记录了耶稣一切所行所教训的，但他说，"论到耶稣开头一切所行所教训的。"

因此，路加福音是记载祂"开头"所行所教训的。是使徒行传中，我们看到祂在继续行事、教训人。我们藉着圣灵得与复活的基督连结；圣灵来是为了应验天父的应许；我们被召，是要为这一切事作见证。路加卓越的记载就在这里结束。

—路加福音完—

Copyright © 1985 Living Spring Publications

Simplified Chinese edition © 2011 Shanghai Joint Publishing Co. Ltd

This Chinese edition published by permission of Living Spring Publications，
Temple City，CA 91780，U. S. A. and Shanghai Heavenly Stairways Bookstore
Co. Ltd.，Shanghai，P. R. C.

本书中文简体版权由上海三联书店所有。

未经许可，请勿翻印。

图书在版编目(CIP)数据

路加福音/(英)摩根著;钟越娜译. —上海:上海三联书店，
2011.8(2025.8 重印)

(摩根解经丛卷)

ISBN 978 - 7 - 5426 - 3611 - 9

Ⅰ.①路…　Ⅱ.①摩…②钟…　Ⅲ.①圣经-注释

Ⅳ.①B971.2

中国版本图书馆 CIP 数据核字(2011)第 141954 号

路加福音

著　　者 / 坎伯·摩根

译　　者 / 钟越娜

责任编辑 / 邱　红

装帧设计 / 范峤青　孙豫苏

监　　制 / 姚　军

责任校对 / 张大伟

出版发行 / 上海三联书店

　　　　　(200041)中国上海市静安区威海路 755 号 30 楼

邮　　箱 / sdxsanlian@sina.com

联系电话 / 编辑部:021 - 22895517

　　　　　发行部:021 - 22895559

印　　刷 / 上海展强印刷有限公司

版　　次 / 2011 年 8 月第 1 版

印　　次 / 2025 年 8 月第 13 次印刷

开　　本 / 890mm×1240mm　1/32

字　　数 / 315 千字

印　　张 / 11.25

书　　号 / ISBN 978 - 7 - 5426 - 3611 - 9/B · 234

定　　价 / 30.00 元

敬启读者,如发现本书有印装质量问题,请与印刷厂联系 021 - 66366565